중학국어 문법 총정리

하루 1시간 24일 만에 완전정복

Day 01 ☐	Day 02 ☐	Day 03 ☐	Day 04 ☐	Day 05 ☐	Day 06 ☐
01일 품사의 개념과 분류 기준을 알아보자	02일 품사의 특성을 파악하자 1	03일 품사의 특성을 파악하자 2	04일 형태소란 무엇일까	05일 단어는 어떻게 형성될까	06일 어휘의 유형을 알아보자
Day 07 ☐	**Day 08 ☐**	**Day 09 ☐**	**Day 10 ☐**	**Day 11 ☐**	**Day 12 ☐**
07일 어휘의 의미 관계를 알아보자	첫째 마당 복습 ①	08일 문장은 어떻게 이루어질까 1	09일 문장은 어떻게 이루어질까 2	10일 문장은 어떻게 길어질까	11일 문장을 어떻게 표현할까 1
Day 13 ☐	**Day 14 ☐**	**Day 15 ☐**	**Day 16 ☐**	**Day 17 ☐**	**Day 18 ☐**
12일 문장을 어떻게 표현할까 2	첫째 마당 복습 ②	13일 음운이란 무엇일까 1	14일 음운이란 무엇일까 2	15일 발음에 숨어 있는 규칙을 찾자 1	16일 발음에 숨어 있는 규칙을 찾자 2
Day 19 ☐	**Day 20 ☐**	**Day 21 ☐**	**Day 22 ☐**	**Day 23 ☐**	**Day 24 ☐**
17일 우리말 규범을 파악하자 1	18일 우리말 규범을 파악하자 2	19일 뛰어난 문자, 한글이 만들어지다	20일 언어의 특성과 기능을 파악하자	둘째 마당 복습	종합문제 제1회 ~ 제3회

1 **계획적인 공부와 학습체크** 가능하면 일정한 학습 분량을 정해 꾸준히 공부하세요. 그리고 계획표에 맞춰 꼭 복습을 해야 제대로 된 실력을 갖추게 됩니다. 물론 개인의 학습 속도나 상황에 따라 위의 계획표를 참고로 하여 자신만의 스케줄을 짜서 공부해도 됩니다. 정해진 학습 분량을 공부하고 나서는 ☐에 꼭 ✓체크하시고요. 늘 꾸준한 학습이 중요하다는 것, 잊지 마세요. *^^*

2 **복습을 통한 실력 향상** Day 08과 Day 14, Day 23은 첫째 마당과 둘째 마당을 복습하는 시간이에요. 이때에는 '국어교과서 단박정리'를 중심으로 핵심 개념을 다시 한번 꼼꼼히 살펴보세요. 실전 문제에 제시된 선택지들의 정오답 근거를 다른 친구들에게 설명해 줄 수 있을 정도로 말이에요. 그러면 국어문법 개념이 완벽하게 여러분의 것이 될 수 있습니다. *^^*

"개념은 쉽게, 문제는 정확하게!"

중학교 1·2·3학년 수준에서 꼭 알아야 하는 중학국어 문법의 필수개념

『중학국어 문법 총정리 한권으로 끝내기』는 [2015 개정교육과정]의 국어 문법 성취기준에 따라, 중학교 수준의 국어 문법을 기준으로 초등 고학년부터 고등 1학년 수준의 문법 개념까지 폭넓게 연계, 구성하였습니다.

• 중고등 국어 문법을 제대로 이해하는 데 필요한 초등 국어의 문법 내용까지 다시 한번 점검함으로써 중학교 국어 문법을 빠짐없이 체계적으로 공부할 수 있습니다.
• 중간·기말 시험 기간에는 해당 학년의 문법 부분을 찾아 개념을 공부함으로써 내신에 대비할 수 있습니다.
• 꼭 필요한 고등 국어 문법 내용까지 확장하여 공부함으로써 국어 문법의 기본기를 탄탄하게 다질 수 있습니다.

본 교재	2015 개정교육과정						
	성취기준	필수개념	초등	중1	중2	중3	고등
01일 품사의 개념과 분류 기준을 알아보자	품사의 종류를 알고 그 특성을 이해한다.	• 단어와 품사의 개념 • 품사 분류 기준		★			
02일 품사의 특성을 파악하자 1	품사의 종류를 알고 그 특성을 이해한다.	• 품사별 특성 – 체언(명사, 대명사, 수사), 용언(동사, 형용사)		★			
03일 품사의 특성을 파악하자 2	품사의 종류를 알고 그 특성을 이해한다.	• 품사별 특성 – 관계언(조사), 수식언(관형사, 부사), 독립언(감탄사)		★			
04일 형태소란 무엇일까	국어의 낱말 확장 방법을 탐구하고 어휘력을 높이는 데에 적용한다.	• 형태소의 개념 • 형태소의 종류(자립, 의존, 실질, 형식)	★				
05일 단어는 어떻게 형성될까	국어의 낱말 확장 방법을 탐구하고 어휘력을 높이는 데에 적용한다.	• 단어의 확장(어근과 접사, 단일어와 복합어, 합성어, 파생어)	★				
06일 어휘의 유형을 알아보자	어휘의 체계와 양상을 탐구하고 활용한다.	• 순우리말, 한자어, 외래어, 은어, 전문어, 유행어, 관용어, 속담, 금기어, 완곡어		★			
07일 어휘의 의미 관계를 알아보자	낱말과 낱말의 의미 관계를 파악한다.	• 유의, 반의, 상하, 부분 – 전체 관계	★				
	낱말이 상황에 따라 다양하게 해석됨을 탐구한다.	• 다의 관계, 동음이의 관계	★				
08일 문장은 어떻게 이루어질까 1	국어의 문장 성분을 이해하고 호응 관계가 올바른 문장을 구사한다.	• 국어의 문장 구조, 문장의 구성단위 • 문장 성분의 종류 – 주성분(주어, 서술어)	★				
09일 문장은 어떻게 이루어질까 2	국어의 문장 성분을 이해하고 호응 관계가 올바른 문장을 구사한다.	• 문장 성분의 종류 – 주성분(목적어, 보어), 부속 성분(관형어, 부사어), 독립 성분(독립어)	★				
10일 문장은 어떻게 길어질까	문장의 짜임과 양상을 탐구하고 활용한다.	• 홑문장, 겹문장, 이어진문장, 안은문장, 안긴문장				★	
11일 문장을 어떻게 표현할까 1	문법 요소의 특성을 탐구하고 상황에 맞게 사용한다.	• 문장 표현 – 종결, 높임, 시간, 부정 표현					★
12일 문장을 어떻게 표현할까 2	문법 요소의 특성을 탐구하고 상황에 맞게 사용한다.	• 문장 표현 – 능동과 피동, 주동과 사동					★
	국어의 문장 성분을 이해하고 호응 관계가 올바른 문장을 구사한다.	• 문장 성분의 호응, 중복 표현, 중의적 표현	★				
	담화의 개념과 특성을 이해한다.	• 발화와 맥락, 담화의 개념과 특성			★		
13일 음운이란 무엇일까 1	음운의 체계를 알고 그 특성을 이해한다.	• 음성과 음운, 음절의 개념 • 모음의 발음 원리와 분류 기준				★	
14일 음운이란 무엇일까 2	음운의 체계를 알고 그 특성을 이해한다.	• 자음의 발음 원리와 분류 기준 • 모음과 자음 외의 음운				★	
15일 발음에 숨어 있는 규칙을 찾자 1	음운의 변동을 탐구하여 올바르게 발음하고 표기한다.	• 음운 변동 – 교체(음절의 끝소리 규칙, 자음동화, 구개음화, 두음 법칙, 된소리되기)					★
16일 발음에 숨어 있는 규칙을 찾자 2	음운의 변동을 탐구하여 올바르게 발음하고 표기한다.	• 음운 변동 – 축약, 탈락, 첨가(사잇소리 현상, ㄴ 첨가)					★
17일 우리말 규범을 파악하자 1	한글 맞춤법의 기본 원리와 내용을 이해한다.	• 한글 맞춤법 총칙, 한글 자모에 관한 것, 소리와 형태에 관한 것, 띄어쓰기					★
18일 우리말 규범을 파악하자 2	한글 맞춤법의 기본 원리와 내용을 이해한다.	• 표준어의 개념 • 표준어 규정					★
	통일 시대의 국어에 관심을 가지는 태도를 지닌다.	• 남북 언어의 차이점, 북한의 문화어				★	
	단어를 정확하게 발음하고 표기한다.	• 표준어 규정 – 표준 발음법			★		
19일 뛰어난 문자, 한글이 만들어지다	한글의 창제 원리를 이해한다.	• '훈민정음' 창제의 목적과 창제 원리 • 한글의 역사와 가치			★		
20일 언어의 특성과 기능을 파악하자	언어의 본질에 대한 이해를 바탕으로 하여 국어 생활을 한다.	• 언어의 특성(기호성, 자의성, 사회성, 역사성, 창조성, 규칙성) • 언어의 기능(정보적, 정서적, 명령적, 친교적, 미적 기능)		★			

중학국어
문법 총정리

한권으로 끝내기

중학국어
문법 총정리
한권으로 끝내기

2판 2쇄 2023년 3월 2일

지은이 이창언 · 정문경
펴낸이 유인생
편집인 우정아 · 김명진
마케팅 박성하 · 심혜영
디자인 NAMIJIN DESIGN
편집·조판 김미수
펴낸곳 (주) 쏠티북스
주소 (04037) 서울시 마포구 양화로 7길 20 (서교동, 남경빌딩 2층)
대표전화 070-8615-7800
팩스 02-322-7732
홈페이지 www.saltybooks.com
이메일 saltybooks@naver.com
출판등록 제313-2009-140호

ISBN 979-11-88005-89-5

중학국어

문법개념책×필수문제집

문법 총정리

한권으로 끝내기

이창언 · 정문경 | 지음

쏠티북스

 머리말

개정판을 내면서

『중학국어 문법 총정리』 첫 번째 판을 출간한 지도 벌써 몇 년이 지났습니다. 학생들이 국어 문법을 어렵다고 생각한 나머지 우리말과 글마저 멀리하게 되면 어쩌나 하는 마음에 조금이라도 문법 공부에 도움이 되었으면 좋겠다고 시작했던 일인데, 이제 시간이 흘러 개정판을 내보이게 되었습니다. 애초에 생각했던 소박한 바람과 희망이 조금씩이나마 계속 이루어지는 것 같아 정말 다행스럽고 무척 기쁩니다.

기존의 틀을 깨다

기존 학습서의 틀을 깨고 새로운 방식으로 구성했던 전체 체계는 개정판에서도 그대로 유지했습니다. 즉, '음운 - 형태소 - 음절 - 단어 …' 순서로 구성된 기존 문법 학습서들과 달리, 『중학국어 문법 총정리』는 크게 '의미와 형태', '소리와 규칙'의 두 부분으로 구성되어 있습니다. 기존 문법 학습서들처럼 공부하게 되면 의미 부분과 소리 부분이 섞여 있어 내용이 더 어렵게 느껴지고 내용을 헷갈리는 경우도 많기 때문입니다.

『중학국어 문법 총정리』는 단어, 문장 등 의미와 형태를 이루는 부분, 그리고 음운, 음운 변동 등 소리와 규칙을 이루는 부분으로 나누어 그 원리를 쉽게 설명하였습니다. 또 이러한 원리에 따라 쉽고 간단하게 한글 맞춤법과 표준어 규정 등을 풀이하였습니다. 마지막으로 한글의 역사와 언어의 본질을 통해 우리말에 대한 개별적, 보편적 특징을 파악하도록 하였습니다.

활용의 폭을 넓히다

『중학국어 문법 총정리』는 초등학교 고학년부터 고등학교 1학년까지 모두가 공부할 수 있도록 국어 문법의 기본을 꽉꽉 눌러 담은 책입니다. 개정을 하면서도 그 취지에 맞게 전체적으로 내용을 간소화하면서도 꼭 필요한 내용은 놓치지 않도록 하는 데 집중했습니다. 그래서 중학교 국어 문법 과정을 중심으로 초등학생과 고등학생까지 폭넓게 사용할 수 있도록 활용성을 높이는 데 초점을 맞췄습니다. 누구든 쉽게 배울 수 있지만, 어느 하나 빠지는 내용이 없도록 애썼습니다.

이 책의 앞쪽에 제시된 '학습 계획표'와 '2015 개정교육과정에 따른 문법 필수개념' 비교표를 참고하여 자신만의 진도표를 만들어 활용하면 큰 도움이 될 거예요.

모쪼록 이 책이 국어 문법을 공부하는 모든 학생들에게 계속 도움이 되기를 바랍니다.

이창언 · 정문경

구성과 특징

필수 개념 학습 중학국어 문법의 핵심 개념들을 2015 개정교육과정의 성취기준에 따라 구성하고, 꼭 알아 두어야 할 내용들을 다양한 삽화와 도표, 자료 등을 통해 보다 쉽고 친절하게 설명하였습니다.

국어교과서 단박정리 그날 학습한 내용에서 확실히 익혀야 하는 핵심 개념들을 압축·정리하여 한눈에 확인할 수 있도록 제시하였습니다.
연습문제 단답형 문제, ○× 문제, 괄호 넣기 등의 드릴형 문제를 주요 핵심 개념 뒤에 반복 제시함으로써, 학습한 내용을 바로바로 확인하고 점검할 수 있도록 하였습니다.

실전문제 그날 학습한 내용과 관련된 다양한 형식의 문제를 통해, 시험에 출제되는 문제의 유형을 파악하고 문제 풀이에 대한 감각을 키울 수 있도록 하였습니다. 또한 학업성취도평가 등 문법과 관련된 실전 기출문제를 제시함으로써 문제 해결력을 높일 수 있도록 하였습니다.

종합문제 중학국어 문법 전체를 포괄하는 실전 형식의 통합형 종합문제를 통해 중학국어 문법의 흐름을 한눈에 확인, 정리할 수 있도록 구성하였습니다. 또한 전국연합학력평가 등 고등국어와 수능을 아우르는 기출문제를 제시함으로써 문제의 유형과 난이도를 미리 살펴보고 실전에 대한 자신감을 기를 수 있도록 하였습니다.

정답 및 해설 정답과 오답의 이유를 쉽고 자세하게 풀이함으로써 문제 해결의 원리와 방법을 스스로 확인하고 점검할 수 있도록 하였습니다.

차례

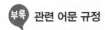
정답 및 해설

첫째 마당

의미와 형태

 **01일** 품사의 개념과
분류 기준을 알아보자

1 단어의 개념과 단어 분류의 필요성

1 단어의 개념

딸기

꽃

달리다

예쁘다

우리는 말을 하거나 글을 쓸 때 '딸기', '꽃', '달리다', '예쁘다' 등과 같은 수많은 단어를 사용해요. 그런데 여러분, 여기서 단어란 무엇일까요? 도대체 어떤 것을 단어라고 하는 걸까요?

'딸기', '꽃', '달리다', '예쁘다'에서 알 수 있듯이 각각의 단어는 뜻을 가지고 있어요. 그리고 단어는 홀로 개별적으로도 사용할 수 있기 때문에 자립성이 있죠. 정리하자면, 뜻을 가지고 홀로 쓰일 수 있는 말의 단위를 바로 **단어**(單홀로 단 語말씀 어)라고 하는 거예요. 단어는 홀로 쓰일 수 있는 말이기 때문에 **낱말**이라고도 하죠.

한편, 이러한 개별적인 단어가 연결되어 문장이 만들어지기 때문에, 단어는 문장을 이루는 가장 기본적인 요소가 돼요. 어린아이들이 말을 배우는 과정을 한번 생각해 보세요. 제일 먼저 '엄마', '맘마' 이런 말들을 쓰다가 차츰 이 단어들을 연결하여 문장을 만들어 쓰죠?

엄마, 맘마

엄마, 맘마, 쮜. 맛있어.

엄마, 밥 주세요. 밥이 맛있어요.

앞서 단어는 홀로 쓰일 수 있는 말이라고 했는데, '밥이 맛있어요.'에서의 '이'는 어때요? 홀로 쓰일 수 있나요? 그래요, 없죠. 그렇지만 '이'는 '밥/이'처럼 앞말과 쉽게 분리가 돼요. 그렇기 때문에 이런 '이'와 같은 말도 단어로 인정한답니다. 참고로, '이'와 같은 단어를 '조사'라고 하는데, 이에 관해서는 **03일**에 자세히 배울 거예요.

2 단어 분류의 필요성

아… 바지가 어디 있지? 티셔츠는? 옷들이 다 섞여 있어 찾기가 어렵네.

위 그림에서 아이는 옷을 찾는 데 왜 어려움을 느꼈을까요? 여러 종류의 옷들을 아무렇게나 뒤죽박죽 섞어서 놓아 두었기 때문이죠. 옷을 일정한 기준에 따라 나누어 서랍장에 정리해 놓았다면 아마 원하는 옷을 찾기가 훨씬 쉽고 편했을 거예요.

단어의 경우도 이와 마찬가지예요. 우리말에 단어는 수십만 개나 되는 데다가 지금도 계속해서 새로운 단어가 만들어지고 있어요. 이러한 수많은 단어들을 무작정 공부하려면 힘들겠죠? 그렇기에 비슷한 성질을 가진 단어끼리 모아 놓으면 각각의 단어를 이해하고 공부하기가 훨씬 쉬울 뿐만 아니라, 바르고 효율적인 언어생활을 하는 데 도움이 돼요. 참고로, 어떤 대상을 일정한 기준에 따라 나누는 것을 '분류'라고 하는데, 분류를 하면 그 대상에 대해 훨씬 쉽게 이해할 수 있고 기억하기도 더 쉬워요.

국어교과서 단박정리

● **단어** 뜻을 가지고 홀로 쓰일 수 있는 말의 단위
단, 조사는 홀로 쓰일 수 없지만 단어로 인정함.

개념 바로 확인하기

01 다음 빈칸에 들어갈 알맞은 말을 쓰시오.

(1) '단어'란 ☐을 가지고 ☐☐ 쓰일 수 있는 말의 단위이다.

(2) 어떤 대상을 일정한 기준에 따라 나누는 것을 ☐☐라고 한다.

02 다음 문장을 단어로 나누어 빗금(/)을 그으시오.

집에 가다.

연습문제 풀이 **01** (1) 뜻, 홀로 (2) 분류 **02** 집 / 에 / 가다. ('집'과 '가다'는 뜻을 가지고 홀로 쓰일 수 있는 말이며, '에'는 앞말에 붙어 쉽게 분리되는 말로, 모두 단어에 해당해요.)

품사의 개념과 분류 기준

1 품사의 개념

앞서 우리말의 단어를 더 쉽게 공부하고 효율적으로 사용하기 위해서 단어를 일정한 기준에 따라 나누는 것이 필요하다고 했죠? 이렇게 단어를 성질이 비슷한 것끼리 모아서 분류하여 놓은 갈래를 **품사**(品물건. 種류 品 詞말 사)라고 해요. 어떻게 분류하냐고요? 자, 그럼 지금부터 단어를 어떻게 분류하는지, 품사의 분류 기준에 대해 설명해 줄게요.

2 품사의 분류 기준

● **형태 변화** - 형태가 변할 수 있는가, 없는가?

- 내 친구는 밥을 먹는다.
- 밥을 먹는 사람이 많다.
- 내 친구와 밥을 먹었다

'밥을 먹다.'라는 문장에서 '밥'과 '먹다'라는 단어를 생각해 보세요. '밥'은 문장에서 어떻게 쓰이든 그 형태가 바뀌지 않지만, '먹다'는 '먹는다, 먹는, 먹었다' 등과 같이 다양한 모습으로 형태가 바뀌죠?

품사 분류의 첫 번째 기준은 이처럼 문장에서의 필요에 따라 그 단어의 '형태(모습)가 변할 수 있는가, 변할 수 없는가?'에 관한 것이에요. '밥'처럼 형태가 변하지 않는 것을 **불변어**⁰라고 하고, '먹다'처럼 형태가 변하는 것을 **가변어**⁰라고 해요.

'가변어'와 '불변어'라는 명칭이 좀 어렵죠? 음, '변신 로봇'을 생각해 봐. '가변'은 '변신이 된다'는 거고, '불변'은 '변신이 안 된다'는 거야.

● **문장에서의 기능** - 문장에서 어떤 기능(역할)을 담당하고 있는가?

- ① 봉우리가 아름답구나.
- ② 저 봉우리가 제일 아름답구나.
- ③ 아, 저 봉우리가 제일 아름답구나.

- ④ 동생이 동화책을 좋아해요.
- ⑤ 동생이 저 동화책을 무척 좋아해요.
- ⑥ 네, 동생이 저 동화책을 무척 좋아해요.

먼저, 위의 ①~③의 '봉우리'와 ④~⑥의 '동생', '동화책'을 보세요. 각 문장에서 이 단어들이 빠지면 어떻게 될까요? ①~③은 도대체 무엇이 아름답다는 것인지, ④~⑥은 누가 무엇을 좋아한다는 것인지 도무지 알 수 없는 문장이 되고 말아요. 문장이 아무리 짧고 단순하더라도 꼭 필요한 부분이 있는데, 위 문장들에서 '봉우리', '동생', '동화책'이라는 단어들이 바로 그래요. 이렇게 문장에서 몸통 역할을 하는 단어들을 '몸, 몸통'을 나타내는 한자어 '체(體)'를 사용하여 **체언**(體몸. 몸통 체 言말씀 언)이라고 해요.

다음으로 ①~③의 의미를 살펴보면, 모두 봉우리에 대해 '아름답다'고 하고 있죠? 그리고 ④~⑥은 동화책에 대한 동생의 태도를 '좋아한다'고 설명하고 있고요. 이처럼 문장에서 어떤 대상의 움직임이나 상태, 성질을 서술하는 역할을 하는 단어들을 **용언**(用쓸 용 言말씀 언)이라고 해요.

한편, ①~③의 '가'와 ④~⑥의 '이', '을'은 체언 뒤에 붙어서 단어들 사이의 관계를 분명하게 해 주는 역할을 하고 있어요. 이러한 단어들을 **관계언**(關빗장, 기관 관 係이을 계 言말씀 언)이라고 해요.

그리고 ②의 '저'와 '제일'은 각각 '어떤' 봉우리이고 봉우리가 '얼마나' 아름다운지에 대해, ⑤의 '그'와 '무척'은 각각 '어떤' 동화책이고 동생이 동화책을 '얼마나' 좋아하는지에 대해 뒤의 단어를 꾸며 주면서 의미를 더하고 있어요. 이처럼 문장에서 다른 단어를 꾸며 주는 역할을 하는 단어들을 **수식언**(修꾸밀 수 飾꾸밀 식 言말씀 언)이라고 해요.

끝으로 ③과 ⑥의 '아'와 '네'처럼 문장의 다른 단어들과는 별 관계없이 독립적인 역할을 하는 단어도 있어요. 이러한 단어들을 **독립언**(獨홀로 독 立설 립 言말씀 언)이라고 해요.

이렇듯 품사 분류의 두 번째 기준은 문장에서 단어가 담당하는 기능(역할)에 관한 것으로, 체언, 용언, 수식언, 관계언, 독립언의 5개로 나누어져요.

● 단어가 가진 공통된 의미 – 어떤 의미를 나타내는가?

채우와 태영은 산에 올랐다. 그곳에서 그 둘은 큰 소리로 말했다.
"아, 하얀 꽃이 정말 예쁘게 피었구나."

→

[단어로 나누기] 채우, 와, 태영, 은, 산, 에, 올랐다(오르다), 그곳, 에서, 그, 둘, 은, 큰(크다), 소리, 로, 말했다(말하다), 아, 하얀(하얗다), 꽃, 이, 정말, 예쁘게(예쁘다), 피었구나(피다)

단어는 형태와 기능뿐만 아니라, 의미에 따라 더 자세하게 분류할 수도 있어요. 위의 예문을 이루고 있는 23개의 단어들을 의미상의 공통점에 따라 나누어 볼까요? 마구 섞여 있는 것 같지만 차근차근 살펴보면 어렵지 않게 나눌 수 있어요.

우선 '채우', '태영', '산', '소리', '꽃'은 사람이나 사물, 장소의 이름을 나타내는 단어로, 이러한 단어들을 **명사**라고 해요. 그리고 '그곳'은 앞서 언급된 사람이나 사물, 장소의 이름을 대신하여 가리키는 단어로, 이러한 단어들을 **대명사**라고 해요. 예문에서 '그곳'은 앞서 언급된 '산'을 가리키죠.

'둘'은 사람의 수가 '둘(두 명)'이라는 의미로, 사람이나 사물의 수량이나 순서를 나타내는 단어예요. 이러한 단어들을 **수사**라고 해요.

다음으로 '올랐다(오르다)', '말했다(말하다)', '피었구나(피다)'는 사람이나 사물의 동작이나 작용을 나타내는 단어로, 이러한 단어들을 **동사**라고 해요. 또 '큰(크다)', '하얀(하얗다)', '예쁘게(예쁘다)'는 사람이나 사물의 상태나 성질을 나타내는 단어로, 이러한 단어들은 **형용사**라고 해요. 흥미로운 것은 동사와 형용사는 문장에서의 쓰임에 따라 그 모습이 바뀔 수도 있다는 점이에요.

'그'와 '정말'은 각각 뒤에 오는 '둘'과 '예쁘게'를 꾸며 줌으로써 '어떤', '어떻게', '얼마나'와 같은 의미를 더하는데, '그'와 같이 체언을 꾸며 주는 단어들을 **관형사**, '정말'과 같이 용언이나 다른 말을 꾸며 주는 단어들을 **부사**라고 해요.

'와', '은', '에', '에서', '로', '이'는 앞말에 붙어서 그 말과 다른 말과의 문법적 관계를 표시하거나 그 말의 뜻을 더해 주는 단어로, 이러한 단어들을 **조사**라고 해요.

끝으로 '아'와 같이 말하는 사람의 놀람, 느낌, 부름, 대답 등을 나타내는 단어들을 **감탄사**라고 해요.

이처럼 품사 분류의 세 번째 기준은 단어가 어떤 의미를 나타내고 있느냐에 관한 것으로, 이때 품사는 명사, 대명사, 수사, 동사, 형용사, 관형사, 부사, 조사, 감탄사의 9개로 나눌 수 있어요. 이들이 어떤 의미에 따라 세분화되는지는 **02**일과 **03**일에서 좀 더 자세하게 설명해 줄게요.

국어교과서 단박정리

- **품사** 단어를 성질이 비슷한 것끼리 모아서 분류하여 놓은 갈래
- **품사의 분류 기준**

형태	분류 기준	**단어의 형태 변화 여부** : 단어의 '형태(모습)가 변할 수 있는가, 변할 수 없는가?'를 기준으로 함. 곧, 문장에서의 필요에 따라 형태를 바꿀 수 있느냐 없느냐를 가지고 단어를 분류함.
	종류	가변어, 불변어
기능	분류 기준	**단어들이 문장 속에서 담당하는 기능** : 단어가 문장 속에서 주로 담당하는 기능(역할)을 기준으로 함. 곧, 문장의 뼈대(몸체) 역할, 문장에서 설명하려는 대상에 대해 설명하는 역할, 다른 말을 꾸며 주는 역할, 단어들 사이의 문법적 관계를 표시하는 역할 등에 따라 단어를 분류함.
	종류	체언, 용언, 수식언, 관계언, 독립언
의미	분류 기준	**단어가 나타내는 의미** : 단어가 나타내는 공통적인 의미를 기준으로 함. 무언가의 이름을 나타낸다는 의미, 그 이름을 대신한다는 의미, 동작이나 움직임을 나타낸다는 의미 등에 따라 단어를 분류함.
	종류	명사, 대명사, 수사, 동사, 형용사, 관형사, 부사, 조사, 감탄사

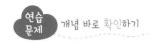

01 다음 빈칸에 들어갈 알맞은 말을 쓰시오.

> 단어를 성질이 비슷한 것끼리 모아서 분류하여 놓은 갈래를 ☐☐라고 한다.

02 다음 단어의 분류 기준과 그에 따른 품사의 종류를 바르게 연결하시오.

(1) 형태 •   • ㉠ 명사, 대명사, 수사, 동사, 형용사, 관형사, 부사, 조사, 감탄사

(2) 기능 •   • ㉡ 체언, 용언, 수식언, 관계언, 독립언

(3) 의미 •   • ㉢ 가변어, 불변어

03 다음 문장을 단어로 나누었을 때 단어의 형태가 변하면 '가', 변하지 않으면 '불'이라고 (   ) 안에 쓰시오.

> 나   는   밥   을   먹었다.
> (   ) (   ) (   ) (   )   (   )

04 다음 문장을 단어로 나누고, 각 단어를 문장에서 담당하는 기능(역할)에 따라 나누어 쓰시오.

> • 아, 저 봉우리가 제일 아름답구나.
> → [단어로 나누기] _____

(1) 체언 : _____   (2) 용언 : _____

(3) 관계언 : _____   (4) 수식언 : _____

(5) 독립언 : _____

05 다음 표의 (1)~(3)에 알맞은 품사를 쓰시오.

단어	의미	품사
목소리, 사람, 너구리, 책상	사람이나 사물, 장소의 이름을 나타내는 단어	명사
이것, 저것, 여기, 저기	사람이나 사물, 장소의 이름을 대신하여 가리키는 단어	(1)
에구머니, 어머나, 여보게, 응	말하는 사람의 놀람이나 느낌, 부름, 대답 등을 나타내는 단어	(2)
옛, 헌, 새	주로 체언 앞에 놓여 그 내용을 꾸며 주는 단어	(3)

(1) _____   (2) _____

(3) _____

연습문제 풀이 **01** 품사 **02** (1) ㉢ (2) ㉡ (3) ㉠ **03** 불, 불, 불, 불, 가 **04** [단어로 나누기] 아, 저, 봉우리, 가, 제일, 아름답구나 (1) 봉우리
(2) 아름답구나 (3) 가 (4) 저, 제일 (5) 아 **05** (1) 대명사 (2) 감탄사 (3) 관형사

01 다음 문장을 이루고 있는 단어의 수로 알맞은 것은?

> 나는 엄마가 좋아요.

① 3개　　　② 4개　　　③ 5개　　　④ 6개　　　⑤ 8개

02 다음 단어들을 성질이 공통된 것끼리 두 가지로 나누어 쓰시오.

> 포도　　달다　　딸기　　시다　　새콤하다　　복숭아

성질	(1) 과일의 이름을 나타내는 말	(2) 과일의 맛을 설명하는 말
단어		

03 다음 단어 중 성질이 <u>다른</u> 하나는?

① 사람　　　　　② 자유　　　　　③ 무지개
④ 파랗다　　　　⑤ 거울

04 〈보기〉와 같이 단어를 분류할 때, 그 기준으로 적절한 것은?

> ┤ 보기 ├
> ㄱ. 컴퓨터, 백두산, 빗자루, 공원
> ㄴ. 마시다, 슬프다, 뜨겁다, 걷다

① 공통된 의미에 따라
② 뜻이 있는지, 없는지에 따라
③ 자립성이 있는지, 없는지에 따라
④ 형태가 변하는지, 변하지 않는지에 따라
⑤ 움직임을 나타내는지, 그렇지 않은지에 따라

05 다음 문장에 쓰인 단어 중 가변어에 해당하는 것끼리 묶인 것은?

> 나는 사과를 깎고, 동생은 사과를 먹는다.

① 나, 사과　　　　② 나, 사과, 동생　　　　③ 는, 를, 은
④ 깎고, 먹는다　　⑤ 사과, 깎고, 동생, 먹는다

06 품사 찾기 말판을 따라서 단어의 품사를 찾는 과정이다. ㉠~㉤ 중 〈자료〉의 밑줄 친 '새'가 들어갈 곳은? [중3 학업성취도평가]

─┤ 자료 ├─

나는 헌 구두를 버리고 <u>새</u> 구두를 샀다.

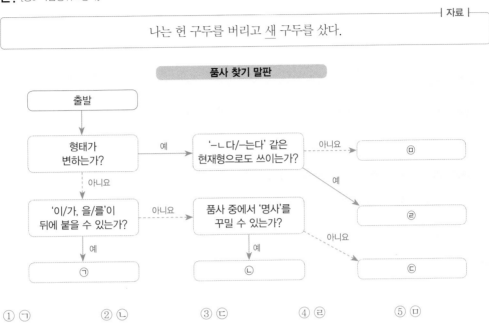

① ㉠   ② ㉡   ③ ㉢   ④ ㉣   ⑤ ㉤

07 다음 글에 쓰인 단어 중 〈자료〉에서 설명하는 품사에 해당하는 것은? [중3 학업성취도평가]

　학급에서 발생하는 괴롭힘 상황에 대한 전통적인 접근 방법은 '가해자 ─ 피해자 모델' 이다 .
… 하지만 '가해자 ─ 피해자 모델'로는 괴롭힘 상황을 근본적으로 해결하지 못한다. … '가해
자 ─ 피해자 ─ 방관자 모델'에서는 방관하는 행동이 바로 괴롭힘 상황을 유지하게 만드는 근본적
인 원인이라고 생각한다 . … 그렇다고 이 모델에서 방관자를 가해자와 동일하게 처벌하자는
것은 아니다 . … 예를 들어, 괴롭힘 상황이 발생했을 때 학급의 모든 구성원은 이 상황을 인
지하고 역할극이나 회의를 통해 문제의 심각성을 공유해야 한다.

─┤ 자료 ├─

• 형태가 변하지 않는다.
• 체언을 수식한다.

① 이다   ② 하지만   ③ 생각한다
④ 아니다   ⑤ 모든

 **일 02일 품사의 특성을 파악하자 1**

 체언

- 형태가 변하지 않음(→ 불변어).
- 문장에서 몸통과 같은 중심적인 역할을 함.
- 필요한 경우 조사를 뒤에 붙여 쓸 수 있음.
- '명사', '대명사', '수사'가 이에 속함.

　앞 시간에 우리는 단어들을 '형태' 변화, 문장에서의 '기능', 그리고 '의미'에 따라 나눌 수 있다는 것을 살펴봤어요. 예를 들어 '학교'라는 단어의 품사를 말할 때, 정확하게는 형태 변화에 따라서는 '불변어'이고, 기능에 따라서는 '체언'이며, 의미상으로는 '명사'라고 할 수 있어요. 그런데 보통 우리가 단어의 품사를 말할 때에는 의미에 따라 분류한 명칭으로 부르기 때문에 흔히 '명사'라고만 하는 거죠. 자, 그럼 이제부터 기능상 '체언'에 해당하는 세 가지 품사, 곧 '명사', '대명사', '수사'에 대해서 자세히 알아보기로 해요.

1 명사 – 우주 만물에는 각자의 이름이 있다

　세상 모든 것에는 그것을 가리키는 명칭이나 이름이 있는데 이런 단어를 **명사**(名^{이름 명} 詞^{말 사})라고 해요. 오죽했으면 이름 자체가 사람이나 사물, 장소의 이름을 나타내는 단어겠어요. 명사는 특성에 따라 다시 나눌 수 있어요. 보통 사용 범위에 따라 '학생', '할아버지', '집' 등과 같이 같은 종류의 사람이나 사물에 대하여 두루 쓰이는 이름인 **보통 명사**와 '신사임당', '대한민국', '한강' 등과 같이 특정한 사람이나 사물을 다른 것과 구별하여 부르기 위해 붙인 이름인 **고유 명사**로 나눌 수 있어요. 그럼 '출판사'는 보통 명사이고, '쏠티북스'는 고유 명사겠죠?

보통 명사	고유 명사
학생　　　집 　할아버지　　온풍기	대한민국　　　한강 　　신사임당　　광화문

　그리고 명사는 꾸며 주는 말이 필요한가에 따라 다른 말의 도움 없이 홀로 쓰일 수 있는 **자립 명사**와 명사의 성격을 가지면서도 홀로 쓰이지 못하고 다른 말의 꾸밈을 반드시 필요로 하는 **의존 명사**로 나눌 수 있어요. 의존 명사에 대해서는 예문을 통해 좀 더 설명해 줄게요.

> ① **마음씨**가 진정 곱고 아름답다.
> ② 진정 아름다운 **것**은 고운 마음씨이다.

위 두 문장에서 ①의 '마음씨'와 ②의 '것'은 둘 다 명사예요. 그런데 '것'은 '마음씨'와 달리 앞에 '아름다운'과 같이 꾸며 주는 말이 와야 어떤 대상인지를 알 수 있어요. 곧, 혼자서는 무슨 의미인지 분명하지 않아 꾸며 주는 말에 의존하고 있는 거죠. 이러한 '것'과 같은 명사가 바로 의존 명사예요. 의존 명사는 꾸며 주는 말이 필요하지만 엄연히 하나의 명사이므로 앞말과는 띄어 써야 하고, 필요한 경우 뒤에 조사를 붙일 수 있다는 점을 잊지 마세요. 대표적인 의존 명사에는 '데'(장소), '수'(가능), '이'(사람), '것'(사물), '바'(내용) 등이 있어요.

국어교과서 단박정리

품사	분류 기준	세부 종류	뜻
명사	사용 범위	고유 명사	특정한 사람이나 사물에 대하여 붙여진 고유한 이름(명칭) 예 신사임당, 한강, 대한민국 등
		보통 명사	같은 종류의 사람이나 사물에 두루 쓰이는 이름(명칭) 예 창문, 학교, 그릇 등
	꾸며 주는 말의 필요성	자립 명사	꾸며 주는 말의 도움 없이 홀로 쓰일 수 있는 명사 예 책, 나무, 손, 도로, 집 등
		의존 명사	홀로 쓰이지 못하고 앞에 꾸며 주는 말이 와야만 하는 명사 예 · 오늘 체육 수업하는 **데**가 어디야?(장소) · 너는 할 **수** 있어.(가능) · 저 모자 쓴 **이**가 누구지?(사람) · 진정 아름다운 **것**은 마음이다.(사물) · 평소에 느낀 **바**를 말하면 돼.(내용)

2 대명사 - 그 이름을 대신하여 쓴다

> 준희는 인영이랑 내일 놀이터에서 놀고 싶어.

> 인영이는 놀이터에서 놀고 싶지 않고, 준희랑 운동장에서 자전거 타고 싶어.

> 그래! 그럼 준희와 인영이는 내일 운동장에서 자전거 타면서 놀자.

> 그런데 내일 운동장에 사람이 너무 많으면 준희와 인영이는 어떡하지?

만약 위와 같은 식으로 대화한다면 어떨까요? 인영이는 매번 자신을 '인영'이라고 지칭해야 하고, '놀이터'와 '운동장'이라는 말도 계속 되풀이해야 해요. 너무 불편하죠. 그래서 '대명사'를 써요. 대명사의 '대'는 '대신하다'라는 의미예요. 곧, **명사를 대신하여 쓰는 단어를 대명사**(代대신할 대 名이름 명 詞말 사)라고 해요. 대명사는 사람을 대신하는 **인칭 대명사**와 사물이나 장소의 이름을 대신하는 **지시 대명사**로 나눌 수 있어요.

① <u>나</u>는 <u>너</u>랑 내일 놀이터에서 놀고 싶어.

② <u>나</u>는 <u>거기</u>서 놀고 싶지 않고, <u>너</u>랑 운동장에서 자전거 타고 싶어.

③ 그래! 그럼 <u>우리</u>(는) 내일 운동장에서 자전거 타면서 놀자.

④ 그런데 내일 <u>거기</u>에 사람이 너무 많으면 (우리는) 어떡하지?

위의 ①~④에서의 '나', '너', '우리' 등이 인칭 대명사이고, ②와 ④에서의 '거기'가 지시 대명사예요. 이 때 ②의 '거기'는 앞서 나온 '놀이터'를, ④의 '거기'는 '운동장'을 각각 뜻하죠.

국어교과서 단박정리

품사	분류 기준	세부 종류		뜻
대명사	무엇(대상)을 대신하나	인칭 대명사	1인칭	말하는 사람 자신을 대신 가리키는 말 예 나, 저, 소자(소인, 소신 등), 우리, 저희 등
			2인칭	듣는 사람을 대신 가리키는 말 예 너, 당신, 자네, 그대, 너희, 여러분 등
			3인칭	말하는 사람과 듣는 사람을 제외한 다른 사람을 대신 가리키는 말 예 그, 그녀, 이분(저분, 그분), 이이 등
		지시 대명사	사물	사람과 장소를 제외한 사물을 대신 가리키는 말 예 이것, 그것, 저것 등
			장소	장소를 대신 가리키는 말 예 이곳, 그곳, 저곳, 여기, 거기, 저기 등

3 수사 – 수를 세고 순서를 매길 때 쓴다

아기 돼지들이 소풍을 갔어요. <u>첫째</u>가 동생들을 모아 놓고 모두 다 있는 지 수를 셌어요.

"<u>하나</u>, <u>둘</u>, <u>셋</u>, <u>넷</u>, <u>다섯</u>, <u>여섯</u>…… 어?"

아무리 세어 봐도 이상했어요.

"분명히 일곱이어야 하는데, 하나가 어디 있지? 막내가 없나? <u>여섯째</u>가 없나? 아이, 참……. 도대체 누가 없는 거야?"

단어 중에 **수량이나 순서를 나타내는 단어를 수사**(數셀 숫자 수 詞말 사)라고 해요. 수사에는 위 예문에서의 '하나', '둘', '셋' 등과 같이 양(수량)을 나타내는 **양수사**와 '첫째', '여섯째' 등과 같이 차례(순서)를 나타내는 **서수사**가 있어요. 그리고 수사에도 명사나 대명사와 같이 조사를 붙여 쓸 수 있답니다. 위 예문의 '첫째<u>가</u>' 등에서도 이를 확인할 수 있죠?

만약 수를 세는 말에 조사를 붙일 수 없거나, 그 말 뒤에 의존 명사가 온다면, 이때의 수를 세는 말은 '수사가 아니라 '수 관형사'야. 수 관형사에 대해서는 **03일**에서 다시 배울 거야!

품사	분류 기준	세부 종류		뜻
수사	무엇을 (어떻게) 세나	수량	양수사	사물의 양(수량)을 나타내는 말 예 • 하나, 둘, 셋, 넷 등 • 일, 이, 삼, 사 등
		순서	서수사	사물의 차례(순서)를 나타내는 말 예 • 첫째, 둘째, 셋째, 넷째 등 • 제일, 제이, 제삼, 제사 등

연습문제 개념 바로 확인하기

01 다음 빈칸에 들어갈 알맞은 말을 쓰시오.

(1) 기능상 체언에 해당하는 세 가지 품사에는 ☐☐, ☐☐☐, ☐☐가 있다.

(2) 꾸며 주는 말의 도움 없이 홀로 쓰일 수 있는 명사를 자립 명사라 하고, 앞에 꾸며 주는 말이 와야만 하는 명사를 ☐☐ ☐☐라고 한다.

(3) 대명사는 사람을 대신하는 ☐☐ 대명사와 사물이나 장소의 이름을 대신하는 ☐☐ 대명사로 나눌 수 있다.

(4) 수사에는 사물의 양(수량)을 나타내는 ☐☐☐와 차례(순서)를 나타내는 ☐☐☐가 있다.

02 다음 설명이 맞으면 ○표, 틀리면 ×표를 하시오.

(1) '데', '수', '이', '것', '바'와 같은 말들은 하나의 단어로 취급하지 않는다. ( )

(2) 대명사가 가리키는 대상은 고정되어 있어서 문장에 따라 변하지 않는다. ( )

(3) 수사는 수량이나 순서를 나타내는 단어로, 수사 뒤에는 조사를 붙여 쓸 수 없다. ( )

03 다음 품사와 그에 해당하는 예를 바르게 연결하시오.

(1) 고유 명사 •   • ㉠ 대한민국, 정인영, 아이언맨

(2) 보통 명사 •   • ㉡ 첫째, 둘째, 셋째, 제일, 제이, 제삼

(3) 인칭 대명사 •   • ㉢ 소자, 자네, 그대, 이분, 저분

(4) 지시 대명사 •   • ㉣ 하나, 둘, 셋, 일, 이, 삼

(5) 양수사 •   • ㉤ 여기, 저기, 거기, 이것, 저것, 그것

(6) 서수사 •   • ㉥ 학교, 책, 생각, 나라, 이름

연습문제 풀이 **01** (1) 명사, 대명사, 수사 (2) 의존 명사 (3) 인칭, 지시 (4) 양수사, 서수사 **02** (1) × ('데', '수', '이', '것', '바'와 같은 말들은 모두 의존 명사예요. 의존 명사는 앞에 꾸며 주는 말이 반드시 와야 하지만, 엄연히 명사이므로 하나의 단어로 취급해요.) (2) × (대명사가 가리키는 대상은 앞서 언급된 명사가 무엇인가에 따라 달라져요. 곧, 문장에 따라 대명사가 가리키는 대상은 달라요.) (3) × (명사, 대명사와 마찬가지로 수사에도 필요한 경우 조사를 붙여 쓸 수 있어요.) **03** (1) ㉠ (2) ㉥ (3) ㉢ (4) ㉤ (5) ㉣ (6) ㉡

용언

- 문장에서 사람이나 사물의 동작이나 작용, 상태, 성질을 설명하는 말.
- 문장에서의 쓰임에 따라 형태가 다양하게 바뀌어 사용됨(→ 가변어).
- '동사'와 '형용사'가 이에 속함.

체언과 더불어 문장을 구성하는 데 있어 없어서는 안 될 단어들이 바로 용언이에요. 문장은 보통 '누가 (무엇이) 어찌하다(어떠하다).'의 형식을 취하는데, 용언은 여기서 '어찌하다(어떠하다)'의 자리에 쓰이죠. 용언이라는 명칭은 이 단어들이 다른 품사들과는 달리 '활용(活用)'이 가능하기 때문에 붙은 거예요. 그러면 기능상 용언에 해당하는 '동사'와 '형용사'에 대해 살펴보기 전에, 먼저 '활용'이 무엇인지부터 알아볼까요?

① 저기 빨간 바지를 **입은** 아이가 내 동생이야. (입-+-은)
② 우리 반 아이들은 언제나 교복을 단정하게 **입는다**. (입-+-는다)
③ 한복을 **입고** 있으니 정말 명절이 된 것 같아. (입-+-고)
④ **따뜻한** 햇살이 내리쬐고 있었다. (따뜻하-+-ㄴ)
⑤ 손님을 가족처럼 **따뜻하게** 대하자. (따뜻하-+-게)
⑥ 봄이 오면 날씨가 **따뜻할** 것이다. (따뜻하-+-ㄹ)

위의 ①~③에서는 모두 무엇을 '어찌하는지(어찌하다)'를 나타내는 용언 '입다'를 사용하고 있어요. 그런데 문장에 따라 '입다'의 형태가 '입은', '입는다', '입고' 등과 같이 다양하게 바뀌고 있죠? 또한 ④~⑥에서는 무엇이 '어떠한지(어떠하다)'를 나타내는 용언 '따뜻하다'를 사용하고 있어요. '따뜻하다' 역시 문장에 따라 '따뜻한', '따뜻하게', '따뜻할' 등과 같이 다양한 형태로 바뀌고 있죠.

그리고 위의 단어들을 좀 더 살펴보면, 단어의 모습이 계속 바뀐다고 해도 단어에서 바뀌지 않고 고정되어 있는 부분이 있어요. '입-'은 형태의 변화 없이 그대로이고, '-은', '-는다', '-고'가 바뀌면서 '입-'의 뒤에 붙어 있어요. 또한 '따뜻하-'는 형태가 고정되어 있고, '-ㄴ', '-게', '-ㄹ'이 바뀌고 있고요.

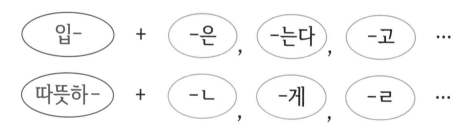

이처럼 용언이 문장에 쓰일 때 그 용언에서 고정되어 변하지 않는 부분을 **어간**(語말씀 어 幹줄기 간)이라 하고, 바뀌는 부분을 **어미**(語말씀 어 尾꼬리 미)라고 해요. 그리고 용언의 어간에 다양한 어미가 붙어서 용언의 형태를 바꾸어 문장에서 여러 가지 기능을 하게 하는 것을 **활용한다**고 하죠.

용언의 어미는 용언과 결합할 때의 위치에 따라 단어의 끝에 놓이는 **어말 어미**, 어말 어미 앞에 놓이는 **선어말 어미**로 나눌 수 있어요. 어미의 종류와 각각의 예를 표로 정리해 줄 테니 찬찬히 익혀 보세요. 나중에 배울 문장(문장의 표현) 편과도 밀접하게 연관되니 잘 기억해 두면 무척 유용하답니다.

용언이 활용하는 여러 형태 중에서 가장 기본이 되는 것을 '기본형'이라고 해. 기본형은 어간에 어미 '-다'를 붙인 것으로, 사전에서 용언을 찾을 때에는 이 기본형으로 찾아야 해.

어미의 종류

선어말 어미	높임 선어말 어미		−시− (문장의 주체를 높임)		선생님께서 말씀하**셨**다.(말씀하**시**었다)
	공손 선어말 어미		−옵− (듣는 사람을 높임)		성은이 망극하**옵**니다.
	시제 선어말 어미		−ㄴ/는− (현재), −았/었−, −더− (과거), −겠− (미래)		그를 본다 / 보**았**다 / 보**더**라 / 보**겠**다.
어말 어미	종결 어미 (문장을 끝맺는 기능을 함.)	평서형	−다, −네, −오, −ㅂ니다, …		재미있는 책을 읽**다**.
		의문형	−니, −나, −ㅂ니까, −ㄹ까, …		재미있는 책을 읽**니**?
		명령형	−(아)라/(어)라, −려무나, …		재미있는 책을 읽**어라**!
		청유형	−자, −세, −자꾸나, …		재미있는 책을 읽**자**.
		감탄형	−구나, −군, −로구나, …		책이 정말 재미있**구나**!
	연결 어미 (다른 단어나 문장을 연결해 주는 기능을 함.)	대등적	−고, −만, −며, −나, −든지, −면서, −거나, …		하늘이 높**고** 푸르다.
		종속적	−면, −니, −므로, −려고, −러, −어야, …		봄이 오**면** 꽃이 핀다.
	전성 어미 (용언의 역할을 임시로 바꿔 주는 기능을 함.)	명사형	−(으)ㅁ, −기, …		아침에 일찍 일어나**기**가 힘들어.
		관형사형	−(으)ㄴ, −는, −(으)ㄹ, −던, …		예쁘게 웃고 있**는** 너는 누구니?
		부사형	−게, −도록, −듯이, −아서, …		안 되면 되**게** 하자.

한편, '사과를 먹어 버렸다.'와 같이 용언이 어미를 사이에 두고 두 개 이상 이어져 나올 때가 있어요. 이때 본래의 뜻으로 쓰이며 서술의 주된 의미를 나타내는 앞의 용언을 **본용언**이라고 해요. 그리고 본래의 의미와는 다르게 본용언에 진행이나 완료 등의 의미를 더해 주고 있는 뒤의 용언을 **보조 용언**이라고 해요. 본용언과 보조 용언이 쓰이는 경우에는 두 용언이 묶이어 '어찌하다(어떠하다)'의 의미를 나타낸답니다.

1 동사 - 동작이나 작용을 표현하다

동사(動움직일 동 詞말 사)는 말 그대로 사람이나 사물의 동작이나 작용을 나타내는 단어예요. 보통 '누가(무엇이) 어찌하다'라는 형식의 문장에서 '어찌하다' 자리에 오는 말이죠.

> 어머니는 내게 가방을 **넘겨준** 다음 두 발과 지겟작대기를 **이용해** 내가 **가야 할** 산길의 이슬을 **떨어내기 시작했다**. … 어머니는 발로 이슬을 **떨고**, 지겟작대기로 이슬을 **떨었다**.
>
> ― 이순원, 「어머니는 왜 숲속의 이슬을 떨었을까」

위의 예문에서 '넘겨주다', '이용하다', '가다(가야 하다)', '떨어내다', '시작하다', '떨다' 등이 모두 '어머니'나 '나'의 동작을 나타내는 동사예요. 앞서 설명한 대로 용언답게 활용된 모습이죠.

❷ 형용사 – 상태나 성질을 표현하다

형용사(形 모양 형 容 모습 용 詞 말 사)는 사람이나 사물의 상태나 성질을 나타내는 단어예요. 보통 '누가(무엇이) 어떠하다'라는 형식의 문장에서 '어떠하다' 자리에 오는 말이죠.

> 열여섯 살이라지만 볼은 아직 어린아이처럼 **토실하니 붉고**, 눈 속이 **깨끗하다. 숙성한** 건 목소리뿐이다. 제법 **굵고 부드러운** 저음이다. 그 목소리가 전화선을 타면 **점잖고 떨떠름한** 늙은이 목소리로 들린다.
>
> — 박완서, 「자전거 도둑」

위의 예문에서 볼이 '토실하다', '붉다'고 하는 말이나, 눈이 '깨끗하다'거나, 목소리가 '숙성하다', '굵다', '부드럽다', '점잖다', '떨떠름하다'는 말들이 모두 형용사예요. 열여섯 살인 어떤 인물의 상태나 성질을 표현하고 있죠? 역시 동사와 마찬가지로 용언답게 다양한 모습으로 활용되고 있네요.

{동사와 형용사의 구분}

동사와 형용사는 모두 용언이어서 가끔 구분이 잘 안 될 때가 있어요. 그럴 때에는 우선 단어의 의미에 주목해 보세요. 동작이나 작용을 나타내는 말이면 동사, 상태나 성질을 나타내는 말이면 형용사!

의미상의 차이 말고 다른 방법으로도 동사와 형용사를 구분할 수 있어요. 동사에는 명령형이나 청유형, 현재형 어미가 붙을 수 있어요. 또 진행형으로 표현할 수도 있죠. 하지만 형용사는 그럴 수 없어요. 이를 통해 동사와 형용사를 구분할 수 있는 거죠. '달리다'와 '예쁘다'로 설명해 줄게요.

단어	구분 기준	결과
달리다	명령형 어미('-(어)라')	달리- + -(어)라 → 달려라 (○ 결합 가능)
	청유형 어미('-자')	달리- + -자 → 달리자 (○ 결합 가능)
	현재형 어미('-ㄴ다')	달리- + -ㄴ다 → 달린다 (○ 결합 가능)
	진행형 표현('-고 있다')	달리- + -고 있다 → 달리고 있다 (○ 결합 가능)
예쁘다	명령형 어미('-(어)라')	예쁘- + -어라 → 예뻐라 (× 결합 불가능)
	청유형 어미('-자')	예쁘- + -자 → 예쁘자 (× 결합 불가능)
	현재형 어미('-ㄴ다')	예쁘- + -ㄴ다 → 예쁜다 (× 결합 불가능)
	진행형 표현('-고 있다')	예쁘- + -고 있다 → 예쁘고 있다 (× 결합 불가능)

따라서 명령형이나 청유형, 현재형, 진행형 표현이 가능한 '달리다'는 동사이고, 이러한 표현이 불가능한 '예쁘다'는 형용사예요. 어렵지 않죠?

국어교과서 단박정리

- **용언의 활용** 용언이 문장 속에서 사용될 때 용언의 어간에 다양한 어미가 붙어서 용언의 형태가 바뀌는 것. 용언은 '활용'을 통해 문장에서 여러 가지 기능을 하게 됨.
  ① 어간 : 활용할 때 변하지 않는 부분 **예** '보다', '보니', '보고'에서의 '보–' 등
  ② 어미 : 활용하여 변하는 부분 **예** '보다', '보니', '보고'에서의 '–다', '–니', '–고' 등
- **용언** – 동사, 형용사

품사	뜻	특성	동사와 형용사 구분법
동사	사람이나 사물의 동작이나 작용을 나타내는 단어 **예** 달리다, 먹다, 뛰다, 걷다, 자다 등	문장에서 그 쓰임에 따라 형태가 변함 (활용함).	• 동작이나 작용을 나타내면 동사, 상태나 성질을 나타내면 형용사임. • 명령형, 청유형, 현재형, 진행형 표현이 가능하면 동사, 불가능하면 형용사임.
형용사	사람이나 사물의 상태나 성질을 나타내는 단어 **예** 예쁘다, 착하다, 조용하다, 깊다, 넓다 등		

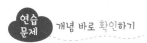

연습문제 개념 바로 확인하기

01 다음 빈칸에 들어갈 알맞은 말을 쓰시오.

(1) 용언에는 동작이나 작용을 나타내는 ☐☐와 상태나 성질을 나타내는 ☐☐☐가 있으며, 이들은 문장에서 그 쓰임에 따라 형태가 변하는 ☐☐☐이다.

(2) 용언에서 고정되어 변하지 않는 부분을 ☐☐이라 하고, 그 뒤에 붙어서 바뀌는 부분을 ☐☐라고 한다. 그리고 이렇게 단어의 형태를 문장에 맞게 바꾸는 것을 '☐☐한다'고 한다.

(3) 용언의 어미는 위치에 따라 단어의 가장 끝에 놓이는 ☐☐ 어미와 어말 어미 앞에 오는 ☐☐ 어미로 나눌 수 있다.

(4) ☐☐는 명령형, 청유형, 현재형, 진행형 표현이 가능하지만, ☐☐☐는 불가능하다.

02 다음 단어들의 공통된 품사를 쓰시오.

(1) 달리고, 먹으니, 입는데, 뛰었다, 걷다가, 잤더니 : _____

(2) 예쁘고, 착해서, 작으니, 조용한데, 깊었다, 넓은 : _____

03 다음 단어의 품사를 쓰시오. 그런 다음 어간과 어미로 구분하고, 기본형을 쓰시오.

(1) 없으니

ㄱ 품사 : _____

ㄴ 어간 : _____

어미 : _____

ㄷ 기본형 : _____

(2) 볼까

ㄱ 품사 : _____

ㄴ 어간 : _____

어미 : _____

ㄷ 기본형 : _____

연습문제 풀이 **01** (1) 동사, 형용사, 가변어 (2) 어간, 어미, 활용 (3) 어말, 선어말 (4) 동사, 형용사 **02** (1) 동사 (2) 형용사 **03** (1) ㄱ 형용사 ㄴ 없–, –으니 ㄷ 없다 (2) ㄱ 동사 ㄴ 보–, –ㄹ까 ㄷ 보다

01 다음 중 품사에 대한 설명으로 적절하지 <u>않은</u> 것끼리 묶인 것은?

> ㉠ 명사 중 의존 명사는 자립성이 없으므로 조사가 붙을 수 없다.
> ㉡ 용언에서 활용할 때 변하지 않는 부분이 어간, 변하는 부분이 어미이다.
> ㉢ 대명사는 무엇을 대신하느냐에 따라 인칭 대명사와 지시 대명사로 나눌 수 있다.
> ㉣ 동사와 형용사는 문장에서 여러 형태로 바뀌어서 쓰이기 때문에 용언이라고 한다.
> ㉤ 명사, 대명사, 수사는 문장에서 몸통이 되는 말로 주로 쓰이므로 체언이라고 한다.
> ㉥ 동사는 현재형과 진행형 표현이, 형용사는 명령형과 청유형 표현이 각각 가능하다.

① ㉠, ㉡   ② ㉠, ㉢   ③ ㉠, ㉥
④ ㉠, ㉢, ㉥   ⑤ ㉠, ㉢, ㉥, ㉤

02 다음 중 ㉠～㉤에 대한 설명으로 적절하지 <u>않은</u> 것은?

> ㉠내가 그의 이름을 불러 주기 전에는
> 그는 다만 / 하나의 ㉡몸짓에 지나지 않았다.
>
> 내가 그의 ㉢이름을 불러 주었을 때
> ㉣그는 나에게로 와서 / ㉤꽃이 되었다.
>
> – 김춘수, 「꽃」

① ㉠ : 말하는 사람 자신을 가리키는 말로 인칭 대명사이다.
② ㉡ : 사람이나 사물의 움직임을 의미하므로 체언이 아니다.
③ ㉢ : 보통 명사로 일반적인 사물의 명칭을 의미하는 단어이다.
④ ㉣ : 말하는 사람과 듣는 사람을 제외한 다른 사람을 대신하여 가리킨다.
⑤ ㉤ : 앞에 꾸며 주는 말을 꼭 필요로 하지는 않으므로 자립 명사이다.

03 다음 ㉠～㉤의 밑줄 친 단어 중에서 품사가 <u>다른</u> 하나는?

> ㉠ <u>셋</u>보다 둘이 작다.
> ㉡ 형은 이제 <u>스물</u>이 되었다.
> ㉢ 그중 <u>둘</u>은 친구의 물건이다.
> ㉣ 가게에서 사과 <u>하나</u>를 샀다.
> ㉤ 그 마을에는 집이 <u>네</u> 채밖에 없다.

① ㉠   ② ㉡   ③ ㉢   ④ ㉣   ⑤ ㉤

04 다음 글의 ㉠에 대한 설명으로 적절하지 <u>않은</u> 것은?

> "㉠괜찮아."
> 무엇이 괜찮다는 것인지는 몰랐다. 돈 없이 깨끗을 공짜로 받아도 괜찮다는 것인지, 아니면 목발을 짚고 살아도 괜찮다는 것인지…. 하지만 그건 중요하지 않다. 중요한 건 내가 그날 마음을 정했다는 것이다. 이 세상은 그런대로 살 만한 곳이라고.
> – 장영희, 「괜찮아」

① 문장에서의 쓰임에 따라 다양한 형태로 바뀔 수 있다.
② 문장을 만들 때 주로 대상에 대해 서술하는 역할을 한다.
③ 사람이나 사물의 움직임을 나타내며, '어찌하다'의 뜻을 갖는다.
④ 기본형은 '괜찮다'이며 '괜찮고', '괜찮으니', '괜찮아서' 등으로 활용된다.
⑤ 어간과 어미로 이루어져 있으며 어미가 발달한 우리말의 특징을 잘 보여 준다.

05 다음 문장에서 품사의 특성과 관련하여 잘못된 부분을 올바로 고친 것은?

> ㉠지금까지 ㉡아침 방송 '㉢마음의 소리'였습니다. 여러분, 오늘 ㉣하루도 ㉤행복하세요.

① ㉠의 '지금'은 체언이 아니므로 조사를 붙일 수 없기 때문에 조사 없이 '지금'으로 써야 한다.
② ㉡'아침'은 뒤에 오는 단어를 꾸며 줄 때 특별한 형태로 활용해야 하므로 '아침의'로 써야 한다.
③ ㉢의 '마음'은 홀로 사용할 수 있는 자립 명사이므로 조사 없이 '마음'으로 써야 한다.
④ ㉣의 '하루'는 수량을 나타내는 수사이므로 조사 없이 '하루'로 써야 한다.
⑤ ㉤의 '행복하다'에는 명령형 어미를 붙일 수 없으므로 ㉤은 '행복한 날 보내세요.'와 같이 써야 한다.

06 〈보기〉의 ㉠~㉤에 대한 설명으로 적절하지 <u>않은</u> 것은? [고1 전국연합학력평가]

> ┤ 보기 ├
> 지수 : 성모야, 내가 낀 장갑 어때?
> 성모 : ㉠그것 참 예쁘네. 어디서 샀어?
> 지수 : 우리 언니가 생일 선물로 준 건데, 우리 동네 시장에 있는 가게에서 샀대. 거기 가르쳐 줄까?
> 성모 : ㉡여기서 쉽게 찾아갈 수 있을까?
> 지수 : ㉢저기 학교 앞 정류소에서 11번 버스를 타고 다섯 번째 정류소에서 내리면 편의점이 있을 거야. ㉣거기서 우측 골목으로 조금 더 가면 바로 ㉤그곳이야.

① ㉠은 '지수'가 끼고 있는 '장갑'을 가리키는 말이다.
② ㉡은 '성모'와 '지수'가 대화하고 있는 장소를 가리키는 말이다.
③ ㉢은 듣는 이인 '성모'와 가까이 있는 장소를 가리키는 말이다.
④ ㉣은 대화 상황에서 눈에 보이지 않는 장소로, '편의점'을 가리키는 말이다.
⑤ ㉤은 '지수'의 언니가 장갑을 산 '가게'를 가리키는 말이다.

 **O3일 품사의 특성을 파악하자 2**

 관계언 – 조사

- 홀로 쓰일 수 없고 반드시 다른 말의 뒤에 붙어서 쓰임. 단, 앞말과 쉽게 분리되기 때문에 단어로 인정함.
- 형태가 변하지 않음(→ 불변어). 단, 서술격 조사 '이다'는 형태가 변함(→ 가변어).
- '조사'가 이에 속함.

오늘은 관계언인 조사에 대해 공부해 보려고 해요. 조사에 대해서는 앞서 체언 뒤에 붙어서 쓰인다며 몇 번 설명했었는데, 기억나죠? 그럼 우선 다음 문장들을 보세요.

① 철수**가** 밥**을** 먹는다.
② 철수가 밥**도** 먹는다.

위의 ①에서 '가'는 '먹는다'는 행동을 하는 대상이 '철수'임을, '을'은 철수가 먹는 대상이 '밥'임을 알려 주는 등 앞말에 붙어서 다른 말과의 문법적 관계를 나타내 주고 있어요. 그리고 ②를 ①과 비교해 보면, ②에서는 '도'를 사용함으로써 철수가 다른 것을 먹은 데다가 더하여 밥까지 먹은 것이라는 특별한 의미를 더해 주고 있지요. 이렇듯 주로 체언 뒤에 붙어서 그 말과 다른 말과의 문법적인 관계를 나타내거나, 특별한 뜻을 더해 주는 단어를 **조사**(助도울 조 詞말 사)라고 해요. 기능 면에서 다른 단어와의 관계를 나타내 주므로 관계언이라고 하고, 의미 면에서는 체언 등에 붙어 그 말의 의미를 도와주는 역할을 하므로 조사라고 하죠. 우리말은 조사가 매우 발달한 언어라서 그 수가 많고 종류도 다양한데, 그 쓰임에 따라 크게 '격 조사', '접속 조사', '보조사'로 나눌 수 있어요.

1 격 조사 – 일정한 자격을 갖게 해요

주로 체언 뒤에 붙어 그 말이 문장 안에서 일정한 자격을 갖게 하는 조사를 **격**(格격식, 자리 격) **조사**라고 해요. 격 조사에는 여러 종류가 있는데, 우선 **주격 조사**는 앞말이 문장에서 주어가 되도록 만들어 주는 조사로, '이/가'와 높임을 나타낼 때 쓰는 '께서'가 있어요. 그 외에 단체에 붙는 주격 조사 '에서'가 있고요. '이번 대회는 우리 학교에서 우승했다.'라는 문장에서 우승을 한 대상, 곧 주어는 '(우리) 학교'가 되므로 이런 경우에는 단체에 붙는 주격 조사 '에서'를 쓰는 거죠.

목적격 조사는 앞말을 목적어로 만들어 줘요. 그리고 **보격 조사**는 앞말을 보어로 만들어 주는 조사인데, 간단히 설명하자면 '되다, 아니다'라는 용언 앞에 오는 '이/가'가 붙는 말이 보어예요.

서술격 조사는 체언 뒤에 붙어 그 말 자체(체언+'이다')가 서술어로 쓰여요. 그리고 형태가 고정된 다른 조사들과는 달리 서술격 조사는 '이고, 이면, 이니, 이어서' 등과 같이 활용을 한다는 점이 큰 특징이에요.

관형격 조사와 **부사격 조사**도 앞말에 붙어 그 말이 각각 관형어와 부사어가 되도록 만들어 줘요. 그리고 **호격 조사**는 앞말에 붙어 부름을 나타내는 말이 되도록 만들어 주고요.

주어, 목적어, 보어, 서술어, 관형어, 부사어 등 문장 성분에 대해서는 **08, 09일**에 배울 거야.

종류		역할	예
주격 조사	이/가, 께서, 에서	주어가 되게 함.	꽃**이** 피었다. / 아버지**께서** 오셨다.
목적격 조사	을/를	목적어가 되게 함.	미래가 꽃**을** 심는다.
보격 조사	이/가	보어가 되게 함.	민주가 학생 회장**이** 되었다.
서술격 조사	이다	서술어가 되게 함.	사람만이 희망**이다**.
관형격 조사	의	관형어가 되게 함.	저 사람이 너**의** 친구구나.
부사격 조사	에, 에서, 에게, (으)로	부사어가 되게 함.	윤슬이가 동생**에게** 선물을 주었다.
호격 조사	아/야, (이)여/(이)시여	독립어가 되게 함.	예슬**아**, 언제 집에 왔니?

2 접속 조사 - 두 말을 이어 줘요

① 나는 사과**와** 배를 먹었다. / 나는 수박**과** 딸기를 먹었다.
② 나는 사과**랑** 배를 먹었다. / 나는 수박**이랑** 딸기를 먹었다.
③ 너**하고** 나는 친구이다.

위의 ①~③에서 '와/과', '(이)랑', '하고'는 앞뒤의 단어를 동등한 자격으로 이어 주고 있어요. 이렇게 두 단어를 같은 자격으로 이어 주는 역할을 하는 조사를 **접속**(接^{이을 접} 續^{이을 속}) **조사**라고 해요.

3 보조사 - 특별한 뜻을 더해 줘요

① 철수는 그림**을** 잘 그린다.
② 철수는 그림**도** 잘 그린다.
③ 철수는 그림**만** 잘 그린다.

위의 ①에서는 목적격 조사 '을'을 사용하여 철수가 잘 그리는 대상이 그림이라는 것을 드러내고 있어요. 그런데 이 문장에 조사 '을' 대신 '도'나 '만' 등의 조사를 넣으면 문장의 의미가 조금 달라져요.

②에서와 같이 '도'를 쓰면 이미 다른 것이 포함되고 그 위에 그림이 더함(다른 것도 잘하는 데다가 그림까지 잘 그림)의 뜻을 나타내고, ③에서와 같이 '만'을 쓰면 그림에만 한정(다른 것은 다 못하는데 그림은 잘 그림)되는 의미를 나타내요. 이처럼 앞말에 어떤 특별한 뜻을 더해 주는 조사를 **보**(補더할 보)**조사**라고 해요. 문장을 직접 만들어 여러 가지 보조사를 써 가며 비교해 보면 보조사에 의해 문장의 의미가 달라진다는 것을 알 수 있을 거예요.

국어교과서 단박정리

품사	특성	세부 종류	뜻
조사	• 주로 체언 뒤에 붙어 그 말과 다른 말과의 문법적 관계를 나타내거나 특별한 뜻을 더함. • 홀로 쓰일 수 없지만 앞말과 쉽게 분리되므로 단어로 인정함. • 형태가 변하지 않음(불변어). 단, 서술격 조사 '이다'는 형태가 변함 (가변어).	격 조사	앞말이 일정한 자격을 갖게 하는 조사 예 주격 조사(이/가, 께서), 목적격 조사(을/를), 보격 조사(이/가), 서술격 조사(이다), 관형격 조사(의), 부사격 조사(에/에서/에게), 호격 조사(아/야)
		접속 조사	두 단어를 같은 자격으로 이어 주는 역할을 하는 조사 예 와/과, 하고, (이)며, (이)랑
		보조사	앞말에 어떤 특별한 뜻을 더해 주는 조사 예 은/는(화제 표시, 강조의 의미), 요(높임의 의미), 만(한정의 의미), 도(더함의 의미), 마저(최종, 첨가, 극단의 의미), 까지(범위의 극단, 종결의 의미)

연습문제 **개념 바로 확인하기**

01 다음 문장에서 조사를 모두 찾아 밑줄을 그으시오.

(1) 그는 그림도 잘 그린다.

(2) 내일 공원에서 즐겁게 놀자.

(3) 피자며 치킨이며 배불리 먹었다.

02 다음 문장의 밑줄 그은 조사의 종류를 ( ) 안에 아래와 같이 쓰시오.

> • 격 조사 → 격   • 접속 조사 → 접   • 보조사 → 보

(1) 아버지**께서** 가신다.

( )

(2) 벌써 책**까지** 읽는다.

( )

(3) 나는 어제 동생**과** 싸웠다.

( )

(4) 나는 빨간색**과** 분홍색을 좋아한다.

( )

연습문제 풀이 **01** (1) 는, 도 (2) 에서 (3) 며, 이며 **02** (1) 격 (2) 보 (3) 격 (4) 접 ((3)에서의 '과'는 주체와 어떤 일을 함께함(공동의 자격임)을 나타내는 격 조사이고, (4)에서의 '과'는 둘 이상의 사물이나 사람을 같은 자격으로 이어 주는 접속 조사예요.)

 수식언

- 다른 말의 앞에 놓여 그 말을 꾸며 주는 역할을 함.
- 형태가 변하지 않음(→ 불변어).
- '관형사'와 '부사'가 이에 속함.

새 신을 신고 뛰어 보자 **팔짝!**
머리가 하늘까지 닿겠네~ ♬
새 신을 신고 달려 보자 **휙휙!**
단숨에 높은 산도 넘겠네~ ♪♬

어렸을 때 이 노래 많이 들어 봤죠? 이 노래에서 아이가 '어떤' 신을 신었는지, 또 '어떻게' 뛰었는지를 생각하면 아이의 상황이나 기분, 상태가 보다 잘 그려져요. 다음 문장을 같이 볼까요?

① 나는 신을 신고 뛰었다.
② 나는 **새** 신을 신고 **팔짝** 뛰었다.

위의 ①과 ②를 비교해 보면, ①보다 ②의 문장이 훨씬 구체적이고 자세한 느낌을 줘요. 그 이유는 '신'을 꾸며 주는 '새'라는 단어와 '뛰었다'를 꾸며 주는 '팔짝'이라는 단어가 문장에 들어 있기 때문이에요. 이처럼 어떤 말 앞에 놓여서 그 말을 꾸며 주는 역할을 하는 단어를 **수식언**이라고 해요. 수식언에는 '새'처럼 체언을 꾸미는 '관형사'와 '팔짝'처럼 주로 용언을 꾸미는 '부사'가 있어요.

1 관형사 - 체언을 꾸며요

관형사(冠갓 관 形모양 형 詞말 사)는 체언(꾸밈을 받는 말) 앞에 놓여서 그 말을 꾸며 주는 역할을 하는 단어예요. 그리고 관형사 뒤에는 조사나 어미가 붙을 수 없으니 꼭 기억해 두세요.

① 나는 어제 **새** 책을 샀다.
② 나는 오늘 **그** 책을 읽었다.
③ 나는 **한** 번만으로는 부족해서 책을 **여러** 번 읽었다.

위의 ①에서 '새'는 책을 꾸며서 '나'가 산 책이 어떤 책인지 그 범위를 한정하고 있어요. 그리고 ②에서 '그'는 '나'가 읽은 책이 어떤 책인지를 구체적으로 알려 주죠. 만약 ①과 ②의 문장이 연결된 것이라면 '나'가 오늘 읽은 '그 책'은 어제 산 '새 책'을 의미하는 거겠죠.

이어서 ③을 보면 '한', '여러'가 의존 명사인 '번'을 꾸며서 책을 읽은 횟수를 구체적으로 드러내고 있어요. 이렇듯 관형사는 뒤에 오는 체언을 꾸며서 그 의미를 더 구체적이고 자세하게 나타내 주는 말이에요.

이러한 관형사는 그 역할에 따라 세 가지로 나뉘어요. 앞의 예문에 사용된 관형사의 의미가 조금씩 다르다는 거 눈치챘나요? ①의 '새'와 같이 사물의 성질이나 상태, 모양 등을 명확하게 나타내 주는 관형사를 **성상 관형사**라고 하고, ②의 '그'와 같이 어떤 특정한 대상을 가리키는 관형사를 **지시 관형사**라고 해요. 또 ③의 '한'이나 '여러'와 같이 수량을 나타내는 관형사를 **수 관형사**˙라고 해요.

참고로, 품사를 공부할 때 주의할 점을 하나 얘기해 줄게요. 특히 용언의 경우 문장에서 사용할 때 활용을 하여 다른 말을 꾸며 줄 수 있지만, 그렇다고 품사가 바뀌는 것은 아니에요. 예를 들어 '나는 착한 학생이다.'라는 문장에서 '착한'은 '학생'을 꾸며 주고 있죠? 그렇다고 '착한'의 품사가 관형사가 되는 것은 아니라는 거예요. '착한'의 기본형은 '착하다'로 형용사인데, 어미와 결합하여 문장에서 일시적으로 단어의 성질이 체언을 꾸며 주는 것으로 바뀐 것뿐이에요. 이 점을 꼭 기억해 두세요!

● **수 관형사? 수사?**
형태가 같은 수 관형사와 수사를 구분하기 어렵다면, 조사에 주목하자. 조사가 결합할 수 있으면 수사, 결합할 수 없으면 수 관형사이다.

① 선물 여섯 개를 받았다.
② 받은 선물이 여섯이다.

①의 '여섯'은 조사가 결합할 수 없으므로 수 관형사이고, ②의 '여섯'은 조사 '이다'가 결합할 수 있으므로 수사이다. 또한 수 관형사 뒤에는 체언이 온다는 것도 알아 두자.

국어교과서 단박정리

품사	특성	세부 종류	뜻
관형사	• 체언 앞에 쓰여 그 체언을 꾸미거나 한정하는 역할을 하는 단어 • 형태가 변하지 않음(불변어). • 조사가 결합할 수 없음.	성상 관형사	사물의 성질이나 상태, 모양 등을 명확하게 나타내 주는 관형사 예 새, 헌, 옛 등
		지시 관형사	어떤 특정한 대상을 가리키는 관형사 예 이, 그, 저, 이런, 저런 등
		수 관형사	수량을 나타내는 관형사 예 한, 두, 세, 네 등

연습 문제 개념 바로 확인하기

01 다음 문장에서 관형사를 찾아 밑줄을 긋고, 그 관형사가 꾸미는 말에 ○표를 하시오.

(1) 오늘부터 새 학기가 시작된다.

(2) 저 사람이 나를 도와주려 한다.

(3) 모든 일이 나의 뜻대로 되고 있다.

(4) 네가 그 집 첫째 아이구나.

02 다음 문장에서 밑줄 그은 단어의 품사를 쓰시오.

(1) 학생 <u>다섯</u> 명이 들어왔다. : _____

(2) <u>다섯</u>은 여섯보다 작은 수이다. : _____

연습문제 풀이 **01** (1) 밑줄 : 새 / ○ : 학기 (2) 밑줄 : 저 / ○ : 사람 (3) 밑줄 : 모든 / ○ : 일 (4) 밑줄 : 그, 첫째 / ○ : 집, 아이 **02** (1) 관형사 (2) 수사 ((1)의 '다섯'은 의존 명사 '명'을 꾸며 주는 관형사이고, (2)의 '다섯'은 조사가 붙어 쓰이고 있으므로 수사예요.)

② 부사 - 다양한 성분을 꾸며요

> ① 예슬이는 춤을 **잘** 춘다.
> ② 윤슬이가 **매우 빨리** 달린다.
> ③ 그의 집은 우리 집 **바로** 옆이다.
> ④ 이것은 **아주** 헌 책이다.
> ⑤ **문득** 고향의 풍경이 그리워진다.

위의 ①에서 '잘'은 용언 '춘다(추다)'를 꾸며 '익숙하고 능란하게'라는 의미를 더하고 있어요. 이처럼 주로 용언을 꾸며 그 의미를 구체적으로 만드는 역할을 하는 단어를 **부사**(副도울 부 詞말 사)라고 해요. 관형사가 체언만을 꾸미는 것에 비하면, 부사는 용언뿐만 아니라 다른 부사, 명사, 관형사, 문장 전체를 꾸미는 등 그 쓰임이 훨씬 다양하죠.

②에서 '빨리'는 용언 '달린다(달리다)'를 꾸며 주는 부사예요. 그리고 '빨리'의 앞에 놓인 '매우'는 '빨리'의 의미를 더욱 분명하게 해 주고 있는 부사고요. 곧, 다른 부사를 꾸며 주는 부사인 거죠. ③에서의 '바로'는 명사 '옆'을 꾸며 주는 부사이고, ④에서의 '아주'는 관형사 '헌'을 꾸며 주는 부사예요. 이렇게 문장을 이루는 한 성분을 꾸며 주는 부사를 **성분 부사**라고 해요.

그런데 ⑤에서 '문득'은 바로 뒤에 오는 '고향'을 꾸미는 것이 아니라 '고향의 풍경이 그리워진다.'라는 문장 전체를 꾸미고 있어요. 문장 전체를 꾸미는 이러한 부사를 **문장 부사**라고 해요. 우리말에서 부사는 이렇게 다양한 말들을 꾸며 문장의 의미를 더욱 자세하게 하는 역할을 한답니다.

한편, 앞서 배운 관형사에는 조사가 붙을 수 없다고 했죠? 그런데 부사에는 보조사가 붙기도 해요. '춤을 잘도 춘다.', '춤을 잘만 춘다.'와 같이 부사 '잘'에 보조사 '도', '만' 등이 붙을 수 있다는 거예요.

국어교과서 단박정리

품사	특성	세부 종류		뜻
부사	• 주로 용언 앞에서 그 용언을 꾸며 의미를 더욱 자세하게 나타내는 역할을 하는 단어 • 용언 이외에도 다른 부사, 명사, 관형사, 문장 전체를 꾸미기도 함. • 형태가 변하지 않음(불변어). • 보조사가 붙기도 함.	성분 부사	성상 부사	모양이나 성질, 상태를 나타내는 부사 예 잘, 빨리, 매우, 너무 등
			지시 부사	장소나 시간, 문장 안에서의 사실을 지시하는 부사 예 이리, 그리, 어제, 오늘, 내일 등
			부정 부사	용언의 앞에 놓여 그 내용을 부정하는 방식으로 꾸며 주는 부사 예 안, 아니, 못 등
		문장 부사	양태 부사	말하는 이의 심리적 태도를 나타내는 부사 예 솔직히, 과연, 설마, 아마 등
			접속 부사	체언과 체언, 문장과 문장을 이어 주는 부사 예 그리고, 그러므로, 그러나, 또는, 즉 등

연습문제 개념 바로 확인하기

01 다음 설명이 맞으면 ○표, 틀리면 ×표를 하시오.

(1) 주로 용언을 꾸며 그 의미를 자세하게 하는 단어를 '부사'라고 한다. (   )

(2) 부사는 문장에서 다양한 형태로 활용하여 다른 품사를 꾸며 준다. (   )

(3) '너는 참 예쁘다.'에서 '참'은 '예쁘다'를 꾸며 주는 성분 부사이다. (   )

02 다음 문장에서 부사를 찾아 밑줄을 긋고, 그 부사가 꾸미는 말에 ○표를 하시오.

(1) 그 집은 매우 크다.

(2) 설마 그런 일이 일어날까?

(3) 동생은 집에 안 들어왔어요.

(4) 동그라미 또는 세모를 선택하여 쓰시오.

(5) 그는 지쳤다. 그러나 포기하지 않고 그 일을 해 나갔다.

연습문제 풀이 **01** (1) ○ (2) × (3) ○ **02** (1) 밑줄 : 매우 / ○ : 크다 (2) 밑줄 : 설마 / ○ : 그런 일이 일어날까? ('설마'는 문장 전체를 꾸며 주는 문장 부사(그중 양태 부사)예요.) (3) 밑줄 : 안 / ○ : 들어왔어요 ('안'은 용언 '들어왔어요'를 부정하는 방식으로 꾸며 주는 성분 부사(그중 부정 부사)예요.) (4) 밑줄 : 또는 / ○ : 세모 ('또는'은 앞의 단어와 뒤의 단어를 이어 주는 문장 부사(그중 접속 부사)예요.) (5) 밑줄 : 그러나 / ○ : 포기하지 않고 그 일을 해 나갔다. ('그러나'는 앞의 문장과 뒤의 문장을 이어 주며, 뒤의 문장을 꾸며 주는 문장 부사(그중 접속 부사)예요.)

③ 독립언 – 감탄사

• 말하는 이의 놀람, 느낌, 부름이나 대답 등을 나타냄.

• 문장에서 다른 말들과 관련이 적고, 독립적으로 쓰임.

• 형태가 변하지 않고(→ 불변어), 조사와 결합하지 않음.

• '감탄사'가 이에 속함.

앞의 그림 속 '야', '그래', '흥'처럼 말하는 이의 놀람, 느낌, 부름이나 대답을 나타내는 단어를 **감탄사** (感느낄 감 歎탄식할 탄 詞말 사)라고 해요. 그리고 '이랴'처럼 동물을 몰 때 내는 소리도 감탄사에 해당해요. 감탄사는 문장에서 다른 성분들과 문법적 관계를 맺지 않고 독립적으로 쓰이는 단어로, 기능 면으로 분류하면 **독립언**에 속해요. 관계언에 조사밖에 없었듯이, 독립언에도 감탄사밖에 없죠.

자, 그런데 감탄사를 사용할 때 주의해야 할 점이 있어요!

---

① **윤슬아!** 너 지금 어디 가니?

② **사랑**, 이 얼마나 아름다운 단어인가!

위의 ①에서 '윤슬아'는 상대방을 부르는 말이지만 감탄사가 아니에요. '윤슬'이라는 고유 명사와 '아'라는 부름을 나타내는 호격 조사가 결합한 말이죠. 즉, 실제 이름이나 이름 뒤에 호격 조사가 붙어 형성된 말로 상대방을 부르는 경우에는 감탄사가 아니에요. 그리고 ②에서 '사랑'이라는 말도 독립적으로 쓰이기는 했지만 감탄사가 아니라 명사예요. 즉, 문장의 첫머리에 놓인 제시어, 표제어도 감탄사가 아니라는 거죠. 품사는 바뀌지 않는다는 사실을 잘 기억해 두세요.

국어교과서 단박정리

품사	뜻	특성	유의점
감탄사	말하는 이의 놀람, 느낌, 부름이나 대답을 나타내는 단어 **예** 어머나, 흥, 여보게, 예, 그래 등	• 문장에서 다른 말들과 관련이 적고, 독립적으로 쓰임. • 형태가 변하지 않음(불변어). • 조사와 결합하지 않음.	• 실제 이름이나 이름에 호격 조사를 결합한 말로 상대방을 부르는 경우에는 감탄사가 아님. **예** 이명호(또는 '명호야'), 학교 가자. → 감탄사 × • 문장의 첫머리에 놓인 제시어나 표제어는 감탄사가 아님. **예** 시간, 낭비하지 말아야 한다. → 감탄사 ×

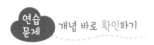

연습문제 개념 바로 확인하기

01 다음 설명이 맞으면 ○표, 틀리면 ×표를 하시오.

(1) 말하는 이의 놀람, 느낌, 부름이나 대답을 나타내는 말을 '감탄사'라고 한다. (　　　)

(2) '가온아, 같이 가자.'에서 상대의 이름을 부르는 '가온아'는 감탄사에 해당한다. (　　　)

02 다음 문장에서 감탄사를 찾아 ○표를 하시오.

(1) 어머나, 깜짝이야.

(2) 야호, 신나게 노래 부르며 가자.

연습문제 풀이 **01** (1) ○ (2) × ('가온아'는 감탄사가 아니라 명사 '가온'에 호격 조사 '아'가 결합된 말이에요.) **02** (1) 어머나 (2) 야호

01 다음 중 조사에 대한 설명으로 적절하지 <u>않은</u> 것은?

① 주로 체언 뒤에 붙어 사용한다.

② 앞말과 쉽게 분리되는 특성을 지니고 있다.

③ 조사 중에는 문장에 쓰일 때 형태가 변하는 것도 있다.

④ 앞말이 주어의 자격을 갖게 만들어 주는 조사에는 '이/가', '와/과'가 있다.

⑤ 조사 '요'는 주로 문장을 종결하는 어미 뒤에 붙어 높임의 의미를 나타낸다.

02 〈보기〉를 바탕으로 '조사'의 특징을 이끌어 낸 것으로 적절하지 <u>않은</u> 것은? [고1 전국연합학력평가]

> | 보기 |
> ㄱ. 동생이 책을 읽는다. / 여기가 천국이다.
> ㄴ. 엄마와 나는 영화를 보았다. / 나랑 동생은 학교로 갔다.
> ㄷ. 오늘은 물만 마셨다. / 오늘은 물도 마셨다.
> ㄹ. 꽃이 예쁘게도 피어 있다. / 천천히만 가거라.
> ㅁ. 이것이 좋다. / 이것 좋다. / 이것만으로도 좋다.

① ㄱ : 앞의 체언이 문장에서 일정한 자격을 갖도록 해 준다.

② ㄴ : 두 체언을 같은 자격으로 이어 준다.

③ ㄷ : 앞의 체언을 다른 품사로 만들어 준다.

④ ㄹ : 체언 이외에 용언이나 부사 뒤에 붙어 쓰이기도 한다.

⑤ ㅁ : 생략하거나 둘 이상 겹쳐 쓰이기도 한다.

03 다음 중 관형사에 대한 설명으로 적절하지 <u>않은</u> 것은?

① 체언을 꾸며 주는 역할을 한다.

② 불변어이며 조사가 결합할 수 없다.

③ '새 옷', '헌 집'에서의 '새', '헌'은 성상 관형사이다.

④ '이 일', '그 사람'에서의 '이', '그'는 지시 관형사이다.

⑤ '사람이 모두 다섯이다.'에서의 '다섯'은 수 관형사이다.

04 다음 중 밑줄 그은 말이 관형사가 <u>아닌</u> 것은?

① 나는 <u>새</u> 책을 샀다.

② 오래된 <u>헌</u> 옷을 기부했다.

③ 문득 <u>옛</u> 기억이 떠오른다.

④ <u>모든</u> 사람들이 열심히 살고 있다.

⑤ <u>아름다운</u> 사람은 머문 자리도 아름답습니다.

05 다음 중 밑줄 그은 말이 부사가 <u>아닌</u> 것은?

① 너는 <u>참</u> 착하다.

② <u>오늘은</u> 내 생일이다.

③ 시간이 <u>아주</u> 빨리 간다.

④ 어제는 점심을 <u>못</u> 먹었다.

⑤ <u>과연</u> 너는 대단한 아이구나.

06 〈보기〉를 참고하여 각 항목에 해당하는 예문을 작성하였다. 적절하지 <u>않은</u> 것은? [고1 전국연합학력평가]

─┤ 보기 ├─

1. '같이'가 조사로 쓰일 경우 – 앞말에 붙여 쓴다.
　ㄱ. 체언 뒤에 붙어 '~처럼'의 뜻일 때
　ㄴ. '때'를 나타내는 명사 뒤에 붙어 '때'를 강조할 때

2. '같이'가 부사로 쓰일 경우 – 앞말과 띄어 쓴다.
　ㄷ. '바로 그대로'의 의미일 때
　ㄹ. '서로 함께'의 의미일 때
　ㅁ. '어떤 상황이나 행동 따위와 다름이 없이'의 의미일 때

① ㄱ : 그는 눈같이 맑은 영혼의 소유자였다.

② ㄴ : 내일은 새벽같이 일어나야 한다.

③ ㄷ : 예상한 바와 같이 우리 반이 이겼어.

④ ㄹ : 지난 10년 동안 같이 알고 지낸 사이야.

⑤ ㅁ : 은숙이와 친구는 같이 사업을 했다.

07 다음 중 감탄사가 쓰이지 <u>않은</u> 문장은?

① 어이쿠, 깜짝이야!

② 치, 제까짓 게 뭔데.

③ 어흥, 나는 호랑이다.

④ 철호야! 집에 같이 가자.

⑤ 야호, 노래 부르며 신나게 달리자.

 **형태소란 무엇일까**

1 형태소

1 형태소의 개념

우리가 사용하고 있는 단어를 보면, 사실 한 단어가 반드시 하나의 의미만으로 구성된 것은 아니에요. 예를 들어 '배나무'라는 단어를 볼까요? 우선 국어사전에서 그 뜻을 찾아보죠.

> **배나무**
>
> 「명사」『식물』 장미과 배나무속의 ㉠나무를 통틀어 이르는 말. 높이는 2~3m이고, 잎은 달걀 모양으로 톱니가 있다. 봄에 흰색의 꽃이 주로 세 송이씩 모여서 핀다. ㉡열매는 7~10월에 익으며, 당분이 많아 맛이 달며 살이 연하고 수분이 많아 시원하다. 야생종으로는 돌배나무, 남해 배나무, 야광나무, 문배나무, 콩배나무 따위가 있고, 재배하는 개량 품종으로는 일본종, 서양종, 중국종의 3종이 있다.

뜻이 참 복잡하죠? 이 장황한 뜻풀이에서 핵심은 '배나무'는 ㉡과 같은 열매를 맺는 ㉠'나무'라는 거예요. 그러면 '배나무'라는 단어를 살펴볼까요? 이 단어에서 ㉡의 의미를 담고 있는 부분은 '배'예요. ㉠의 의미를 가진 부분은 당연히 '나무'고요. 곧, '배나무'는 '배'와 '나무'가 합쳐져 이루어진 단어인 거예요.

이처럼 어떤 단어를 그 단어의 의미를 이루고 있는 부분들로 나누어 보면 뜻을 가진 가장 작은 말의 단위까지 나눌 수 있는데, 이것을 **형태소**(形모양 형 態모양 태 素본디 소)라고 해요. 결국 한 개 이상의 형태소들이 모여서 단어의 의미를 구성하는 거죠.

그런데 이때 주의해야 할 점이 있어요. 단어를 형태소로 나눌 때 원래의 단어와 의미상 아무런 연관성이 없게 되는 경우에는 형태소로 보지 않아요. 그래서 형태소를 더 이상 나누면 본래의 뜻을 잃어버리는 가장 작은 말의 단위라고도 하죠. '배나무'는 '배'와 '나무'라는 형태소로 나눌 수 있지만, 여기서 '나무'를 다시 '나'와 '무'로 나눈다면 본래의 의미가 사라지죠? 따라서 '나무'는 하나의 형태소로 이루어진 단어인 거예요.

배나무 = 배 + 나무 (○)　　　배나무 = 배 + 나 + 무 (×)

② 단어를 형태소로 나누기

문장에 쓰인 형태소를 보다 쉽게 찾기 위해서는 우선 문장을 단어로 나누어야 해요. 형태소가 모여 단어의 뜻을 구성하고, 이 단어들이 모여 문장을 이루는 것이니까요. 그럼 다음 문장을 형태소로 분석하기 전에, 우선 단어로 나누어 볼까요?

> • 우리 오빠는 키가 무척 작았다.
> → **[단어]** 우리, 오빠, 는, 키, 가, 무척, 작았다

앞서 품사를 공부할 때 '는', '가'와 같은 조사는 체언 뒤에 붙여서 사용하는 단어라고 했죠? 비록 혼자 쓸 수는 없어서 앞말에 붙여 사용하지만, 그 앞말과 비교적 자유롭게 떨어질 수 있어서 단어로 취급한다고 했어요. 그러니까 위 예문은 7개의 단어로 이루어진 거예요. 그럼 계속해서 이 단어들을 다시 형태소로 나누어 볼까요?

> • 우리, 오빠, 는, 키, 가, 무척, 작았다
> → **[형태소]** 우리, 오빠, 는, 키, 가, 무척, 작-, -았-, -다

어때요? '우리', '오빠', '는', '키', '가', '무척'은 각각 하나의 의미를 가지고 있는 가장 작은 말의 단위라 더 이상 나눌 수가 없죠? '우리'를 '우'와 '리'로, '오빠'를 '오'와 '빠'로, '무척'을 '무'와 '척'으로 나눌 수는 없잖아요. 그렇게 하면 본래의 의미가 사라지니까요. 따라서 각 단어가 곧 형태소가 돼요. 어? 그런데 이들 단어와 뭔가 좀 다른 게 있죠? 그래요. '작았다'라는 형용사를 보세요. '작았다'는 '작-', '-았-', '-다'의 3개 형태소로 나뉘어요. 왜 그런 걸까요?

앞서 배웠다시피 용언은 활용하기 때문에 문장에서 그 형태가 다양하게 바뀌어요. 활용한다는 건 고정된 어간에 다양한 어미를 바꾸어 결합함으로써 문장에서의 쓰임에 맞게 단어의 형태를 바꾸는 거죠? 따라서 용언에 어떤 어미를 결합했는지에 따라 단어의 느낌이 미묘하게 바뀌게 돼요.

'작다'와 '작았다'를 비교해 보면, '작았다'는 과거의 느낌이 들어요. 바로 '-았-'이라는 어미로 인해 그런 느낌을 주죠. 그러면 '작았다'와 '작았고'를 비교해 볼까요? '작았다'는 문장이 끝나는 느낌이 드는데, '작았고'는 계속 이어지는 느낌이 들죠? 바로 어미 '-다'와 '-고'의 차이 때문이에요. 이렇게 용언의 어간과 어미도 각각 단어의 의미와 느낌을 구성하는 형태소예요. 따라서 '작았다'는 '작-', '-았-', '-다'의 3개 형태소로 나뉘는 거죠.

국어교과서 **단박정리**

- **형태소** 뜻을 가진 가장 작은 말의 단위. 또는 더 이상 나누면 (본래의) 뜻을 잃어버리는 가장 작은 말의 단위
- **형태소 분석 시 유의점** 단어의 의미를 구성하고 있는 형태소를 찾을 때, 특히 활용이 가능한 단어(동사, 형용사, 서술격 조사 '이다')의 경우 어간과 어미를 분리하여 형태소를 찾아야 함.

01 다음 설명이 맞으면 ○표, 틀리면 ×표를 하시오.

    (1) 형태소는 소리를 낼 수 있는 가장 작은 말의 단위이다. (　　　)

    (2) 모든 단어는 한 개 이상의 형태소가 모여서 의미를 구성한다. (　　　)

02 다음 문장을 단어와 형태소로 나누어 쓰시오.

    (1) 집에 가다.

      →[단어] _____

      →[형태소] _____

    (2) 배나무에서 배를 따다.

      →[단어] _____

      →[형태소] _____

03 다음 빈칸에 들어갈 알맞은 말을 쓰시오.

    (1) 형용사 '작았고'는 ☐개의 형태소로 구성되어 있다.

    (2) '나는 밥을 먹었고, 동생은 책을 읽었다.'의 '먹었고'와 '읽었다'에서 공통적인 의미를 가진 형태소는 '-☐-'이고, 이 형태소는 ☐☐의 의미를 나타낸다.

연습문제 풀이 **01** ⑴ × (형태소는 뜻을 가진 가장 작은 말의 단위예요. 소리와는 상관없는 개념이죠. 참고로, 소리를 낼 수 있는 가장 작은 말의 단위는 '음운'이에요.) ⑵ ○ (형태소가 가장 작은 의미의 단위이고, 독립된 의미를 가지고 있어야 하니까 논리적으로 모든 단어는 최소한 한 개의 형태소를 가지고 있어요.) **02** ⑴ [단어] 집, 에, 가다 / [형태소] 집, 에, 가-, -다 ⑵ [단어] 배나무, 에서, 배, 를, 따다 / [형태소] 배, 나무, 에서, 배, 를, 따-, -다 **03** ⑴ 3 ('작았고'는 '작-', '-았-', '-고'의 3개의 형태소로 구성되어 있어요.) ⑵ 었, 과거 ('먹었고'와 '읽었다'의 기본적인 동작은 각각 '먹-'과 '읽-'이 가지고 있고, 종결 어미 '-고'는 문장의 연결을, '-다'는 문장의 끝을 표시해요.)

 2 형태소의 종류

1 자립 형태소와 의존 형태소

  이번에는 형태소의 종류에 대해 알아볼 거예요. 우선, 형태소는 '홀로 쓰일 수 있는가'의 여부로 분류할 수 있어요. 말 그대로 홀로 쓰일 수 있는 형태소를 **자립**(自스스로 자 立설 립) **형태소**라고 하고, 홀로 쓰이지 못하는 형태소, 곧 다른 말에 의존하여 쓰이는 형태소를 **의존**(依의지할 의 存있을 존) **형태소**라고 하죠. 앞서 살펴봤던 문장을 다시 볼까요?

> • 우리 오빠는 키가 무척 작았다.
>
> →**[단어]** 우리, 오빠, 는, 키, 가, 무척, 작았다
>
> →**[형태소]** 우리, 오빠, 는, 키, 가, 무척, 작-, -았-, -다

  위와 같이 문장을 단어로, 다시 단어를 형태소로 나누어 각 형태소를 살펴보면, '우리', '오빠', '키', '무척'

과 같은 형태소들은 단어를 만들 때 다른 말에 의존하지 않고 홀로 쓰일 수 있어요. 따라서 자립 형태소에 해당하죠. 자립 형태소에는 명사, 대명사, 수사, 관형사, 부사, 감탄사가 있어요.

반면, '는'이나 '가'와 같은 조사는 체언 뒤에 붙어서 사용하므로 홀로 사용할 수가 없어요. 그리고 '작-', '-았-', '-다'와 같은 용언의 어간과 어미도 혼자서는 단어를 만들지 못하고 서로를 필요로 해요. 곧, 하나의 단어를 만들기 위해 다른 형태소를 반드시 필요로 하죠. 이렇듯 다른 말에 기대어서만 쓰일 수 있는 조사, 어간, 어미 등이 의존 형태소에 해당해요.[●] 참고로, 의존 형태소 중 어간과 어미 등은 그 앞뒤에 보통 '-'를 붙여서 그 자리에 뭔가 다른 형태소가 온다는 것을 표시해요.

② 실질 형태소와 형식(문법) 형태소

형태소는 '실질적인 의미가 있는가'의 여부에 따라서도 분류할 수 있어요. 형태소가 단어의 의미를 구성한다는 설명, 기억나죠? '배나무'의 '배'와 '나무'처럼 구체적인 대상이나 대상의 상태, 동작 등의 실질적인 의미를 지닌 형태소를 **실질**(實열매 실 質바탕 질) **형태소**라고 해요. 그런데 단어의 의미를 조금 더 자세히 살펴보면 그 의미가 구체적인 것 외에도 어떤 기능적인 면이 있음을 알게 돼요.

> ① 동생이 나 몰래 사탕을 먹었다. (→ 다른 사람도 아닌 동생이 그랬다.)
> ② 동생은 나 몰래 사탕을 먹었다.
> (→ 나는 그렇게 하지 않는데 나와는 달리 동생은 그랬다.)
> ③ 동생이 나 몰래 사탕을 먹었다. (→ 며칠 전에 그랬다.)
> ④ 동생이 나 몰래 사탕을 먹는다. (→ 지금 그러다가 나한테 딱 걸렸다.)

위의 ①과 ②를 비교하면 의미상 약간의 차이가 있음을 알 수 있어요. 그것은 조사 '이'와 '은'이 가진 미묘한 의미 차이에서 비롯된 것이죠. 또한 ③과 ④에서는 시간의 차이를 느낄 수 있는데, 이는 어미 '-었-'이 과거를, '-는-'이 현재를 나타내는 기능을 하고 있기 때문이에요. 이처럼 실질적인 의미는 없이, 문장이나 단어의 형식을 갖추도록 도와주거나 문법적인 기능을 표시하면서 미묘한 느낌의 차이를 만드는 형태소를 **형식**(形모양 형 式법 식) **형태소**라고 해요. 형식 형태소는 **문법 형태소**라고도 하죠.

이때에도 용언과 '이다'처럼 활용하는 단어를 주의해서 봐야 해요. '먹었다'와 '먹는다'의 구체적인 의미는 '음식 따위를 입을 통하여 배 속에 들여보내다'예요. 이러한 의미를 담고 있는 형태소는 용언의 어간인 '먹-'이고요. 용언의 어간이 실질 형태소가 되는 것은 바로 이 때문이죠. 반면에 어미인 '-었-', '-는-', '-다'는 단어의 형식을 갖추도록 해 주면서 시간이나 문장의 끝을 나타내기 때문에 형식(문법) 형태소인 거예요.

{형태소 사이의 관계}

간혹 자립 형태소와 실질 형태소의 관계나 의존 형태소와 형식(문법) 형태소의 관계에 대해 고민하는 친구들이 있어요. 또 어떤 형태소가 있을 때 그것이 자립 형태소인지 형식 형태소인지를 고민하기도 하고요. 우선, '별빛이 예쁘다.'라는 문장을 단어와 형태소로 나누어 볼까요?

> • 별빛이 예쁘다.
> → **[단어]** 별빛, 이, 예쁘다
> → **[형태소]** 별, 빛, 이, 예쁘-, -다

이제 이 문장에 사용된 형태소들을 자립 형태소와 형식 형태소로 구분해 봅시다.

• 자립 형태소 : 별, 빛
• 형식 형태소 : 이, -다

어라? 그러면 '예쁘-'는 자립 형태소와 형식 형태소 중 어느 것에 해당할까요?

자, 만약 앞의 질문에 당황했거나, 자립 형태소와 형식 형태소 중에서 '예쁘-'가 어떤 형태소에 해당하는지를 정말로 찾으려 했다면, 여러분은 아직 형태소의 종류에 대해 제대로 이해하지 못한 거예요.

그래요. 이 질문은 처음부터 잘못되었어요. 자립 형태소와 형식 형태소는 각각 다른 기준으로 형태소를 분류하여 나온 개념이기 때문에, 어떤 형태소가 자립 형태소가 아니라고 해서 형식 형태소가 되는 것은 아니에요. 마치 사람을 '성별'에 따라 여성과 남성으로 나누고, '나이'에 따라 젊은이와 노인으로 나누었을 때, 어떤 사람이 여성이 아니라고 해서 젊은이가 되는 게 아닌 것처럼 말이에요. 따라서 형태소의 종류를 물을 때 올바른 질문은 '자립인가, 의존인가' 또는 '실질인가, 형식인가'가 되어야 해요. 이에 따라 위 예문의 형태소를 종류별로 정리해 볼까요?

자립 형태소	의존 형태소	
별, 빛	예쁘-	이, -다
실질 형태소		형식(문법) 형태소

정리하자면, 자립 형태소는 실질 형태소에 포함되고, 형식 형태소는 의존 형태소에 포함되는 것이죠. 하지만 용언의 어간은 의존 형태소이면서 실질 형태소예요. 그렇다면 '예쁘-' 역시 의존 형태소이면서 실질 형태소인 거예요.

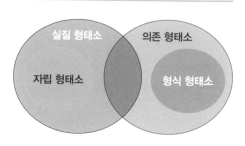

국어교과서 단박정리

● 형태소의 종류

형태소	자립성 유무에 따라	자립 형태소	다른 말에 의존하지 않고 홀로 쓰일 수 있는 형태소
		의존 형태소	다른 말에 기대어서만 쓰일 수 있는 형태소
	의미와 기능에 따라	실질 형태소	구체적인 대상이나 대상의 상태, 동작 등의 실질적인 의미를 지닌 형태소
		형식(문법) 형태소	실질적인 의미가 없고, 형식적이면서 문법적인 기능을 하는 형태소

개념 바로 확인하기

01 다음 빈칸에 들어갈 알맞은 말을 쓰시오.

(1) 다른 말에 의존하지 않고 홀로 쓰일 수 있는 형태소를 □□ 형태소라고 하고, 다른 말에 기대어서만 쓰일 수 있는 형태소를 □□ 형태소라고 한다.

(2) 조사와 용언의 어간, 어미는 모두 □□ 형태소이다.

(3) 실질적인 의미를 지닌 형태소를 □□ 형태소라고 하고, 실질적인 의미는 없이 형식적이면서 문법적인 기능을 하는 형태소를 □□ 형태소라고 한다.

(4) 조사와 용언의 어간, 어미는 모두 □□ 형태소인데, 이 중에서 □□은 실질적인 의미를 가지고 있으므로 □□ 형태소이기도 하다.

02 다음 문장을 단어와 형태소로 나눈 다음, 주어진 형태소의 종류에 알맞게 분류하여 쓰시오.

> 봄이 오니 산과 들에 꽃이 피었다.

→ [단어] _____

→ [형태소] _____

→ [자립 형태소] _____

→ [의존 형태소] _____

→ [실질 형태소] _____

→ [형식 형태소] _____

연습문제 풀이 **01** (1) 자립, 의존 (2) 의존 (조사는 홀로 쓰이지 못하고 체언 뒤에 붙여서 써야 하는 단어이고, 용언의 어간과 어미는 각각 서로에게 붙여서 써야 온전한 단어로 사용할 수 있다는 점에서 의존 형태소로 분류할 수 있어요.) (3) 실질, 형식(문법) (4) 의존, (용언의) 어간, 실질 (용언의 어간은 혼자 쓸 수 없으므로 의존 형태소이기는 하지만, 실질적인 의미를 가지고 있는 실질 형태소예요.) **02** [단어] 봄, 이, 오니, 산, 과, 들, 에, 꽃, 이, 피었다 / [형태소] 봄, 이, 오-, -니, 산, 과, 들, 에, 꽃, 이, 피-, -었-, -다 / [자립 형태소] 봄, 산, 들, 꽃 / [의존 형태소] 이, 오-, -니, 과, 에, 이, 피-, -었-, -다 / [실질 형태소] 봄, 오-, 산, 들, 꽃, 피- / [형식 형태소] 이, -니, 과, 에, 이, -었-, -다

01 다음 설명 중 적절하지 <u>않은</u> 것은?

① 형태소는 뜻을 가진 가장 작은 말의 단위이다.

② 홀로 쓰일 수 있는 형태소는 하나의 단어가 될 수 있다.

③ 형태소를 분류하는 두 가지 기준은 자립성과 의미의 실질성이다.

④ 형태소는 의미상으로 더 나눌 수 없으나, 단어는 더 나눌 수도 있다.

⑤ 하나의 문장 안에서 단어의 수와 형태소의 수는 품사의 수와 항상 일치한다.

02 〈보기〉의 단어들 중 형태소의 개수가 <u>다른</u> 하나는?

보기
㉠ 달빛　　㉡ 주먹밥　　㉢ 복숭아　　㉣ 책가방　　㉤ 안개꽃

① ㉠　　　　② ㉡　　　　③ ㉢　　　　④ ㉣　　　　⑤ ㉤

03 다음 문장의 형태소를 분류하여 〈보기〉와 같이 표로 만들었다. ㉠~㉤에 들어갈 내용으로 적절하지 <u>않은</u> 것은?

> 이웃 마을에 가려고 돌다리를 건넜다.

분류 기준	형태소의 종류	형태소 분류 결과
자립성	㉠	이웃, 마을, 돌, 다리
	의존 형태소	㉡
의미의 실질성 (의미와 기능)	㉢	㉣
	형식(문법) 형태소	㉤

① ㉠ : 자립 형태소

② ㉡ : 에, 가-, -려고, 를, 건-, -넜-, -다

③ ㉢ : 실질 형태소

④ ㉣ : 이웃, 마을, 가-, 돌, 다리, 건너-

⑤ ㉤ : 에, -려고, 를, -었-, -다

04 〈보기〉의 문장에 대해 분석한 내용으로 적절하지 **않은** 것은?

─┤ 보기 ├─
나는 가게에서 김밥과 돼지고기를 샀다.

① 9개의 단어가 사용되었다.
② 4개의 체언과 1개의 용언이 사용되었다.
③ 홀로 쓰일 수 있는 형태소는 6개가 사용되었다.
④ 2개 이상의 형태소로 이루어진 단어는 2개가 사용되었다.
⑤ '는', '에서', '과', '를'은 의존 형태소지만 단어로 취급한다.

05 다음 중 〈보기〉와 같은 방법으로 형성된 단어는? [중3 학업성취도평가 응용]

─┤ 보기 ├─
'손발'은 '손'과 '발'이라는 실질적인 의미를 지닌 형태소끼리 결합되어 만들어진 단어이다.

① 미처　　　　　　② 밤낮　　　　　　③ 엄마
④ 사람　　　　　　⑤ 작은

06 〈보기〉를 참고하여 단어의 짜임을 분석한 것으로 적절한 것은? [중3 학업성취도평가 응용]

─┤ 보기 ├─

　형태소는 일정한 뜻을 가진 가장 작은 말의 단위를 뜻한다. 단어 형성 방법에 따라 단어를 다음과 같이 두 종류로 구분할 수 있다.

　① 단일어 : 하나의 형태소로 이루어진 것
　② 복합어 : 두 개 이상의 형태소로 이루어진 것

따라서 '감자'와 '감자꽃'은 다음과 같은 짜임새로 각각 분석된다.

단어	짜임새	단어의 종류
감자	감자(형태소)	단일어
감자꽃	감자(형태소) + 꽃(형태소)	복합어

① '딸애'는 하나의 형태소로 이루어져 있으니 단일어겠군.
② '조카애'는 하나의 형태소로 이루어져 있으니 단일어겠군.
③ '밭고랑'은 하나의 형태소로 이루어져 있으니 단일어겠군.
④ '마음'은 '마'와 '음'이라는 두 개의 형태소로 이루어져 있으니 복합어겠군.
⑤ '옷값'은 '옷'과 '값'이라는 두 개의 형태소로 이루어져 있으니 복합어겠군.

05일 단어는 어떻게 형성될까

오늘은 단어의 짜임에 대해 알아볼 거예요. 우리말에는 무수히 많은 단어들이 존재한다고 했죠? 단어가 어떻게 이루어져 있는지를 알면, 우리가 사용하는 단어의 의미를 명확하게 알 수 있고, 또 잘 모르는 단어의 의미도 추측할 수 있으며, 나아가 새로운 단어를 만들어 사용할 수도 있어요. 그렇게 된다면 우리는 보다 풍부한 언어생활을 할 수 있답니다. 자, 그럼 단어는 어떻게 이루어져 있을지 한번 살펴볼까요?

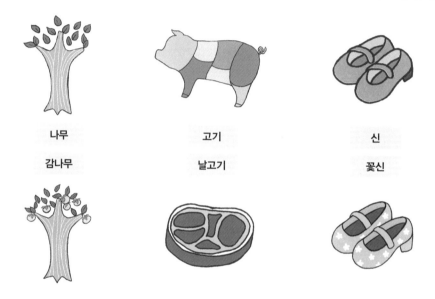

| 나무 | 고기 | 신 |
| 감나무 | 날고기 | 꽃신 |

위 줄에 있는 단어 '나무', '고기', '신'과 아래 줄에 있는 단어 '감나무', '날고기', '꽃신'을 비교해 보세요. 뭔가 다르게 생겼다는 것을 알 수 있죠? 그래요. 위 줄에 있는 단어는 하나의 형태소로 이루어진 단어이고, 아래 줄에 있는 단어는 위 줄의 단어에 각각 '감', '날—', '꽃'이라는 형태소가 결합하여 총 두 개의 형태소로 이루어진 단어예요.

위 줄에 제시된 단어들과 같이 실질적인 의미를 가진 형태소 하나만으로 이루어진 단어를 **단일어**라고 하고, 아래 줄에 제시된 단어들과 같이 둘 이상의 형태소로 이루어진 단어를 **복합어**라고 해요. 복합어는 다시 **합성어**와 **파생어**로 나누어 볼 수 있죠. 이제부터 이러한 단어의 종류에 대해 좀 더 자세히 설명해 줄게요.

👑 1 어근과 접사

단어의 종류에 대해 본격적으로 알아보기 전에, 먼저 짚고 넘어가야 할 중요한 내용이 있어요. 방금 전에 하나의 단어가 어떻게 이루어졌는지를 살펴볼 때 형태소를 이용하여 설명했죠? 그런데 사실 단어가 어떻게 이루어졌는지 그 짜임을 분석할 때에는 이 형태소라는 말 대신 '어근'과 '접사'라는 말을 사용해요. 어근과 접사가 무엇이냐고요?●

어근(語말씀 어 根뿌리 근)은 단어에서 실질적인 의미를 나타내는 형태소이고, **접사**(接붙을 접 辭말 사)는 어근의 앞이나 뒤에 붙어서 특별한 뜻을 더하거나 제한하기도 하고 어떤 기능을 부여하기도 하는 형태소예요. 단어는 어근과 접사가 어떻게 결합되어 있는지를 확인해 보면 그 형성 방법을 알 수 있어요.

혹시 '어근'과 '어간'이 헷갈리니? 어근은 단어의 형성 과정에서 사용하는 용어이고(어근-접사), 어간은 용언의 활용에서 사용하는 용어로(어간-어미), 둘은 전혀 다른 개념이야. 헷갈리면 안돼!

그럼 앞서 살펴본 단어를 가지고 어근과 접사에 대해 조금 더 자세하게 설명해 줄게요.

먼저, '나무'라는 단어를 볼까요? '나무'를 '나'와 '무'로 나누면 그 뜻이 사라져 버려요. 곧, '나무' 그 자체가 하나의 실질적인 뜻을 가지고 있는 단어로, 다른 요소 없이도 문장에서 단독으로 사용할 수 있죠. 이런 '나무'와 같은 말을 '어근'이라고 해요. 어근은 형태소가 결합할 때 의미상 중심이 돼요.

> **나무 = 나 / 무 (×)**
> 어근

이번에는 '감나무'라는 단어를 봅시다. '감나무'는 '감'과 '나무'라는 단어가 각각 뜻을 가지면서 동시에 '감나무'의 중심적인 의미를 만들고, 문장에서 단독으로 사용될 수도 있어요. 따라서 '감'과 '나무'는 각각 '감나무'의 어근이 돼요. 두 개의 어근이 결합하여 하나의 단어를 형성한 거죠. '꽃신'도 마찬가지로 '꽃'과 '신'이라는 두 어근이 결합한 거예요.

> **감나무 = 감 + 나무**
> 어근   어근
> **꽃신 = 꽃 + 신**
> 어근   어근

다음으로 '날고기'라는 단어를 보세요. '날고기'는 '날-'과 '고기'가 결합된 단어죠? 여기서 '고기'는 실질적인 의미를 나타내면서 문장에서 홀로 쓰일 수 있으므로 어근이에요. 그런데 '날-'은 '말리거나 익히거나 가공하지 않은'의 의미

> **날고기 = 날- + 고기**
> 접사   어근

를 가지고는 있지만, '고기'처럼 문장에서 홀로 쓰일 수는 없어요. '고기'나 '김치'와 같은 어근에 붙어 그 의미를 더해 줄 수 있을 뿐이죠. 이러한 '날-'과 같은 말이 바로 접사예요. 즉, '날고기'는 어근 '고기'에 접사 '날-'이 결합하여 이루어진 단어인 거죠.

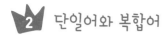

2 단일어와 복합어

어근과 접사가 어떤 방식으로 결합하느냐를 기준으로 단어의 종류를 나누어 볼 수 있어요. 예를 들어, '고기'는 하나의 실질 형태소, 곧 어근으로 이루어진 단어예요. 이처럼 실질적인 의미를 가진 하나의 어근으로만 이루어진 단어를 **단일어**(單오직, 하나 단 —하나 일 語말씀 어)라고 해요. 그리고 '날고기'나 '돼지고기'는 각각 두 개의 형태소가 결합하여 이루어진 단어예요. '날고기'는 어근 '고기'에 접사 '날-'이 붙어 만들어진 단어이고, '돼지고기'는 두 개의 어근 '돼지'와 '고기'가 결합하여 만들어진 단어죠. 이처럼 어근에 접사가 붙거나 두 개 이상의 어근이 결합하여 이루어진 단어를 **복합어**(複겹칠 복 合합할 합 語말씀 어)라고 해요.

복합어는 다시 합성어와 파생어로 나눌 수 있어요. '돼지고기'는 '돼지'와 '고기'라는 두 개의 어근이 결합하여 이루어진 단어라고 했죠? 이와 같이 둘 이상의 어근으로 이루어진 복합어를 **합성어**(合합할 합 成이룰 성 語말씀 어)라고 해요. 또한 '날고기'와 같이 어근과 접사로 이루어진 복합어를 **파생어**(派갈라질 파 生날 생 語말씀 어)라고 하죠.

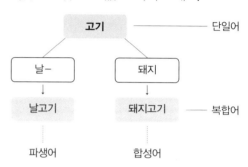

국어교과서 단박정리

단어 형성법	구성 요소	어근		단어를 형성할 때 실질적인 의미를 나타내는 형태소 예) 강, 배, 사람, 바람, 나무, 도라지 등
		접사		어근의 앞이나 뒤에 붙어서 특별한 뜻을 더하거나 제한하기도 하고 어떤 기능을 부여하기도 하는 형태소 예) 맨-, 풋-, 헛-, 날-, -개, -질 등
	단어 종류	단일어		하나의 어근으로만 이루어진 단어 예) 감, 나무, 고기, 신 등
		복합어	합성어	둘 이상의 어근이 결합하여 이루어진 단어 예) 감나무, 가을바람 등
			파생어	어근과 접사의 결합으로 이루어진 단어 예) 날고기, 풋고추, 지우개 등

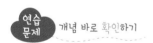 개념 바로 확인하기

01 다음 각 단어에서 접사를 찾아 ○표를 하시오.

> 풋고추   날고기   맨손   지우개   새빨갛다

02 다음 단어 중 단일어에는 '단', 합성어에는 '합', 파생어에는 '파'를 ( ) 안에 쓰시오.

(1) 밤 : (   )   (2) 밤나무 : (   )   (3) 햇밤 : (   )

연습문제 풀이 01 풋-, 날-, 맨-, -개, 새-   02 (1) 단 (2) 합 (3) 파

 **합성어**

이번에는 복합어 중에서 합성어에 대해 좀 더 설명해 줄게요. 합성어는 접사 없이 두 개 이상의 어근이 결합하여 만들어진 단어라고 했죠? 이러한 합성어는 품사나 의미 관계, 통사적 관계, 형태의 변화 여부 등 여러 기준에 따라 분류할 수 있어요.

1 합성어의 품사에 따른 분류

합성어는 그 품사에 따라 나누어 볼 수 있어요. 두 개 이상의 어근이 합쳐져 명사, 동사, 형용사 등이 된 경우에는 앞에 '합성'이라는 말을 붙여서 불러요. **합성 명사, 합성 동사, 합성 형용사, 합성 부사** 등으로 말이죠. 다음 합성어를 볼까요?

> 봄바람   뛰놀다   검푸르다   곧잘

'봄바람'은 '봄＋바람'으로 구성된 합성 명사이고, '뛰놀다'는 '뛰(다)＋놀다'로 구성된 합성 동사예요. 그리고 '검푸르다'는 '검(다)＋푸르다'로 구성된 합성 형용사이고, '곧잘'은 '곧＋잘'로 구성된 합성 부사예요.

합성어의 품사는 대체적으로 가장 나중에 오는 어근의 품사에 따라 결정돼요. '배부르다'는 명사 '배'와 형용사 '부르다'가 결합한 합성어인데, 뒤에 오는 어근의 품사인 형용사에 따라 이 합성어는 형용사(합성 형용사)가 되는 거죠. 그러나 언제나 그렇듯 예외도 있어요. 예를 들어, 관형사 '여러'와 명사 '분'이 결합하여 만들어진 합성어 '여러분'의 품사는 명사가 아니라 대명사(합성 대명사)랍니다.

2 의미 관계에 따른 분류

합성어는 그 의미 관계에 따라서도 나누어 볼 수 있어요. 우선, '손발'처럼 어근이 각각 본래의 의미를 유지하면서 대등하게 결합한 합성어가 있는데, 이런 합성어를 **대등 합성어**라고 해요. 그리고 '돌다리'처럼 한쪽의 어근이 다른 한쪽의 어근을 꾸며 주는 형태의 합성어가 있는데, 이런 합성어를 **수식 합성어** 또는 **종속 합성어**라고 하고요. 또한 '밤낮'에서 '밤'과 '낮'이라고 하는 단어가 합쳐져 '늘, 항상'이라는 뜻으로 바뀐 것처럼 어근이 결합하여 새로운 의미를 나타내는 합성어도 있는데, 이런 합성어를 **융합 합성어**라고 해요.

대등 합성어	어근들이 각각 본래의 의미를 유지하면서 대등하게 결합된 합성어 예 '손발 : 손과 발', '오가다 : 오고 가다', '여닫다 : 열고 닫다' 등 ➡ 단어의 의미가 'A와 B'의 관계가 됨.
수식 합성어 (종속 합성어)	한쪽의 어근이 다른 한쪽의 어근을 꾸며 주는 형태의 합성어 예 '돌다리 : 돌로 된 다리', '사과나무 : 사과가 열리는 나무' 등 ➡ 단어의 의미가 'A한 B'의 관계가 됨.
융합 합성어	어근들이 합쳐져 어근 본래의 의미와 다른 새로운 의미를 지니게 된 합성어 예 '춘추(春秋) : 봄과 가을 → 해(세월), 나이', '밤낮 : 밤과 낮 → 늘, 항상' 등 ➡ 단어의 의미가 'A + B → C'의 관계가 됨.

③ 통사적 관계*에 따른 분류

합성어는 일반적인 우리말의 배열 순서에 따랐는지의 여부로도 나누어 볼 수 있어요. 우리말의 일반적인 배열 순서에 따라 어근이 결합하여 만들어진 합성어를 **통사적 합성어**라고 하고, 우리말의 일반적인 배열 순서에 어긋나는 방식으로 어근이 결합하여 만들어진 합성어를 **비통사적 합성어**라고 하죠.

좀 더 이해하기 쉽게 예를 들어 줄게요. 우리말에서 동사와 동사가 연결될 때에는 어간과 어간 사이에 연결 어미가 들어가야 해요. '어간＋연결 어미＋어간' 이렇게요. '돈을 아껴(아끼어) 쓰다.'라는 문장에서 동사 '아끼다'와 '쓰다' 사이에 연결 어미 '－어'가 들어가는 것처럼 말이죠. '알아듣다'와 같은 합성어가 바로 이러한 경우에 해당해요. 곧, '알아듣다'는 동사 '알다'와 '듣다'가 연결 어미 '－아'에 의해 연결되어 만들어진 통사적 합성어예요.

이에 반해 '여닫다'라는 합성어를 보면, 연결 어미 없이 '열다'와 '닫다'가 직접 결합되어 있어요. 우리말의 일반적인 배열법에 따른다면 '열고 닫다'와 같이 어간과 어간 사이에 연결 어미 '－고'가 들어가야 하지만 그렇지 않은 거죠. 때문에 '여닫다'는 비통사적 합성어예요.

'통사'는 쉽게 문장이라고 생각하면 돼. 곧, '통사적 관계'라는 건 문장에서 쓰인 말들 사이의 관계를 뜻하는 거야.

알아듣다 → 통사적 합성어
연결 어미 '－아' 있음

여닫다 → 비통사적 합성어
연결 어미 '－고' 없음

통사적 합성어	명사 + 명사, 관형사 + 명사	예 손수건 : 손 + 수건, 첫사랑 : 첫 + 사랑
	어간 + 관형사형 어미 + 명사	예 큰누나 : 크－ + －ㄴ + 누나, 작은아버지 : 작－ + －은 + 아버지
	어간 + 어미 + 어간	예 돌아가다 : 돌－ + －아 + 가－ + －다, 스며들다 : 스미－ + －어 + 들－ + －다
비통사적 합성어	어간 + 명사	예 덮밥 : 덮－ + 밥, 먹거리 : 먹－ + 거리
	어간 + 어간	예 검푸르다 : 검－ + 푸르－ + －다, 여닫다 : 열－ + 닫－ + －다
	부사 + 명사	예 보슬비 : 보슬 + 비

④ 형태의 변화에 따른 분류

어근이 결합하여 합성어를 이룰 때, '감나무(감+나무)', '손수건(손+수건)'처럼 단어의 형태에 변화가 없는 경우도 있지만, 이와는 달리 형태가 변하는 경우도 있어요. 이렇듯 합성어의 형태에 변화가 있는지에 따라서도 합성어를 나누어 볼 수 있어요.

어근 결합 시 형태 변화가 없음		예 감나무 : 감 + 나무, 손수건 : 손 + 수건
어근 결합 시 형태 변화가 있음	음운 중 일부가 탈락한 경우	예 마소 : 말 + 소 → ㄹ 탈락, 소나무 : 솔 + 나무 → ㄹ 탈락
	어미가 끼어들어 결합한 경우	예 돌아가다 : 돌－ + －아 + 가－ + －다
	받침 'ㄹ'이 'ㄷ'으로 변한 경우	예 이튿날 : 이틀 + 날
	사이시옷이 들어간 경우	예 나뭇잎 : 나무 + 잎, 잇몸 : 이 + 몸

● 합성어의 종류

품사에 따라		• 어근과 어근이 결합하여 이루어진 합성어의 품사에 따라 그 앞에 '합성'이라는 말을 붙여 부름. • 합성 명사(손발), 합성 대명사(이것), 합성 수사(예닐곱), 합성 동사(돌아가다), 합성 형용사(낯설다), 합성 관형사(한두), 합성 부사(곧잘), 합성 감탄사(아이참) 등으로 나뉨.
의미 관계에 따라	대등 합성어	어근들이 대등하게 본래의 뜻을 유지하는 합성어 **예** 마소, 손발, 오가다
	수식(종속) 합성어	한쪽의 어근이 다른 어근을 꾸며 주는 형태의 합성어 **예** 손수건, 돌다리
	융합 합성어	어근들이 합쳐져 어근 본래의 의미와 다른 새로운 의미를 지니게 된 합성어 **예** 밤낮, 춘추
통사적 관계에 따라	통사적 합성어	우리말의 단어 배열 순서에 따라 만들어진 합성어 **예** 마소, 손수건, 큰누나
	비통사적 합성어	우리말의 단어 배열 순서에 어긋나는 합성어 **예** 덮밥, 높푸르다
형태 변화에 따라		• 어근과 어근이 결합할 때의 형태 변화에 따라 나눌 수 있음. • 형태 변화는 결합 시 음운 중 일부가 탈락하는 경우(마소), 어미가 끼어드는 경우(돌아가다), 받침 'ㄹ'이 'ㄷ'으로 변하는 경우(이튿날), 사이시옷이 들어가는 경우(나뭇잎) 등으로 나뉨.

연습문제 개념 바로 확인하기

01 다음 빈칸에 들어갈 알맞은 말을 쓰시오.

(1) 둘 이상의 ☐☐의 결합으로 이루어진 단어를 합성어라고 한다.

(2) 합성어는 합성어를 이루는 어근들 간의 의미 관계에 따라 ☐☐ 합성어, ☐☐ 합성어, ☐☐ 합성어로 나눌 수 있다.

(3) 우리말의 배열 순서에 따라 만들어진 합성어를 ☐☐☐ 합성어라고 하고, 그렇지 않은 합성어를 ☐☐☐☐ 합성어라고 한다.

02 다음 각 합성어를 '어근+어근'으로 나누어 ( ) 안에 쓰시오.

(1) 손수건 : ( ) + ( ) (2) 오가다 : ( ) + ( )

(3) 소나무 : ( ) + ( )

03 다음 각 합성어에 해당하는 합성어의 종류를 〈보기〉에서 모두 골라 쓰시오.

┌─────────────────────────────────── 보기 ┐
합성 명사, 합성 동사, 대등 합성어, 수식 합성어, 통사적 합성어, 비통사적 합성어
└──┘

(1) 마소 : _____

(2) 돌다리 : _____

(3) 뛰놀다 : _____

연습문제 풀이 **01** (1) 어근 (2) 대등, 수식(종속), 융합 (3) 통사적, 비통사적 **02** (1) 손, 수건 (2) 오-, 가- (3) 솔, 나무 ('소나무'는 어근 '솔'과 '나무'가 결합하여 이루어진 것으로, 결합 시에 '솔'의 'ㄹ'이 탈락한 거예요.) **03** (1) 합성 명사, 대등 합성어, 통사적 합성어 (2) 합성 명사, 수식 합성어, 통사적 합성어 (3) 합성 동사, 대등 합성어, 비통사적 합성어 ('뛰놀다'는 '뛰다'와 '놀다'의 두 어근이 결합한 '합성 동사'이자, 두 어근의 본래 의미가 대등하게 유지되고 있으므로 '대등 합성어'예요. 그리고 연결 어미 없이 어간끼리 직접 결합되었기 때문에 '비통사적 합성어'죠.)

 **파생어**

계속해서 복합어 중 파생어에 대해 공부해 봅시다. 파생어는 어근과 접사의 결합으로 이루어진 단어라고 했죠? 이때 접사는 어근에 붙는 위치에 따라서 두 종류로 나뉘는데, 어근의 앞에 붙는 접사를 **접두사**(接붙을 접 頭머리 두 辭말 사), 어근의 뒤에 붙는 접사를 **접미사**(接붙을 접 尾꼬리 미 辭말 사)라고 해요. 따라서 파생어는 '접두사＋어근' 또는 '어근＋접미사'의 형태로 결합되어 있다고 할 수 있어요.

우선, 접두사가 붙어 만들어진 파생어를 볼까요?

> **날**고기, **풋**고추, **맨**손, **새**까맣다, **휘**두르다, **덧**신, **헛**일

'날고기'에서 '날-'은 '익히거나 가공하지 않은'의 뜻을 가진 접두사로, 어근 '고기'와 결합하여 '말리거나 익히거나 가공하지 아니한 고기'라는 뜻을 가진 새로운 단어를 만들었어요. 또한 '풋고추'에서 '풋-'은 '덜 익은'의 뜻을 가진 접두사로, 어근 '고추'와 결합하여 '덜 익은 고추'라는 뜻을 가진 새로운 단어를 만들었고요. 이렇듯 접두사는 어근에 붙어 그 의미를 더하거나 제한하면서 새로운 단어를 만드는 역할을 해요. 기억해 둘 것은 접두사는 어근의 품사를 바꾸지는 않는다는 거예요.

날- + **고기** = **날고기**
접두사 　 어근 　 파생어
　　　　　 명사 　 명사

새- + **까맣다** = **새까맣다**
접두사 　 어근 　 파생어
　　　　 형용사 　 형용사

우리가 자주 쓰는 접두사를 표로 정리해 줄게요.

접두사의 종류		접두사의 의미	예
명사에 붙는 경우	풋-	• 처음 나온, 덜 익은 • 미숙한, 깊지 않은	• 풋감, 풋고추, 풋나물, 풋김치 • 풋사랑, 풋잠
	맨-	• 다른 것이 없는	• 맨눈, 맨땅, 맨발, 맨주먹
용언에 붙는 경우	새-/시-	• 매우 짙고 선명하게	• 새까맣다/시꺼멓다
	휘-	• (일부 동사 앞) 마구, 매우 심하게 • (몇몇 형용사 앞) 매우	• 휘감다, 휘날리다, 휘젓다 • 휘둥그렇다, 휘둥글다
명사나 용언에 모두 붙는 경우	헛-	• (일부 명사 앞) 이유 없는, 보람 없는 • (일부 동사 앞) 보람 없이, 잘못	• 헛걸음, 헛고생, 헛소문, 헛수고 • 헛살다, 헛디디다, 헛먹다
	덧-	• (일부 명사 앞) 거듭된, 겹쳐 신거나 입는 • (일부 동사 앞) 거듭, 겹쳐	• 덧니, 덧버선, 덧신 • 덧대다, 덧붙이다

이번에는 접미사가 붙어 만들어진 파생어를 볼게요.

> • 장난**꾸러기**, 일**꾼**, 선생**님**, 도둑**질**
> • 사랑**하다**(사랑 + -하다), 높**이**(높- + -이), 달리**기**(달리- + -기), 지우**개**(지우- + -개)

접미사가 붙은 경우, '-꾸러기', '-꾼' 등은 접두사와 비슷한 역할을 하며 어근에 결합하여 새로운 단어를 만들어요. 하지만 어근에 '-이', '-기' 등의 접미사가 붙는 경우에는 접두사와는 달리 어근의 품사가 바뀌고 있어요. 이렇듯 접미사는 어근의 뜻에만 관여하는 것이 아니라, 경우에 따라 어근의 품사를 바꾸기도 해요. 이런 접미사를 '파생 접미사'라고 하죠.

$$\underset{\substack{어근\\명사}}{장난} + \underset{접미사}{-꾸러기} = \underset{\substack{파생어\\명사}}{장난꾸러기}$$

$$\underset{\substack{어근\\명사}}{일} + \underset{접미사}{-꾼} = \underset{\substack{파생어\\명사}}{일꾼}$$

$$\underset{\substack{어근\\명사}}{사랑} + \underset{접미사}{-하다} = \underset{\substack{파생어\\동사}}{사랑하다}$$

$$\underset{\substack{어근\\형용사}}{높-} + \underset{접미사}{-이} = \underset{\substack{파생어\\명사}}{높이}$$

이번에는 자주 쓰는 접미사를 정리해 볼 건데, 접미사는 접두사에 비해 그 종류와 수가 훨씬 더 많아요. 따라서 여기서는 그중 '파생 접미사'에 대해서만 정리해 줄게요.

파생 접미사의 종류		예
명사 파생 접미사	-개	덮개, 지우개, 날개, 오줌싸개, 코흘리개
	-기	읽기, 쓰기, 보기, 달리기, 더하기, 크기
	-ㅁ	꿈, 삶, 잠, 춤, 기쁨, 슬픔
동사 파생 접미사	-하다	사랑하다, 절하다, 생각하다, 빨래하다
	-거리다	까불거리다, 빈정거리다, 반짝거리다
피동사 파생 접미사*	-히-	막히다, 닫히다, 뽑히다, 밟히다, 맺히다
	-리-	갈리다, 팔리다, 밀리다, 뚫리다, 널리다
사동사 파생 접미사*	-추-	들추다, 맞추다, 낮추다, 늦추다
	-우-	채우다, 세우다, 재우다, 씌우다, 태우다
형용사 파생 접미사	-롭다	향기롭다, 평화롭다, 신비롭다, 슬기롭다
	-답다	꽃답다, 정답다, 사람답다
부사 파생 접미사	-오/우*	마주, 자주, 도로
	-이, -히	• 많이, 같이, 낱낱이, 겹겹이, 다달이 • 조용히, 무사히, 나란히, 영원히, 자세히

'피동'은 주체가 남에게 어떤 동작이나 행위를 당하는 거고, '사동'은 주체가 남에게 어떤 동작이나 행위를 하게 하는 거야. 이러한 피동 표현과 사동 표현을 만들 때 피동사와 사동사가 필요한데, 이를 각각의 파생 접미사로 만들 수 있지. 이에 대해서는 12일에 자세히 배울 거야.

참! 그리고 부사 파생 접미사 중 '-오/우'는 현대 국어에서는 형태소 분석할 때 분리하지 않아. 기억해!

● **여기서 잠깐! - '접미사'와 '어미'의 차이**

'접미사'는 단어의 형성 과정에서 사용하는 용어이고, '어미'는 용언의 활용에서 사용하는 용어예요. 즉, '접사'는 '어근'과 함께 쓰이는 용어이고, '어미'는 '어간'과 함께 쓰이는 용어죠. '공부'라는 단어를 예로 들어 설명해 줄게요.

어근 — 접사

어간 — 어미

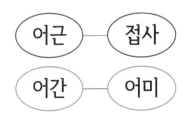

'공부(명사)'라는 '명사'에 '−하다'라는 '접미사'가 결합하여 '공부하다'라는 '동사'가 된 건데, 동사가 되었으므로 활용을 할 수 있겠죠? '공부하고, 공부하니, 공부하므로, …'와 같이요. 이때 변하지 않는 부분이 '공부하 −'네요? 그럼 '공부하 −'가 어간이 되고, 나머지 변하는 부분이 어미가 되는 거예요.

- 공부(어근 − 명사) + −하다(접미사) → 공부하다(동사)
- 공부하−(어간) + −고(어미), 공부하−(어간) + −니(어미), 공부하−(어간) + −므로(어미)

국어교과서 단박정리

● **파생어의 접사**

접두사	• 어근의 앞에 붙는 접사 • 어근에 붙어 의미를 더하거나 제한하는 역할을 하며, 어근의 품사를 바꾸지는 않음. **예** 날−(접두사) + 고기(명사) → 날고기(명사) 맨−(접두사) + 주먹(명사) → 맨주먹(명사) 새−(접두사) + 까맣다(형용사) → 새까맣다(형용사)
접미사	• 어근의 뒤에 붙는 접사 • 어근에 붙어 의미를 더하거나 제한하는 역할을 할 뿐만 아니라, 접두사와는 달리 어근의 품사를 바꾸기도 함. **예** 장난(명사) + −꾸러기(접미사) → 장난꾸러기(명사) 사랑(명사) + −하다(접미사) → 사랑하다(동사)

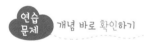 **연습문제** 개념 바로 확인하기

01 다음 설명이 맞으면 ○표, 틀리면 ×표를 하시오.

(1) 접사는 어근에 붙어 어근의 뜻을 제한하거나 품사를 바꾸어 주는 기능을 한다. (　　　)

(2) 어근의 앞에 붙는 접사를 접두사라 하고, 뒤에 붙는 접사를 접미사라 한다. (　　　)

(3) 접두사는 접미사와 달리 어근의 뜻을 제한하며 어근의 품사를 바꾼다. (　　　)

02 다음 파생어를 어근과 접사로 나누어 (　) 안에 쓰시오.

(1) 새하얗다 : (　　　　　　　　　　　) + (　　　　　　　　　　　　　)

(2) 바느질 : (　　　　　　　　　　　) + (　　　　　　　　　　　　　)

03 다음 단어 중 파생어가 아닌 것을 모두 찾아 ○표를 하시오.

선무당, 풋사랑, 휘날리다, 검붉다, 시누이, 달리기, 짐승, 겁쟁이

연습문제 풀이 **01** (1) ○ (2) ○ (3) × (접미사는 어근의 뜻을 제한할 뿐만 아니라 어근의 품사를 바꾸기도 해요.) **02** (1) 새−, 하얗다 (2) 바늘, −질 **03** 검붉다, 짐승 ('검붉다'는 '검다'와 '붉다'의 두 어근이 결합하여 만들어진 합성어이고, '짐승'은 하나의 어근으로 이루어진 단일어예요. 나머지는 각각의 어근에 접두사 '선−', '풋−', '휘−', '시−'와 접미사 '−기', '−쟁이'가 붙어 만들어진 파생어예요.)

01 다음 〈보기〉의 ㉠에 해당하는 단어로 적절한 것은?

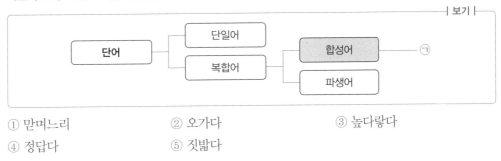

① 맏며느리   ② 오가다   ③ 높다랗다
④ 정답다   ⑤ 짓밟다

02 다음 중 어근과 접사의 결합으로 이루어진 단어는?

① 배나무   ② 가을바람   ③ 길이
④ 뛰놀다   ⑤ 도라지

03 다음 〈보기〉를 바탕으로 이해한 내용으로 적절하지 <u>않은</u> 것은?

┤ 보기 ├

○ 접두사와 품사
- 날−(접두사) + 고기(명사) → 날고기(명사)
- 맨−(접두사) + 주먹(명사) → 맨주먹(명사)
- 새−(접두사) + 까맣다(형용사) → 새까맣다(형용사)

○ 접미사와 품사
- 장난(명사) + −꾸러기(접미사) → 장난꾸러기(명사)
- 일(명사) + −꾼(접미사) → 일꾼(명사)
- 노래(명사) + −하다(접미사) → 노래하다(동사)
- 슬기(명사) + −롭다(접미사) → 슬기롭다(형용사)
- 깨끗−(형용사의 어근) + −이(접미사) → 깨끗이(부사)

① 접두사는 명사 앞에서 그 의미를 제한하는 역할을 한다.
② 접두사는 형용사 앞에 붙어 품사를 바꾸어 주는 기능을 한다.
③ '−꾸러기'는 접미사로 원래 어근의 품사는 그대로 유지된다.
④ 접미사가 붙어 원래 어근의 품사가 바뀌는 경우가 있다.
⑤ 접사는 어근에 붙는 위치에 따라 접두사와 접미사로 나눌 수 있다.

04 다음 〈보기〉의 ㉠~㉤에 들어갈 예로 적절하지 <u>않은</u> 것은?

	의미	예
대등 합성어	어근들이 각각 대등하게 본래의 의미를 유지하는 합성어	㉠
수식 합성어	한쪽의 어근이 다른 한쪽의 어근을 꾸며 주는 형태의 합성어	㉡
융합 합성어	어근들이 합쳐져 새로운 의미를 만들어 내는 합성어	㉢
통사적 합성어	우리말의 단어 배열 순서에 따라 만들어진 합성어	㉣
비통사적 합성어	우리말의 단어 배열 순서에서 벗어나는 방법으로 만들어진 합성어	㉤

┤ 보기 ├

① ㉠ : 마소 　② ㉡ : 얕보다 　③ ㉢ : 밤낮
④ ㉣ : 높푸르다 　⑤ ㉤ : 덮밥

05 〈보기 1〉의 설명을 참고할 때, 〈보기 2〉의 ㉠~㉣ 중 합성어에 해당하는 말을 바르게 고른 것은?

[고1 전국연합학력평가]

┤ 보기 1 ├

　하나의 형태소로 이루어진 단어를 단일어라고 하고, 둘 이상의 형태소로 이루어진 단어를 복합어라고 한다. 복합어에는 두 종류가 있다. '손(어근)+수레(어근)'와 같이 둘 이상의 어근으로 이루어진 단어는 합성어이고, '사냥(어근)+-꾼(접사)'과 같이 어근에 접사가 결합되어 만들어진 단어는 파생어이다.

┤ 보기 2 ├

　㉠물고기가 그려진 ㉡지우개가 어디로 갔을까? ㉢심술쟁이 동생이 또 ㉣책가방에 숨겼을 거야. 그래 보았자 이 누나는 금방 찾는데.

① ㉠, ㉡ 　② ㉠, ㉣ 　③ ㉡, ㉢
④ ㉡, ㉣ 　⑤ ㉢, ㉣

06 〈보기〉의 설명에 따라 '달리기'를 도식화한 것으로 적절한 것은? [고1 전국연합학력평가]

┤ 보기 ├

　선생님 : 어근은 단어에서 실질적인 의미를 나타내는 중심이 되는 부분을, 접사는 어근이나 단어에 붙어 새로운 단어를 구성하는 부분을 말합니다. 어근과 접사의 결합 관계를 쉽게 구별해 보기 위해 어근을 ▢ 로, 접사를 ◯ 로 나타내 보겠습니다. 예를 들어 '하늘'은 하나의 어근으로 이루어져 있고, '먹이'는 어근 '먹-'과 접사 '-이'로 이루어져 있으므로 다음과 같이 도식화할 수 있습니다.

　　○ 하늘 : ▢하늘▢ 　　○ 먹이 : ▢먹-▢ ◯-이◯

① ▢달리기▢ 　② ▢달-▢ ◯-리기◯ 　③ ▢달리-▢ ◯-기◯
④ ◯달리-◯ ▢-기▢ 　⑤ ▢달-▢ ◯-리-◯ ◯-기◯

07 다음 〈자료〉의 ㉠과 ㉡에 들어갈 내용으로 적절한 것은? [중3 학업성취도평가 응용]

┤ 자료 ├

'덧문', '톱질'과 같은 단어는 '어근'과 '접사'로 이루어진 파생어이다. '어근'은 단어의 중심이 되는 실질적인 의미를 나타낸다. 반면에 '접사'는 단어의 중심적 의미를 나타내지 않고 어근에 붙어서 그 어근의 뜻을 한정하거나 새로운 단어를 만들어 낸다. '덧문'과 '톱질'은 다음과 같은 짜임새로 각각 분석된다.

단어	짜임새
덧문	덧-(접사) + 문(어근)
톱질	톱(어근) + -질(접사)

이를 바탕으로 '멋쟁이'와 '햇과일' 두 단어의 짜임새를 분석해 보자.

단어	짜임새
멋쟁이	㉠
햇과일	㉡

① ㉠ : 멋(어근) + 쟁이(어근)

② ㉠ : 멋쟁-(접사) + 이(어근)

③ ㉠ : 멋(어근) + 쟁(어근) + -이(접사)

④ ㉡ : 햇-(접사) + 과일(어근)

⑤ ㉡ : 햇-(접사) + 과(어근) + 일(어근)

08 〈보기〉의 설명에 해당하는 사례로 적절하지 않은 것은? [고1 전국연합학력평가]

┤ 보기 ├

대등한 자격을 지닌 단어들이 결합하여 합성어(合成語)가 될 때에는 일정한 결합 순서를 지키는 것이 일반적이다. 이것은 우리나라 사람들이 지니고 있는 보편적인 사고방식이 작용한 결과이다. 이와 같은 합성어의 결합 양상과 관련이 있는 사고방식은 다음과 같다.

○ 작은 수에서 큰 수의 차례로 파악하려는 경향

○ 가까운 거리를 먼 거리보다 먼저 파악하려는 경향

○ 긍정적인 요소를 부정적인 요소보다 선호하는 경향

○ 앞선 시간을 뒤에 오는 시간보다 먼저 파악하려는 경향

① 낯익은 얼굴들이 여기저기 눈에 띄었다.

② 우리 고향에는 아름다운 돌다리가 있었다.

③ 강이 오염된 것은 어제오늘의 일이 아니다.

④ 이제 와서 누구의 잘잘못을 따질 필요가 있겠니?

⑤ 건장한 청년 예닐곱 명이 한꺼번에 방으로 들어왔다.

 **06일** 어휘의 유형을 알아보자

 1 어휘

오늘은 어휘에 대해 알아보려고 해요. 혹시 어제까지 우리가 공부한 '단어'와 오늘 배울 '어휘'가 같은 거라고 생각하는 학생이 있을까요? 그래요. 언뜻 어휘와 단어가 뭐가 다를까 싶기도 하지만, 둘은 엄연히 다른 개념이에요. **어휘**(語말씀 어 彙무리 휘)란 사전적으로 '어떤 일정한 범위 안에서 쓰이는 단어의 수효. 또는 단어의 전체.'를 의미해요. 한마디로 어휘는 일정한 기준에 따라 묶은 단어들의 집합이고, 단어는 하나하나의 개별적인 의미를 가진 말이죠. 예를 들어 '아버지', '먹다', '사랑', '꿈', '손'이라는 말들의 경우 그 하나하나는 단어(낱말)이고, 이들을 묶어서 '순우리말'이라고 할 때는 어휘로 취급한 거예요. 어휘의 이름은 '순우리말 어휘', '감정 어휘', '가족 어휘', '국어 문법 어휘' 등과 같이 단어들이 모인 기준이나 성격에 따라 다양하게 붙일 수 있어요.

그런데 이렇게 단어들을 일정한 기준에 따라 묶어서 파악하는 것은 품사에서도 이미 다루었어요. 단어를 품사로 살펴보는 것은 어떤 단어의 문법적 특성을 중심으로 문장 내에서의 역할과 기능을 파악하기에 용이해요. 하지만 그 단어가 '어떤 유래를 가지고 있는지', '생활 속에서 어떤 경우에 쓰이는지', '말하고 듣는 사람이 어떤 의도로 사용하는지' 혹은 '사람들에게 어떤 기분을 불러일으키는지' 등은 품사적 특성으로는 파악하기 어렵다는 문제가 있어요.

우리 할아버지께서는 작년 겨울에 <u>죽었어요</u>.

예를 들어, 왼쪽 그림 속 아이의 말에서 '죽다'라는 단어는 '할아버지'가 '어찌하다'라는 동사로서 적절한 형태로 활용되었어요. 결국 품사의 관점에서 이 단어의 쓰임에는 큰 문제가 없죠.

하지만 우리는 이런 식으로 '죽다'라는 단어를 쓰지는 않아요. 혹시 어린아이가 '죽다'라는 단어를 쓰면 어른들이 '돌아가다(돌아가시

'죽었어요'가 아니라 '돌아가셨어요'라고 해야 한단다.

다)'라는 단어를 사용하여 해당 표현을 고쳐 주죠. '죽다'와 '돌아가다'는 둘 다 품사로는 같은 동사이지만, 두 단어 사이에는 그 쓰임과 의미, 전하는 느낌에 분명 차이가 있어요. (이에 대해서는 잠시 후에 좀 더 설명해 줄게요.) 그래서 어휘의 관점에서 단어들을 살펴보는 게 필요한 거예요.

자, 그럼 연습 문제를 푼 다음, 몇몇 대표적인 기준에 따라 어휘를 분류해 보도록 합시다.

국어교과서 단박정리

● **어휘** 일정한 기준에 따라 그 범위 안에 묶이는, 공통적인 성질을 가지는 단어들의 집합(vocabulary)
※ 참고로, 단어(낱말, word)는 개별적인 의미를 가진 각각의 말을 뜻함.

연습 문제 개념 바로 확인하기

01 다음 빈칸에 들어갈 알맞은 말을 쓰시오.

□□는 일정한 기준에 따라 묶은 단어들의 집합을 의미한다.

02 다음 각 단어들의 집합에서 어울리지 않는 단어를 찾아 ○표를 하시오.

(1) 빨강, 파랑, 보라, 자주, 바다

(2) 눈, 코, 입, 귀, 신발, 발가락, 손가락

(3) 아버지, 어머니, 고모, 삼촌, 누나, 선생님

(4) 가다, 자다, 걷다, 놀다, 좋다, 듣다, 먹다

연습문제 풀이 **01** 어휘 **02** (1) 바다 ('바다'를 제외한 나머지는 색채를 나타내는 단어들의 집합으로 묶을 수 있어요.) (2) 신발 ('신발'을 제외한 나머지는 신체 부위를 지칭하는 단어들의 집합으로 묶을 수 있어요.) (3) 선생님 ('선생님'을 제외한 나머지는 가족이나 친족을 지칭하는 단어들의 집합으로 묶을 수 있어요.) (4) 좋다 ('좋다'를 제외한 나머지는 동작을 나타내는 단어들(동사)의 집합으로 묶을 수 있어요.)

2 기원과 유래에 따른 어휘의 분류

1 순우리말

순우리말은 순수한 우리말로, 다른 나라에서 들어온 것이 아니라 예로부터 우리가 써 오던 단어들이에요. **고유어**(固옛 고 有있을 유 語말씀 어)라고도 하죠. '아버지', '어머니', '아들', '딸', '사랑', '놀다', '예쁘다', '꿈', '하늘', '바다', '하나', '첫째' 등과 같은 단어들이 순우리말이에요. 이러한 순우리말은 국어를 사용하는 사람이라면 누구나 그 뜻을 이해하기 쉬우며, 우리에게 친숙하고 정겨운 느낌을 주죠.

> 엄마야 누나야 강변 살자.
> 뜰에는 반짝이는 금모래빛
> 뒷문 밖에는 갈잎의 노래
> 엄마야 누나야 강변 살자.
> – 김소월, 「엄마야 누나야」

왼쪽의 시는 한국인이 가장 사랑하는 시인인 김소월의 「엄마야 누나야」예요. 아마 여러분도 한 번쯤은 들어보았을 거고, 한 번 들으면 대부분 쉽게 외울 수 있을 거예요. 이는 시가 지닌 서정적인 분위기와 민요조의 운율 때문이기도 하지만, 이 시가 우리에게 친숙하게 다가오는 가장 큰 이유는 역시 시어의 대부분을 차지하는 순우리말 때문이에요. 사실 대부분의 순우리말은 우리가 어머니로부터 처음 말을 배울 때 들었던 것들이에요. 그렇기에 우리 민족 특유의 문화나 정서를 표현하기에 좋고, 우리의 정서적 감수성을 풍요롭게 만들어 주죠.

한편, 순우리말은 하나의 단어가 여러 가지 의미를 담고 있는 경우가 많아요. 다음 문장을 볼까요?

> ① 전선을 <u>자르다</u>.
> ② 회사에서 직원들을 <u>잘랐다</u>.

위의 ①에서의 '자르다'는 '동강을 내거나 끊어 내다.'라는 기본적인 의미로 쓰였지만, ②에서의 '자르다'는 '직장에서 해고하다.'라는 의미로 쓰였어요. 이처럼 순우리말은 의미의 폭이 넓어서 하나의 단어가 상황에 따라 여러 가지 다른 의미로 해석되기도 해요.

2 한자어

한자어(漢한수 한 字글자 자 語말씀 어)는 **중국의 한자를 기반으로 만들어진 단어**들로, 우리말 어휘의 반 이상을 차지하고 있어요. 이 중에는 중국에서 들어온 단어도 있고, 일제 강점기를 거치면서 일본에서 만들어진 단어가 유입된 것도 있어요. 하지만 많은 수의 한자어 단어들은 오랜 역사를 거치면서 한자를 이용하여 우리 스스로 만들어 사용해 온 것들이에요.

> 대통령(大統領)은 그 권한(權限)을 헌법(憲法)과 법률(法律)에 따라 합법적(合法的)으로 행사(行使)하여야 함은 물론(勿論), …… 공무(公務) 수행(遂行)은 투명(透明)하게 공개(公開)하여 국민(國民)의 평가(評價)를 받아야 한다.

위 예문은 헌법 재판소의 어느 결정문이에요. 이 글을 보면 글의 성격 때문에 그렇기도 하겠지만 한자어들이 참 많이 사용되었어요. 그런데 이 글에 사용된 '대통령', '헌법', '법률', '권한' 등의 한자어들을 모두 순우리말로 바꾸면 어떨까요? 어떤 한자어들은 아예 순우리말로 바꿀 수가 없거나, 바꾸더라도 비슷한 뜻의 다른 한자어가 되어 버리거나, 아예 뜻을 풀어서 써야 할 수도 있을 거예요. 그렇게 된다면 문장은 더욱 길어지고 의미는 모호해지기 십상이죠.

이처럼 한자어가 순우리말에 비해 우월한 것은 아니지만, 대개 개념어나 추상어로서는 좀 더 분명하고 정밀한 의미를 가지고 있는 것이 특징이에요. 그러다 보니 하나의 순우리말에 대응하는 한자어의 수가 많답니다. 조금 전에 순우리말은 하나의 단어가 여러 의미를 담고 있는 경우가 있다고 했는데, 그 각각의 의미에 대응되는 한자어가 있거든요.

---

① 전선을 <u>자르다.</u> : 자르다 – 절단(切斷)하다
② 회사에서 직원들을 <u>잘랐다.</u> : 자르다 – 해고(解雇)하다

---

③ 외래어

외래어(外^{밖 외} 來^{올 래} 語^{말씀 어})는 말 그대로 '밖에서 온 말'이에요. 원래는 다른 나라에서 사용되던 말인데, 우리나라에 들어와 우리말처럼 쓰이는, 곧 우리말로 굳어진 단어들이죠.

이때 '외국어'를 '외래어'와 혼동하면 안 돼요. 외국어는 우리말이 아닌, 다른 나라의 말이에요. 이 외국어가 우리나라에 들어와 오랜 세월 두루 쓰이면서 사회적으로 널리 인정받으며 우리말로 굳어질 때 비로소 외래어가 되는 거죠. 그래서 외래어는 외국어와는 달리 상당히 우리말처럼 느껴져 다른 나라 말이라는 의식 없이 쓰이는 경우가 많아요.* 예를 들어 포르투갈어에서 들어온 말인 '빵'은 우리말로 굳어진 외래어지만, '브레드(bread)'는 우리말로 정착하지 못한 외국어에 해당해요. 사실 한자도 중국에서 들어왔기 때문에 넓은 의미에서 보면 한자어를 외래어로 볼 수도 있어요. 그

'텔레비전, 컴퓨터'처럼 외래어는 마땅히 대체할 만한 우리말이 없지만, '하우스(집)', 러브(사랑)'처럼 외국어는 대체할 우리말이 있다는 차이점이 있어.

런데 한자어는 워낙 오랜 시간 동안 광범위하게 사용되며 우리 언어문화의 바탕이 되어 왔기 때문에 외래어와 구분하여 우리말 어휘 체계의 한 축으로 본답니다.

우리가 자주 사용하는 대표적인 외래어에는 다음과 같은 것들이 있어요.

영어 계열	버스, 넥타이, 컴퓨터, 로켓, 슈퍼마켓, 챔피언, 아이스크림 등
독일어 계열	이데올로기, 노이로제, 아르바이트, 알레르기 등
프랑스어 계열	망토, 콩트, 루주, 데생, 마담, 앙코르, 크레용 등
포르투갈어 계열	담배, 빵, 카스텔라 등
이탈리아어 계열	첼로, 오페라, 템포, 아리아, 스파게티 등

어때요? 생각보다 우리가 사용하는 말 중에 외래어가 많고, 외래어라고 생각하지 못한 의외의 말들도 많죠? 다른 나라와의 교류가 늘어나면서 외래어의 유입은 피할 수 없는 일이 됐어요. 하지만 외래어가 유입되면 무조건 그것을 수용하기보다는 그 외래어를 대체할 수 있는 우리말에는 무엇이 있을지를 먼저 생각해 보는 것이 중요해요. 그리고 간혹 외래어나 외국어를 순우리말에 비해 더 고급스럽고 우월하다고 여기는 경우가 있는데, 이는 우리말과 우리 문화에 대한 자긍심을 흔드는 일이므로 경계해야 해요.

국어교과서 단박정리

● **단어의 기원과 유래에 따른 어휘의 분류**

순우리말(고유어)	• 예로부터 우리 민족이 써 오던 순수한 우리말 • 의미의 폭이 넓어 하나의 단어가 상황에 따라 여러 가지 다른 의미로 해석되는 경우가 많음. • 우리 민족 고유의 문화와 정서가 담겨 있으며, 우리의 정서적 감수성을 풍요롭게 함.
한자어	• 한자를 기반으로 하여 만들어진 말 • 개념을 나타내는 말과 추상적인 내용을 표현하는 말에 많이 사용됨. • 순우리말에 비해 추상적 개념에 대한 세분화된 표현에 적합하여, 하나의 순우리말의 의미에 대응되는 한자어는 여러 개가 있을 수 있음.
외래어	• 다른 나라와의 문화적, 경제적 교류를 통해 들어온 말 중 우리말처럼 쓰이는 말 • 지나친 외래어 사용은 우리말의 정체성과 우리 문화에 대한 자긍심을 손상시킬 수 있으니 주의해야 함.

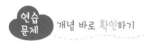 **개념 바로 확인하기**

01 다음 빈칸에 들어갈 알맞은 말을 쓰시오.

(1) 다른 나라에서 들어온 것이 아니라 예로부터 우리가 써 오던 단어들을 □□□□이라고 한다.

(2) □□□에는 개념어와 추상어가 많으며, 순우리말에 비해 좀 더 세분화된 의미를 갖는다.

(3) 다른 나라에서 들어와 우리말처럼 굳어져 쓰이는 단어들을 □□□라고 한다.

02 다음 설명이 맞으면 ○표, 틀리면 ×표를 하시오.

(1) 우리말 어휘는 사용 범위에 따라 순우리말(고유어), 한자어, 외래어로 나눌 수 있다. (　　)

(2) 순우리말은 우리 민족 고유의 문화와 정서를 표현하며 정서적 감수성을 풍요롭게 한다. (　　)

(3) 넓은 의미에서 한자어를 외래어의 하나로 볼 수도 있다. (　　)

03 다음 중 단어의 기원이 나머지와 다른 것을 2개 골라 ○표를 하시오.

> 강산,　담배,　망토,　빵,　책,　크레용,　넥타이

연습문제 풀이 01 (1) 순우리말 (2) 한자어 (3) 외래어　02 (1) × (어휘를 고유어, 한자어, 외래어로 분류하는 기준은 기원과 유래에 따른 것이에요.) (2) ○ (사람과 자연에 관한 대부분의 기본적인 어휘들이 순우리말로 되어 있는데, 여기에는 우리 민족 고유의 문화와 정서가 담겨 있죠.) (3) ○ (한자도 중국에서 들어왔기 때문에 넓은 의미에서 보면 한자어를 외래어로 볼 수도 있어요. 하지만 한자어는 순우리말과 함께 오랫동안 사용되어 온 우리말이기에 외래어로 취급하지는 않아요.) 03 강산, 책 ('강산(江山)'과 '책(册)'은 한자어이고, 나머지는 외래어예요.)

3 사용 양상에 따른 어휘의 분류

1 은어

위 그림 속 말들은 대체 무슨 뜻일까요? 사실 이 말들은 도박판에서 노름꾼들 사이에 쓰이는 말이에요. 아무래도 '도박'이라는 행위 자체가 드러내 놓고 할 수 있는 떳떳한 일이 아니기에 자기네들끼리만 알아들을 수 있도록 이런 식으로 비밀스럽게 말하게 된 것이죠. 이처럼 어떤 집단에서 다른 사람들이 알아듣지 못하도록 자기네 구성원끼리만 사용하는 말을 **은어**(隱숨길 은 語말씀 어)라고 해요. 일종의 암호와 같은 말이죠. 암호가 그렇듯이 은어는 집단 내의 비밀을 지키려는 말이기 때문에 집단 구성원들 사이의 소속감과 동질감을 높여 줘요. 하지만 이를 모르는 외부인에게는 소외감과 이질감, 불쾌감을 느끼게 하죠.

2 전문어

하대정맥(下大靜脈, inferior vena cava)이 크게 손상되어 출혈이 많아 쉽지 않은 수술이었지만, 커브드 바스큘러 클램프(curved vascular clamp)를 여러 개 사용하여 혈관을 잡은 다음, 수처(suture)하였습니다. 수술 결과는 양호하지만, 경과를 더 두고 봐야겠습니다.

여러분은 위 그림 속 의사의 말이 잘 이해되나요? 수술 중에 있었던 일을 설명하는 것 같은데, 일반인으로서는 무슨 뜻인지 잘 모르는 의료계의 말이 많이 사용되고 있어요. 이처럼 전문성이 필요한 특정 분야에서 그 일을 효과적으로 수행하거나 전문적인 개념을 나타내기 위해 사용하는 말을 **전문어**(專오로지 전 門문 문 語말씀 어)라고 해요.

전문어는 전문가들끼리 의사소통을 하는 데 쓰이는데, 말하고자 하는 바를 명확하게 가리켜야 하기 때문에 여러 가지 의미를 가지면 곤란해요. 그래서 다의성이 적고, 외국어나 외래어 혹은 의미가 세분화된 한자어가 많아요. 한편, 전문어는 일반 사회에서 기본 어휘로 사용되는 경우가 드물어 일반인은 잘 모르기도 해요. 그렇기 때문에 전문어는 은어와 비슷하게 일반인에게 소외감이나 이질감 등을 느끼게 하기도 해요.

3 유행어

유행어(流흐를 유 行갈 행 語말씀 어)는 비교적 짧은 시기에 걸쳐 여러 사람의 입에 오르내리는 단어나 구절, 문장 등을 이르는 말이에요. 요즘은 대개 대중 매체를 통해 유명인의 인상적인 말이나 표현이 유행어가 되는 추세죠.

유행어는 특정 시기의 세태를 반영하여 당시 사람들의 생각과 감정을 보여 주기도 하고, 현실에 대한 비판과 풍자를 담고 있기도 해요. 이러한 유행어를 적절히 사용하면 재치 있고 신선한 느낌을 주지요. 하지만 지나치면 말과 행동이 가볍다는 인상을 줄 수 있어요. 그리고 오래된 유행어를 사용하면 시대에 뒤처진 느낌을 주고, 의사소통에 지장이 있을 수도 있으니 주의해서 사용해야 해요.

국어교과서 단박정리

● **사용 양상에 따른 어휘의 분류**

은어	• 특정 집단에서 다른 사람들이 알아듣지 못하도록 그 구성원끼리만 비밀스럽게 사용하는 말 • 집단의 이익을 유지하기 위해 사용하며, 외부인에게는 소외감 등 부정적인 느낌을 줄 수 있음.
전문어	• 전문성이 필요한 분야에서 그 일을 효과적으로 수행하거나 전문적인 개념을 나타내기 위해 사용하는 말 • 의미가 정밀하고 다의성이 적으며, 경우에 따라 일반인에게는 은어와 비슷한 효과를 주기도 함.
유행어	• 비교적 짧은 시기에 걸쳐 여러 사람의 입에 오르내리는 단어, 구절, 문장 등을 이르는 말 • 재치 있고 신선한 느낌을 주지만, 지나치면 말과 행동이 가볍다는 인상을 줄 수 있음.

 개념 바로 확인하기

01 다음 설명이 맞으면 ○표, 틀리면 ×표를 하시오.

(1) 단어는 그 사용 양상에 따라 은어, 전문어, 유행어 등으로 나눌 수 있다. (   )

(2) 은어는 특정 시기의 세태를 반영하고 있어서 적절히 사용하면 신선하고 재미있다. (   )

(3) 전문어는 해당 분야에 속한 사람들에게는 그 개념을 정확하게 전달할 수 있지만, 일반인에게는 생소한 단어들이다. (   )

(4) 유행어는 특정 집단의 구성원들끼리만 통하도록 비밀스럽게 쓰는 말이다. (   )

연습문제 풀이   01 (1) ○   (2) × (유행어에 대한 설명이에요.)   (3) ○   (4) × (은어에 대한 설명이에요.)

사회 문화적 배경이 담겨 있는 어휘의 분류

1 관용어와 속담

관용어(慣버릇 관 用쓸 용 語말씀 어)는 둘 이상의 단어들이 모여서 하나의 관습적인 의미로 사용되는 말이에요. 관용어는 그 관용어를 구성하는 각 단어의 의미의 합만으로는 전체의 뜻을 정확하게 알기 어려워요.

> ① 이번 시험에서도 <u>미역국을 먹었다</u>. (미역국을 먹다.)
> ② <u>입에 풀칠하기도</u> 어려운 생활이었다. (입에 풀칠하다.)
> ③ 나는 그에 관한 일이라면 <u>눈에 불을 켜고</u> 달려들었다. (눈에 불을 켜다.)

위의 ①~③에 사용된 '미역국을 먹다', '입에 풀칠하다', '눈에 불을 켜다'와 같은 말이 관용어예요. 우선, ①에서는 '미역국'과 '먹다'라는 말이 모여 '시험에서 떨어지다'라는 의미로 사용되고 있어요. 그리고 ②에서는 '입'과 '풀칠하다'라는 말이 모여 '근근이(어렵사리 겨우) 살아가다'라는 의미로 사용되고 있고, ③에서는 '눈', '불', '켜다'라는 말이 모여 '몹시 욕심을 내거나 관심을 기울이다'라는 의미로 사용되고 있어요.

이렇듯 관용어를 구성하고 있는 각 단어들의 개별적인 의미는 관용어의 의미와 바로 연결되지는 않지만, 오랜 세월 동안 관습적으로 쓰이면서 특정한 의미를 형성하는 한 덩어리의 말로 굳어졌어요. 그렇기 때문에 관용어를 사용할 때 표현을 고치게 되면 관용적 의미가 사라지니 주의해야 해요.

예로부터 민간에 전하여 오는 말인 속담(俗풍속 속 談말씀 담)도 관용어와 비슷해요. 다만, 속담에는 우리 조상들이 오랜 생활 경험에서 얻은 지혜와 교훈이 담겨 있다는 특징이 있어요. 예를 들어 '백지장도 맞들면 낫다'라는 속담은 쉬운 일이라도 협력하여 하면 훨씬 쉽다는 교훈을 담고 있고, '낮말은 새가 듣고 밤말은 쥐가 듣는다'라는 속담은 아무도 안 듣는 데서라도 말조심해야 한다는 교훈을 담고 있죠.

관용어와 속담은 우리 생활에서 오랫동안 쓰여 왔던 말이기에 우리 조상들의 생활문화와 의식을 엿볼 수 있어요. 또한 일반적인 표현보다 상황을 간결하고 비유적으로 표현할 수 있으며, 재치 있게 사용한다면 상대방에게 즐거움을 줄 수도 있어요. 물론 사용하려는 관용어와 속담의 정확한 의미를 알고, 상황을 고려하여 그에 어울리는 표현을 사용하는 건 올바른 언어생활의 기본이겠죠?

2 금기어와 완곡어

자, 이번에는 오늘 앞에서 했던 이야기로 돌아가 볼까요?

> • 할아버지께서는 작년에 죽었어요.

우리말에서 이런 문장은 거의 쓰지 않아요. 할아버지에게 높임말을 쓰지 않아서가 아니라, 우선 '죽다'라는 말 자체가 주는 불길한 느낌이 문제거든요. 대개 사람들은 '죽음, 질병, 범죄, 성(性), 배설' 등과 관련된 단어들을 마음에 꺼려하거나 불쾌하게 여겨요. 그래서 이런 말들을 잘 쓰지 않거나 피하죠.

이처럼 불길하거나 불쾌한 것을 나타내거나 생각나게 해서 사람들이 피하는 말을 **금기어**(禁금할 금 忌꺼릴 기 語말씀 어)라고 해요. 그리고 금기어와 같은 말을 사용해야만 하는 상황에서 이를 부드럽게 돌려서 표현한 말을 **완곡어**(婉순할 완 曲굽을 곡 語말씀 어)라고 한답니다. 위의 예문과 같은 경우 '죽다' 대신에 '돌아가다'라는 말을 사용하는 것이 바로 완곡어를 쓴 거예요.

국어교과서 단박정리

● **사회 문화적 배경이 담겨 있는 어휘의 분류**

관용어	• 둘 이상의 단어들이 모여서 하나의 관습적인 의미로 사용되는 말 **예** 미역국을 먹다 • 전체가 하나의 단어처럼 사용되기 때문에 표현을 고치면 관용적 의미가 사라짐.
속담	• 예로부터 민간에 전하여 오는 말 **예** 백지장도 맞들면 낫다 • 조상들의 삶의 지혜와 교훈성이 담겨 있음.
금기어	• 불길하거나 불쾌한 것을 나타내거나 생각나게 해서 사람들이 피하는 말 **예** 죽다, 변소, 똥
완곡어	• 금기어를 부드럽게 돌려서 표현한 말 **예** 죽다 → 돌아가다, 변소 → 화장실, 똥 → 대변

개념 바로 확인하기

01 다음 어휘의 유형과 그에 해당하는 설명을 바르게 연결하시오.

(1) 관용어 •　　　　　　　　• ㉠ 부드럽게 돌려서 표현한 말

(2) 속담 •　　　　　　　　• ㉡ 조상들의 삶의 지혜와 교훈을 지닌 말

(3) 금기어 •　　　　　　　　• ㉢ 불길하거나 불쾌한 것을 나타내서 사람들이 피하는 말

(4) 완곡어 •　　　　　　　　• ㉣ 둘 이상의 단어들이 모여서 하나의 관습적인 의미로 사용되는 말

02 다음 〈보기〉에서 (1)~(4)와 관련이 있는 어휘의 유형을 골라 쓰시오.

┌─── 보기 ┐
　　　　　관용어,　　　속담,　　　금기어,　　　완곡어
└──┘

(1) 가는 말이 고와야 오는 말이 곱다. : ＿＿＿＿＿＿＿＿＿＿＿＿＿＿＿＿＿

(2) '죽다', '변소' 등은 사람들이 피하고자 하는 말이다. : ＿＿＿＿＿＿＿＿＿＿＿

(3) 사람이 죽었을 때 '돌아가셨다'라고 돌려서 표현한다. : ＿＿＿＿＿＿＿＿＿＿＿

(4) '그는 그 일에 발 벗고 나섰다.'에서 '발 벗고 나서다'는 '적극적으로 나서다'라는 의미이다.

　　: ＿＿＿＿＿＿＿＿＿＿＿＿＿＿＿＿＿＿＿＿＿＿＿＿＿＿＿＿＿＿＿＿＿＿＿

연습문제 풀이　**01** (1) ㉣　(2) ㉡　(3) ㉢　(4) ㉠　**02** (1) 속담 ('가는 말이 고와야 오는 말이 곱다'는 자기가 남에게 말이나 행동을 좋게 하여야 남도 자기에게 좋게 한다는 교훈을 지닌 속담이에요.) (2) 금기어 (3) 완곡어 (4) 관용어 ('발 벗고 나서다'는 '발', '벗다', '나서다'가 합쳐져 '적극적으로 나서다'라는 관용적 의미로 쓰여요.)

01 〈보기〉의 밑줄 친 지명과 그 지명과 같은 어휘의 유형에 대한 설명으로 적절하지 않은 것은?

┤ 보기 ├

　문경읍 지도에 나타나 있는 이 근처 동네 이름도 아랫파발, 점말, 새술막, 곰지골, 한여골 등 가지가지로 예쁘다. 어제 문경 새재 입구에 있던 마을의 이름은 듣기에도 정이 가는 데다 심지어 이국적이기까지 한 '푸실'이었다. 풀이 우거졌던 마을의 모습에서 따온 '풀'에다 마을을 나타내는 '실'을 합해 '풀실'이 되고, 거기서 발음하기 어려운 'ㄹ'이 탈락해 '푸실'이 되었단다.

　　　　　　　　　　　　　　　　　　　　　　　　　　　　　　　　－ 한비야, 「바람의 딸, 우리 땅에 서다」

① 정겨운 느낌이 든다.
② 순우리말로 된 이름이다.
③ 지역의 특성을 반영하였다.
④ 우리 민족의 정서가 드러난다.
⑤ 한자 이름보다 짧게 쓸 수 있다.

02 〈자료〉를 참고할 때, 문맥상 바꾸어 쓸 수 있는 고유어와 한자어의 짝으로 적절하지 않은 것은?

[중3 학업성취도평가]

┤ 자료 ├

　우리말의 어휘에는 고유어와 한자어가 있다. 그런데 다음과 같이 하나의 고유어에 여러 개의 한자어가 대응하는 경우가 있다.
• 나는 이 마을에 오랫동안 살았다. → 거주(居住)했다
• 대지진이 났지만 주민들은 모두 살았다. → 생존(生存)했다

① 우리는 합의를 보았다. → 도출(導出)했다
② 수상한 사람을 보면 신고하라. → 목격(目擊)하면
③ 사무실에서 업무를 보고 있다. → 수행(遂行)하고
④ 우리 집은 1년째 신문을 보고 있다. → 판단(判斷)하고
⑤ 원장님은 오전에만 환자를 보십니다. → 진찰(診察)하십니다

03 〈보기〉의 ㉠과 ㉡에 들어갈 말이 바르게 연결된 것은?

┤ 보기 ├

　외래어와 외국어는 모두 다른 나라에서 온 말이지만, 우리말처럼 느껴지는 정도와 대체어의 유무에 있어 차이가 있다. 외래어는 '(㉠)'와(과) '담배', '로봇'과 같은 말을, 외국어는 '댄스', '(㉡)'와(과) 같은 말을 예로 들 수 있다.

	㉠	㉡		㉠	㉡
①	시간	택시	②	버스	라디오
③	빵	밀크	④	하늘	컴퓨터
⑤	시나브로	텔레비전			

O4 〈자료〉는 '은어'에 관한 수업을 듣고 정리한 내용이다. ㉠에 들어갈 내용으로 가장 적절한 것은?

[중3 학업성취도평가]

⊣ 자료 ⊢

은어

• 개념 : ㉠

• 특징 : 다른 집단에 알려지게 되면 그 기능을 잃게 된다.

• 문제점 : 다른 집단의 사람들에게 소외감을 줄 수 있다.

• 예 : 산삼을 캐는 사람들은 호랑이를 '산개', 큰 산삼을 '왕초'라 부른다.

① 전문 분야에서 특별한 의미로 쓰는 말

② 일반 사람들이 일상생활에서 널리 쓰는 말

③ 새로운 대상을 나타내기 위해 새로 생긴 말

④ 비교적 짧은 시기에 걸쳐 여러 사람의 입에 오르내리는 말

⑤ 다른 사람들이 알아듣지 못하도록 구성원끼리만 사용하는 말

O5 어휘의 다양한 유형에 대한 설명과 예를 제시한 내용으로 적절한 것은?

	유형	설명	예
①	전문어	특정 전문 분야에서 그 분야의 전문가들이 즐겨 사용함.	공주병, 왕자병
②	유행어	비교적 오랜 시간에 걸쳐 여러 사람의 입에 오르내림.	얼짱, 몸짱
③	한자어	중국의 한자를 기반으로 만들어진 말이지만 우리 스스로 만들어 낸 것도 있음.	학생, 고생
④	은어	어떤 집단에서 공공의 이익을 위한 업무를 수행하기 위해 비밀스럽게 사용함.	먹주, 대, 삼패
⑤	외래어	외국에서 들어온 말로, 우리말처럼 느껴지지는 않아서 다른 나라의 말이라는 것을 쉽게 알게 됨.	크레용, 버스

O6 〈보기〉의 밑줄 친 '관용어'에 해당하지 <u>않는</u> 것은? [고1 전국연합학력평가]

⊣ 보기 ⊢

관용어는 사람들이 관습적으로 사용하는 말로, 두 어휘가 결합되면서 원래의 의미를 잃고 새로운 의미를 갖게 된 것을 말한다. 따라서 개별적 어휘의 의미를 안다고 해서 결합된 관용어의 의미를 알 수는 없다.

① 일을 마치고 <u>손을 씻어</u> 얼룩을 지웠다.

② 너무 놀라서 <u>간 떨어지는</u> 줄 알았잖아!

③ 혼기가 지난 것 같은데 언제 <u>국수 먹여</u> 줄 거야?

④ 군대에 간 아들의 모습이 <u>눈에 밟혀</u> 눈물이 난다.

⑤ <u>머리를 맞대고</u> 논의하다 보면 좋은 결론을 얻을 거야.

07 다음 만화의 ㉠에 들어갈 말로 적절한 것은? [중3 학업성취도평가]

① 너무 자주 쓰면 사람이 개성 없고 품위 없어 보여.

② 개인적인 목적으로 만들어지기 때문에 금방 사라져.

③ 그 당시의 사회상을 반영하고 풍자하는 특성이 있어.

④ 전문 분야에서 의미를 명확하게 전달하기 위해 쓰여.

⑤ 재미있고 신선해서 생활의 활력소가 된다는 장점이 있어.

08 밑줄 친 단어를 순화한 말로 적절하지 않은 것은? [중3 학업성취도평가]

① 마빡에 난 여드름을 짰다.

　→ 이마에 난 여드름을 짰다.

② 그 연예인은 쌩얼도 정말 예뻐.

　→ 그 연예인은 민낯도 정말 예뻐.

③ 오늘은 매콤한 닭도리탕이 먹고 싶다.

　→ 오늘은 매콤한 닭볶음탕이 먹고 싶다.

④ 의견이 있는 분은 리플을 달아 주세요.

　→ 의견이 있는 분은 댓글을 달아 주세요.

⑤ 이번 문제를 해결한 것은 네티즌의 힘이다.

　→ 이번 문제를 해결한 것은 젊은이의 힘이다.

 **일 어휘의 의미 관계를 알아보자**

앞서 품사를 공부할 때부터 계속해서 단어를 나누고 있죠? 단어를 나눌 때 제일 중요한 것은 '나누는 기준'이에요. 그 기준을 명확하게 알아야 헷갈리지 않고 공부할 수 있어요. 오늘은 '의미 관계', 곧 단어의 의미를 중심으로 어휘들이 어떤 관계를 맺고 있는지를 살펴볼 거예요.

유의 관계와 반의 관계

유의 관계

달걀　　　　　　　　　　　계란

서로 소리는 다르지만 의미가 같거나 비슷한 둘 이상의 단어가 맺는 의미 관계를 **유의 관계**라고 해요. 그런 유의 관계에 있는 단어들을 **유의어**(類무리, 비슷할 유 義옳을 의 語말씀 어)라고 하고요. '달걀'과 '계란'이 그 예라고 할 수 있죠. 우리말에는 유의 관계에 있는 단어들이 많아요. 그런데 이런 단어들은 기본적인 의미는 같지만, 거기서 연상되는 의미나 사용되는 상황에 따라 미묘하게 느낌이 다른 경우가 있어요.

기본적인 의미가 같고, 연상되는 의미도 차이가 없는 경우	예 책방 – 서점, 남자 – 남성
기본적인 의미는 같으나, 연상되는 의미에 차이가 있는 경우	예 아빠 – 아버지, 이 – 이빨
기본적인 의미는 같으나, 사용되는 상황이 다른 경우	예 자다 – 주무시다, 밥 – 진지

한편, 어휘의 유형 중에 같은 대상을 가리키는 '고유어 – 한자어 – 외래어', ' 일상어 – 전문어', '금기어 – 완곡어' 등도 유의 관계에 있는 말이라고 할 수 있어요.

고유어 – 한자어 – 외래어	예 가운데 – 중앙(中央) – 센터(center)
일상어 – 전문어	예 소금 – 염화 나트륨, 뒤통수 – 후두부
금기어 – 완곡어	예 변소 – 화장실, 죽다 – 돌아가다 / 잘못되다

2 반의 관계

낮 밤

의미가 서로 반대되거나 대립하는 단어들이 맺는 의미 관계를 **반의 관계**라고 해요. 그리고 반의 관계에 있는 단어들을 **반의어**(反돌이킬 반 義옳을 의 語말씀 어)라고 하고요. '낮'과 '밤', '소년'과 '소녀' 등이 그 예라고 할 수 있죠.

어떤 단어들 사이에 반의 관계가 성립하려면 단어가 가지고 있는 여러 의미 요소들 중에서 오직 하나의 의미 요소만 다르고 나머지는 모두 공통적이어야 해요. 예를 들어 '할머니 – 할아버지'는 '사람'과 '나이(많음)'라는 의미 요소는 공통적이고 '성별'이라는 하나의 의미 요소만 다르므로 반의 관계가 성립해요. 그러나 '할머니 – 청년'은 '성별'뿐만 아니라 '나이'라는 의미 요소도 다르기 때문에 반의 관계가 될 수 없는 거죠.

또한 반의어는 반드시 한 쌍으로만 존재하는 것이 아니라 하나의 단어에 여러 개의 단어가 대립하는 경우도 있어요.

- (옷을) 벗다 ↔ (옷을) 입다
- (모자를) 벗다 ↔ (모자를) 쓰다
- (학교에) 가다 ↔ (학교에) 오다
- (시계가) 가다 ↔ (시계가) 서다, 멈추다

국어교과서 단박정리

● **어휘의 의미 관계 ①**

유의 관계	서로 소리는 다르지만 의미가 같거나 비슷한 둘 이상의 단어들이 맺는 의미 관계. 유의 관계에 있는 단어들을 유의어라고 함.
반의 관계	의미가 서로 반대되거나 대립하는 단어들이 맺는 의미 관계. 반의 관계에 있는 단어들을 반의어라고 함.

연습문제 개념 바로 확인하기

01 다음 빈칸에 들어갈 알맞은 말을 쓰시오.

(1) 서로 소리는 다르지만 의미가 같거나 비슷한 둘 이상의 단어들을 □□□라고 한다.

(2) 의미가 서로 반대되거나 대립하는 단어들을 □□□라고 한다.

02 다음 짝지어진 단어들의 관계가 유의 관계인 경우 '유'를, 반의 관계인 경우 '반'을 쓰시오.

(1) (물가가) 뛰다 – 내리다 : _____

(2) 해 – 태양 : _____

(3) 살갗 – 피부 – 스킨 : _____

(4) 있다 – 계시다 : _____

연습문제 풀이 **01** (1) 유의어 (2) 반의어 **02** (1) 반 (2) 유 (3) 유 (4) 유

2 상하 관계와 부분 – 전체 관계

1 상하 관계

두 단어의 의미를 살펴볼 때 한 단어가 다른 단어를 포함하거나, 혹은 다른 단어에 포함되는 의미 관계를 **상하 관계**라고 해요. 이때에 다른 단어를 포함하는 단어를 **상위어**(上윗 상 位자리 위 語말씀 어)라고 하고, 다른 단어에 포함되는 단어를 **하위어**(下아래 하 位자리 위 語말씀 어)라고 해요. '과일'과 '사과'의 관계를 생각해 봐요. 둘의 관계에서 '과일'은 상위어이고, 과일의 일종인 '사과'는 하위어가 돼요.

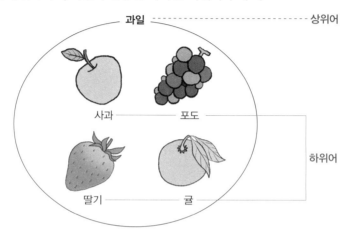

상위어를 사용하면 하위어들의 개별적인 특성보다는 일반적이고 포괄적이며 공통적인 특징이 강조돼요. 반면, 하위어를 사용하면 공통적인 특징보다는 개별적이고 한정적이며 구체적인 차이가 강조되죠. 또한 상위어는 개념상으로만 존재할 뿐, 실제 세계에서는 존재하지 않아요. 예를 들어 '사과', '포도' 등은 존재하지만, '과일'이라는 대상 자체는 존재하지 않잖아요. 마찬가지로 '북', '피리' 등은 존재하지만, '악기'라는 대상 자체는 존재하지 않고요.

- 타악기는 악기의 하위어이고, 북의 상위어이다. → 악기 ⊃ 타악기 ⊃ 북

2 부분 – 전체 관계

한 단어가 다른 단어의 부분이 되는 관계를 **부분 – 전체 관계**라고 해요. 그리고 부분 – 전체 관계에서 부분을 나타내는 단어를 **부분어**(部분류 부 分나눌 분 語말씀 어), 전체를 나타내는 단어를 **전체어**(全온전할 전 體몸 체 語말씀 어)라고 해요. 예를 들어 '머리', '몸통', '팔', '다리'는 '몸'의 부분어이며, 이러한 부분어들에 의해 이루어진 '몸'은 전체어인 거예요.

부분 – 전체 관계는 얼핏 상하 관계와 비슷해 보이지만, '북'이 '타악기'이면서 '악기'이기도 한 상하 관계와는 달리, 부분 – 전체 관계에서는 그러한 관계가 성립하지 않아요. 동일한 단어일지라도 전체와 부분에 대한 구분을 어떻게 했는지, 곧 구분의 원리나 기준에 따라 부분이 다르게 나타날 수 있기 때문이죠.

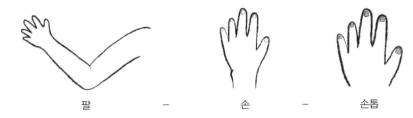

팔 — 손 — 손톱

'손톱'은 '손'에 속하지만 '팔'에 속한다고 하기는 어려워요. 이들은 구분의 원리가 다르거든요. 그렇기 때문에 부분 – 전체 관계에서는 부분어가 모여 전체어를 이루지만, 부분어들이 전체어의 특성을 지니고 있다고 보기는 어려워요. 그리고 부분어의 부분어가 전체어와 연관을 가지기도 어렵고요.

국어교과서 단박정리

● **어휘의 의미 관계 ②**

상하 관계	• 한 단어가 의미상 다른 단어를 포함하거나, 혹은 다른 단어에 포함되는 관계 • 다른 단어를 포함하는 단어를 상위어, 다른 단어에 포함되는 단어를 하위어라고 함.
부분 – 전체 관계	• 한 단어가 다른 단어의 부분(구성 요소)이 되는 관계 • 부분을 나타내는 단어를 부분어, 전체를 나타내는 단어를 전체어라고 함.

연습문제 개념 바로 확인하기

01 다음 빈칸에 들어갈 알맞은 말을 쓰시오.

(1) ☐☐ ☐☐는 한 단어의 의미가 다른 단어의 의미를 포함하는 관계로, 이때 일반적·포괄적 의미를 지닌 단어를 ☐☐☐, 개별적·한정적 의미를 지닌 단어를 ☐☐☐라고 한다.

(2) ☐☐ – ☐☐ ☐☐는 한 단어가 다른 단어의 부분이 되는 관계로, 이때 부분을 나타내는 단어를 ☐☐☐, 전체를 나타내는 단어를 ☐☐☐라고 한다.

02 다음 제시어의 상위어와 하위어로 알맞은 단어를 각각 쓰시오.

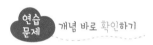

상위어	제시어	하위어
	개	

03 다음 짝지어진 단어들 간의 의미 관계로 적절한 것을 ( ) 안에서 골라 ○표를 하시오.

(1) 악기 – 타악기 – 북 (상하 관계 , 부분 – 전체 관계)

(2) 옷 – 치마 – 주름치마 (상하 관계 , 부분 – 전체 관계)

(3) 몸 – 머리, 몸통, 팔, 다리 (상하 관계 , 부분 – 전체 관계)

연습문제 풀이 **01** (1) 상하 관계, 상위어, 하위어 (2) 부분, 전체 관계, 부분어, 전체어 **02** (1) 상위어 : 동물, 하위어 : 진돗개, 치와와, 푸들 등 **03** (1) 상하 관계 (2) 상하 관계 (3) 부분 – 전체 관계

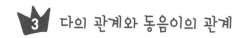

3 다의 관계와 동음이의 관계

1 다의 관계

의미적으로 유사성을 갖는 관계를 **다의 관계**라고 해요. 그리고 두 가지 이상의 의미를 가진 단어들을 **다의어**(多많을 다 義옳을 의 語말씀 어)라고 하고요. 이때 단어가 지닌 의미에서 가장 기본적이고 핵심적인 의미를 **중심 의미**라고 하며, 그 중심 의미에서 확장되어 나온 의미를 **주변 의미**라고 해요. 다의어가 중심 의미와 주변 의미라는 두 가지 이상의 다른 의미를 지녔다고는 하지만, 이 의미들 사이에는 연관성이 있어요. 그렇기에 사전에는 다의어가 하나의 표제어로 실리며, 그 의미는 중심 의미에서 주변 의미의 순서로 제시된답니다. 다음 사전의 내용을 살펴보면서 다의어에 대해 좀 더 알아볼까요?

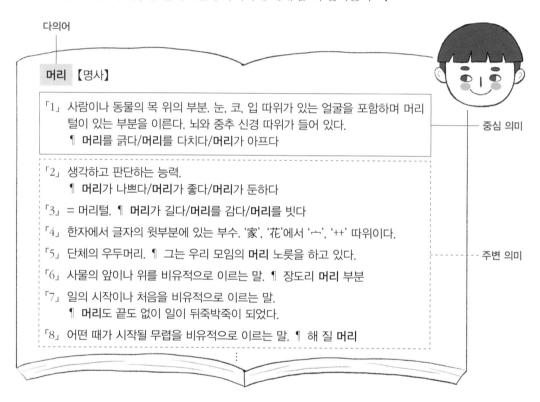

위의 내용을 바탕으로 다음 문장들을 살펴봅시다.

① 수아는 **머리**가 작다. → 「1」 사람이나 동물의 목 위의 부분
② 수아는 **머리**가 좋다. → 「2」 생각하고 판단하는 능력
③ 수아는 **머리**를 길렀다. → 「3」 머리털

①～③에서의 '머리'라는 단어는 모두 신체 부위인 '머리'와 관련이 있어요. ①에 쓰인 '머리'의 의미가 가장 기본적인 의미로 중심 의미에 해당해요. 그리고 ②와 ③에 쓰인 '머리'의 의미가 중심 의미로부터 확대되어 나온 주변 의미에 해당하죠. 이러한 의미들은 문맥이나 상황을 고려하여 파악해야 해요.

2 동음이의 관계

단어의 소리는 같지만 의미의 유사성이 전혀 없이 다른 의미를 갖는 관계를 **동음이의 관계**라고 해요. 그리고 그런 소리는 같지만 의미가 다른 단어들을 **동음이의어**(同같을 동 音소리 음 異다를 이 義옳을 의 語말씀 어)라고 하고요. 즉, 동음이의 관계에 있는 단어들은 단어의 소리가 우연히 같을 뿐, 서로 의미적 유사성이 없기 때문에 별개의 단어예요. 다음 사전의 내용을 살펴보면서 동음이의어에 대해 좀 더 알아봐요.

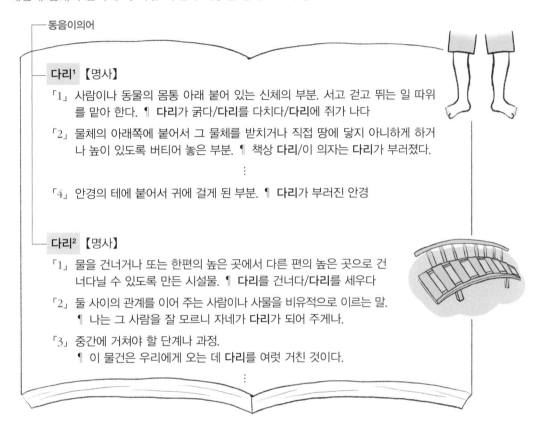

사전에서 '다리'를 찾아보면 '다리¹, 다리², …'와 같이 나와요. '다리¹'과 '다리²' 등의 단어들은 우연히 소리가 같을 뿐 서로 의미적 유사성이 없기 때문에 별개의 단어로 처리하여 각각의 단어가 독립된 표제어로 나열되고 있는 거예요. 사람의 '다리'와 강을 건너는 '다리'는 의미상 아무런 관련성이 없잖아요. 그렇죠? 자, 그런데 소리로는 '다리¹'과 '다리²'의 의미를 구별하기 어려운 게 사실이에요. 따라서 그 단어가 쓰인 상황이나 문맥을 통해 어떤 의미로 쓰인 것인지를 파악해야 한답니다.

{다의어와 동음이의어의 구분}

간혹 다의어와 동음이의어를 잘 구분하지 못하는 학생들이 있어요. 다의어는 의미들 사이에 서로 관련성이 있는 데 반해, 동음이의어는 전혀 관련성이 없어요. 따라서 각 단어의 의미들 사이의 관련성을 가지고 판단한다면 다의어와 동음이의어를 구분할 수 있죠. '다리'라는 단어로 설명해 줄게요.

 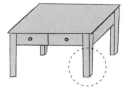 

① (사람의) 다리　　　　② (책상의) 다리　　　　③ (강을 건너기 위한) 다리

①의 '(사람의) 다리'와 ②의 '(책상의) 다리'는 물체의 아래쪽에서 윗부분을 받치고 있다는 관점에서 보면 의미상 관련성이 있어요. 그러나 ③의 '(강을 건너기 위한) 다리'는 ①이나 ②의 '다리'와는 의미상 아무런 관련성이 없어요. 그렇기 때문에 ①과 ②의 '다리'는 다의 관계에 있고, ①과 ③ 또는 ②와 ③의 '다리'는 동음이의 관계에 있는 거예요.

또한 사전에 실릴 때 다의어는 하나의 표제어로, 동음이의어는 각각의 표제어로 실린다는 것도 기억해 두세요!

국어교과서 단박정리

● **어휘의 의미 관계 ③**

다의 관계	• 의미적으로 유사성을 갖는 관계. 한 단어가 두 가지 이상의 의미를 지닌 단어들을 다의어라고 함. • 가장 기본적·핵심적 의미인 중심 의미와, 그 중심 의미에서 확장된 주변 의미가 있음. • 사전에 하나의 표제어로 실림.
동음이의 관계	• 단어의 소리는 같지만 의미의 유사성이 전혀 없는 관계. 소리는 같지만 의미가 다른 단어들을 동음이의어라고 함. • 사전에서 별개의 단어로 취급하여 각각의 표제어로 실림.

 개념 바로 확인하기

01 다음 설명이 맞으면 ○표, 틀리면 ×표를 하시오.

(1) '손을 비비다.'와 '손에 반지를 끼다.'에서의 '손'은 다의 관계이다. (　　　)

(2) 동음이의 관계는 소리는 같으나 의미의 유사성이 없는 단어들의 관계이다. (　　　)

(3) 사전에 실릴 때 다의어는 각각의 표제어로, 동음이의어는 하나의 표제어로 실린다. (　　　)

02 다음 (　　) 안에 공통적으로 들어갈 수 있는 말을 쓰시오.

① 눈을 (　　　　).	② 머리를 (　　　　).	③ 붕대를 (　　　　).

연습문제 풀이 **01** (1) ○ ('손을 비비다'에서의 '손'은 '사람의 팔목 끝에 달린 부분'을, '손에 반지를 끼다.'에서의 '손'은 '손가락'을 의미해요. 이들은 의미에 유사성이 있으므로 다의 관계예요.) (2) ○ (3) × (사전에서 다의어는 하나의 표제어로, 동음이의어는 각각 별개의 표제어로 실려요.) **02** 감다 (참고로, ①~③의 괄호에 들어갈 '감다'는 의미상 유사성이 전혀 없는 동음이의어예요.)

01 〈보기〉의 ㉠과 ㉡에 해당하는 사례로 적절하지 **않은** 것은? [고1 전국연합학력평가]

┤ 보기 ├

　　단어들은 의미를 중심으로 관계를 맺고 있다. 의미가 같거나 비슷한 둘 이상의 단어가 맺는 의미 관계를 ㉠유의 관계, 둘 이상의 단어에서 의미가 서로 짝을 이루어 대립하는 의미 관계를 ㉡반의 관계, 한 쪽이 의미상 다른 쪽을 포함하거나 다른 쪽에 포함되는 의미 관계를 상하 관계라 한다.

	㉠	㉡
①	옷 : 의복	밤 : 낮
②	서점 : 책방	기쁨 : 슬픔
③	걱정 : 근심	학생 : 남학생
④	환하다 : 밝다	오르다 : 내리다
⑤	분명하다 : 명료하다	숨기다 : 드러내다

02 다음 짝지어진 단어들의 의미 관계가 나머지와 **다른** 하나는?

① 옷 – 소매　　　　② 몸 – 팔　　　　③ 시계 – 시침
④ 과일 – 사과　　　　⑤ 연필 – 흑연

03 〈보기〉의 밑줄 친 단어를 반의어 사전의 의미 그물망과 연결하여 이해할 때 알맞은 위치는?

[고1 전국연합학력평가]

┤ 보기 ├

이번 학생회 대의원회를 <u>여는</u> 시간은 오후 3시입니다.

마치다
②

덮다
①

닫다
③

열다

다물다
⑤

잠그다
④

04 밑줄 친 부분의 의미가 ㉠과 가장 가까운 것은? [중3 학업성취도평가]

> 눈 내려 어두워서 길을 잃었네 / 갈 길은 멀고 길을 잃었네
> 눈사람도 없는 겨울밤 이 거리를 / 찾아오는 사람 없어 노래 부르니
> 눈 맞으며 세상 밖을 돌아가는 사람들뿐 / 등에 업은 아기의 울음소리를 달래며
> 갈 길은 먼데 함박눈은 내리는데 / 사랑할 수 없는 것을 사랑하기 위하여
> 용서받을 수 없는 것을 용서하기 위하여 / 눈사람을 기다리며 노랠 부르네
> 세상 모든 기다림의 노랠 부르네 / 눈 맞으며 어둠 속을 떨며 가는 사람들을
> 노래가 ㉠길이 되어 앞질러 가고 / 돌아올 길 없는 눈길 앞질러 가고
> 아름다움이 이 세상을 건질 때까지 / 절망에서 즐거움이 찾아올 때까지
> 함박눈은 내리는데 갈 길은 먼데 / 무관심을 사랑하는 노랠 부르며
> 눈사람을 기다리는 노랠 부르며 / 이 겨울 밤거리의 눈사람이 되었네
> 봄이 와도 녹지 않을 눈사람이 되었네
>
> — 정호승, 「맹인 부부 가수」

① 꿈을 향해 나아가는 희망의 길　　② 돌아오는 길에 문방구에 들렀다.
③ 망가진 장난감을 고칠 길이 없다.　　④ 길이 잘 들어 발이 아주 편한 구두
⑤ 길 양편에 늘어서서 흔들리는 나무들

05 〈보기〉는 단어 학습을 위해 활용한 사전의 일부분이다. 이에 대한 이해로 가장 적절한 것은?

[고1 전국연합학력평가 응용]

┤ 보기 ├

비다¹ 동
㉠ 일정한 공간에 사람, 사물 따위가 들어 있지 아니하게 되다. ¶ 조금 있으면 자리 하나가 빈다.
㉡ 할 일이 없거나 할 일을 끝내서 시간이 남다. ¶ 내일은 시간이 빈다.

차다¹ 동
㉠ (…에, …으로) 일정한 공간에 사람, 사물, 냄새 따위가 더 들어갈 수 없이 가득하게 되다.
　¶ 버스에 사람이 차다.
㉡ (…에) 감정이나 기운 따위가 가득하게 되다. ¶ 실의에 차다.
㉢ (…에) 어떤 대상이 흡족하게 마음에 들다. ¶ 선을 본 사람이 마음에 차지 않는다.

① '비다¹'의 ㉠과 ㉡은 동음이의어이다.
② 속담 '빈 수레가 요란하다.'의 '빈'은 '차다¹' ㉢의 반의어를 이용한 것이다.
③ '비다¹'과 '차다¹'은 모두 문장에서 쓰일 때 '무엇을'에 해당하는 말을 필요로 한다.
④ '차다¹' ㉠의 예로 '물이 가득 차다.'를 추가할 수 있다.
⑤ '차다¹' ㉡의 반의어는 '비다¹' ㉡이 된다.

06 다음 밑줄 친 단어 중 〈보기〉의 '주변 의미'로 쓰이지 않은 것은? [고1 전국연합학력평가]

┤ 보기 ├

　　다의어는 두 가지 이상의 다른 의미를 지닌 단어이다. 이때 단어가 지닌 의미에서 가장 기본적이고 핵심적인 의미를 중심 의미라고 하고, 그 중심 의미에서 확장되어 나온 의미를 주변 의미라고 한다.

① 정치가는 국민의 소리를 들을 줄 알아야 한다.
② 그는 회사에서 가장 인사성이 바른 사람이다.
③ 물이 나올 때까지 구덩이를 파 보려고 애를 썼다.
④ 나는 이번에는 마음을 독하게 먹고 그녀를 외면하였다.
⑤ 이번에는 새로운 얼굴을 회장으로 선출하기로 하였다.

07 다음은 '아픈 증세'와 '치료 행위'에 관한 어휘들이다. 용례가 잘못 제시된 것은? [고1 전국연합학력평가]

공유하는 의미	어휘	용례	
아픈 증세	결리다	나는 가끔 옆구리가 결리곤 한다.	… ①
	쑤시다	왜 싫다는 동생을 쑤셔서 놀자고 하니?	… ②
	아리다	바늘에 찔린 손끝이 아렸다.	… ③
치료 행위	놓다	의사가 아프지 않게 주사를 놓았다.	… ④
	뜨다	할머니께서는 삔 자리에 뜸을 뜨셨다.	… ⑤

08 〈보기〉의 ㉮, ㉯에 들어갈 내용으로 적절한 것은? [고1 전국연합학력평가]

┤ 보기 ├

　　단어는 문맥에 따라 여러 가지 뜻을 가진다. 그래서 반의어도 여럿이 될 수 있다. 예를 들어 '시계가 서다.'에서 '서다'의 반의어는 '가다'인데, '기강이 서다.'에서 '서다'의 반의어는 '무너지다'가 된다. '벗다'도 문맥에 따라 여러 가지 뜻을 가지기 때문에 반의어가 여럿이다.

단어	예문	반의어
벗다	외투를 벗다.	입다
	㉮	쓰다
	배낭을 벗다.	㉯

	㉮	㉯		㉮	㉯
①	누명을 벗다.	메다	②	안경을 벗다.	끼다
③	장갑을 벗다.	차다	④	모자를 벗다.	걸다
⑤	허물을 벗다.	들다			

08일 문장은 어떻게 이루어질까 1

문장

1 문장

문장(文글월 문 章글 장)이란 우리의 생각이나 감정을 완결된 내용으로 표현하는 최소의 언어 형식이에요. 여기서 '완결'되었다고 하는 것은 말하는 이의 생각이나 감정이 무슨 생각이고 어떤 감정인지 충분히 알 수 있게끔 표현된 상태를 말하고요. 일반적으로 문장은 여러 개의 단어가 모여서 이루어져요. 다음을 같이 볼까요?

---

① 영희 공부 철수 꽃 좋아하다

여러 개의 단어가 모인 ①은 언뜻 문장처럼 보여요. 하지만 ①은 단어들의 나열에 불과해요. 그 뜻과 의도를 알 수 없기 때문이죠. 그럼 이번에는 다음을 보세요.

---

② 나는 철수와 열심히 공부했다.
③ 밥 먹었니?
④ (③에 대한 대답) 네. / 아니요. / 왜요?

---

②~④는 의미상으로 완결된 내용을 갖추고 있어요. 그렇기 때문에 문장에 해당하죠. 특히 문장은 ③에서와 같이 '누가'에 해당하는 내용이 생략될 수도 있고, ④에서와 같이 하나의 단어만으로도 이루어질 수 있어요. 그래도 의미가 완결되어 나타나 있으니까요.(대화 상황을 통해 '네.'가 '나는 밥을 먹었다.'라는 의미임을 알 수 있어요.) 곧, 문장은 생각이나 감정을 잘 전달할 수 있는 완결된 내용을 담고 있으면 되는 거예요.

자, 그런데 ①이 문장이 아닌 이유가 하나가 더 있어요. 문장에는 형식상으로 문장이 끝났음을 나타내는 문장 부호가 있어야 해요. 마침표(.)나 물음표(?), 느낌표(!) 등과 같은 문장 부호 말이에요. ②~④에는 문장의 끝부분에 이러한 문장 부호가 있는데, ①에는 없죠? 이렇듯 ①에는 완결된 내용도 없고, 문장 부호도 없으니 문장이 아닌 거예요.

2 문장의 기본 구조

우리나라 사람과 일본 사람이 영어를 배울 때 공통적으로 겪는 어려움이 무엇일까요? 번데기 발음? 올라갔다 내려갔다 하는 억양? 뭐 하나 쉬운 것은 없지만 어지간히 발음에 익숙해져도 여전히 어려운 것은 바로 단어나 구문 혹은 문장의 순서일 거예요. 그 부분에 있어서만큼은 중국 사람이 우리나 일본 사람보다는 좀 더 수월할 것 같아요. 그 이유는 우리말과 일본어의 어순이 거의 같고, 상대적으로 중국어의 어순이 영어에 더 가깝기 때문이에요. 이러한 유사성은 바로 '어찌하다'의 뜻에 해당하는 동사의 위치에 따른 거예요.

자, 그럼 우리말 문장은 어떻게 구성되는지 한번 살펴볼까요?

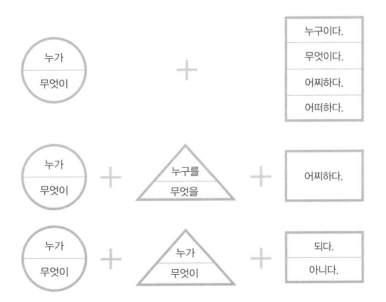

우리말의 문장은 기본적으로 위와 같은 구조로 이루어져요. 나머지는 이러한 기본 구조에 다른 요소들이 붙어서 확장된 거고요. 곧, 우리말의 문장은 '누가/무엇이'로 시작해서 '어찌하다/어떠하다/-이다'의 형태로 끝나요. '어찌하다'는 동사, '어떠하다'는 형용사, '-이다'는 체언+서술격 조사 '이다'에 해당해요. 영어는 '누가/무엇이' 바로 다음에 '어찌하다/-이다'에 해당하는 말이 오죠? 그래서 우스갯소리로 영어는 누가 무엇을 했는지 금방 알 수 있지만, 우리말은 끝까지 들어 봐야 알 수 있다고 하는 거예요. ^^

3 문장의 구성단위

이번에는 문장의 구성단위를 살펴볼까요? 앞에서 단어들이 모여 문장을 이룬다고 했었죠? 이 단어들이 모여서 어절이 되고, 어절이 모여서 구, 구가 모여서 절, 절이 모여서 문장이 돼요. 곧, 단어와 어절, 구, 절이 문장의 구성단위라고 할 수 있어요. 단어에 대해서는 잘 알고 있을 테니 오늘은 '어절', '구', '절'에 대해 설명해 줄게요.

● 어절

어절(語말씀 어 節마디 절)은 문장을 구성하는 각각의 마디로, 대개 **띄어쓰기 단위와 일치**해요. 조사와 어미 등은 앞에 오는 단어와 결합하여 어절을 이루죠.

> • 그∨꽃이∨활짝∨피었다.

위 문장은 '그, 꽃이, 활짝, 피었다'의 4개 어절로 이루어져 있어요. 이 어절은 잠시 후에 배울 문장 성분을 나누는 기준이 된답니다.

● 구

구(句글귀 구)는 두 개 이상의 어절이 모여 하나의 단어처럼 쓰이는 단위예요. 이때 구를 이루는 요소들은 '누가(무엇이)'와 '어찌하다(어떠하다)'의 관계, 곧 주어●와 서술어●의 관계를 가지지 않아요.

앞서 본 '그 꽃이 활짝 피었다.'라는 문장은 '그 꽃'과 '활짝 피었다'의 2개의 구로 이루어져 있어요. 각각의 구는 두 개의 어절로 이루어졌고, 이를 이루는 요소들이 주어와 서술어의 관계를 갖지도 않죠?

'주어'와 '서술어'는 문장 성분의 하나로, 잠시 후에 자세히 배울 거예요.

● 절

절(節마디 절)은 **구보다 더 큰 단위**예요. 두 개 이상의 어절이 모여 이루어진다는 점에서는 구와 같지만, 구와 달리 절을 이루는 요소들은 **주어와 서술어의 관계**를 가져요. 물론 이러한 관계를 가지고 있기는 하지만, 독립된 문장이 아닌 **다른 문장의 일부분으로 쓰인다**는 점에서 문장과 다르죠.

> • 나는 **그 꽃이 활짝 피기**를 바란다.

위의 문장에서 '그 꽃이 활짝 피기'는 그 안에 주어 '무엇이'에 해당하는 '꽃이'와 서술어 '어찌하다'에 해당하는 '피-(피다)'가 있으며, 전체 문장의 일부분으로 쓰였으므로 절이에요.

국어교과서 **단박정리**

문장	• 생각이나 감정을 완결된 내용으로 표현하는 최소의 언어 형식 • '누가/무엇이 + 어찌하다/어떠하다'의 구조를 갖추는 것이 일반적이지만, 일부가 생략되기도 함. • 형식상으로 문장이 끝났음을 나타내는 문장 부호가 있음.	
문장의 기본 구조	• '누가/무엇이 + 어찌하다/어떠하다/-이다'를 기본으로 하여 확장됨.	
문장의 구성단위	어절	• 문장을 구성하는 각각의 마디 • 띄어쓰기 단위와 일치함.
	구	• 두 개 이상의 어절이 모여 하나의 단어처럼 쓰이는 단위 • '주어(누가/무엇이) + 서술어(어찌하다/어떠하다)'의 관계를 갖지 않음.
	절	• 두 개 이상의 어절이 모여 하나의 단어처럼 쓰이는 말로, 구보다 더 큰 단위임. • '주어(누가/무엇이) + 서술어(어찌하다/어떠하다)'의 관계를 갖지만, 홀로 쓰이지 못하고 다른 문장의 일부분으로 나타남.

연습문제 개념 바로 확인하기

01 다음 빈칸에 들어갈 알맞은 말을 쓰시오.

> 문장(文章)은 생각이나 감정을 □□된 내용으로 표현하는 최소의 언어 형식으로, 문장에는 문장이 끝났음을 나타내는 □□ □□가 있다.

02 다음 중 문장이 아닌 것을 찾아 ○표 하시오.

> 그럼!   나는 학생이다.   사람 공부 좋다   그는 나를 사랑한다.

03 다음 문장에서 '누가/무엇이'에 해당하는 부분에는 ○표, '어떠하다/어찌하다/-이다'에 해당하는 부분에는 △표를 하시오.

(1) 나는 학생이다.   (2) 언니가 예쁘게 웃는다.

04 다음 문장을 보고 주어진 물음에 답하시오.

> 그 아이는 과자를 빨리 먹었다.

(1) 단어로 나누어 보자. : _____

(2) 어절로 나누어 보자. : _____

(3) 몇 개의 구로 이루어져 있는가? : _____

연습문제 풀이 **01** 완결, 문장 부호 **02** 사람 공부 좋다 (이는 단어의 나열일 뿐, 의미상 완결된 내용을 나타내지도 않고, 형식상 문장 부호를 사용하지도 않았으므로 문장이라 볼 수 없어요.) **03** (1) ○ : 나는, △ : 학생이다 (2) ○ : 언니가, △ : 웃는다 **04** (1) 그, 아이, 는, 과자, 를, 빨리, 먹었다 (2) 그, 아이는, 과자를, 빨리, 먹었다 (3) 2개 ('그 아이는'과 '빨리 먹었다'의 2개의 구가 있어요.)

2 문장 성분 (1)

　앞서 어절, 구, 절이 문장의 구성단위라고 했는데, 이들이 그냥 아무렇게나 나열된다고 해서 문장이 되는 것은 아니에요. 어절과 구, 절이 문장에서 필요한 자리에 놓여야 그 내용이 완결됨으로써 문장이 완성되는 거죠. 이와 같이 문장 안에서 문장을 구성하는 요소로서 일정한 문법적인 역할을 하는 각 부분들을 **문장 성분**(文글월 문 章글 장 成이룰 성 分나눌 분)이라고 해요. 어절, 구, 절이 문장 성분이 되는 거예요.

　잠깐 자전거를 떠올려 볼래요? 자전거는 많은 부품들로 이루어져 있어요. 그 모든 부품들이 제각기 역할을 하지만, 그렇다고 그 부품들이 모두 꼭 있어야 하는 건 아니에요. 자전거 몸체, 바퀴, 핸들, 페달, 체인 등은 꼭 필요한 것이지만, 짐받이나 바구니, 체인 덮개 등은 꼭 필요한 것은 아니죠. 문장 성

분도 이와 마찬가지예요. 문장 성분은 문장에서의 역할에 따라 주성분, 부속 성분, 독립 성분으로 나눌 수 있는데, 이 중에는 문장을 구성할 때 꼭 필요한 것도 있고, 없어도 되는 것도 있거든요.

　먼저, **주성분**(主成分)은 문장의 기본 틀을 이루는 성분으로서 문장에서 중심적인 역할을 해요. 문장 구성에 반드시 필요한 성분이므로 **필수 성분**(必須成分)이라고도 하죠. **부속 성분**(附屬成分)은 주성분의 내용을 꾸며 주는 역할을 해요. 문장 구성에 꼭 필요한 성분은 아니지만, 부속 성분을 사용하면 문장의 의미를 더욱 정확하고 세밀하게 만들 수 있어요. **독립 성분**(獨立成分)은 이름에서 짐작할 수 있듯이 다른 문장 성분들과는 직접적인 관련 없이 독립적으로 사용되는 성분이에요. 다른 문장 성분과 영향을 주고받지 않으니까 대체적으로 생략해도 괜찮답니다.

　자, 그럼 이제부터 이 문장 성분들에 대해 좀 더 자세히 설명해 줄게요.

국어교과서 단박정리

문장 성분		• 문장을 구성하는 요소로서 문장 안에서 일정한 문법적인 기능을 하는 각 부분 • 어절, 구, 절이 그 문장에서 하는 역할에 따라 특정한 문장 성분으로서의 역할을 하게 됨.
문장 성분의 종류 (역할에 따라)	주성분	• 문장의 기본 틀을 이루는 성분으로서, 문장에서 중심적인 역할을 함. • 문장 구성에 반드시 필요하므로 '필수 성분'이라고도 함. • 주어, 서술어, 목적어, 보어가 있음.
	부속 성분	• 문장에서 주로 주성분의 내용을 꾸며 주는 역할을 함. • 문장 구성에 반드시 필요한 것은 아니지만, 문장을 더욱 정확하고 세밀하게 만들어 줌. • 관형어와 부사어가 있음.
	독립 성분	• 문장의 다른 성분들과 직접적인 관련 없이 독립적으로 사용되는 성분 • 다른 문장 성분과 영향을 주고받지 않으므로 생략해도 괜찮음. • 독립어가 있음.

1 주성분

주성분에는 주어, 서술어, 목적어, 보어가 있어요. 오늘은 우선 그중에서 주어와 서술어에 대해 알아보고, 다음 시간에 목적어와 보어를 비롯하여 나머지 문장 성분들에 대해 알아봐요.

● 주어 – 문장의 주인공은 바로 나

문장은 기본적으로 말하는 이가 '누군가' 혹은 '무언가'에 대해 설명하는 내용이에요. 이처럼 **문장에서 설명하는 대상으로, 동작이나 상태, 성질을 나타내는 말의 주체를 주어**(主주인 주 語말씀 어)라고 해요. 주어는 문장에서 '누가/무엇이'에 해당하는 부분으로, 대개 문장의 가장 앞에 와요. 명사를 중심으로 한 체언 또는 명사의 성격을 갖는 구나 절이 주어 역할을 하며, 일반적으로 주격 조사 '이/가'나 '께서', '에서' 등이 붙은 모습으로 나타나죠. 보조사가 붙어 나타나기도 하고요.

> • <u>영호는</u> 소년이다. / <u>영호가</u> 학교에 갔다. / 내 친구 <u>영호가</u> 학교에 갔다.
> • <u>건강이</u> 재산이다. / <u>자동차가</u> 달린다. / <u>꽃이</u> 예쁘다.

위의 문장은 모두 '영호'나 '건강', '자동차', '꽃'에 대해서 설명하고 있어요. 곧, '영호'가 누구이고, 어떤 행동을 했는지를, 그리고 '건강'의 가치나 '자동차'의 움직임, '꽃'의 상태를 설명하고 있죠. 여기서 '영호는', '영호가(내 친구 영호가)', '건강이', '자동차가', '꽃이'가 주어인 거예요.

국어교과서 단박정리

● 주성분 ① – 주어

주어	• 문장에서 설명하는 대상으로, 동작이나 상태, 성질을 나타내는 말의 주체 • 문장에서 '누가/무엇이'에 해당하는 부분 • 일반적으로 주격 조사 '이/가, 께서, 에서'가 붙어 나타나며, 보조사가 붙기도 함.

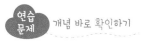

개념 바로 확인하기

01 다음 빈칸에 들어갈 알맞은 말을 쓰시오.

> 문장 성분은 문장을 구성하는 요소로서 일정한 문법적인 역할을 하는 각 부분으로 □□□, □□ □□, □□ □□으로 나눌 수 있다.

02 다음 문장에서 주어를 찾아 밑줄을 그으시오.

(1) 하늘이 파랗다.　　　　　　　　　　　(2) 우리 반에서 우승을 했다.

연습문제 풀이 **01** 주성분, 부속 성분, 독립 성분　**02** (1) 하늘이　(2) 우리 반에서

● **서술어** - 주어에 대해 설명해 주는 말

아무리 문장의 주인공이 주어라지만, 주어만 있다고 문장이 충분할까요?

> • 밥이 _____.

위 문장을 보면 '무엇이'에 해당하는 주어는 있어요. 하지만 문장의 의미가 온전하지 않죠. 도대체 '밥'이 뭐가 어떻다는 것인지 알 수가 없으니까요. 그러니까 이 문장은 말을 한 사람의 의도와 뜻이 제대로 전달되지 않아요. 이 문장의 의미가 완전해지기 위해서는(의미적으로 완결성을 갖기 위해서는) 밑줄 그은 곳에 주어인 '밥'을 설명해 주는 말이 들어가야 해요.

이와 같이 주어에 대해 '누구' 혹은 '무엇'인지, '어찌한다'는 것인지, '어떠하다'는 것인지를 설명하는 문장 성분, 곧 문장에서 주어의 동작이나 상태, 성질 등을 설명하는 역할을 하는 문장 성분을 **서술어**(敍^{펼. 쓸 서} 述^{펼. 지을 술} 語^{말씀 어})라고 해요. 서술어는 대체로 문장의 끝에 와요. 위 문장의 밑줄 그은 부분에는 '설익다'나 '맛있다', '보약이다'와 같은 말이 서술어로 들어갈 수 있겠죠?

> ① 밥이 **보약이다**. / 인영이는 다현이의 **오빠이다**.
> ② 영호가 **일어났다**. / 영호가 학교에 **간다**. / 영호가 노래를 **부른다**. / 영호가 피아노를 **친다**.
> ③ 다리가 **길다**. / 인영이는 **엉뚱하다**.

①의 두 문장에서 서술어는 각각 '보약이다'와 '오빠이다'예요. 이 서술어들은 체언에 서술격 조사 '이다'가 붙어서 이루어진 말로, 주어에 대해 설명하고 있어요. 그리고 ②의 네 문장에서 서술어는 각각 '일어났다', '간다', '부른다', '친다'예요. 이들은 모두 동사로, 주어가 하는 동작이나  움직임 등의 행동에 대해 서술하고 있죠. 또한 ③의 두 문장에서 서술어는 각각 '길다'와 '엉뚱하다'예요. 여기서는 형용사가 주어의 상태나 성질, 모양, 특성 등에 대해서 서술하고 있지요. 이처럼 주로 용언이나, 체언에 서술격 조사 '이다'가 붙어서 이루어진 말이 서술어의 역할을 해요.

{서술어의 자릿수}

주어가 문장의 주인공이라면, 서술어는 그 주어에 대한 설명의 핵심이에요. 문장 성분은 주어와 서술어 외에도 여러 가지가 있지만, 이 두 가지가 문장을 이루는 데 있어 가장 중요하다고 할 수 있어요. 그래서 간단한 문장은 주어와 서술어만으로도 만들 수 있죠. 예를 들어 '나는 학생이다.'라는 문장은 주어 '나는'과 서술어 '학생이다'로만 이루어졌지만 필요한 문장 성분을 모두 갖추고 있어 완결된 의미를 나타내고 있어요. 앞서 본 '밥이 보약이다.'와 같은 문장도 그렇고요. 그럼 이번에는 다음 문장들을 한번 볼까요?

① _____	동생이야.
② _____	흔들었다.
③ _____	주었다.

앞에서 어떤 말이 오갔는지 알 수 없는 상황이라면, 위의 ①~③에는 모두 서술어만 제시되어 있을 뿐 꼭 필요한 문장 성분이 빠져 있어요. 쓰여 있지 않아도 알 수 있는 것을 생략한 게 아니라, 알아야 할 필요성이 있는 것이 아예 빠진 거죠. 우선 다른 것은 몰라도 주어는 있어야 할 텐데 그마저도 없네요. ①의 서술어에는 '누가' 동생인지만 제시되어도, 곧 주어만 있어도 의미가 온전한 문장이 돼요. '저 아이가 동생이야.'처럼 말이에요.

하지만 ②의 서술어에는 '누가' 흔들었는지, 그리고 '무엇'을 흔들었는지에 대한 말이 있어야 해요. 그러니까 '누가 무엇을 흔들었다.'라고 해야 '흔들었다 (흔들다)'라는 동작이 성립하여 의미가 온전한 문장이 될 수 있어요. '내가 손을 흔들었다.'처럼 말이에요.

그리고 ③의 경우에는 '누가' 주었다면, 준 '무엇'이 있을 것이고, 당연히 그것은 '누구에게' 전해졌어야 '주었다(주다)'라는 동작이 성립하겠죠? 그러니까 '누가 무엇을 누구에게 주었다.(또는 '누가 누구에게 무엇을 주었다.')라고 해야 꼭 필요한 문장 성분이 모두 갖춰  져 의미가 온전한 문장이 될 수 있는 거예요. '내가 선물을 친구에게 주었다.'와 같은 문장 정도면 되겠죠?

이처럼 서술어에 따라 문장이 온전한 의미를 갖추기 위해 꼭 필요로 하는 문장 성분의 수가 달라요. 위의 예문의 경우 ①의 서술어 '동생이다'는 1개(누가)의 문장 성분을, ②의 서술어 '흔들다'는 2개(누가 무엇을)의 문장 성분을, ③의 '주다'는 3개(누가 무엇을 누구에게)의 문장 성분을 필요로 하죠. 이렇게 문장에서 서술어가 꼭 필요로 하는 문장 성분의 개수를 **서술어의 자릿수**라고 해요. 이러한 서술어의 자릿수에 따라 문장의 형태나 구조가 결정돼요.

국어교과서 단박정리

● 주성분 ② – 서술어

서술어	• 문장에서 주어의 동작, 상태, 성질 등을 풀이해 주는 문장 성분(문장의 주체를 설명하는 문장 성분) • 문장에서 '어찌하다', '어떠하다', '무엇이다'에 해당하는 부분 • 서술어는 용언이나, 체언에 서술격 조사 '이다'가 붙은 말로 이루어짐.
서술어의 자릿수	• 서술어가 꼭 필요로 하는 문장 성분의 개수. 서술어의 자릿수에 따라 문장의 형태나 구조가 결정됨. • 한 자리 서술어 : 누가 + 서술어 두 자리 서술어 : 누가 + 무엇을(무엇이/누구와) + 서술어 세 자리 서술어 : 누가 + 무엇을 + 누구에게(무엇으로/무엇에) + 서술어

01 다음 설명이 맞으면 ○표, 틀리면 ×표를 하시오.

(1) 서술어는 주성분에 해당하며, 주로 문장의 앞부분에 온다. (　　　)

(2) 서술어는 문장에서 주어의 동작, 상태, 성질 등을 풀이해 주는 문장 성분이다. (　　　)

(3) 모든 서술어는 문장의 온전한 의미를 갖추기 위해 동일한 수의 문장 성분을 필요로 한다. (　　　)

02 다음 문장에서 서술어를 찾아 밑줄을 그으시오.

(1) 새가 높이 난다.

(2) 저 사람은 회사원이다.

(3) 아버지께서 식사를 하셨다.

(4) 나는 친구에게 선물을 주었다.

03 다음 빈칸에 들어갈 알맞은 말을 쓰시오.

> 의미가 온전한 문장이 되기 위해 그 서술어가 꼭 필요로 하는 문장 성분의 개수를 □□□의 □□□라고 한다.

04 다음 문장에서 밑줄 친 서술어가 몇 자리 서술어인지 쓰시오.

(1) 바람이 시원하다. : _____

(2) 그는 도둑이 아니다. : _____

(3) 나는 노래를 만들었다. : _____

(4) 그는 꿈을 현실로 만들었다. : _____

(5) 나는 신선한 공기를 가득 마셨다. : _____

연습문제 풀이 **01** (1) × (서술어가 주성분에 해당하는 것은 맞아요. 하지만 문장의 앞에 오는 것은 주어이고, 서술어는 주로 문장의 끝에 온답니다.) (2) ○ (3) × (서술어에 따라 필요로 하는 문장 성분의 수는 달라요.) **02** (1) 난다 (2) 회사원이다 (3) 하셨다 (4) 주었다 **03** 서술어, 자릿수 **04** (1) 한 자리 서술어 ('시원하다'는 주어인 '무엇이'만을 반드시 필요로 하는 한 자리 서술어예요.) (2) 두 자리 서술어 ('아니다'는 '누가 + 무엇이'에 해당하는 문장 성분을 반드시 필요로 하는 두 자리 서술어예요.) (3) 두 자리 서술어 ('만들었다(만들다)'는 '누가 + 무엇을'에 해당하는 문장 성분을 필요로 하는 두 자리 서술어예요.) (4) 세 자리 서술어 (여기서의 '만들었다(만들다)'는 '누가 + 무엇을 + 무엇으로'에 해당하는 문장 성분을 필요로 하는 세 자리 서술어예요. 앞의 (3)번과 같은 용언인데, 자릿수가 다르죠? 이처럼 다양한 자릿수를 갖는 용언이 있으니 주의해야 해요.) (5) 두 자리 서술어 ('마셨다(마시다)'는 '누가 + 무엇을'에 해당하는 문장 성분을 필요로 하는 두 자리 서술어예요.)

01 다음 중 문장에 대한 설명으로 적절하지 <u>않은</u> 것은?

① 어절은 문장을 구성하는 기본적인 문법 단위 중 하나이다.

② '나는 지금 책을 읽는다.'라는 문장은 4개의 어절로 구성되어 있다.

③ 문장을 형성하는 데 일정한 기능을 하는 요소를 문장 성분이라 한다.

④ 문장은 생각이나 감정을 완결된 내용으로 표현하기 위한 최소의 언어 형식이다.

⑤ 문장은 주어와 서술어만으로 구성되므로 '너는 아니다.' 역시 의미가 온전한 문장이다.

02 다음 중 문장 구조의 기본 유형이 나머지와 <u>다른</u> 것은?

① 예슬이가 웃는다.

② 인영이가 운동장에서 뛰논다.

③ 오늘따라 하늘이 유난히 새파랗다.

④ 벚꽃잎이 바람에 하나둘 떨어집니다.

⑤ 어린 시절의 추억이 아련하게 떠오릅니다.

03 다음 중 밑줄 그은 말의 문장 성분이 나머지와 <u>다른</u> 것은?

① <u>하나가</u> 모자란다.

② 오른쪽 <u>다리가</u> 저리다.

③ 어제 내린 <u>눈이</u> 아주 보드라웠다.

④ <u>명수가</u> 나를 향해서 손을 흔들었다.

⑤ 영수는 나의 가장 가까운 <u>친구가</u> 되었다.

04 다음 중 문장의 의미가 분명하지 <u>않은</u> 것은?

① 소년은 어깨를 자꾸 떨었다.

② 낙지는 문어와 모양새가 비슷하다.

③ 엄지는 있는 힘껏 공을 멀리 던졌다.

④ 누덕 도사는 머털이를 자신의 제자로 삼았다.

⑤ 하니는 열 번이 넘는 도전 끝에 마침내 되었다.

05 다음 〈보기〉의 밑줄 친 서술어와 자릿수가 같은 서술어가 활용된 문장은?

> ── 보기 ├
>
> 그는 지금 하고 있는 일을 <u>좋아한다</u>.

① 하이얀 조약돌이었다.
② 소년은 조약돌을 주머니에 넣었다.
③ 문득 소녀가 던진 조약돌을 내려다보았다.
④ 저쪽 갈밭머리에 갈꽃이 한 웅큼 움직였다.
⑤ 맑은 가을 햇살이 소녀의 갈꽃머리에서 반짝거렸다.

06 다음 〈보기〉의 내용을 참고할 때, 주성분만으로 이루어진 문장은?

> ── 보기 ├
>
> 주성분은 문장의 골격을 이루는 필수적인 성분으로, 우리말 문장의 기본 구조를 형성한다. 문맥에 따라 말하는 이와 듣는 이 사이에 분명히 알 수 있는 경우에는 생략되기도 하지만, 생략된 부분이 무엇인지 알 수 없는 경우에는 생략할 수 없다.

① 수빈이는 달리기를 참 잘한다.
② 나는 동생과 공원을 산책했다.
③ 소양강의 가을 경치가 아름답구나.
④ 어머니는 코스모스를 좋아하신다.
⑤ 온종일 겨울비가 추적추적 내렸다.

07 다음 〈보기〉의 ㉠~㉤ 중, 주어진 문장에 대한 설명으로 적절한 것을 모두 골라 묶은 것은?

> ── 보기 ├
>
> 나는 그가 도둑임을 재빨리 알아챘다.

㉠ '나는, 그가, 도둑임을, 재빨리, 알아챘다'의 5개 어절로 구성된 문장이다.
㉡ '그가 도둑임을'과 '재빨리 알아챘다'는 각각 2개의 어절이 하나의 단어처럼 쓰이고 있는 구이다.
㉢ 주어, 목적어, 서술어 등 주성분으로만 이루어진 문장이다.
㉣ 문장 전체의 주어는 '나는'이고, 서술어는 '알아챘다'이다.
㉤ '알아챘다(알아채다)'는 문장 성분 중 주어만을 필수적으로 필요로 하므로 한 자리 서술어이다.

① ㉠, ㉡   ② ㉠, ㉢   ③ ㉠, ㉣
④ ㉠, ㉢, ㉤   ⑤ ㉠, ㉣, ㉤

08 〈자료〉의 ㉠~㉤ 중 ⓐ에 해당하는 것은? [중3 학업성취도평가]

| 자료 |

막내가 중학생이 되자, 삼촌도 무척이나 즐거워하셨다.
　　㉠　　㉡　　　㉢　　㉣　　　㉤

이 문장에서 문장을 이루는 데 꼭 필요한 성분을 고르세요.

↓

그중에 '누가', '무엇이'에 해당하는 문장 성분을 고르세요.

↓

그중에 동작이나 상태의 주체 역할을 하는 문장 성분을 고르세요.

↓

그중에 특별한 의미만을 더하는 조사와 결합되어 있는 문장 성분을 고르세요.

↓

ⓐ

① ㉠　　　② ㉡　　　③ ㉢　　　④ ㉣　　　⑤ ㉤

09 〈자료〉의 질문에 대한 답으로 옳은 것은? [중3 학업성취도평가]

| 자료 |

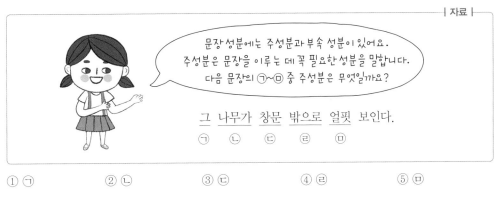

문장 성분에는 주성분과 부속 성분이 있어요.
주성분은 문장을 이루는 데 꼭 필요한 성분을 말합니다.
다음 문장의 ㉠~㉤ 중 주성분은 무엇일까요?

그 나무가 창문 밖으로 얼핏 보인다.
㉠　㉡　　㉢　　㉣　　㉤

① ㉠　　　② ㉡　　　③ ㉢　　　④ ㉣　　　⑤ ㉤

 **09일** 문장은 어떻게 이루어질까 2

문장 성분 (2)

1 주성분

● **목적어** – 행위의 대상이 되는 말

지난 시간에 공부한 서술어의 자릿수는 동사 서술어의 경우 그 서술어를 만드는 동사의 성격과도 관련이 있어요.

> ① 아기가 잔다. (누가 어찌하다 → 한 자리 서술어)
>
> ② 언니는 수선화를 좋아한다. (누가 무엇을 어찌하다 → 두 자리 서술어)
>
> ③ 그는 지선에게 빨간 장미꽃을 주었다.
>
>   (누가 누구에게 무엇을 어찌하다 → 세 자리 서술어)

위와 같이 동사에 따라 서술어의 자릿수가 달라지는 것을 볼 수 있는데요, 이것은 각 문장의 서술어인 동사의 성격이 달라서 그런 거예요. 우선, ①의 '자다'와 같은 동사는 그 동작이 행위의 주체만 있으면 완결돼요. 즉, '자는' 사람(동물)만 있다면 '잔다'는 동작이 성립하는 거예요. 그러니까 문장에는 주어만 있으면 되죠.

하지만 ②의 '좋아하다'라는 동사는 '좋아하는' 사람과 '좋아할' 상대방이나 사물이 다 있어야 행위가 완결돼요. 즉, 행위의 주체와 그 대상이 필요한 거예요. ③의 '주다'도 이와 비슷해서 '주는' 사람과 '줄' 무언가, 그리고 그것을 '받는' 사람이 있어야 그 행위가 완결돼요.

이때 ②에서의 '수선화를'과 ③에서의 '(빨간) 장미꽃을'과 같이 서술어의 동작 대상이 되는 문장 성분을 **목적어**(目눈 목 的과녁 적 語말씀 어)라고 해요.● 목적어는 문장에서 '누구를/무엇을'에 해당하는 성분이고, 필요한 경우 없으면 문장이 구성되지 않으므로 주성분(필수 성분)에 해당하죠. 주로 체언에 목적격 조사 '을/를'을 붙여서 만드는데, ③에서의 '빨간 장미꽃을'과 같이 구나 절도 목적격 조사 '을/를'이 붙어 목적어가 될 수 있어요. 또한 '을/를' 대신 보조사가 결합할 수도 있어요. '언니는 수선화도 좋아한다.'처럼 말이에요.

> ①의 '자다'와 같이 목적어가 따로 필요 없는 동사를 '자동사'라 하고, ②의 '좋아하다'나 ③의 '주다'처럼 목적어가 꼭 필요한 동사를 '타동사'라고 해.

● 주성분 ③ - 목적어

목적어	• 문장에서 서술어의 동작 대상이 되는 문장 성분 • 문장에서 서술어가 어찌하는 대상으로 '누구를/무엇을'에 해당하는 부분 • 체언이나 체언 자리에 올 수 있는 구, 절에 목적격 조사 '을/를'이 붙어 나타나며, '을/를' 대신 보조사 　가 붙기도 함.

연습문제 개념 바로 확인하기

01 다음 빈칸에 들어갈 알맞은 말을 쓰시오.

> 　어떤 행동이나 동작의 대상이 되고, 문장에서 '누구를/무엇을'에 해당하는 성분을 ☐☐☐
> 라고 한다.

02 다음 설명이 맞으면 ○표, 틀리면 ×표를 하시오.

(1) 목적어는 체언에 목적격 조사 '을/를'을 붙여서 만든다. (　　　)

(2) 모든 동사는 서술어로서 행위의 대상이 되는 목적어를 필요로 한다. (　　　)

(3) 목적어는 문장 구성에 꼭 필요한 성분이 아니므로 부속 성분에 해당한다. (　　　)

연습문제 풀이 **01** 목적어　**02** (1) ○　(2) × (동사의 성격에 따라 목적어가 필요 없는 것(자동사)도 있고, 목적어가 반드시 필요한 것(타동사)도 있어요.)　(3) × (목적어는 필요한 경우 없으면 문장 구성이 되지 않으므로 주성분(필수 성분)에 해당해요.)

● 보어

　목적어를 필요로 하지 않는 동사(자동사)나 형용사 서술어임에도 불구하고 주어와 서술어만으로는 문장이 온전해지지 않는 경우가 있어요. 다음 문장을 볼까요?

> ① 그녀는 ＿＿＿＿＿ 되었다. (누가 무엇이 되다)
> ② 토마토는 ＿＿＿＿＿ 아니다. (무엇이 무엇이 아니다)

　위의 ①과 ② 모두 주어와 서술어를 갖추고 있고, 딱히 '누구를/무엇을'에 해당하는 목적어를 필요로 하지도 않아요. 그런데 ①이 온전한 문장이 되려면 그녀가 '된 것'이 무엇인지를 알 수 있어야 하고, ②도 토마토가 '무엇이' 아니라는 것인지를 밝혀야 해요. 이와 같이 ①의 동사 '되다'와 ②의 형용사 '아니다'가 서술어로 쓰일 경우, 이 두 서술어의 의미를 보충해 주는 역할을 하는 문장 성분이 필요한데, 이를 **보어**(補도울 보 語말씀 어)라고 해요.

곧, 보어는 '되다'와 '아니다'가 서술어로 쓰인 문장에서 누가 '무엇이' 되고, 누가 '무엇이' 아닌지를 나타내 문장을 완성시켜 주는 문장 성분인 거예요. 따라서 필요한 경우 없으면 문장이 구성되지 않으므로 주성분(필수 성분)인 거죠. 대개 체언에 보격 조사 '이/가'를 붙여서 만들어요. 주격 조사 '이/가'와 형태가 같아서 언뜻 봐서는 주어처럼 보이기도 해요. 하지만 보어는 주어 뒤에, 서술어 앞에 오고, [누가/무엇이] 되다 또는 아니다]에 해당하는 의미를 가진다는 점을 기억하면, 둘을 구분하는 데 어려움이 없을 거예요.

{목적어와 보어의 차이}

목적어와 보어를 헷갈려 하는 학생들이 있어서 그에 관해 조금 더 설명해 줄게요. 목적어와 보어는 주어와의 관계에 있어 가장 큰 차이가 있어요. 목적어는 주어와 본질적으로 같지 않고, 주어가 하는 행위의 대상이에요. 하지만 보어는 서술어의 설명을 보충해 주면서, 주어와 같은 신분을 갖게 되죠.

> ① 영호는 빵을 먹었다.
>   주어   목적어
>
> ② 영호는 학생이 되었다.
>   주어   보어

위의 ①에서 목적어 '빵'은 주어인 '영호'의 '먹다'라는 행위의 대상일 뿐, '영호'가 '빵'인 것은 아니에요. 하지만 ②에서 보어 '학생'은 주어인 '영호'가 무엇이 되었는지를 나타내 주고 있어요. 따라서 ②에서는 '영호'가 곧 '학생'인 관계가 성립하죠.

● **주성분 ④ – 보어**

보어	• 서술어 '되다', '아니다'가 주어 이외에 꼭 필요로 하는 말로, 그 서술어의 의미를 보충해 주는 문장 성분 • 문장에서 [누가 '무엇이' 되고], [누가 '무엇이' 아닌지]를 나타내며, '누가/무엇이'에 해당하는 부분 • 체언이나 체언 자리에 올 수 있는 구, 절에 보격 조사 '이/가'가 붙어 만들어짐.

연습문제 개념 바로 확인하기

01 다음 설명이 맞으면 ○표, 틀리면 ×표를 하시오.

(1) 보어는 서술어 '되다'와 '아니다'에 사용되는 성분으로, 두 서술어의 의미를 보충해 준다. (   )

(2) 보어는 목적어와 달리 문장에서 생략이 가능하다. (   )

02 다음 문장에서 보어를 찾아 밑줄을 그으시오.

(1) 풀은 나무가 아니다.   (2) 철수가 반장이 아니다.

(3) 그 사람이 선생님이 되었다.

연습문제 풀이 01 (1) ○ (2) × (보어는 주성분으로, 필요한 경우 없으면 문장이 온전하지 않게 돼요.) 02 (1) 나무가 (2) 반장이 (3) 선생님이

2 부속 성분

이번에는 부속 성분에 대해 살펴볼까요? 부속 성분은 주성분의 내용을 꾸며 주는 문장 성분으로, 문장에 꼭 필요한 성분은 아니에요. 이러한 부속 성분에는 관형어와 부사어가 있어요.

● 관형어 - 체언을 꾸며 주는 말

앞서 배운 주성분만으로도 기본적인 문장들은 만들 수 있어요. 하지만 주성분만으로 된 문장이 있다면 그것을 보거나 듣는 사람의 입장에서는 조금 더 자세한 내용이 제시되었으면 좋겠다고 생각할 때가 있어요. 다음 문장들을 한번 볼까요?

> ① 영희는 학생이다. → ①′ 영희는 착한 학생이다.
> ② 그녀는 옷을 입었다. → ②′ 그녀는 파란 옷을 입었다.
> ③ 풍경은 마음을 편하게 해 준다. → ③′ 시골의 풍경은 마음을 편하게 해 준다.

위의 ①~③은 각각 필요한 주어, 목적어, 서술어가 모두 갖춰져 있는 온전한 문장들이에요. 하지만 ①과 ①′를 비교해 보면, ①′가 영희가 '어떤' 학생인지를 더 구체적으로 설명하고 있어요. 마찬가지로 ②′가 ②에 비해 그녀가 입은 옷이 '어떤' 옷인지를, ③′가 ③에 비해 마음을 편하게 해 주는 것이 '어떤' 풍경인지를 더 구체적으로 설명하고 있어요. 곧, '착한', '파란', '시골의'는 문장에 꼭 필요한 것은 아니지만, 각각 뒤에 오는 체언 '학생', '옷', '풍경'을 꾸며 주면서 그 의미를 더욱 자세하고 구체적으로 설명해 줘요.

이렇게 문장에서 체언을 꾸며 주는 문장 성분을 **관형어**(冠갓 관 形모양 형 語말씀 어)라고 해요. 앞서 품사를 배울 때 체언을 꾸며 주는 품사가 '관형사'였던 것을 기억하나요? 관형어는 그 기능이 관형사와 유사하다고 해서 붙여진 명칭이에요. 따라서 당연히 관형사는 그대로 관형어로 사용할 수 있어요. 그리고 용언은 어간에 관형사형 어미 '-(으)ㄴ', '-는', '-(으)ㄹ' 등을 붙여서 관형어로 사용할 수 있고, 체언은 관형격 조사 '의'를 붙여서 관형어로 사용할 수 있어요. 이때 관형격 조사 '의'는 생략이 가능해요. ③′에서 '시골의 풍경'을 '시골 풍경'이라고 해도 괜찮은 거죠.

품사인 '관형사'와 문장 성분인 '관형어'를 헷갈리면 안 돼! 품사는 단어를 분류한 것이고, 문장 성분은 문장에서의 기능을 나타내는 거야!

자, 그런데 관형어가 부속 성분이기는 하지만 문장에 꼭 필요할 때도 있어요. 바로 관형어가 의존 명사와 함께 쓰일 경우, 관형어는 의존 명사 앞에서 그것을 꾸며 주어야 하므로 문장에서 빠져서는 안 될 꼭 필요한 성분이 돼요. 홀로 쓰일 수 없는 의존 명사에게 관형어는 필수인 거죠. 다음 문장에서 의존 명사 '데'를 꾸며 주는 관형어 '위험한'은 꼭 필요한 문장 성분인 거예요.

> • 위험한 데는 가지 마라.

그리고 관형어는 경우에 따라 여러 개가 겹쳐 함께 쓰일 수도 있어요. 다음과 같이 세 개의 관형어 '저', '두', '낡은'이 '건물'을 꾸며 주고 있는 것처럼 말이에요.

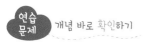

국어교과서 단박정리

● 부속 성분 ① – 관형어

관형어	• 문장에서 체언(명사, 대명사, 수사)을 꾸며 주는 문장 성분 • 문장에서 체언 앞에 쓰이며 '어떤', '무슨'에 해당하는 부분 • 관형어는 관형사(**헌** 집), 용언 + 관형사형 어미 '-(으)ㄴ, -는, -(으)ㄹ'(**위험한** 절벽), 체언 + 관형격 조사 '의'(**여름밤의** 열기), 체언 단독(**라디오** 소리 - 관형격 조사가 생략됨) 등의 형태로 나타남.

연습문제 **개념 바로 확인하기**

01 다음 설명이 맞으면 ○표, 틀리면 ×표를 하시오.

(1) 관형어는 문장에서 체언을 꾸며 주는 문장 성분이다. (　　)

(2) 관형어는 체언의 앞에 위치하며 한 문장에서 여러 개를 겹쳐서 사용할 수 없다. (　　)

(3) 관형사는 관형어로 쓸 수 있지만, 다른 품사의 단어들은 관형어로 사용할 수 없다. (　　)

(4) 관형어는 부속 성분이기 때문에 관형어가 없어도 문장은 항상 완전하게 이루어진다. (　　)

02 다음 중 관형어의 형태에 해당하는 것을 모두 고르시오.

㉠ 부사	㉡ 관형사
㉢ 체언	㉣ 체언 + 조사 '의'
㉤ 용언 + 어미 '-(으)ㄴ, -는, -(으)ㄹ' 등	㉥ 용언 + 어미 '-게, -도록, -듯이' 등

03 다음 문장에서 관형어를 찾아 밑줄을 그으시오.

(1) 나는 새 신발을 신었다.

(2) 그 두 젊은 학생은 손님이다.

(3) 겨울 날씨가 생각보다 춥지 않다.

(4) 그는 눈을 감고 상상의 날개를 폈다.

연습문제 풀이 **01** (1) ○ (2) × (관형어는 '저 두 낡은 건물'과 같이 여러 개를 겹쳐 쓸 수 있어요.) (3) × (관형사형 어미와 결합한 용언과 관형격 조사가 붙은 체언도 관형어가 될 수 있어요. 체언 단독으로도 관형어가 될 수 있고요.) (4) × (관형어가 의존 명사와 함께 쓰일 때, 의존 명사는 홀로 쓰일 수 없는 단어이기 때문에 관형어가 반드시 필요해요.) **02** ㉡, ㉢, ㉣, ㉤ **03** (1) 새 (2) 그, 두, 젊은 (3) 겨울 (4) 상상의

● **부사어**

　관형어가 체언을 꾸며 주는 문장 성분이잖아요? 그럼 관형어와 함께 부속 성분 중 하나인 부사어는 어떤 말을 꾸며 주는 문장 성분일까요?

　• 시간이 흐른다.
　　→ 시간이 <u>빨리</u> 흐른다.

　위의 문장들을 보세요. 시간이 흐른다는 단순한 사실을 전달하고 있는 문장에 '빨리'라는 부사가 들어가니 어떤가요? '빨리'가 뒤에 나오는 용언 '흐른다'를 꾸며 주면서 시간이 '어떻게' 흐르는지를 더 자세하게 설명해 주고 있죠? 이와 같이 **주로 용언을 꾸며 주는 문장 성분이 바로 부사어**(副버금 부 詞말 사 語말씀 어)예요. 그런데 중요한 건 부사어가 용언만 꾸미는 게 아니라 여러 가지를 꾸며 주는 능력자라는 거예요.

---

　① 시간이 <u>아주</u> 빨리 흐른다. (부사어 '빨리'를 꾸밈)
　② 그는 <u>정말</u> 훌륭한 예술가이다. (관형어 '훌륭한'을 꾸밈)
　③ <u>과연</u> 그는 거짓말을 하지 않았다. (문장 전체를 꾸밈)
　④ 오늘은 친구의 생일이다. <u>그래서</u> 나는 친구에게 생일 선물을 주었다. (두 문장을 이어 줌)

　위의 ①에서는 용언 '흐른다'를 꾸며 주는 부사어 '빨리'를 다시 '아주'가 꾸며 주면서 시간이 '얼마나' 빨리 흐르는지를 알 수 있게 해 줘요. 그리고 ②에서 '정말'은 뒤에 나오는 '훌륭한'이라는 관형어를 꾸며 주고, ③에서 '과연'은 그가 거짓말을 하지 않았다는 사실이 '아닌 게 아니라 정말로'라는 의미로 문장 전체를 꾸며 주고 있죠. ④에서 '그래서'는 앞뒤 문장을 의미적 관계에 따라 이어 주고 있고요. 이러한 '아주', '정말', '과연', '그래서'와 같은 말들이 모두 부사어에 해당해요. 곧, 부사어는 **주로 용언을 꾸미지만, 경우에 따라 다른 관형어, 부사어, 심지어 문장 전체를 꾸미기도 하고, 문장이나 단어를 이어 주기도 해요.**

　이미 짐작했겠지만 부사어라는 명칭은 부사어가 '부사'와 같은 역할을 하기 때문에 붙여진 거예요. 그렇기에 당연히 부사는 그대로 부사어로 쓸 수 있죠. 그리고 용언의 어간에 부사형 어미 '-게, -도록, -듯이' 등이 결합하거나 체언에 부사격 조사 '에, 에게, 에서, 부터, 까지' 등이 붙은 형태도 부사어로 사용해요.

　자, 그런데 ④의 뒤 문장을 다시 보세요. '나는 친구에게 생일 선물을 주었다.'라는 문장은 '주어(나는) + 목적어(생일 선물을) + 서술어(주었다)'를 모두 갖춘 문장이에요. 그런데 여기에 체언에 부사격 조사 '에게'가 붙은 부사어 '친구에게'가 들어가 있죠? 부사어는 부속 성분이니 문장에 굳이 없어도 되는 성분이긴 한데, 이 문장에서도  부사어가 없어도 될까요? '주었다'라는 서술어의 의미를 생각해 보세요. '주었다(주다)'는 주어와 목적어 외에 선물을 '받은' 사람이 있어야 온전한 의미가 완성되는 서술어예요. 곧, 세 자리 서술어죠. 그렇기에 이 문장에 쓰인 부사어 '친구에게'는 주성분은 아니지만 문장에 꼭 필요한 성분이에요.

이처럼 어떤 서술어는 부사어를 반드시 필요로 하기에 부사어가 문장에 반드시 있어야 하는 경우가 있어요. 문장에 꼭 필요한 이러한 부사어를 **필수적 부사어**라고 해요.

● **부속 성분 ② – 부사어**

부사어	• 문장에서 주로 용언을 꾸며 주는 문장 성분 • 때로는 다른 부사어나 관형어, 문장 전체를 꾸미기도 하고 문장이나 단어를 이어 주기도 함. • 문장에서 '어떻게', '언제', '어디서' 등에 해당하는 부분 • 부사어는 부사(**제일** 좋아한다), 용언 + 부사형 어미 '–게, –도록, –듯이'(배가 **불룩하게** 나왔다.), 체언 + 부사격 조사 '에, 에게, 에서, 부터, 까지'(동생은 **학교에** 다닌다.) 등의 형태로 나타남. • 부사어 중 문장에 꼭 필요한 부사어를 '필수적 부사어'라고 함.

연습문제 개념 바로 확인하기

01 다음 설명이 맞으면 ○표, 틀리면 ×표를 하시오.

(1) 부사어는 문장에서 주로 체언을 꾸미는 문장 성분이지만, 때로는 체언 외에도 다른 문장 성분을 꾸미기도 한다. (　　　)

(2) 부사는 부사어로 쓸 수 있지만, 다른 품사의 단어들은 부사어로 사용할 수 없다. (　　　)

(3) 부사어가 다른 문장 성분을 꾸밀 수는 있지만 문장 전체를 꾸밀 수는 없다. (　　　)

02 다음 중 부사어의 형태에 해당하는 것을 모두 고르시오.

㉠ 부사	㉡ 체언
㉢ 체언 + 조사 '의'	㉣ 체언 + 조사 '에, 에게, 에서, 부터, 까지' 등
㉤ 용언 + 어미 '–(으)ㄴ, –는, –(으)ㄹ' 등	㉥ 용언 + 어미 '–게, –도록, –듯이' 등

03 다음 문장에서 부사어를 찾아 밑줄을 그으시오.

(1) 거리에 쓰레기가 많다.

(2) 나는 엄마를 제일 좋아한다.

(3) 확실히 그 말은 효과가 있었다.

(4) 비가 왔다. 그래서 우산을 썼다.

(5) 돈을 너무 많이 써서 지갑이 텅텅 비었다.

연습문제 풀이 **01** (1) × (부사어는 문장에서 주로 용언을 꾸미는데, 때로는 다른 부사어나 관형어, 문장 전체를 꾸미기도 해요.) (2) × (부사형 어미를 붙인 용언이나 부사격 조사를 붙인 체언도 부사어로 쓰여요.) (3) × **02** ㉠, ㉣, ㉥ **03** (1) 거리에 (2) 제일 (3) 확실히 (4) 그래서 (5) 너무, 많이, 텅텅 ('너무'는 부사어 '많이'를 꾸며 주는 부사어예요. 이처럼 부사어도 관형어처럼 여러 개가 함께 쓰일 수 있어요.)

❸ 독립 성분

● 독립어 – 문장에서 독립적으로 쓰이는 말

문장의 한 부분을 이루고 있지만, 문장의 다른 성분들과는 직접적인 관련을 맺지 않는 문장 성분을 **독립어**(獨홀로 독 立설 립 語말씀 어)라고 해요.

---

① 너 국어 숙제 다 했니?

　→①' <u>인영아</u>, 너 국어 숙제 다 했니?

② 이것만 마치고 곧 할게요.

　→②' <u>아니요</u>, 이것만 마치고 곧 할게요.

③ 이 일을 어쩌면 좋지?

　→③' <u>아이고</u>, 이 일을 어쩌면 좋지?

---

①'~③'의 '인영아', '아니요', '아이고' 등의 말이 독립어예요. 이 말들은 사실 뒤의 문장과 의미와 기능상 아무런 관련이 없어요. 아무 관련이 없으니까 있으나 없으나 문장의 의미에는 별 차이가 없죠. 관형어와 부사어는 쓰지 않아도 상관없지만 쓰냐 안 쓰냐에 따라 의미에 차이가 생긴다는 점이 독립어와 달라요. 그래서 독립어는 주성분도, 부속 성분도 아니고 따로 독립 성분이라고 하는 거예요.

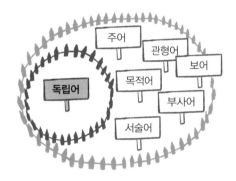

독립어에는 ①'의 '인영아'처럼 부르는 말이 있어요. 대개 '이봐', '어이' 등과 같은 말이나 '인영아'와 같이 체언에 호격 조사 '아/야'를 붙여서 만들어요. 이때 호격 조사는 생략해도 되고요. 누가 불렀으면 대답을 해야겠죠? ②'의 '아니요', '예', '그래(요)' 등과 같이 부름에 응답하는 말들도 독립어예요. 마지막으로 ③'의 '아이고', '아아', '우와' 등과 같이 감탄을 나타내는 말도 독립어에 해당해요.

이와 같이 독립어는 감탄사 단독 또는 체언에 호격 조사가 결합된 형태로 쓰여요. 그리고 문장 맨 앞에 쉼표(,)를 써서 다른 문장 성분과 구분하죠.

{독립어와 문장을 꾸미는 부사어의 차이}

독립어와 문장 전체를 꾸며 주는 부사어는 문장 맨 앞에 나온다는 점에서는 비슷해요. 하지만 독립어는 문장을 꾸며 주는 역할을 하지 못해요. 다른 문장 성분과 관계를 맺지 않기 때문이죠. 따라서 독립어가 없어도 문장의 의미는 전혀 변하지 않아요.

• <u>아아</u>, <u>무사히</u> 행사가 끝났어.
　독립어　부사어

위의 문장에서 '무사히'는 '끝난 행사'가 무사했다는 뜻이에요. 곧 '행사가 무사히 끝났어.'라고 문장을 고치면 '무사히'가 뒤에 이어지는 내용, 곧 꾸밈을 받는 내용과 관련이 있음을 쉽게 알 수 있죠. 하지만 독립어인 '아아'는 그렇지 않아서 다른 성분들과 연결이 되지 않아요. 어때요? 어렵지 않게 둘을 구별해 낼 수 있겠죠?

국어교과서 단박정리

● 독립 성분 – 독립어

독립어	• 문장의 다른 성분과 직접적인 관련 없이 독립적으로 쓰이는 성분 • 문장의 맨 앞에서 감탄, 부름, 응답하는 말이나 제시어, 표제어 등이 독립어에 해당함. • 감탄사 단독(**어머나**, 꽃이 예쁘구나.) 또는 체언 + 호격 조사 '아/야, 여/이여'(**인영아**, 이제 밥을 먹자.) 등의 형태로 쓰이며, 이때 호격 조사는 생략 가능함.

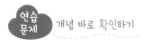

연습문제 개념 바로 확인하기

01 다음 빈칸에 들어갈 알맞은 말을 쓰시오.

> 문장의 다른 성분과 직접적인 관련 없이 독립적으로 쓰이는 문장 성분을 ☐☐☐라고 한다.

02 다음 설명이 맞으면 ○표, 틀리면 ×표를 하시오.

(1) 오직 감탄사만 독립어로 쓰이며, 다른 품사의 단어들은 독립어로 쓰일 수 없다. (   )

(2) 누군가를 부르거나 대답하는 말, 감탄하는 말은 독립어에 해당한다. (   )

03 다음 〈보기〉에서 독립어의 형태에 해당하는 것을 모두 고르시오.

㉠ 감탄사	㉡ 체언 + 호격 조사 '아/야'
㉢ 체언 + 부사격 조사 '에'	㉣ 용언 + 어미 '–아'

04 다음 문장에서 독립어를 찾아 밑줄을 그으시오.

(1) 오, 정말 예쁘다.

(2) 어머나, 아기가 언제 이렇게 컸지?

(3) 인영아, 이리 좀 와 봐!

(4) 아니요, 그런 말씀은 지금 처음 듣습니다.

(5) 청춘, 듣기만 해도 가슴이 설레는 말이다.

연습문제 풀이 **01** 독립어 **02** (1) × (감탄사 외에도 체언에 호격 조사가 붙어 독립어가 되기도 하며, 호격 조사가 생략된 체언도 독립어가 될 수 있어요.) (2) ○ **03** ㉠, ㉡ **04** (1) 오 (2) 어머나 (3) 인영아 (4) 아니요 (5) 청춘 (제시어(어떤 문장 성분을 강조하기 위하여 그 성분 자체나 그와 대등한 성분을 특별히 따로 내세우는 말)도 독립어가 될 수 있어요.)

01 다음 중 문장 성분에 대한 설명으로 적절한 것은?

① 주성분에는 주어, 서술어, 목적어만 있다.

② 관형어는 용언을, 부사어는 체언을 주로 꾸미는 역할을 한다.

③ 관형어와 부사어는 부속 성분이지만 문장에 꼭 필요한 경우도 있다.

④ 관형어와 달리 부사어는 한 문장에서 여러 개를 겹쳐 사용할 수 없다.

⑤ 독립어는 다른 문장 성분과 긴밀한 관계를 맺어 생략하면 문장의 의미가 달라진다.

02 다음 〈보기〉의 ㉠~㉤ 중, 문장 성분이 다른 하나는?

┤ 보기 ├

겨울이면 ㉠시원한 동치미 맛

㉡얼큰한 해장국 맛 / 어디서나 똑같다

동서남북 가리지 않고 / ㉢온 세상을 하나로

㉣하얗게 ㉤뒤덮는 눈보라

아무도 막을 수 없다

– 김광규, 「동서남북」

① ㉠   ② ㉡   ③ ㉢   ④ ㉣   ⑤ ㉤

03 다음 〈보기〉를 통해 '부사어'에 대해 탐구한 결과로 적절하지 않은 것은?

┤ 보기 ├

㉠ 시간이 빨리도 간다.

㉡ 그는 아무도 못 말린다.

㉢ 그는 아주 정직한 사람이다.

㉣ 의외로 그는 노래를 잘한다.

㉤ 문구점에서 연필 또는 볼펜을 사야겠다.

① 부사어는 문장 내에서 생략할 수도 있다.

② 부사어에 보조사를 붙여 사용할 수 있다.

③ 부사어는 용언뿐만 아니라 문장 전체를 꾸밀 수 있다.

④ 부사어는 문장 안에서 항상 자유롭게 위치를 이동할 수 있다.

⑤ 부사어는 두 단어를 연결해서 하나의 문장 성분을 만드는 역할을 할 수 있다.

04 다음 밑줄 친 말의 문장 성분이 독립어가 아닌 것은?

① 네, 알겠습니다.

② 사랑이여, 내게로 오라.

③ 영호, 이것 좀 들어 주게.

④ 확실히 그 약은 효과가 있었다.

⑤ 여보게, 자네 어디를 그렇게 급히 가는가?

[05~07] 다음 글을 읽고 물음에 답하시오.

> ㉮ 서술어에 따라 온전한 의미를 갖추기 위해 꼭 필요로 하는 문장 성분의 개수가 정해져 있다. 예를 들어 '사촌 동생이다'라는 서술어는 1개, '흔들다'는 2개, '주다'는 3개의 문장 성분을 필요로 한다. 이렇게 그 서술어가 꼭 필요로 하는 문장 성분의 개수를 '서술어의 자릿수'라고 하며, 서술어의 자릿수에 따라 문장의 형태나 구조가 결정된다.
>
> ㉯ 우리 : (급하게 교실로 들어오며) 얘들아, 됐대!
>
> 나라 : 뜬금없이 무슨 말이야? 뭐가 됐다는 거야?
>
> 우리 : 전교 회장으로 ㉠뽑혔다고.
>
> 나라 : 어? 누가 뽑혔다는 건데?
>
> 우리 : 그야, 당연히 내 친구 다운이지.

05 ㉮를 바탕으로 ㉯의 '나라'가 '우리'의 말을 제대로 이해하지 <u>못한</u> 이유를 바르게 설명한 것은?

① 2개의 주어를 사용하였기 때문이다.

② 필요 없는 문장 성분을 반복적으로 사용하였기 때문이다.

③ 서술어의 자릿수보다 많은 문장 성분을 사용하였기 때문이다.

④ 불필요한 내용이 중복 사용되어 문장이 여러 의미로 해석되기 때문이다.

⑤ 문장을 구성하는 데 꼭 필요한 문장 성분이 모두 갖추어지지 않았기 때문이다.

06 ㉯의 대화를 바탕으로 할 때, ㉠이 반드시 필요로 하는 문장 성분으로 묶인 것은?

① 주어, 보어   ② 주어, 목적어

③ 주어, 부사어   ④ 보어, 목적어

⑤ 보어, 관형어

07 ㉯에서 '우리'가 처음 하려고 했던 말을 온전한 문장으로 만든 것은?

① 전교 회장이 되었다.

② 내 친구는 다운이다.

③ 다운이가 내 친구였다.

④ 내 친구 다운이는 전교 회장이었다.

⑤ 내 친구 다운이가 전교 회장이 되었다.

 **문장은 어떻게 길어질까**

앞서 우리는 온전한 문장이 되기 위해서는 기본적으로 주어와 서술어가 필요하다는 것을 알았어요. 그럼 다음 그림을 한번 볼까요?

위 그림 속 인물들을 각각 주어와 서술어를 갖춘 하나의 문장이라고 생각해 보세요. 그렇다면 첫 번째 그림은 주어와 서술어가 있는 문장이 하나가 있다는 것으로 생각할 수 있겠죠? 그리고 두 번째 그림은 두 아이가 손을 잡고 있으니 두 개의 문장이 연결되어 있는 것으로 생각할 수 있고요. 마지막 세 번째 그림은 아기가 엄마에게 안겨 있으니 하나의 문장이 다른 문장에 안겨 있다고 생각할 수 있어요. 물론 엄마의 입장에서 보면 엄마라는 큰 문장이 아기라는 작은 문장을 안고 있는 것이라고 할 수 있겠네요.

자, 이 그림들이 오늘 우리가 공부할 내용이에요. 이 그림들과 같은 문장이 어떤 짜임으로 이루어지는지, 또 문장이 어떻게 확장이 되는지(길어지는지) 같이 확인해 볼까요?

홑문장과 겹문장

문장은 주어와 서술어의 관계가 문장에 몇 번 나타나느냐에 따라 홑문장과 겹문장으로 나뉘어요. **홑문장**은 한 문장에 주어와 서술어의 관계가 한 번만 나타나는 문장이고, **겹문장**은 한 문장에 주어와 서술어의 관계가 두 번 이상 나타나는 문장이에요. 아무리 긴 문장이라도 주어와 서술어의 관계가 한 번만 나타나면 그건 홑문장이에요. 그러니 문장의 길이만으로 홑문장과 겹문장을 구분하면 안 돼요. 그리고 겹문장은 홑문장이 여러 개 모여서 문장이 확장된 것이라고 할 수 있는데, 문장이 합쳐질 때 문맥을 통해 주어를 파악할 수 있는 경우에는 주어가 자주 생략돼요. 그렇기 때문에 홑문장과 겹문장을 구분할 때에는 주어보다는 서술어가 문장에 몇 번 나오는지를 중심으로 문장의 의미를 생각하며 꼼꼼하게 살펴봐야 해요.

위의 ①과 ②, ④와 ⑤는 각각 주어와 서술어 한 개씩으로 이루어진 홑문장이에요. 그런데 ③과 ⑥은 각각의 두 문장을 결합하여 한 문장 안에 주어와 서술어의 관계가 두 번씩 나타나는 겹문장이죠.

겹문장은 각각의 홑문장들이 어떤 형태로 결합하여 하나의 문장이 되는지에 따라 ③과 같은 '이어진문장', ⑥과 같은 '안은문장'으로 구분할 수 있어요. 이제부터 이어진문장과 안은문장에 대해서 하나씩 살펴보도록 할게요.

국어교과서 단박정리

● **홑문장** 한 문장에 주어와 서술어의 관계가 한 번만 나타나는 문장
● **겹문장** 한 문장에 주어와 서술어의 관계가 두 번 이상 나타나는 문장

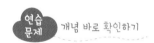 개념 바로 확인하기

01 다음 빈칸에 들어갈 알맞은 말을 쓰시오.

(1) ☐☐☐은 한 문장에 주어와 서술어의 관계가 한 번만 나타나는 문장이다.
(2) ☐☐☐은 한 문장에 주어와 서술어의 관계가 두 번 이상 나타나는 문장이다.

02 다음 문장에서 주어와 서술어를 찾아 각각 밑줄을 긋고, 홑문장인지 겹문장인지를 쓰시오.

(1) 이번 여름은 몹시도 더웠다. : _____

(2) 봄에는 꽃이 피고 새싹이 돋는다. : _____

연습문제 풀이 **01** (1) 홑문장 (2) 겹문장 **02** (1) 주어 : 여름은 / 서술어 : 더웠다 / 홑문장 (2) 주어 : 꽃이, 새싹이 / 서술어 : 피고, 돋는다 / 겹문장

👑2 이어진문장

앞에서 봤던 그림 중에서 두 친구가 손을 잡고 있던 그림, 기억나요? 그 그림 속 인물을 문장으로 본다면, 두 개의 문장이 연결된 거라고 했죠? 이렇게 두 개 이상의 홑문장이 연결 어미에 의해 결합된 겹문장을 **이어진문장**이라고 해요. (연결 어미는 **02일**에서 품사를 공부할 때 배웠어요. 혹시 기억이 나지 않는다면 23쪽으로 돌아가서 반드시! 꼭!! 다시 확인하세요.)

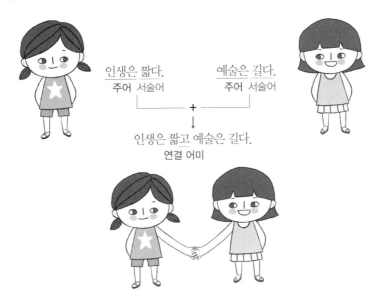

이어진문장은 결합된 문장 간의 의미 관계에 따라 '대등하게 이어진 문장'과 '종속적으로 이어진 문장'으로 나눌 수 있어요.

1 대등하게 이어진 문장

의미 관계가 대등한 두 홑문장이 이어진 문장을 **대등하게 이어진 문장**이라고 해요. 대등하게 이어졌다는 것은 앞의 문장과 뒤의 문장, 곧 앞 절과 뒤 절을 비교해 봤을 때 두 절이 별다른 차이 없이 동등한 자격으로 이어졌다는 거예요. 그렇기 때문에 앞 절과 뒤 절의 순서를 바꾸어도 의미상 큰 변화는 없어요.

대등하게 이어진 문장에서 앞 절과 뒤 절은 나열이나 대조, 선택 등의 의미 관계를 맺는데, 이때 앞뒤 절은 연결 어미에 의해 한 문장으로 이어져요.

> • 윤슬이는 초등학생이고, 예슬이는 유치원생이다. (나열 : -고)
> • 언니는 고기를 좋아하지만 나는 채소를 좋아한다. (대조 : -지만)
> • 비가 오든지 눈이 오든지 너의 길을 가거라. (선택 : -든지)

연결 어미 '-고', '-며' 등은 나열하는 문장에 사용되고, '-나', '-지만' 등은 앞뒤를 대조하는 문장에 사용되며, '-든(지)', '-거나', '-느니' 등은 선택을 나타내는 문장에 사용돼요.

2 종속적으로 이어진 문장

앞 절과 뒤 절의 의미가 독립적이지 못하고, 하나의 절이 다른 절에 의미상 매여 있는 문장을 **종속적으로 이어진 문장**이라고 해요. 종속적으로 이어진 문장에서는 앞의 절이 뒤의 절에 대하여 '원인/이유, 의도/목적, 배경, 조건, 양보/가정' 등의 여러 가지 의미 관계를 가지며, 이에 따라 다양한 연결 어미가 사용돼요. 종속적으로 이어진 문장에 사용되는 연결 어미는 대등하게 이어진 문장에 사용되는 연결 어미에 비해 그 수가 매우 많아요.

- 비가 너무 많이 내려서 강물이 넘쳤다. (원인/이유 : -(어)서)
- 너에게 주려고 선물을 샀다. (의도/목적 : -(으)려고)
- 너에게 가던 길이었는데 여기에 있었네. (배경 : -는데)
- 내일 일찍 일어나면 운동을 하러 가야겠다. (조건 : -(으)면)
- 비가 많이 오더라도 우리는 집에 가겠다. (양보/가정 : -더라도)
- 공부를 하면 할수록 궁금한 것이 더 많다. (더함 : -ㄹ수록)

종속적으로 이어진 문장에서 앞뒤 절의 주어가 같을 경우에는 주어 하나를 생략해야 자연스러운 문장이 돼요. 다음을 보면 쉽게 이해할 수 있을 거예요.

① <u>나는</u> 배가 고파서 <u>나는</u> 밥을 먹었다.
② <u>나는</u> 배가 고파서 밥을 먹었다.
③ 배가 고파서 <u>나는</u> 밥을 먹었다.

위의 예문들은 '나는 배가 고프다.'와 '나는 밥을 먹었다.'라는 두 문장이 원인을 나타내는 연결 어미 '-(아)서'에 의해 결합된 종속적으로 이어진 문장이에요. 이때 두 문장의 주어가 같기 때문에 ①에서와 같이 '나는'이라는 주어를 두 번 쓰면 어색한 문장이 돼요. 한 문장 안에서는 같은 주어를 두 번 쓰지 않고, ②나 ③에서와 같이 둘 중 하나를 생략해야 자연스러운 문장이 되죠.

{대등하게 이어진 문장과 종속적으로 이어진 문장의 구분}

대등하게 이어진 문장과 종속적으로 이어진 문장을 잘 구분하지 못하겠으면, 앞뒤 절의 순서를 바꾸어 보세요. 앞뒤 절을 바꾸어도 의미상 큰 차이가 없으면 대등하게 이어진 문장이고, 앞뒤 절을 바꾸어 의미가 바뀌거나 비문이 되면 종속적으로 이어진 문장이에요.

① 비가 오고 바람이 분다. — 앞뒤 절의 순서 바꾸기 → 바람이 불고 비가 온다.
② 눈이 오니까 길이 미끄럽다. — 앞뒤 절의 순서 바꾸기 → 길이 미끄러우니까 눈이 온다.

①은 앞뒤 절의 순서를 바꾸어도 의미상 큰 차이가 없죠? 그럼 ①은 대등하게 이어진 문장이에요. ②는 어떤가요? 앞뒤 절의 순서를 바꾸니까 의미가 바뀌는 건 물론이고, 말도 안 되죠? 따라서 ②는 종속적으로 이어진 문장이에요.

국어교과서 단박정리

● **이어진문장**   두 개 이상의 홑문장이 연결 어미에 의해 결합된 겹문장

● **이어진문장의 종류**

종류	성격	표현 방법
대등하게 이어진 문장	• 의미 관계가 대등한 두 홑문장이 이어진 문장 • 앞뒤 절의 순서를 바꾸어도 의미상 큰 차이가 없음.	대등적 연결 어미에 의해 앞뒤 절이 '나열(-고, -며), 대조(-나, -지만), 선택(-든(지), -거나, -느니)' 등의 의미 관계를 맺음. 예 인생은 짧고 예술은 길다. (나열 : -고)
종속적으로 이어진 문장	• 앞 절과 뒤 절의 의미가 독립적이지 못하고, 하나의 절이 다른 절에 의미상 매여 있는 문장 • 앞뒤 절의 순서를 바꾸면 의미가 바뀌거나 비문이 됨.	종속적 연결 어미를 통해 앞 절이 뒤 절에 대하여 '원인/이유(-(어)서), 의도/목적(-(으)려고), 배경(-는데), 조건(-(으)면), 양보/가정(-더라도)' 등의 의미 관계를 맺음. 예 꽃을 사러 꽃가게에 갔다. (의도/목적 : -(으)러)

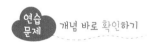 개념 바로 확인하기

01   다음 설명이 맞으면 ○표, 틀리면 ×표를 하시오.

(1) 겹문장은 '이어진문장'과 '안은문장'으로 나눌 수 있다. (   )

(2) 이어진문장에는 '대등하게 이어진 문장'과 '종속적으로 이어진 문장'이 있다. (   )

(3) 종속적으로 이어진 문장은 앞뒤 절을 바꾸어 써도 의미상 큰 차이가 없다. (   )

02   다음 문장에서 연결 어미를 찾아 밑줄을 긋고, 해당 문장이 대등하게 이어진 문장인지 종속적으로 이어진 문장인지 쓰시오.

(1) 잠을 자거나 공부를 해라. : _____

(2) 나는 배가 아파서 오늘 학교에 못 갔다. : _____

연습문제 풀이 **01** (1) ○ (2) ○ (3) ×   **02** (1) 연결 어미 : -거나, 대등하게 이어진 문장 (2) 연결 어미 : -(아)서, 종속적으로 이어진 문장

👑3 안은문장과 안긴문장

이번에도 앞에서 봤던 그림을 다시 볼까요? 이 그림은 엄마가 아기를 안고 있는 것처럼 한 문장이 다른 문장을 안고 있다고 생각하라고 했었죠? 이처럼 **한 문장이 그 속에 다른 문장을 하나의 문장 성분으로 안아서 겹문장을 이룬 문장을 안은문장**이라고 해요. 그리고 이 안은문장 안에 들어가 하나의 문장 성분처럼 쓰이는 문장을 **안긴문장**이라고 하는데, 이 안긴문장은 하나의 '절'이 되어 문장 속에 들어가요. 절은 주어와 서술어의 구조를 갖추고 있죠? 문장과 똑같이 말이에요. 하지만 절은 문장의 일부분으로 쓰인다는 점에서 문장과 다르죠. 안긴문장인 절은 문장에서 어떤 역할을 하느냐에 따라 '명사절, 관형절, 부사절, 인용절, 서술절'로 나뉘어요. 이 중에서 어떤 절을 안고 있는지에 따라 안은문장의 종류를 다음과 같이 나눌 수 있어요.

1 명사절을 안은 문장

명사절은 문장에서 명사처럼 쓰이는 절로, 명사형 어미가 붙어 만들어져요. 명사형 어미는 주로 용언을 명사처럼 만들어 주는 어미예요. 명사처럼 쓰이므로 뒤에 어떤 조사가 결합하느냐, 즉 문장의 어느 위치에 놓이느냐에 따라 주어, 목적어, 부사어 등의 다양한 기능을 할 수 있어요.

> ① 이번 봄에 [비가 오기]는 쉽지 않을 것 같다. → [비가 오-+-기]+는 ·························· 주어 역할
> ② 나는 [비가 오기]를 간절히 바랐다. → [비가 오-+-기]+를 ································ 목적어 역할
> ③ 지금은 [비가 오기]에 이른 시기이다. → [비가 오-+-기]+에 ······························· 부사어 역할
> ④ 나는 [그가 이상함]을 이제야 알았다. → [그가 이상하-+-ㅁ]+을 ···················· 목적어 역할

위의 예문에서 ①~③은 '비가 오다.', ④는 '그가 이상하다.'라는 문장을 중심으로 살펴봅시다. 각 문장에서 서술어가 되는 용언에 명사형 어미 '-기'나 '-(으)ㅁ'이 붙어서 명사절을 이루고, 이 명사절은 다양한 조사와 결합하여 문장에서 여러 가지 문장 성분으로 사용되고 있어요.

①에서는 명사절 '비가 오기'에 보조사 '는'이 결합하여 문장에서 주어 역할을 하고 있고, ②에서는 명사절에 목적격 조사 '를'이 결합하여 목적어의 역할을 하고 있어요. 그리고 ③에서는 명사절에 부사격 조사 '에'가 결합하여 부사어의 역할을 하고 있죠. 한편, ④에서는 명사절 '그가 이상함'에 목적격 조사 '을'이 결합하여 문장에서 목적어의 역할을 하고 있어요.

2 관형절을 안은 문장

관형절은 문장에서 체언을 꾸며 주는 관형어의 기능을 하는 절로, 관형사형 어미가 붙어 만들어져요.

---

① 윤슬이가 꽃을 샀다. 꽃이 무척 예쁘다. ··· 홑문장

② [윤슬이가 산] 꽃이 무척 예쁘다. → [어떤] 꽃이 무척 예쁘다. ···················· 겹문장(안은문장)

③ 윤슬이가 [무척 예쁜] 꽃을 샀다. → 윤슬이가 [어떤] 꽃을 샀다. ·················· 겹문장(안은문장)

---

①의 두 개의 홑문장에서 '꽃'이라는 말이 겹치죠? 그래서 이 말을 중심으로 두 문장을 하나의 안은문장으로 만들면 ②, ③에서와 같이 공통적으로 꽃을 꾸미는 [어떤]의 형태를 가지며 관형어의 기능을 하는 관형절이 돼요. 관형절은 용언에 관형사형 어미 '-(으)ㄴ', '-는', '-(으)ㄹ', '-던' 등이 붙어서 만들어져요. 그런데 이 관형사형 어미는 관형절을 만들어 주는 동시에 과거, 현재, 미래, 회상의 시간을 표현하기도 해요. 예를 들어 '책을 읽다.'라는 문장에 관형사형 어미가 결합하면 다음과 같이 관형절이 되는 동시에 시간을 표현할 수도 있어요.

• 어제 읽은 책은 ~ → 읽-+-(으)ㄴ ·····················
                                                         ···· 과거, 회상
• 어제 읽던 책은 ~ → 읽-+-던 ···························

• 지금 읽는 책은 ~ → 읽-+-는 ··································· 현재

• 내일 읽을 책은 ~ → 읽-+-(으)ㄹ ····························· 미래

---

3 부사절을 안은 문장

부사절은 절 전체가 부사어로서 주로 서술어를 꾸며 주는 기능을 하는 절이에요.

• 비가 [소리도 없이] 내린다. → [소리도 없-+-이]

• 그녀는 [눈이 부시게] 아름답다. → [눈이 부시-+-게]

• 나는 [그가 지나가도록] 옆으로 비켜섰다. → [그가 지나가-+-도록]

• 얼굴이 [꽃이 피듯이] 환해졌다. → [꽃이 피-+-듯이]

부사절은 용언에 부사형 어미 '-게', '-도록', '-듯이' 등과 부사를 만드는 접미사 '-이'*가 붙어서 만들어져요. 부사형 어미는 매우 다양하기 때문에 그것을 외우기보다는 그 절이 문장에서 어떤 역할을 하고 있는지 생각하며 파악해야 해요.

●부사를 만드는 접미사
부사를 만드는 접미사, 곧 '부사 파생 접미사'를 통해서도 부사절을 만들 수 있다. '소리도 없이'는 '소리도 없다.'라는 문장에 접미사 '-이'가 붙어 부사절이 된 것이다. 이는 '같이, 달리'도 마찬가지이다. 곧, '없이, 같이, 달리'라는 말이 들어가 있으면 부사절로 보면 된다.

4 서술절을 안은 문장

서술절은 절 전체가 문장에서 서술어 기능을 하는 절이에요.

> • 코끼리는 [코가 길다].

서술절만의 특징! 서술절을 안은 문장은 서술어 1개에 주어가 2개 이상 있는 문장으로 보여요. 위의 예문도 '코끼리는'과 '코가', 이렇게 2개의 주어가 있는 문장으로 보이잖아요? 이때 문장 전체의 주어는 '코끼리는'이고, 이를 제외한 나머지 부분이 서술어 기능을 하는 서술절에 해당해요. 곧, '코가'와 '길다'는 각각 서술절의 주어와 서술어로서 문장 전체의 주어인 '코끼리는'을 설명해 주고 있는 거죠.

또한 다른 안긴문장과 달리 서술절은 별도의 어미가 붙지 않고 그 자체로 서술절이 돼요. 위의 예문에서도 서술절 '코가 길다'에 아무런 어미가 붙어 있지 않죠?*

> 명사절은 '-(으)ㅁ, -기', 관형절은 '-(으)ㄴ, -는', 부사절은 '-게, -도록' 등의 어미가 용언에 붙지만, 서술절은 그렇게 붙는 어미가 없다는 거야.

5 인용절을 안은 문장

남의 말이나 글을 자신의 말이나 글 속에 끌어 쓰는 것을 '인용'이라고 하잖아요? 이렇게 다른 사람의 말이나 글, 생각 등을 인용한 것이 절의 형식으로 문장에 안길 때 이를 **인용절**이라고 해요. 인용절은 문장에서 서술어를 보충하는 역할을 하는데, 인용의 방법에는 '직접 인용'과 '간접 인용'이 있어요.

> ① 인영이가 ["이 꽃은 정말 예뻐."]라고 말했다. ·················· 직접 인용 : " "라고
> ② 인영이가 [이 꽃은 정말 예쁘다]고 말했다. ·················· 간접 인용 : ~고

직접 인용은 다른 사람의 말을 그대로 인용하는 거예요. 위의 ①에서와 같이 큰따옴표(" ") 안에 인용하려는 말을 그대로 쓰고, 그 뒤에 조사 '라고'를 붙여 표현해요. 그리고 **간접 인용**은 다른 사람의 말을, 가져다 쓰는 사람이 자신의 표현으로 바꾸어 간접적으로 인용하는 거예요. ②에서와 같이 문장 부호 없이 조사 '고'를 붙여 표현하죠. 이렇게 직접 인용한 것이 절의 형식으로 문장에 안긴 것을 **직접 인용절**이라고 하고, 간접 인용한 것이 절의 형식으로 문장에 안긴 것을 **간접 인용절**이라고 해요.

자, 그런데 간접 인용절에는 말하는 이가 듣는 이를 높이는 표현법인 상대 높임법*이 나타나지 않아요. 그리고 문장의 종류에 따라서 어휘의 선택이 달라지죠.

> 상대 높임법에 대해서는 11일에 자세하게 배울 거야. 미리 공부하고 싶다면 120쪽을 보도록 해.

> ① 민호는 아버지께 "제가 학생회장이 되었어요."라고 말씀드렸다.
> ② 민호는 아버지께 자기가 학생회장이 되었다고 말씀드렸다.

위의 ① 직접 인용절에는 말하는 이 자신을 가리키는 '제가'와 듣는 이를 높이는 표현법인 상대 높임법이 사용된 '되었어요'가 나타나 있어요. 그런데 이 직접 인용절을 간접 인용절로 나타낸 ②에서는 '제가'가 '자기가'로 바뀌었어요. 또한 '되었어요'도 '되었다'라고 바뀌며 상대 높임법이 사용되지 않았고요.

국어교과서 단박정리

● 안은문장과 안긴문장

안은문장	• 한 문장이 그 속에 다른 문장을 하나의 문장 성분으로 안아서 겹문장을 이룬 문장. 곧, 절을 포함하고 있는 문장
안긴문장	• 안은문장 안에 들어가 하나의 문장 성분처럼 쓰이는 문장. 곧, 문장 속에 들어가 있는 절 • 문장에서의 역할에 따라 명사절, 관형절, 부사절, 서술절, 인용절로 나눔.

● 안은문장의 종류

종류	성격	표현 방법
명사절을 안은 문장	• 명사절, 곧 문장에서 명사처럼 쓰이는 절을 안은 문장 • 명사절은 문장에서 주어, 목적어, 부사어 등 다양한 기능을 함.	• 용언에 명사형 어미 '-기', '-(으)ㅁ' 등을 붙임. 예 나는 비가 오기를 간절히 바랐다. 　그가 정당했음이 세상에 밝혀졌다.
관형절을 안은 문장	• 관형절, 곧 문장에서 체언을 꾸며 주는 관형어의 기능을 하는 절을 안은 문장	• 용언에 관형사형 어미 '-(으)ㄴ', '-는', '-(으)ㄹ', '-던' 등을 붙임. 예 윤슬이가 산 꽃이 매우 예쁘다.
부사절을 안은 문장	• 부사절, 곧 절 전체가 부사어로서 주로 서술어를 꾸며 주는 기능을 하는 절을 안은 문장	• 용언에 부사형 어미 '-게', '-도록', '-듯이' 등과 접미사 '-이'를 붙임. 예 나는 배가 아파서 병원에 갔다.
서술절을 안은 문장	• 서술절, 곧 절 전체가 문장에서 서술어 기능을 하는 절을 안은 문장 • 서술절을 안은 문장은 주어가 두 개처럼 보이는데, 앞의 주어를 제외한 뒤의 부분이 서술절에 해당함.	• 별도의 어미 없이 절이 그대로 쓰임. 예 코끼리는 코가 길다. 　영호가 얼굴이 둥글다.
인용절을 안은 문장	• 인용절, 곧 다른 사람의 말이나 생각 등을 인용한 절을 안은 문장 • 인용절은 안은문장의 서술어를 보충하는 역할을 하며, 직접 인용절과 간접 인용절이 있음.	• 직접 인용절 : 큰따옴표를 쓰고, 조사 '라고'를 붙임. 예 예슬이는 "눈이 와요."라고 외쳤다. • 간접 인용절 : 따옴표 없이 조사 '고'를 붙임. 예 예슬이는 눈이 온다고 외쳤다.

01 다음 설명이 맞으면 ○표, 틀리면 ×표를 하시오.

(1) 안은문장은 절을 포함하고 있는 겹문장이다. (　　　)

(2) 안긴문장은 안은문장에서의 역할에 따라 5개로 나뉜다. (　　　)

(3) 종속적으로 이어진 문장은 안은문장의 한 종류에 해당한다. (　　　)

(4) 간접 인용절에는 큰따옴표(" ")를 쓰고, 조사 '고'를 붙여 표현한다. (　　　)

02 다음 문장 속 안긴문장이 어떤 절로 쓰이고 있는지 〈보기〉에서 찾아 쓰시오.

				보기
명사절	관형절	부사절	서술절	인용절

(1) 토끼는 귀가 크다. : _____

(2) 나는 어제 산 책을 하루만에 다 읽었다. : _____

(3) 나는 그가 지나가도록 옆으로 비켜섰다. : _____

(4) 이번 봄에 비가 오기는 쉽지 않을 것 같다. : _____

(5) 민주는 자기가 학생회장이 되었다고 어머니께 말씀드렸다. : _____

03 다음 겹문장에서 안긴문장을 찾고, 절의 형태가 되기 위해 어떤 어미가 사용되었는지 쓰시오.

(1) 나는 오빠가 차린 점심을 먹었다.

　→ 안긴문장(온전한 문장으로 쓸 것) : _____

　→ 사용된 어미 : _____

(2) 나는 그가 범인임을 알고 있다.

　→ 안긴문장(온전한 문장으로 쓸 것) : _____

　→ 사용된 어미 : _____

(3) 누나는 아이가 둘이다.

　→ 안긴문장(온전한 문장으로 쓸 것) : _____

　→ 사용된 어미 : _____

(4) 찌개가 군침이 돌게 끓고 있다.

　→ 안긴문장(온전한 문장으로 쓸 것) : _____

　→ 사용된 어미 : _____

연습문제 풀이 **01** (1) ○ (2) ○ (3) × (종속적으로 이어진 문장은 안은문장이 아니라 이어진문장이에요.) (4) × (간접 인용절은 문장 부호 없이 조사 '고'를 붙여 표현해요. 직접 인용절에는 큰따옴표를 쓰고 조사 '라고'를 붙이고요.) **02** (1) 서술절 (2) 관형절 (3) 부사절 (4) 명사절 (5) 인용절 **03** (1) 안긴문장 : 오빠가 점심을 차리다. / 사용된 어미 : 관형사형 어미 '-ㄴ' (2) 안긴문장 : 그가 범인이다. / 사용된 어미 : 명사형 어미 '-ㅁ' (3) 안긴문장 : 아이가 둘이다. / 사용된 어미 : 없음 (4) 안긴문장 : 군침이 돌다. / 사용된 어미 : 부사형 어미 '-게'

01 다음 중 겹문장인 것은?

① 나는 할머니께 선물을 드렸다.

② 눈이 오니까 날씨가 많이 춥다.

③ 옛 고향에 대한 생각이 떠오른다.

④ 친구들은 지금쯤 어디까지 갔을까?

⑤ 그는 이번 선거에서 학생회장이 되었다.

02 다음 중 대등하게 이어진 문장은?

① 저녁을 먹으러 집에 가는 길이다.

② 벼는 익을수록 고개를 숙이는 법이다.

③ 키가 너무 작아서 놀이 기구를 탈 수 없다.

④ 내일 아침에 일찍 일어나면 운동하러 가자.

⑤ 나는 농구를 좋아하지만 동생은 야구를 좋아한다.

03 〈보기〉의 ㉠~㉢에 들어갈 내용으로 적절하지 **않은** 것은?

| 보기 |

'대등하게 이어진 문장'과 '종속적으로 이어진 문장'을 구분하는 방법 중 하나는 앞뒤 절의 순서를 바꾸어 보는 것이다. 순서를 바꾸었을 때 의미의 변화가 없으면 대등하게 이어진 문장이고, 의미가 통하지 않거나 달라지면 종속적으로 이어진 문장이다. 이를 바탕으로 '비가 오고 바람이 분다.'와 '눈이 와서 길이 미끄럽다.'라는 두 이어진문장을 확인해 보자.

	비가 오고 바람이 분다.	눈이 와서 길이 미끄럽다.
앞뒤 절의 순서 바꾸기	바람이 불고 비가 온다.	㉠
의미 변화 여부	㉡	㉢
이어진문장의 종류	㉣	㉤

① ㉠ : 길이 미끄러워서 눈이 온다.

② ㉡ : 의미 변화 없음.

③ ㉢ : 의미 변화 있음.

④ ㉣ : 대등하게 이어진 문장

⑤ ㉤ : 대등하게 이어진 문장

04 다음 밑줄 그은 말 중 성격이 **다른** 하나는?

① <u>아름다운</u> 사람은 머문 자리도 아름답습니다.

② 봄이 되니 <u>온</u> 산에 갖가지 꽃이 피어나고 있다.

③ 나는 어제 서점에서 <u>새</u> 책을 한 권 사 가지고 왔다.

④ 날씨가 많이 추워서 <u>온갖</u> 옷들이 길거리에 보인다.

⑤ 저 친구가 어제 나에게 숙제를 알려 준 <u>그</u> 친구이다.

05 〈보기〉는 '문장의 종류'에 대한 학습 자료이다. ㉠에 들어갈 예문으로 적절한 것은? [고1 전국연합학력평가]

┤ 보기 ├

〈문장의 종류〉

○ 홑문장 : 주어와 서술어가 한 번만 나타나는 문장

　　예 날씨가 맑다.

○ 겹문장 : 주어와 서술어가 두 번 이상 나타나는 문장

　– 안은문장 : 다른 문장 속에 들어가 하나의 성분처럼 쓰이는 홑문장을 포함하고 있는 문장

　　예 | ㉠ |

　– 이어진문장 : 둘 이상의 홑문장이 대등하거나 종속적으로 이어진 문장

　　예 봄이 오면 꽃이 핀다.

① 민수는 성격이 좋은 학생이다.

② 우리 집 정원에 장미꽃이 피었다.

③ 다예가 교실에서 소설책을 읽었다.

④ 그는 갔으나 그의 예술은 살아 있다.

⑤ 바람이 세차게 불고, 비가 억수같이 내린다.

06 다음 문장 중 안긴문장이 들어 있는 것은?

① 인생은 짧고 예술은 길다.

② 나무가 많아서 공기가 맑다.

③ 까마귀가 날자 배가 떨어진다.

④ 나는 기차가 떠났음을 알았다.

⑤ 호랑이는 죽어서 가죽을 남기고 사람은 죽어서 이름을 남긴다.

07 〈자료〉를 읽고 ㉠에 알맞은 문장을 쓰시오. [중3 학업성취도평가]

┤ 자료 ├

다음과 같이 한 문장에서 어떤 말을 꾸미는 부분을 분리하여 두 문장으로 만들 수 있다.

• 문장 : 민호와 본 영화가 감동적이었다.

　→ 1단계 : 민호와 보았다. 　　　/ 영화가 감동적이었다.

　→ 2단계 : 민호와 영화를 보았다. / 영화가 감동적이었다.

이런 방법으로 다음의 문장을 두 문장으로 분리하면 다음과 같다.

• 문장 : 어제 읽은 소설이 재미있었다.

　→ 1단계 : 어제 읽었다. 　　　/ 소설이 재미있었다.

　→ 2단계 : | ㉠ | / 소설이 재미있었다.

08 〈보기〉의 자료를 참고할 때, 문장의 유형이 가장 유사한 것은?

┤ 보기 ├

- 비가 소리도 없이 내린다.
  ⇒ 비가 내린다. + 소리도 없다.

　'비가 내린다.'라는 문장이 확장하여 '비가 (어떻게) 내린다.'라는 문장이 된다. 여기서 '(어떻게)'는 뒤에 오는 '내린다'라는 서술어를 꾸며 주므로 부사어이다. 이 부사어의 위치에 '소리가 없다.'라는 문장이 들어온 것이다. '소리도 없다.'는 주어와 서술어의 구조를 갖추고 전체 문장에서 특정 성분의 역할을 하고 있기 때문에 '절'이 된다. 이런 문장을 '안긴문장'이라고 한다.

① 나는 밥을 먹고 세수를 했다.
② 그녀는 눈이 부시게 아름답다.
③ 봄이 오니 갖가지 꽃이 활짝 피었다.
④ 나는 빗물이 떨어지는 소리를 들었다.
⑤ 사람마다 각기 여러 가지 삶의 방식들을 가지고 있다.

09 다음 〈보기〉에 대한 설명으로 적절하지 <u>않은</u> 것은?

┤ 보기 ├

㉠ 그녀는 [눈이 온다]고 소리쳤다. ─ "눈이 온다./옵니다." / "눈이 오는구나!"라고
㉡ 그는 그녀에게 [저 꽃이 예쁘냐]고 물었다. ─ "저 꽃이 예쁘니?"라고
㉢ 그는 선배들에게 [빨리 가자]고 말했다. ─ "빨리 갑시다."라고
㉣ 형은 나에게 [빨리 뛰라]고 말했다. ─ "빨리 뛰어(라)."라고
㉤ 나는 그에게 [이것은 장미꽃이라]고 말했다. ─ "이것은 장미꽃이다."라고

① 간접 인용에서 평서형과 감탄형 어미는 '─다'를 사용한다.
② 직접 인용에서는 서술격 조사 '이다'를, 간접 인용에서는 '─(이)라'를 사용한다.
③ 간접 인용에서 의문형 어미는 동사의 어간 뒤에서는 '─(으)냐'를 사용한다.
④ 직접 인용을 간접 인용으로 바꿀 때 청유형 어미는 '─자'를 사용한다.
⑤ 간접 인용에서 명령형 어미는 '─라'를 사용한다.

10 다음 중 안긴문장의 종류와 해당하는 예가 바르게 연결되지 <u>않은</u> 것은?
① 명사절 : 나는 그가 오기를 기다렸다.
② 관형절 : 윤슬이가 산 꽃이 매우 예쁘다
③ 부사절 : 하얀 꽃이 활짝 피었다.
④ 서술절 : 코끼리는 코가 길다.
⑤ 인용절 : 그가 이것은 인형이 아니라고 말했다.

11일 문장을 어떻게 표현할까 1

👑 1 문장 표현 (1)

1 종결 표현

'아 해 다르고, 어 해 다르다'*라는 속담이 있죠? 우리말은 같은 뜻인 것 같지만 한 글자 차이로 전혀 다른 의미가 되는 경우가 참 많아요. 그러니까 말을 할 때에는 신중하고 정확하게 해야겠죠?

다음 문장들을 보세요.

'아 해 다르고 어 해 다르다'는 같은 내용의 이야기라도 이렇게 말하여 다르고 저렇게 말하여 다르다는 뜻의 속담이야.

> ① 이 책으로 중학교 국어 문법을 정리했다. - 평서문
> ② 이 책으로 중학교 국어 문법을 정리했을까? - 의문문
> ③ 이 책으로 중학교 국어 문법을 정리해라. - 명령문
> ④ (우리) 이 책으로 중학교 국어 문법을 정리하자. - 청유문
> ⑤ 이 책으로 중학교 국어 문법을 정리했구나! - 감탄문

위의 문장들은 비슷해 보이지만 문장의 끝부분에 오는 표현, 즉 **종결 표현**에 따라 의미 차이가 나요.

①에서는 말하는 이가 듣는 이에게 객관적으로 내용을 전달하거나 하고 싶은 말을 단순하게 진술하고 있는데, 이런 문장을 **평서문**이라고 해요. ②는 **의문문**으로, 말하는 이가 듣는 이에게 질문을 해서 대답을 요구하는 문장이에요. ③은 **명령문**으로, 말하는 이가 듣는 이에게 무언가를 하도록 강하게 요구하는 문장이고요. ④는 **청유문**으로, 말하는 이가 듣는 이에게 어떤 행동을 함께하자고 요청하는 문장이에요. ⑤는 **감탄문**으로, 말하는 이가 듣는 이와는 거의 상관없이 자신의 느낌을 표현하는 문장이죠.

이런 문장의 5가지 종류를 결정하는 종결 표현은 서술어의 종결 어미를 통해 이루어져요. 종결 어미가 문장을 끝맺으면서 문장을 '평서문, 의문문, 명령문, 청유문, 감탄문'으로 만드는 거예요.

{문장의 종류와 말하는 이의 의도가 다른 경우}

여기서 잠깐! 방금 전에 종결 어미의 형태에 따라 문장의 종류를 나눈다고 했잖아요? 그런데 사실 이는 실제 언어생활의 모습과는 거리가 있을 수 있어요. 실제 생활에서는 어떤 대화 흐름에서 또는 어떤 상황에서 쓰이느냐에 따라 문장이 본래와는 다른 기능을 할 수도 있기 때문이에요.

[평서문 형식의 명령 의도]

[의문문 형식의 명령 의도]

[청유문 형식의 명령 의도]

같은 형식의 문장이라도 상황에 따라 다른 기능을 하는 경우도 있고, 문장의 종류는 의문문이나 청유문이지만 의도는 명령인 경우도 있어요. 즉, 상황에 따라 말하는 이의 의도나 문장의 기능이 문장의 종류와 다를 수도 있다는 점에 유의해야 해요.

국어교과서 단박정리

● **문장의 종류**

종류	개념	종결 어미	예
평서문	말하는 이가 듣는 이에게 특별히 요구하는 바 없이, 하고 싶은 말을 단순하게 진술하는 문장 [내용 전달]	-ㄴ다 -는다 -다	• 오늘 저녁부터 일기를 쓴다. • 네 살짜리 아이가 벌써 책을 읽는다. • 길가에 핀 민들레가 정말 앙증맞다.
의문문	말하는 이가 듣는 이에게 질문을 하여 대답을 요구하는 문장 [대답 요구]	-ㄹ까 -을까 -(느)냐	• 오늘 저녁부터 일기를 쓸까? • 이 선물을 받고 그녀가 웃을까? • 이 사실을 누가 알고 있느냐?
명령문	말하는 이가 듣는 이에게 무언가를 하도록 강하게 요구하는 문장 [행동 요구]	-(아)라/-(어)라 -아/-어	• 오늘 저녁부터 일기를 써라. • 바람 많이 부니까 창문 닫아.
청유문	말하는 이가 듣는 이에게 같이 행동할 것을 요청하는 문장 [함께할 것을 제안]	-자 -ㅂ시다	• 오늘 저녁부터 일기를 쓰자. • 우리 함께 생각해 봅시다.
감탄문	말하는 이가 자신의 느낌을 표현하는 문장 [느낌 표현]	-구나 -아라/-어라	• 이렇게 어릴 적부터 일기를 썼구나! • 아이, 좋아라.

개념 바로 확인하기

01 다음 빈칸에 들어갈 알맞은 말을 쓰시오.

> 문장의 5가지 종류는 서술어의 □□□□□를 통해 문장이 끝나는 부분에서 실현된다.

02 다음 설명이 맞으면 ○표, 틀리면 ×표를 하시오.

(1) 상황에 따라 말하는 이의 의도나 문장의 기능이 해당 문장의 종류와 다를 수 있다. (   )

(2) '설마 내가 그걸 모르겠니?'는 의문문 형식이지만 듣는 이의 대답을 요구하지는 않는다. (   )

연습문제 풀이 **01** 종결 어미 **02** (1) ○ (2) ○ (이런 의문문을 수사 의문문이라고 해요. 수사(설의법)를 위해 의문문 형식을 취한 것뿐이죠.)

② 높임 표현

높임 표현은 말하는 이가 말하는 대상이나 말을 듣는 이(대화하는 상대)의 높고 낮은 정도에 따라 구별하여 표현하는 방식이에요. 우리말은 다른 언어들에 비해 높임 표현이 섬세하게 발달되어 있는데, 어떤 대상을 높이느냐에 따라 크게 '주체 높임', '객체 높임', '상대 높임'으로 나뉘어요. 사실 우리말을 배우는 외국인들은 물론, 우리나라 사람들 중에도 높임 표현을 어려워하는 사람들이 많아요. 그래도 높임법을 어렵게만 생각하지 말고 찬찬히 살펴보면 예의와 질서를 중요하게 생각했던 우리 조상들의 생각과 지혜를 엿볼 수 있어요. 자, 그럼 이제부터 여러 가지 높임 표현에 대해 하나씩 설명해 줄게요.

● **주체 높임법** – 주어를 높이는 경우

주체 높임법은 말 그대로 문장의 주어, 곧 서술어가 나타내는 행위의 주체를 높여 표현하는 방법으로, 말하는 이보다 서술어가 나타내는 행위의 주체가 윗사람일 때 사용해요.

> ① 회장님께서 공항에 도착하셨습니다.
> ② 할아버지께서는 매일 점심을 드시고 나면 낮잠을 주무신다.
> ③ 우리 할머니께서는 여전히 기억력이 좋으십니다.

위의 ①~③에서 주체인 '회장', '할아버지', '할머니'는 모두 높여야 할 대상이에요. 그래서 ①에서는 '회장'이 아니라 '회장님', '회장님이'가 아니라 '회장님께서'라고 하고 있어요. 그리고 ②, ③에서는 '할아버지는/할머니는'이 아니라 '할아버지께서는/할머니께서는'이라고 하고 있고요. ①에서는 서술어도 '도착했습니다'가 아니라 '도착하셨습니다(도착하시었습니다)'라고 하고 있어요. 이처럼 주체 높임법은 **서술어에 선어말 어미 '–시–'를 붙이고, 주어에 주격 조사 '께서'나 접사 '–님'을 덧붙여 표현돼요.** 또한 ②에서는 '먹고'가 아니라 '드시고', '잔다'가 아니라 '주무신다'라고 했죠? 이렇게 높임을 드러내는 특수한 어휘를 사용하여 주체를 높일 수도 있어요.

> 높임을 드러내는 특수한 어휘는 '주무시다' 외에도 '잡수시다, 드시다(먹다)', '계시다(있다)', '편찮으시다(아프다)', '댁(집)', '진지(밥)', '연세(나이)', '성함(이름)' 등이 있어.

- 할아버지는 매일 점심을 먹고 나면 낮잠을 잔다. (주체 높임법 ×)
- 할아버지께서는 매일 점심을 드시고 나면 낮잠을 주무신다. (주체 높임법 ○)

한편, ③은 앞 시간에 배운 서술절을 안은 문장이죠? 서술절 '기억력이 좋으십니다.'에서의 주어는 '기억력'이에요. 곧, 서술어에 '-(으)시-'를 붙여 '좋으십니다'라고 표현함으로써 '기억력'을 직접적으로 높이고 있어요. 그런데 사실 이 '기억력'은 높일 필요가 없는 거예요. 그렇죠? 그런데도 '-(으)시-'를 붙여 이를 높인 이유는 이러한 높임 표현을 통해 이 '기억력'과 긴밀한 관련이 있는 주어인 '할머니'를 높이기 위해서예요. 이렇듯 주체인 주어(높임의 대상)와 긴밀한 관련이 있는 사람이나 소유물, 높여야 할 대상의 신체 일부분 등을 높임으로써 주어를 높이는 방법을 **간접 높임**이라고 해요. 쉽게 말해 주체 높임법은 말하는 이가 주어를 직접 높이느냐, 주어와 관련된 대상을 높이느냐에 따라 '직접 높임'과 '간접 높임'으로 나뉘어요.

● **객체 높임법 - 목적어나 부사어를 높이는 경우**

객체● 높임법은 문장의 목적어나 부사어가 지시하는 대상이 윗사람일 경우 이 목적어나 부사어를 높여 표현하는 방법이에요.

문장에서 동작의 행위가 미치는 대상인 목적어나 부사어가 지시하는 대상을, '주체'와 상대적인 의미에서 '객체'라고 해.

> ① 아버지가 할아버지께 선물을 드렸다. → 높임의 대상 : 할아버지 (주어 : 아버지)
> ② 나는 할머니를 모시고 집으로 왔다. → 높임의 대상 : 할머니 (주어 - 나)

위의 ①과 ②에서는 각각 '할아버지'와 '할머니'가 높여야 할 대상이에요. 앞서 주체 높임법을 주체인 주어가 윗사람인 경우에 사용했다면, ①, ②는 주어보다 목적어나 부사어가 지시하는 대상이 윗사람에 해당하죠. 이럴 때 주체 높임법을 쓰면 의미가 이상해져요. 예를 들어, ①에서 주어를 높여 표현하면 '아버지께서 할아버지에게 선물을 주셨다.'가 되는데, 이렇게 표현하면 졸지에 아버지가 할아버지보다 윗사람이 되어 잘못된 표현이 되는 거예요. 즉, ①과 ②에서 주어는 각각 '아버지'와 '나'예요. 그런데 두 문장에서 목적어와 부사어가 지시하는 대상인 '할아버지'나 '할머니'가, 주어인 '아버지'와 '나'보다 윗사람이기 때문에 높임의 대상이 되고 있는 거죠.

객체 높임법은 부사격 조사 '께'와 높임을 드러내는 특수한 어휘 '뵙다(보다)', '드리다(주다)', '모시다(데리다)', '여쭈다(묻다)' 등을 사용하여 표현돼요.

- 아버지가 할아버지에게 선물을 주었다. (객체 높임법 ×)
- 아버지가 할아버지께 선물을 드렸다. (객체 높임법 ○)

● 상대 높임법 – 듣는 이에 따라 달리 쓰는 높임법

지금까지는 문장 내에서 주체(주어)와 객체(목적어, 부사어)의 관점에서 높임법을 살펴봤어요. 이번에는 말하는 이와 듣는 이의 관계에 초점을 맞춘 높임 표현인 '상대 높임법'에 대해 설명해 줄게요.

상대 높임법은 말하는 이가 듣는 이와 자신의 위아래 관계에 따라 듣는 이를 높이거나 낮춰 표현하는 방법이에요. 한마디로 상대방에 따라 달리 쓰는 높임법으로, 종결 어미를 통해 표현돼요.

상대 높임법은 격식의 유무에 따라 크게 두 가지로 나뉘어요. 공식적이거나 예의를 갖출 때 사용하는 **격식체**와 개인적으로 가까운 사이에서 격식을 차리지 않을 때, 편안하게 말하는 자리에 사용하는 **비격식체**가 그것이죠. 아무래도 비격식체가 말하는 이와 듣는 이 사이의 심리적 거리감이 줄어들기 때문에 가까운 사이에 스스럼없이 사용하기에 좋아요.

그리고 다시 격식체는 높임의 정도에 따라 '하십시오체', '하오체', '하게체', '해라체'로 나뉘고, 비격식체는 '해요체'와 '해체'로 나뉘어요.

① 그 영화 참 재미있습니다. → 하십시오체(아주높임)
② 그 영화 참 재미있소. / 재미있다오. → 하오체(예사높임)
③ 그 영화 참 재미있네. / 재미있다네. → 하게체(예사낮춤)   ⟩ 격식체
④ 그 영화 참 재미있다. → 해라체(아주낮춤)

⑤ 그 영화 참 재미있어요. → 해요체(두루높임)
⑥ 그 영화 참 재미있어. → 해체(두루낮춤)   ⟩ 비격식체

그런데 대화를 할 때 한 가지 문체만 사용해야 하는 건 아니에요. 예를 들어, 공식적인 자리에서 '하십시오체'와 '해요체'는 자연스럽게 함께 사용되기도 해요. '하십시오체'를 사용하여 격식을 갖추면서도 자연스럽게 '해요체'를 섞어 사용함으로써 듣는 이에게 친근감을 주어 분위기를 부드럽게 하는 거죠. (이 책에서도 이 두 문체를 함께 쓰고 있는데, 알고 있었나요?)

다음 표는 상대 높임법에 따라 종결 어미가 어떻게 표현되는지를 정리한 거예요. 굳이 외우지 않아도 되니까 한번 죽 읽어 보면서 이해해 보세요.

	높임 정도	명칭*	평서문	명령문	의문문
격식체	아주높임	하십시오체	눈이 내립니다.	다녀오십시오.	언제 가십니까?
	예사높임	하오체	눈이 내리오.	다녀오시오.	언제 가오?
	예사낮춤	하게체	눈이 내리네.	다녀오게.	언제 가는가?
	아주낮춤	해라체	눈이 내리다.	다녀와라.	언제 가니?
비격식체	두루높임	해요체	눈이 내려요.	다녀와요.	언제 가요?
	두루낮춤	해체	눈이 내려.	다녀와.	언제 가?

'하십시오체', '하오체' 등과 같은 상대 높임법의 각 문체의 명칭은 동사 '하다'의 명령형에서 따온 거야.

● 높임 표현

종류	높임의 대상	높임 표현 방법	예
주체 높임법	문장의 주어, 즉 행동의 주체	• 주격 조사 '께서', 높임의 선어말 어미 -시-, 접사 '-님' • '주무시다' 등 특수한 어휘	• 어머니가 설거지를 하였다. → 어머니**께서** 설거지를 하**셨**다(하**시**었다). • 할아버지**께서** 댁에 **계시다**가 **진지**(를) **드실** 시간을 놓쳐서 많이 **시장하신**가 봐요.
객체 높임법	문장의 목적어나 부사어, 즉 행동의 객체	• 부사격 조사 '께' • '드리다' 등 특수한 어휘	• 나는 할아버지**께** 선물을 **드렸다**. • 너는 할머니를 **모시고** 오너라.
상대 높임법	말을 듣는 이, 곧 대화의 상대(상대에 따라 높이거나 낮춰 표현함)	종결 어미(종결 어미의 형태에 따라 '하십시오체, 하오체, 하게체, 해라체 / 해요체, 해체'로 나뉨)	• 빨리 **가십시오**. (하십시오체) ┐ • 빨리 **가시오**. (하오체) │ 격식체 • 빨리 **가게**. (하게체) │ • 빨리 **가거라**. (해라체) ┘ • 빨리 **가요**. (해요체) ┐ 비격식체 • 빨리 **가**. (해체) ┘

연습
문제 **개념 바로 확인하기**

01 다음 빈칸에 들어갈 알맞은 말을 쓰시오.

(1) 높임법 중 ☐☐ 높임법은 문장의 주어인 주체를, ☐☐ 높임법은 대화의 상대인 듣는 이를, ☐☐ 높임법은 문장의 목적어나 부사어가 지칭하는 대상인 객체를 높이는 것이다.

(2) 주체 높임법은 주격 조사 '☐☐', 선어말 어미 '-☐-', 높임을 드러내는 특수한 어휘 '주무시다' 등을 통해 표현한다.

(3) 객체 높임법은 부사격 조사 '☐'와 높임을 드러내는 특수한 어휘 '☐☐☐'(만나다), '☐☐☐'(주다), '☐☐☐'(데리다), '☐☐☐'(묻다) 등을 통해 표현한다.

(4) 상대 높임법은 종결 어미를 통해 표현하며, 격식을 갖추어 말해야 하는 자리에 사용하는 ☐☐☐와 편하게 말하는 자리에 사용하는 ☐☐☐☐가 있다.

02 다음 문장에서 높임의 대상에 ○표를 하고, 높임이 드러난 표현에 밑줄을 그은 다음, 해당 높임법의 종류를 쓰시오.

(1) 아버지가 할아버지께 선물을 드렸다. : _____

(2) 우리 할머니께서는 연세가 많으시다. : _____

(3) 어머니, 창밖에 눈이 내리고 있어요. : _____

연습문제 풀이 **01** (1) 주체, 상대, 객체 (2) 께서, 시 (3) 께, 뵙다, 드리다, 모시다, 여쭈다(여쭙다) (4) 격식체, 비격식체 **02** (1) 높임의 대상 : 할아버지 / 높임이 드러난 표현 : 께, 드렸다 / 높임법의 종류 : 객체 높임법 (2) 높임의 대상 : 할머니 / 높임이 드러난 표현 : 께서, 연세, 많으시다 / 높임법의 종류 : 주체 높임법 (3) 높임의 대상 : 어머니 / 높임이 드러난 표현 : 있어요 / 높임법의 종류 : 상대 높임법

3 시간 표현

현재에 일어나고 있는 일, 과거에 일어난 일, 미래에 일어날 일에 대해 표현할 때, 즉 시간을 구분하여 표현할 때 우리는 **시제**(時때 시 制만들 제)라는 것을 사용해요. 곧, 시제는 **시간을 나타내기 위한 표현**이죠. 대개 시제는 말하는 시점인 **발화시**(發필 발 話말할 화 時때 시)와 동작이나 상태가 일어나는 시점인 **사건시**(事일 사 件사건 건 時때 시)의 선후 관계를 비교해서 과거 시제, 현재 시제, 미래 시제로 정해져요. 이러한 시제는 어미로 표현되는데, 이때 시간을 나타내는 부사를 함께 쓰면 시제를 더욱 분명하게 표현할 수 있죠.

● **과거 시제**

앞서 말한 발화시와 사건시로 설명하자면, **과거 시제는 사건시가 발화시보다 앞서는 시제**를 말해요.

• 나는 <u>어제</u> 도서관에 <u>갔다</u>.

위의 문장에서는 화자가 말하는 시점보다 도서관에 간 사건이 앞선 과거를 나타내고 있죠? 시간을 나타내는 부사 '어제'와 선어말 어미 '–았–'으로 이러한 과거 시제를 표현하고 있어요.

● **현재 시제**

현재 시제는 사건시와 발화시가 일치하는 시제를 말해요. 쉽게 말해 말과 사건이 동시에 일어나고 있는 거죠.

• 나는 <u>지금</u> 도서관에 <u>간다</u>.

위의 문장에서는 시간을 나타내는 부사 '지금'과 선어말 어미 '–ㄴ–'으로 현재 시제를 표현하고 있어요.

● **미래 시제**

미래 시제는 사건시가 발화시보다 이후인 시제를 말해요.

• 나는 내일 도서관에 가겠다.

위의 문장에서는 시간을 나타내는 부사 '내일'과 선어말 어미 '-겠-'으로 미래 시제를 표현하고 있어요.

선어말 어미 '-겠-'은 미래 시제를 나타내는 것 외에 특정 시간에 구애받지 않고 추측이나 말하는 이의 의지를 표현하기도 하니 주의해야 해.

자, 이제까지 본 시제 표현에 사용되는 어미와 부사를 한눈에 보기 쉽게 정리해 줄게요.

시제	어미		부사
	선어말 어미	관형사형 어미	
과거 시제	-았/었-, -았었/었었-, -더-	-(으)ㄴ, -던	어제, 이미, 옛날, 막, 금방, 방금, 그제야, 이제야 등
현재 시제	-ㄴ/는-	-는, -(으)ㄴ	지금, 오늘, 갓 등
미래 시제	-겠-, -(으)리-	-(으)ㄹ	내일, 모레, 곧 등

● **동작상**

한편, 시간 표현에는 시제와는 별개로 발화시를 기준으로 동작(사건)이 진행되고 있는지, 완료된 것인지를 표현하는 **동작상**(動움직일 동 作만들 작 相서로, 형상 상)이 있어요. 동작상은 동작이 진행되고 있음을 나타내는 **진행상**과, 동작이 완료되었음을 나타내는 **완료상**으로 나눌 수 있으며 보조 용언●이 결합되어 표현돼요.

'보조 용언'은 서술어 다음에 와서 앞의 서술어에 의미를 더해 주는 역할을 하는 용언이야. '먹고 싶다'에서의 '싶다(먹는 행동을 하고자 하는 의미)'와, '먹어 보다'에서의 '보다(먹는 행동을 시도하는 의미)'가 보조 용언에 해당해. 전에 배웠던 거 기억나지??

① 영수가 의자에 앉고 있다. → 진행상

② 영수가 의자에 앉아 버렸다. → 완료상

위의 ①에서는 '-고 있다'를 통해 진행상이 표현되고 있고, ②에서는 '-아/어 버리다'를 통해 완료상이 표현되고 있어요. 각각 시제와 결합해서 '-고 있었다/있다/있을 것이다'나 '-아/어 버렸다'의 형태로 쓰이기도 하죠. 이처럼 동작상이 시제와 함께 쓰이면 시간을 더욱 다양하게 표현할 수 있답니다.

● 시간 표현

종류		개념	예
시제	과거 시제	사건시 → 발화시 →	• 나는 어제 친구를 만났다. • 인영이는 이미 책을 읽더라. • 어제 네가 보던 물건이 뭐냐?
	현재 시제	발화시 사건시 →	• 지금은 게임을 한다. • 도서관 열람실은 공부하는 학생들로 붐빈다. • 인영이는 현재 학생이다.
	미래 시제	발화시 → 사건시 →	• 내일은 일찍 학교에 가겠다. • 영화를 보면 팝콘을 먹으리라. • 내일은 영화를 볼 것이다.
동작상	진행상	동작이 진행되고 있음을 나타내는 표현	• 지금 차가 출발하고 있다.
	완료상	동작이 완료되었음을 나타내는 표현	• 지금 차가 출발해 버렸다.

연습 문제 개념 바로 확인하기

01 다음 설명이 맞으면 ○표, 틀리면 ×표를 하시오.

(1) 시간 표현에 사용하는 시제는 말을 하는 시점인 발화시와 그 말 속에 표현된 동작이나 상태가 일어나는 사건시의 전후를 비교해서 정한다. ( )

(2) 과거 시제는 사건시가 발화시보다 앞서는 것이고, 현재 시제는 사건시가 발화시보다 이후인 것이다. ( )

(3) 어미와 시간을 나타내는 부사를 함께 쓰면 시제를 더욱 분명하게 나타낼 수 있다. ( )

(4) 동작상에서 진행상은 동작이 계속 일어나고 있음을, 완료상은 동작이 완료되었음을 나타내는 표현이다. ( )

02 다음 각 시제와 그 시제를 표현하는 방법을 바르게 연결하시오.

(1) 과거 시제 •   • ㉠ −겠−, −(으)리−, −(으)ㄹ / 내일

(2) 현재 시제 •   • ㉡ −았/었−, −더−, −(으)ㄴ / 이미

(3) 미래 시제 •   • ㉢ −는/ㄴ−, −(으)ㄴ / 지금

03 다음 문장에서 시제를 드러내는 요소에 밑줄을 긋고, 어떤 시제를 표현한 것인지 쓰시오.

(1) 인수는 막 밥을 다 먹었다고 말했다. : _____

(2) 모레 아침에도 비가 많이 오겠다. : _____

연습문제 풀이 **01** (1) ○ (2) × (3) ○ (4) ○ **02** (1) ㉡ (2) ㉢ (3) ㉠ **03** (1) 시제를 드러내는 요소 : 막, 었, 했 / 시제 : 과거 시제 (2) 시제를 드러내는 요소 : 모레, 겠 / 시제 : 미래 시제

4 부정 표현

부정(否아닐 부 定정할 정) **표현**은 말 그대로 '그렇지 않다', '아니다'라고 부정의 뜻을 나타내는 표현이에요. 부정 표현을 하기 위해서는 흔히 부정을 나타내는 부사 '안(아니)', '못'이나 용언 '아니하다(않다)', '못하다'를 사용하는데, 이러한 말을 써서 어떤 내용의 의미를 부정하는 문장을 **부정문**이라고 해요.

● '안' 부정문과 '못' 부정문

두 부정어 '안과 '못' 중 어떤 것을 사용했느냐에 따라 '안' 부정문과 '못' 부정문으로 나뉘어요.

① 인영이는 어제 태권도를 안 했다. → '안' 부정문

② 인영이는 어제 태권도를 못 했다. → '못' 부정문

위의 ①과 ②를 비교해 보면, '안'은 자신의 의지로 어떠한 행동을 하지 않은 경우나 단순히 어떤 일을 부정하는 경우에 사용한다는 것을 알 수 있어요. 반면, '못'은 개인의 의지와는 상관없이 상황이나 여건 혹은 능력이 부족해서 어떠한 행동을 할 수 없거나 하기 힘든 경우에 사용하고요. 그렇기 때문에 '안' 부정문을 '단순·의지 부정'이라고 하고, '못' 부정문을 '능력 부정'이라고 해요.

이번에는 다음 예문을 보며 각 부정문의 길이를 비교해 보세요.

① 인영이는 어제 태권도를 안 했다. → 짧은 부정문 ㄱ
② 인영이는 어제 태권도를 하지 않았다. → 긴 부정문 ┘ '안' 부정문
③ 인영이는 어제 태권도를 못 했다. → 짧은 부정문 ㄱ
④ 인영이는 어제 태권도를 하지 못했다. → 긴 부정문 ┘ '못' 부정문

어떤가요? 딱 봐도 '안과 '못'을 사용한 부정문인 ①, ③보다는 '않다(아니하다)'와 '못하다'를 사용한 부정문인 ②, ④가 더 길죠? 그래서 '안, 못'을 사용해 만든 부정문을 **짧은 부정문**이라고 하고, '아니하다(않다), 못하다'를 사용해 만든 부정문을 **긴 부정문**이라고 해요.

● '말다' 부정문

이 외에도 부정문에는 금지를 나타내는 '말다'를 사용해 부정문을 만드는 '말다' 부정문이 있어요. '말다' 부정문은 '-지 말다'라는 형태로 긴 부정문만 있으며, 청유문과 명령문의 형태로만 사용돼요.

> ① 우리 오늘은 차 타고 가지 말자. → 청유문
> ② 오늘은 차 타고 가지 마(마라). → 명령문

● **부정문의 중의성**

때로 부정문은 다양하게 해석될 수 있어 의사소통에 오해를 불러일으킬 수 있어요. 그런 경우 보조사나 억양(높낮이)을 사용하여 부정하려는 문장 성분을 강조하거나, 말의 순서를 바꾸는 등의 방법을 통해 중의성을 해소해야 해요. 다음 문장을 한번 보세요.

> '중의성'이란 한 단어나 문장이 두 가지 이상의 뜻으로 해석될 수 있는 현상이나 특성을 뜻해.

> • 나는 지난밤에 친구를 만나지 않았다.

위의 문장은 '-지 않다'를 사용한 '안' 부정문이죠? 그런데 이 문장에서 부정하고 있는 내용이 정확히 무엇인지가 모호해요. 곧, 부정하는 것이 ① 주어 '나'인지, ② 부사어 '지난밤'인지, ③ 목적어 '친구'인지, ④ 서술어 '만나다'인지가 정확하지 않죠. 이런 경우에는 다음과 같이 문장의 순서를 바꾸거나 보조사를 사용하여 중의성을 없앨 수 있어요.

> • 나는 지난밤에 친구를 만나지 않았다.
> – ① 주어 부정 : 지난밤에 나는 친구를 만나지 않았다. (→ 다른 사람이 친구를 만났다.)
> – ② 부사어 부정 : 나는 지난밤에는 친구를 만나지 않았다. (→ 아침에는 친구를 만났다.)
> – ③ 목적어 부정 : 나는 지난밤에 친구는 만나지 않았다. (→ 선배를 만났다.)
> – ④ 서술어 부정 : 나는 지난밤에 친구를 만나지는 않았다. (→ 전화 통화만 했다.)

국어교과서 단박정리

● **부정 표현**

종류	의미	형태		예
		짧은 부정	긴 부정	
'안' 부정문	단순 부정 의지 부정	안(아니)	–지 않다(아니하다), 아니다	• 나는 어제 운동을 안(=아니) 했다. [짧은 부정] • 나는 어제 운동을 하지 않았다(=아니하였다). 　　　　　　　　　　　　　　　　　[긴 부정]
'못' 부정문	능력 부정 외부의 원인에 의한 부정	못	–지 못하다	• 나는 어제 운동을 못 했다. [짧은 부정] • 나는 어제 운동을 하지 못했다(=못하였다). 　　　　　　　　　　　　　　　　　[긴 부정]
'말다' 부정문	금지	–	–지 마(마라), –지 말자	• 쓰레기를 아무데나 버리지 마라. – 명령문 • 시간 약속을 어기지 말자. – 청유문

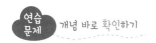

01 다음 빈칸에 들어갈 알맞은 말을 쓰시오.

(1) 부정 표현에는 '☐' 부정문과 '☐' 부정문, 그리고 '☐☐' 부정문의 3가지가 있다.

(2) '말다' 부정문은 문장의 유형 중 ☐☐☐과 ☐☐☐에서만 제한적으로 사용된다.

(3) 부정문의 중의성은 ☐☐☐나 ☐☐을 사용하거나, 말의 ☐☐를 바꾸어 없앨 수 있다.

02 다음 설명이 맞으면 ○표, 틀리면 ×표를 하시오.

(1) '안' 부정문, '못' 부정문, '말다' 부정문은 모두 짧은 부정문과 긴 부정문으로 쓰일 수 있다.

(   )

(2) '안' 부정문은 주체의 의지보다는 어떠한 행동을 할 능력이 부족한 경우에 쓴다. (   )

(3) '안' 부정문은 단순 부정·의지 부정을 나타내고, '못' 부정문은 능력 부정을 나타낸다. (   )

03 다음 ( ) 안에서 문맥에 맞는 부정 표현을 찾아 ○표 하시오.

(1) 그는 다리를 다쳐서 결국 그 대회에 출전하지 (않았다 , 못했다).

(2) 그는 공부에 전념하기 위해 그 대회에 출전하지 (않았다 , 못했다).

04 다음 짧은 부정문을 긴 부정문으로 바꿔 쓰시오.

(1) 비가 안 온다.

→ _____

(2) 철희는 친구를 못 만났다.

→ _____

05 다음 부정문의 중의성을 없앨 수 있도록 주어진 부정의 대상에 따라 알맞게 고쳐 쓰시오.

> 나는 학교에 가지 않았다.

(1) 부정의 대상 : 주어 부정

→ _____

(2) 부정의 대상 : 부사어 부정

→ _____

연습문제 풀이 **01** (1) 안, 못, 말다 (2) 명령문, 청유문 (3) 보조사, 억양, 순서 **02** (1) × ('안'과 '못' 부정문은 짧은 부정문과 긴 부정문 모두 사용할 수 있지만, '말다' 부정문은 긴 부정문만 사용할 수 있어요.) (2) × (어떠한 행동을 할 능력이 부족한 경우에 쓰는 것은 '못' 부정문이에요.) (3) ○ **03** (1) 못했다 (다리를 다쳐 어쩔 수 없이 '못' 하는 거예요.) (2) 않았다 (공부를 하기 위해 일부러 '안' 하는 거예요.) **04** (1) 비가 오지 않는다. (2) 철희는 친구를 만나지 못했다. **05** (1) 학교에 나는 가지 않았다. (2) 나는 학교에는 가지 않았다. (주어진 문장은 주어인 '나'를 부정하는 것인지 부사어인 '학교에'를 부정하는 것인지가 정확하지 않아 그 의미가 모호해요. 이러한 문장의 중의성을 해소하고 주어를 부정하는 의미를 나타내기 위해서는 '(1) 학교에 나는 가지 않았다.'라고 문장 성분의 순서를 바꾸어 쓸 수 있어요. 학교에 간 것은 내가 아닌 다른 사람이라는 거예요. 그리고 부사어를 부정하는 의미를 나타내기 위해서는 보조사를 사용하여 '(2) 나는 학교에는 가지 않았다.'라고 고쳐 쓸 수 있어요. 내가 간 곳이 학교가 아니라 다른 곳이라는 거죠.)

01 다음 문장을 괄호 안 문장의 종류로 바꾸어 쓴 것으로 적절하지 <u>않은</u> 것은?

① 윤슬이는 도서관에 간다.

　　→ (청유문) 윤슬아, 도서관에 가자.

② 예슬이는 오늘도 책을 읽는다.

　　→ (명령문) 예슬이는 오늘도 책을 읽을까?

③ 선생님도 피자를 좋아하세요?

　　→ (평서문) 선생님도 피자를 좋아하신다.

④ 인영이는 공부를 열심히 한다.

　　→ (의문문) 인영이는 공부를 열심히 하니?

⑤ 바다가 무척 깨끗하고 파랗다.

　　→ (감탄문) 바다가 무척 깨끗하고 파랗구나!

02 다음 〈보기〉는 의문문의 종류에 대한 설명이다. ㉠과 ㉡의 예로 적절하지 <u>않은</u> 것은?

> ───| 보기 |
>
> 　의문문은 말하는 이가 듣는 이에게 질문하여 대답을 요구하는 문장이다. 이러한 의문문에는 대화 상대에게 구체적인 설명을 요구하는 ㉠<u>설명 의문문</u>과 단순히 긍정이나 부정의 대답을 요구하는 ㉡<u>판정 의문문</u>이 있다.

① ㉠ : 그 사람은 집에 어떻게 갔어?

② ㉠ : 이번에는 누가 그 일을 할 거야?

③ ㉠ : 우리 음악 수행 평가 언제 본다고 했지?

④ ㉡ : 눈이 오면 얼마나 좋을까?

⑤ ㉡ : 국어 숙제는 다 했니?

03 다음 각 문장에서의 높임의 대상으로 적절하지 <u>않은</u> 것은?

① 어머니, 지금 시간 있으세요? → 높임의 대상 : 어머니

② 고모님 댁은 우리 집에서 꽤 멀다.　→ 높임의 대상 : 고모

③ 할머니께서 허리가 많이 굽으셨다. → 높임의 대상 : 할머니

④ 나는 아버지를 모시고 병원을 갔다. → 높임의 대상 : 아버지

⑤ 선생님은 잘생긴 아드님이 있으시다. → 높임의 대상 : 아드님

04 다음 중 객체 높임법이 사용되지 <u>않은</u> 것은?

① 슬기야, 선생님 좀 모셔다 드려라.

② 어머니가 할아버지께 용돈을 드렸다.

③ 선생님께서는 매일 이곳을 지나가신다.

④ 이렇게 유명한 분을 뵙게 되어 정말 반갑습니다.

⑤ 지혜는 공원으로 가는 길을 할아버지께 여쭈어 보았다.

05 다음 각 문장에 쓰인 높임 표현을 바르게 고치지 <u>않은</u> 것은?

① 할아버지는 집에 있다.

　→ 할아버지께서는 댁에 계시다.

② 슬기야, 선생님께서 오시래.

　→ 슬기야, 선생님께서 오시라고 하셔.

③ 손님, 이건 이번에 나온 신상품이세요.

　→ 손님, 이건 이번에 나온 신상품이에요.

④ 손님, 이 적금은 이자가 아주 높으세요.

　→ 손님, 이 적금은 이자가 아주 높아요.

⑤ 선생님, 오늘 매고 온 넥타이가 참 멋있어요.

　→ 선생님, 오늘 매고 오신 넥타이가 참 멋있으세요.

06 〈보기 1〉을 참고할 때, 〈보기 2〉의 ㉠~㉢에 들어갈 말을 바르게 짝지은 것은? [고1 전국연합학력평가]

| 보기 1 |

높임 종류	높임 대상	높임 실현 방법
주체 높임	서술어의 주체	• '께서', '-(으)시-' 등 • '편찮다', '잡수다' 등
객체 높임	서술어의 객체	• '께' 등 • '여쭈다', '드리다', '뵙다' 등
상대 높임	화자의 말을 듣는 상대	• 종결 어미

| 보기 2 |

[분석 문장] "어머니, 아버지께서 할아버지께 선물을 드리러 큰댁에 가시었어요."

높임 종류	주체 높임	객체 높임	상대 높임
높임 대상	㉠	㉡	어머니
높임 실현 방법	께서, -시-	께, 드리다	㉢

	㉠	㉡	㉢
①	아버지	할아버지	-어요
②	아버지	할아버지	께
③	할아버지	아버지	-시-
④	할아버지	아버지	-어요
⑤	할아버지	아버지	께

07 다음 문장의 사건시와 발화시의 순서를 바르게 나타낸 것은?

① 내일은 눈이 올 것이다.→ 사건시 > 발화시

② 우리 아기 잘도 노는구나. → 사건시 < 발화시

③ 우리는 어제 그 영화를 보았다. → 사건시 < 발화시

④ 어제 만들던 작품이 이제 다 완성됐다. → 사건시 > 발화시

⑤ 예전에는 첫 월급 받으면 부모님께 빨간 내복을 선물했다. → 사건시 = 발화시

08 다음 중 선어말 어미 '-겠-'의 쓰임이 〈보기〉와 가장 비슷한 것은?

┤ 보기├

잠시 후면 부모님께서 집에 도착하시겠구나.

① 나는 그 책을 사겠어.

② 저는 이 일에서 빠지겠습니다.

③ 내가 그 사람을 만나러 가겠다.

④ 제가 이 음식을 먹어 보겠습니다.

⑤ 내일은 하루 종일 비가 내리겠습니다.

09 다음 각 시간 표현에 대한 예문으로 적절하지 <u>않은</u> 것은?

① 과거 진행상 : 나는 어제 친구와 놀고 있었다.

② 현재 진행상 : 아이는 지금 학교에 가고 있다.

③ 미래 진행상 : 내일 아침에는 눈이 많이 내려 있겠지?

④ 과거 완료상 : 그는 이미 밥을 다 먹어 버렸다.

⑤ 현재 완료상 : 인영이는 현재 외할아버지 댁에 가 있다.

10 다음 긴 부정문을 짧은 부정문으로 바꾸어 쓴 것으로 적절하지 <u>않은</u> 것은?

① 여기서는 집이 보이지 않는다.

　→ 여기서는 집이 안 보인다.

② 그는 원래 고민을 하지 않는다.

　→ 그는 원래 고민을 안 한다.

③ 그는 깊은 슬픔을 견디지 못했다.

　→ 그는 깊은 슬픔을 못 견뎠다.

④ 나는 그 당연한 사실을 깨닫지 못했다.

　→ 나는 그 당연한 사실을 못 깨달았다.

⑤ 나는 이번 일에 대해서는 정직하지 못했다.

　→ 나는 이번 일에 대해서는 못 정직했다.

 **문장을 어떻게 표현할까 2**

문장 표현 (2)

1 능동 표현과 피동 표현

어떤 동작이 일어나고 그것을 문장으로 표현할 때 우리는 대부분 그 동작을 하는 주체를 중심에 두고 그것을 주어로 삼아 문장을 만들어요. 예를 들어, 엄마가 아기를 안고 있는 장면을 보면 자연스럽게 '엄마가 아기를 안았다.'라고 생각하죠. 그런데 때로는 행위의 주체가 아니라 행위를 당하는 사람을 주어로 삼아 표현하기도 해요. '아기가 엄마에게 안겼다.'라고 말이에요. 이처럼 주체인 주어가 스스로의 의지나 힘으로 어떤 동작을 행하는 것을 나타내는 표현을 **능동**(能능할 능 動움직일 동) **표현**이라고 하고, 주어가 다른 주체에 의해서 어떤 동작을 당하게 되는 것을 나타내는 표현을 **피동**(被당할 피 動움직일 동) **표현**이라고 해요.

① 사자가 사슴을 쫓다.   ② 사슴이 (사자에게) 쫓기다.

위의 ①은 주어인 사자가 스스로의 의지나 힘으로 직접 쫓아가는 행위를 하고 있으니까 능동 표현이에요. 반면, ②는 주어인 사슴이 다른 주체인 사자에게 쫓는 행위를 당하는 것이니까 피동 표현이고요.

그럼 피동 표현은 어떻게 만들 수 있을까요? 바로 ❶ 용언의 어간에 피동 접미사 '-이-, -히-, -리-, -기-'를 붙이거나, ❷ 용언의 어간에 '-어지다', '-게 되다'를 붙이거나, ❸ 일부 명사 뒤에 피동 접미사 '-되다' 등을 붙여 만들어요. 이를 한눈에 보기 쉽게 표로 정리해 줄게요.

	피동 접미사의 사용(용언)	피동 보조 동사의 사용	피동 접미사의 사용(명사)
방법	용언 + '-이-, -히-, -리-, -기-'	용언 + '-어지다, -게 되다'	-되다, -당하다, -받다
예	섞다 → 섞이다 잡다 → 잡히다 풀다 → 풀리다 끊다 → 끊기다	나누다 → 나누어지다 쓰다 → 써지다 이루다 → 이루어지다 잃다 → 잃게 되다 하다 → 하게 되다	형성 → 형성되다 침략 → 침략당하다 칭찬 → 칭찬받다

이러한 방법으로 능동문의 서술어를 피동 표현으로 바꾸어 피동문을 만드는 거예요. 그런데 주의할 점은 서술어만 피동 표현으로 바꾼다고 해서 능동문을 피동문으로 바꿀 수 있는 건 아니라는 거예요. 앞서 본 예문을 다시 볼까요?

- 능동문 : 사자가(주어) 사슴을(목적어) 쫓다(능동 서술어).

- 피동문 : 사슴이(주어) 사자에게(부사어) 쫓기다(피동 서술어).

어때요? 서술어만 능동 표현인 '쫓다'에서 피동 표현인 '쫓기다'로 바뀐 게 아니죠? 능동문의 주어가 피동문에서는 부사어가 되었고(사자가 → 사자에게), 능동문의 목적어는 피동문에서 주어가 되었어요(사슴을 → 사슴이). 서술어만 피동 표현으로 바뀐 게 아니라 주어와 목적어 등의 문장 성분도 바뀐 거죠.

이렇게 능동문을 피동문으로 표현하면 행위를 당한 사람(이나 사물)이 주어가 되므로 당연히 행위를 하는 사람(이나 사물)보다 행위를 당한 사람(이나 사물)이 강조돼요. 그렇기 때문에 주어가 어떤 행위를 당한 것을 강조하고자 할 때 피동문으로 표현하죠. '사슴이 사자에게 쫓기다.'에서는 사슴이 사자에 의해 쫓는 행위를 당하는 것, 곧 '사슴'에 초점을 둔 거잖아요. 또한 피동문은 능동문보다 다소 객관적으로 들리기도 해서 보도문에서 곧잘 사용하죠.

그런가 하면 능동문의 주어는 피동문에서 부사어로 바뀐다고 했는데, 피동문에서의 부사어는 생략이 가능해요. '사슴이 사자에게 쫓기다.'에서 부사어 '사자에게'를 생략하여 '사슴이 쫓기다.'라고 표현해도 되는 거죠. 이렇게 피동문에서는 부사어, 곧 행위를 하는 사람(이나 사물)을 생략할 수 있기 때문에 행위의 주체를 감추고, 판단의 책임을 회피하려는 의도에서 피동문을 사용하기도 해요.

자, 이번에는 다음 문장들을 한번 볼까요?

① 그 문제에 대해서는 이렇게 생각되어집니다. – 이중 피동
② 이 문제에 대한 사람들의 인식이 바뀌어져야 합니다. – 불필요한 피동

어때요? 뭔가 어색하지 않나요? ①에서의 '생각되어집니다'는 피동의 의미를 갖는 '–되다'와 '–어지다'를 겹쳐서 사용한 것으로, 바람직하지 않은 표현이에요. 따라서 이중 피동을 없애어 '이렇게 생각됩니다.'라고 표현해야 해요. 더 나아가 '생각'은 능동적인 행위이므로 아예 '생각합니다'라고 표현하는 게 좋고요.

그리고 ②의 '바뀌어져야 합니다'는 불필요한 피동 표현을 사용한 것으로, 내용을 분명하게 전달하기 위해서는 '바뀌어야 합니다.'라고 표현하는 게 좋아요. 이런 식의 우리 문법에 맞지 않는 이중 피동이나 불필요한 피동 표현은 삼가야겠죠?

● 능동 표현과 피동 표현

	개념	예
능동 표현	주체인 주어가 스스로의 의지나 힘으로 어떤 동작을 행하는 것을 나타내는 표현	• 사냥꾼이 토끼를 잡았다. • 할머니가 아기를 포근하게 안으셨다. • 경찰이 드디어 범인을 잡았습니다.
피동 표현	주어가 다른 주체에 의해서 어떤 동작을 당하게 되는 것을 나타내는 표현 [표현 방법] ① 용언 + 피동 접미사(-이-, -히-, -리-, -기-) ② 용언 + -어지다 / -게 되다 ③ 명사 + 피동 접미사(-되다, -당하다, -받다)	• 토끼가 사냥꾼에게 잡혔다. • 아기가 할머니에게 포근하게 안겼다. • 드디어 범인이 (경찰에게) 잡혔습니다. • 빵이 (언니에 의해) 반으로 나누어졌다. • 그는 결국 수업을 듣게 되었다. • 그 아이는 모두에게 칭찬받았다.

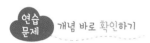
개념 바로 확인하기

01 다음 빈칸에 들어갈 알맞은 말을 쓰시오.

(1) 주어가 다른 주체에 의해서 어떤 동작을 당하게 되는 것을 나타내는 표현을 □□ 표현이라고 한다.

(2) 용언의 어간에 붙어 피동 표현을 만드는 피동 접미사는 '-□-, -□-, -□-, -□-'의 4개이다.

02 다음 설명이 맞으면 ○표, 틀리면 ×표를 하시오.

(1) 능동문에서는 행위를 한 주체보다 그 행위를 당한 사람이 강조되고, 피동문에서는 주체인 주어의 행위가 강조된다. (   )

(2) 피동문은 능동문보다 객관적이며 공정하기 때문에 보도문에서 자주 사용한다. (   )

03 다음 문장이 능동문인지 피동문인지 구분한 다음, 능동문은 피동문으로, 피동문은 능동문으로 바꾸어 쓰시오.

(1) 경찰이 범인을 잡았다. (능동문 , 피동문)

→ _____

(2) 사람들이 나무를 꺾었다. (능동문 , 피동문)

→ _____

(3) 구름이 걷혔다. (능동문 , 피동문)

→ _____

연습문제 풀이 01 (1) 피동 (2) 이, 히, 리, 기 02 (1) × (능동문과 피동문의 설명이 반대로 되었네요.) (2) × (피동문이 능동문보다 객관적이거나 공정한 것이 아니라 동작의 주체보다 그 동작을 당하는 대상이 강조되기 때문에 그렇게 느껴지는 거예요.) 03 (1) 능동문, 범인이 경찰에게 잡혔다. (2) 능동문, 나무가 사람들에게 꺾였다. (3) 피동문, 대응하는 능동문이 없음 (주어진 피동문을 능동문으로 바꾼다면 '○○가 구름을 걷었다.'가 되어야 하는데, 이는 문장 성립이 안 되는 비문이죠? 따라서 대응하는 능동문이 없다는 거예요. 이처럼 능동문과 피동문은 항상 대응하는 것이 아니라, 피동문만 있고 능동문이 없는 경우도 있고, 반대로 능동문만 있고 피동문은 없는 경우도 있답니다.)

2 주동 표현과 사동 표현

주어가 동작이나 행위를 직접 했는지, 아니면 다른 사람에게 시켰는지에 따라서도 문장 표현이 달라져요.

① 아이가 밥을 먹는다.　　　　② 엄마가 아이에게 밥을 먹인다.

위의 ①에서는 아이가 스스로 밥을 먹고 있네요. 이처럼 주체인 주어가 스스로 어떤 동작을 행하는 것을 나타내는 표현을 **주동**(主주인 주 動움직일 동) **표현**이라고 해요. 반면, ②에서는 엄마가 아이에게 밥을 먹게 하고 있죠? 이처럼 주체인 주어가 다른 대상에게 어떤 동작을 하도록 시키는 것을 나타내는 표현을 **사동**(使시킬 사 動움직일 동) **표현**이라고 해요.

사동 표현은 ❶ 용언의 어간에 사동 접미사 '–이–, –히–, –리–, –기–, –우–, –구–, –추–'를 붙이거나, ❷ 용언의 어간에 '–게 하다'를 붙이거나, ❸ 일부 명사 뒤에 사동 접미사 '–시키다'를 붙여 만들어요. 이번에도 보기 쉽게 표로 정리해 줄게요.

	사동 접미사의 사용(용언)		사동 보조 동사의 사용	사동 접미사의 사용(명사)
방법	용언 + '–이–, –히–, –리–, –기–, –우–, –구–, –추–'		용언 + '–게 하다'	–시키다
예	끓다 → 끓이다 얼다 → 얼리다 비다 → 비우다 늦다 → 늦추다	넓다 → 넓히다 남다 → 남기다 솟다 → 솟구다 낮다 → 낮추다	읽다 → 읽게 하다 부수다 → 부수게 하다 일어나다 → 일어나게 하다 입원하다 → 입원하게 하다	입학 → 입학시키다 이해 → 이해시키다 연결 → 연결시키다 교육 → 교육시키다

여기서 한 가지 알아 둘 점이 있어요. 사동 접미사를 이용한 사동문과 '–게 하다'를 이용한 사동문은 같은 사동문이지만 그 의미가 미묘하게 다르답니다. 다음 두 문장을 보세요.

① 엄마가 아이에게 밥을 먹인다. – 사동 접미사를 이용한 사동문
② 엄마가 아이에게 밥을 먹게 한다. – '–게 하다'를 이용한 사동문

㉠ 엄마가 직접 아이에게 밥을 먹이는 행동을 한다.

㉡ 엄마가 아이에게 밥을 먹으라고 말해서, 아이가 스스로 밥을 먹는다.

사동 접미사를 이용한 ①의 사동문은 앞의 ㉠과 ㉡의 상황에 대한 의미(㉠ 주어가 직접 행동을 함, ㉡ 주어가 대상에게 그 행동을 하도록 시킴)가 모두 가능해요. 이에 반해, '-게 하다'를 이용한 ②의 사동 문은 ㉡의 상황에 대한 의미(주어가 대상에게 그 행동을 하도록 시킴)만 가능하죠. 이러한 의미상의 차이 가 있다는 것을 알고 사동문을 사용해야 듣는 이에게 말하고자 하는 내용을 정확하게 전달할 수 있어요.

자, 그럼 주동문이 사동문으로 바뀌면 문장이 어떻게 달라질까요? 앞서 배운 피동 표현에서 그랬던 것 처럼 이번에도 서술어만 사동 표현으로 바뀌는 정도로 끝나지는 않겠죠?

- 주동문 :   아이가(주어) 밥을(목적어) 먹는다(주동 서술어).

- 사동문 : 엄마가(주어) 아이에게(부사어) 밥을(목적어) 먹인다(사동 서술어).

어때요? 역시 서술어만 주동 표현인 '먹는다'에서 사동 표현인 '먹인다'로 바뀐 게 아니죠? 주동문에서 의 주어가 능동문에서는 부사어로 바뀌고(아이가 → 아이에게), 대신 새로운 주어인 '엄마가'가 나타났어 요. 행위를 시킨 사람이 주어로 나타난 거죠. 다른 문장을 하나 더 볼까요?

- 주동문 :   철수가(주어) 책을(목적어) 읽는다(주동 서술어).

- 사동문 : 엄마가(주어) 철수에게(부사어) 책을(목적어) 읽혔다(사동 서술어).

위의 사동문에서도 주동문에서의 주어가 부사어로 바뀌고(철수가 → 철수에게), 새로운 주어인 '엄마가'가 나타났죠? 이렇게 사동문에서 는 주동문에서와 달리 새로운 주어가 나타남으로써 그 행위가 누군가 의 지시나 외적인 원인에 의한 것임이 더욱 분명하게 드러나게 돼요.

국어교과서 단박정리

● **주동 표현과 사동 표현**

	개념	예
주동 표현	주체인 주어가 스스로 어떤 동작을 행하는 것을 나타내는 표현	• 동생이 밥을 먹는다. • 동생이 옷을 입었다.
사동 표현	주체인 주어가 다른 대상에게 어떤 동작을 하도록 시키는 것을 나타내는 표현 [표현 방법] ① 용언＋사동 접미사(-이-, -히-, -리-, -기-, -우-, -구-, -추-) ② 용언＋-게 하다 ③ 명사＋사동 접미사(-시키다)	• 엄마가 동생에게 밥을 먹인다. • 나는 동생에게 옷을 입혔다. • 철수가 동생을 울렸다. • 엄마는 아기의 머리를 감겼다. • 나는 동생에게 옷을 입게 했다. • 선생님은 학생들을 공부시켰다.

01 다음 빈칸에 들어갈 알맞은 말을 쓰시오.

(1) 주체인 주어가 스스로 어떤 동작을 행하는 것을 나타내는 표현을 ☐☐ 표현이라고 하고, 주어가 다른 대상에게 어떤 동작을 하도록 시키는 것을 나타내는 표현을 ☐☐ 표현이라고 한다.

(2) 용언의 어간에 붙어 사동 표현을 만드는 접미사는 '-☐-, -☐-, -☐-, -☐-, -☐-, -☐-, -☐-'의 7개이다.

02 다음 설명이 맞으면 ○표, 틀리면 ×표를 하시오.

(1) '-게 하다'의 사동문은 '주어가 (대상에게) 직접 행동을 함'과 '주어가 대상에게 행동을 하도록 시킴'의 두 가지 의미를 모두 갖는다. (　　　)

(2) 주동문을 사동문으로 바꾸는 경우, 주동문의 주어는 사동문의 부사어가 되고, 주동문의 목적어는 사동문의 주어가 된다. (　　　)

03 다음 문장을 주어진 〈조건〉에 맞게 사동문으로 바꾸어 쓰시오.

(1) 아이가 학교에 갔다.

─────┤ 조건 ├─────
- 행위를 시킨 사람 : 엄마
- '-게 하다' 이용

→ _____

(2) 얼음이 녹는다.

─────┤ 조건 ├─────
- 행위를 시킨 사람 : 아이들
- 사동 접미사 이용

→ _____

연습문제 풀이 **01** (1) 주동, 사동 (2) 이, 히, 리, 기, 우, 구, 추 **02** (1) × ('-게 하다'의 사동문은 '주어가 대상에게 그 행동을 하도록 시킴'의 의미만 가져요.) (2) × (주동문을 사동문으로 바꾸는 경우, 대개 주동문의 주어는 부사어로 바뀌고, 새로운 주어가 나타나요. 그리고 목적어는 문장 성분의 변화 없이 그대로 쓰이고요.) **03** (1) 엄마가 아이를 학교에 가게 했다. (2) 아이들이 얼음을 녹인다.

 올바른 문장 표현법

지난 **08**일부터 지금까지 '문장'에 대해 공부하고 있는데요, 오늘이 그 마지막 시간이에요. 그래서 이번에는 그동안 배웠던 내용을 바탕으로, 일상생활에서 올바른 언어생활을 할 수 있도록 조금 더 세세하게 알아볼 거예요.

자, 올바른 언어생활을 하려면 우선 자신의 뜻을 분명하게 전달할 수 있어야겠죠? 뜻을 명확하게 전달하는 문장이 되려면 언어의 다양한 요소들을 고려해야 해요. 어떤 것들을 고려해야 하는지 하나씩 살펴볼까요?

1 문장 성분의 호응

국어사전에서 **호응**(呼부를 호 應응할 응)은 '앞에 어떤 말이 오면 거기에 응하는 말이 따라옴. 또는 그런 일'이라고 정의되어 있어요. 그렇다면 '문장 성분의 호응'이란 무엇을 의미할까요? 그렇죠. 문장 안에서 앞에 어떤 말이 오면 그에 응하는 말이 따라와야 하는 것을 **문장 성분의 호응**이라고 해요. 예를 들어, '비록'이라는 말 다음에는 '−지만'*이 나오는 것처럼 말이에요. '나는 <u>비록</u> 어리<u>지만</u> 꿈은 크다.' 이렇게요. 이렇듯 호응 관계가 적절해야 올바른 문장이 된답니다.

'−지만'은 어떤 사실이나 내용을 시인하면서 그에 반대되는 내용을 말하거나 조건을 붙여 말할 때에 쓰는 연결 어미야.

● 주어와 서술어의 호응

주어와 서술어는 문장을 이루는 가장 중요한 요소로서, 둘 사이의 관계가 서로 호응할 때 올바른 문장이 돼요. 따라서 문장이 길어질 때에도 짝을 이루는 주어와 서술어를 확인해야 하며, 지나치게 생략하지 않도록 해야 해요. 다음 문장을 보세요.

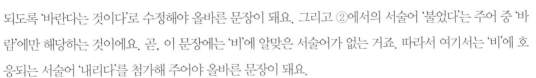

① 내가 너에게 하고 싶은 <u>말은</u> 꼭 네가 원하는 꿈을 찾기를 <u>바란다</u>. → ∼ 찾기를 <u>바란다는 것이다</u>.
　　　　　　　　　　주어　　　　　　　　　　　　　　　서술어

② 그곳에는 <u>비</u>와 <u>바람이</u> <u>불었다</u>. → 그곳에는 비가 내리고 바람이 불었다.
　　　　　　주어　　　서술어

①에서의 주어는 '말은'이고, 서술어는 '바란다'로 주어와 서술어가 호응이 되지 않고 있어요. 여기서는 서술어 '바란다'를 주어 '말은'에 호응되도록 '바란다는 것이다'로 수정해야 올바른 문장이 돼요. 그리고 ②에서의 서술어 '불었다'는 주어 중 '바람'에만 해당하는 것이에요. 곧, 이 문장에는 '비'에 알맞은 서술어가 없는 거죠. 따라서 여기서는 '비'에 호응되는 서술어 '내리다'를 첨가해 주어야 올바른 문장이 돼요.

● 목적어와 서술어의 호응

목적어를 필요로 하는 서술어가 사용되었을 경우에는 목적어와 서술어 간에 호응을 살펴봐야 해요. 서술어와 어울리지 않는 목적어가 있으면 그에 맞는 서술어를 따로 넣어 서로 간의 호응을 맞춰 줘야 올바른 문장이 된답니다. 다음 문장을 볼까요?

• 겨울철 사고 예방을 위해 정비하는 사람들이 차츰 늘어나고 있다.
→ 겨울철 사고 예방을 위해 <u>차를</u> <u>정비하는</u> 사람들이 차츰 늘어나고 있다.

위의 문장은 '정비하는'의 목적어가 생략되어 내용이 불분명해요. 그래서 '정비하는'의 목적어로 '차를'을 첨가해 주었어요.

● **부사어와 서술어의 호응**

일부 부사어들은 특정한 어미와 서술어를 필요로 해요. '결코' 다음에는 부정적 의미의 서술어 '아니다', '않다', '없다' 등이 와야 하는 것처럼요. 부사어와 서술어의 호응 관계는 우리가 흔히 쓰고 있기 때문에 따로 외우려고 하지 않아도 잘 알고 있을 거예요.

> • 만약 내일 비가 온다면 집에 있어야지. – 만약 ~ –ㄴ다면(–(이)면, –다면, –라면)
> • 나는 절대 약속을 어기지 않는다. – 절대 ~ 않다
> • 너의 피부는 마치 어린아이와 같다. – 마치 ~ 같다
> • 비록 이룰 수 없더라도 나는 꿈을 꿀 것이다. – 비록 ~ –더라도(–지마는, –어도, –ㄹ지라도)
> • 이번 수박은 별로 맛이 없다. – 별로 ~ 없다('아니다' 등의 부정어)

● **조사와 서술어의 호응**

조사 중에도 특정한 서술어와 반드시 호응을 이루어야 하는 것이 있어요.

> • 그는 농구 선수치고 키가 크다.
> → 그는 농구 선수치고 키가 작다.

위의 문장에서의 '치고'와 같은 조사는 앞의 내용과 대립되는 서술어와 호응을 이루어야 해요. 농구 선수들은 대부분 키가 크잖아요? 그러므로 '치고'라는 조사가 나오면 뒤에는 그와는 대립되는 서술어인 '작다'가 나와야 하는 거죠. 물론 조사를 다른 적절한 어미로 바꾸어 '그는 농구 선수라서 키가 크다.'와 같이 써도 좋고요.

2 중복 표현

우리가 사용하는 말 중에는 중복된 의미를 나타내는 경우도 많아요.

> ① 우리 역전 앞에서 만나자.
> ② 이 안건은 과반수 이상의 찬성으로 통과되었다.
> ③ 이 서류는 본인의 자필 서명이 들어가야 한다.

위의 ①에서의 '역전 앞'은 '전(前앞 전)'에 이미 '앞'이라는 의미가 들어 있으므로 '역전'이나 '역 앞'으로 바꾸어 써야 해요. 그리고 ②에서의 '과반수 이상'은 '과반수(過지날 과 半반 반 數숫자 수)'가 '절반이 넘는 수'라는 의미이므로 '과반수'로만 써야 하고요.

③에서의 '본인의 자필 서명'은 '자필(自스스로 자 筆쓸 필)'에 '본인'이라는 의미가 들어 있으므로 '본인의 서명'
이나 '자필 서명'으로 바꾸어 써야 해요. 다 어법에 맞지 않는 잘못된 표현이죠. 이러한 중복된 표현을 사
용하지 않기 위해서는 평소 언어생활에서 단어의 정확한 의미를 알고 명확하게 쓰려는 자세가 필요해요.

국어교과서 단박정리

● 올바른 문장 표현법 ①

	개념	예
문장 성분의 호응	의미가 명확해지도록, 문장 안에서 앞에 어떤 말이 오면 그에 응하는 말이 따라와야 함(문장 성분끼리의 호응을 고려해야 함).	'아마 ~일 것이다' 등
중복 표현	동일하거나 비슷한 의미를 지닌 단어를 거듭 사용하는 것으로, 올바른 표현이 아님.	역전 앞(×) → 역 앞(○), 역전(○)

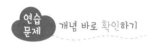
개념 바로 확인하기

01 다음 빈칸에 들어갈 알맞은 말을 쓰시오.

　　문장 안에서 앞에 어떤 말이 오면 그에 응하는 말이 따라와야 하는 것을 □□ □□의 □□
이라고 한다.

02 다음 문장 표현이 잘못된 이유를 〈보기〉에서 고르고, 문장을 적절하게 수정하여 쓰시오.

┤ 보기├
　　① 문장 성분의 호응이 이루어지지 않음.　　　　② 중복된 표현을 사용함.

(1) 운동을 좋아하는 인영이는 여름에는 수영을, 겨울에는 스키를 탄다. (　　)
→ 문장 수정 : _____

(2) 철희는 방학 기간 동안 영어 공부를 했다. (　　)
→ 문장 수정 : _____

(3) 그 문제는 다시 재론할 필요가 없다. (　　)
→ 문장 수정 : _____

(4) 어제 산 포도는 별로 맛이 있더라. (　　)
→ 문장 수정 : _____

연습문제 풀이 **01** 문장 성분, 호응　**02** (1) ①, 운동을 좋아하는 인영이는 여름에는 <u>수영</u>을 <u>하고</u>, 겨울에는 <u>스키를 탄다</u>. (2) ②, 철희는 방학
<u>동안</u> 영어 공부를 했다. / 철수는 방학 <u>기간</u>에 영어 공부를 했다. (3) ②, 그 문제는 <u>재론할</u> 필요가 없다. / 그 문제는 <u>다시 논의할</u> 필요가 없다.
(4) ①, 어제 산 포도는 <u>별로</u> 맛이 <u>없더라</u>. / 어제 산 포도는 <u>정말</u> 맛이 <u>있더라</u>.

③ 중의적 표현

중의성(重거듭 중 義옳을 의 性성질 성)이란 하나의 단어나 문장이 두 가지 이상의 뜻으로 해석될 수 있는 현상이나 특성을 뜻하는 것이라고 했었죠? 그러한 중의성을 지닌 표현, 곧 하나의 단어나 문장이 두 가지 이상의 의미로 해석될 수 있는 표현을 **중의적 표현**이라고 해요. 중의적 표현의 원인은 다음과 같이 다양해요.

중의적 표현의 원인	중의적 표현 해석의 예
다의어에 의한 중의성	• 손이 크다. 　– (신체의 일부인) 손이 크다. 　– 씀씀이가 크다.
동음이의어에 의한 중의성	• 말이 많다. 　– 말(언어)을 많이 한다. 　– 말(동물)이 많이 있다.
수식 범위의 불분명에 의한 중의성	• 착한 친구의 동생을 만났다. 　– 친구가 착하다. / – 친구의 동생이 착하다.
비교 대상의 불분명에 의한 중의성	• 오빠는 나보다 야구를 더 좋아한다. 　– 내가 야구를 좋아하는 것보다 오빠가 야구를 더 좋아한다. 　– 나와 야구 중에서 오빠는 야구를 더 좋아한다.
문장의 연결 관계에 의한 중의성	• 나는 사과와 귤 두 개를 받았다. 　– 사과와 귤 각각 두 개씩 받았다. 　– 사과와 귤을 합해서 두 개를 받았다.
부정하는 대상에 의한 중의성	• 나는 수박 안 먹었다. 　– 나는 수박 말고 다른 과일을 먹었다. 　– 나 말고 다른 사람이 수박을 먹었다. 　– 나는 수박을 먹지는 않고 보기만 했다.
조사 '의'에 의한 중의성	• 누나의 그림 　– 누나가 그린 그림 / – 누나를 그린 그림 / – 누나가 소유한 그림
비유적 표현에 의한 중의성	• 김 선생님은 호랑이시다. 　– 호랑이처럼 무서우시다. / – 호랑이를 닮으셨다.

> 다의어와 동음이의어로 인한 중의성은 대부분 문맥에 의해 해소될 수 있어.

중의적 표현을 사용하면 의미 전달이 명확하지 않아 의사소통에 오해가 생길 수도 있어요. 그렇기 때문에 중의성을 해소해 주어야 해요. 중의성을 해소하기 위해서는 ❶ 쉼표(,)를 사용하여 휴지(休止)를 두는 방법, ❷ 보조사 '은/는'을 붙여 의미를 한정하는 방법, ❸ 수식어를 추가하거나 아예 다른 말로 교체하는 방법, ❹ 말의 순서를 바꾸는 방법 등을 활용해요. 다음 문장으로 좀 더 설명해 줄게요.

> '휴지(休止)'란 하던 것을 멈추고 잠시 쉰다는 건데, 말소리를 내다 일시적으로 멈추는 것을 뜻해.

> • 내 생일 잔치에 친구들이 다 오지 않았다.

위의 문장은 부정하는 대상이 분명하지 않아 중의성이 발생하였어요. 그래서 생일잔치에 '친구들이 한 명도 오지 않았다.'와 '친구들 중 일부가 오지 않았다.'라는 두 가지 의미로 해석이 되죠. 이 문장의 중의성은 다음과 같은 방법으로 해소할 수 있어요.

[친구들이 한 명도 오지 않은 경우]

• 내 생일잔치에 친구들이 다, 오지 않았다. – 쉼표를 사용하여 중의성 해소

• 내 생일잔치에 친구들이 <u>아무도</u> 오지 않았다. – 말을 교체하여 중의성 해소

• 내 생일잔치에 친구들이 <u>모두</u> 다 오지 않았다. – 수식어를 추가하여 중의성 해소

[친구들 중 일부가 오지 않은 경우]

• 내 생일잔치에 친구들이 다 오지<u>는</u> 않았다. – 보조사를 붙여 중의성 해소

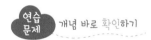

● **올바른 문장 표현법 ②**

중의적 표현	하나의 단어나 문장이 두 가지 이상의 의미로 해석될 수 있는 표현 **예** 이것은 <u>누나의 그림</u>이다. [해석 : 누나가 그린 그림 / 누나를 그린 그림 / 누나가 소유한 그림]
중의적 표현의 해소 방법	① 쉼표(,)를 사용하여 휴지(休止)를 두기 ② 보조사 '은/는'을 붙여 의미를 한정하기 ③ 수식어를 추가하거나 아예 다른 말로 교체하기 ④ 말의 순서를 바꾸기

연습문제 개념 바로 확인하기

01 다음 빈칸에 들어갈 알맞은 말을 쓰시오.

(1) 하나의 단어나 문장이 두 가지 이상의 의미로 해석될 수 있는 표현을 ☐☐☐ 표현이라고 한다.

(2) 문장의 중의성을 해소하기 위해서는 ☐☐를 사용하거나 ☐☐☐를 붙이고, ☐☐☐를 추가하거나 아예 다른 말로 교체하고, 말의 ☐☐를 바꾸는 등의 방법을 활용한다.

02 다음 문장의 중의성을 주어진 조건에 따라 해소하여 고쳐 쓰시오.

(1) 나는 엄마와 아빠를 만났다.

┤ 조건 ├
① 나와 엄마가 함께 아빠를 만난 경우 ② 쉼표를 사용하여 중의성 해소하기

→ _____

(2) 수업 시간에 학생들이 다 출석하지 않았다.

┤ 조건 ├
① 학생들 중 일부가 출석하지 않은 경우 ② 보조사를 붙여 중의성 해소하기

→ _____

연습문제 풀이 01 (1) 중의적 (2) 쉼표, 보조사, 수식어, 순서 02 (1) 나는 엄마와, 아빠를 만났다. (2) 수업 시간에 학생들이 다는 출석하지 않았다. / 수업 시간에 학생들이 다 출석하지<u>는</u> 않았다.

발화와 맥락, 그리고 담화

어느 날 사오정이 길을 가다가 한 청년이 소매치기를 하는 현장을 지나가게 되었다. 소매치기는 도망을 가면서 사오정에게 소리를 질렀다.

"야! 비켜……!"

그 뒤를 쫓던 아주머니가 사오정에게 부탁했다.

"저 소매치기 좀 잡아 줘요!"

그 말이 끝나기가 무섭게 사오정이 소매치기를 쫓아가기 시작했다. 사람들은 사오정이 아주머니가 한 말을 들은 것이 너무도 신기했다. 추격전 끝에 소매치기를 잡은 사오정이 숨을 헐떡이며 말했다.

"헉, 헉……! 아저씨, 아까 뭐라고 했어요?"

꽤나 오래된 이야기인데, '사오정 개그'라고 들어 봤나요? 귀가 살짝 어두운 사오정이 벌이는 엉뚱한 행동과 답변이 이 이야기의 재미 요소예요. 이 이야기는 '상황과 맞지 않는 말'이라는 점에서 언어를 통해 원활한 의사소통이 이루어지기 위해서는 어떤 것을 고려해야 하는지에 대해 생각하게 해 준답니다. 자, 그럼 우선 기본적인 개념부터 확인하고 시작할까요?

위의 예문에서 아주머니의 "저 소매치기 좀 잡아 줘요!"와 같이 문장이 말로 표현된 것을 **발화**(發쏠, 펼 발 話말씀 화)라고 해요. 그리고 이 발화가 이루어지는 시간 및 공간적 배경과 상황, 문화 등을 **맥락**(脈줄기, 잇달아 맥 絡이을 락)이라고 해요. 또한 이렇게 발화와 맥락이 어우러져 이루어진 단위를 **담화**(談말씀 담 話말씀 화)라고 하는데, 이는 보통 우리가 글이나 이야기라고 부르는 단위예요.

맥락에 대해 좀 더 살펴보자면, 맥락은 담화가 이루어지는 상황과 직접적으로 관련된 **상황 맥락**과 특정 사회나 문화에서 오랜 시간에 걸쳐 만들어진 **사회 문화적 맥락**으로 나눌 수 있어요. 상황 맥락을 이루는 요소로는 담화의 참여자(말하는 이와 듣는 이)와 담화가 이루어지는 시간, 장소, 분위기와 담화의 목적 등이 있어요. 그리고 사회 문화적 맥락을 이루는 요소로는 세대나 성별, 지역, 문화 등이 있고요. 이러한 요소들을 고려하여 발화와 담화의 의미를 파악해야 해요.

위의 두 상황 속 아빠의 발화는 "오늘 오후부터 비가 온다는구나."로 동일해요. 그런데 왼쪽 상황에서

는 비가 오는 것에 대해 아쉬워하는 의미를 담고 있고, 오른쪽 상황에서는 비가 와서 다행이라는 의미를 담고 있어요. 이처럼 동일한 발화라도 그 의미가 다른 이유는 맥락이 다르기 때문이에요. 그렇기 때문에 맥락(상황 맥락과 사회 문화적 맥락 모두)을 잘 고려하여 발화의 의미를 파악해야 해요. 맥락을 잘 이해하지 못하면 원활한 의사소통을 하기 어려워 오해가 생길 수도 있거든요. 앞서 본 사오정 이야기에서, 사오정은 몰랐지만 자신의 뜀박질은 그 맥락 속에서 사람들에게는 당연히 소매치기를 잡기 위한 '추격'이었던 거예요. 맥락을 파악하는 것이 이래서 중요한 거랍니다. ^^

국어교과서 단박정리

● 발화, 맥락, 담화

발화	• 말(구어, 음성 언어)로 나타나는 문장 • 문자 언어를 통해 표현되는 문장을 '문장'이라 하는 것에 대한 상대적 용어임.		
맥락	• '발화'를 둘러싸고 있는 모든 배경적 요소와 환경적 요소 • 똑같은 말이나 글도 맥락에 따라 다르게 해석될 수 있음.	상황 맥락	• 담화가 이루어지는 상황과 직접적으로 관련된 맥락 • 상황 맥락을 이루는 요소로는 담화 참여자(말하는 이와 듣는 이), 담화가 이루어지는 시간과 장소, 담화의 의도와 목적 등이 있음.
		사회 문화적 맥락	• 특정 사회나 문화에서 오랜 시간에 걸쳐 만들어진 맥락 • 사회 문화적 맥락을 이루는 요소로는 세대, 성별, 지역, 문화 등이 있음.
담화	• 하나 이상의 발화 또는 문장이 맥락과 어우러져 이루어진 단위 • 참고로, 발화로 이루어진 담화를 '구어 담화', 문장으로 이루어진 담화를 '문어 담화'라 하지만, 구어 담화를 일반적으로 '담화'라 하고, 문어 담화는 일반적으로 '글'이라 함.		

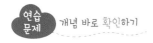

연습문제 개념 바로 확인하기

01 다음 빈칸에 들어갈 알맞은 말을 쓰시오.

(1) 말로 나타나는 문장을 ☐☐라고 한다.

(2) '발화'를 둘러싸고 있는 모든 배경적 요소와 환경적 요소들을 ☐☐이라고 한다.

(3) 하나 이상의 발화 또는 문장이 맥락과 어우러져 이루어진 단위를 ☐☐라고 한다.

(4) 맥락에 맞는 발화는 원활한 ☐☐☐☐을 하기 위해 필요하다.

02 다음 주어진 맥락과 관련 있는 것을 바르게 연결하시오.

(1) 상황 맥락 •

(2) 사회 문화적 맥락 •

• ㉠ 담화 참여자, 담화가 이루어지는 시간과 장소, 담화의 목적 등

• ㉡ 세대, 성별, 지역, 문화 등

• ㉢ 특정 사회나 문화에서 오랜 시간에 걸쳐 만들어진 맥락

• ㉣ 담화가 이루어지는 상황과 직접적으로 관련된 맥락

연습문제 풀이 01 (1) 발화 (2) 맥락 (3) 담화 (4) 의사소통 02 (1) ㉠, ㉣ (2) ㉡, ㉢

01 〈자료〉를 바탕으로 이해한 ㉠의 예로 적절하지 **않은** 것은? [중3 학업성취도평가]

> ┤ 자료 ├
>
> ㉠피동 표현은 주어가 다른 힘에 의해 어떤 행동을 당한 것을 나타내는 표현으로, 스스로 한 것이 아니라 남에 의해 그렇게 되었다는 것을 강조한다. 동사의 어간에 피동 접미사 '-이-, -히-, -리-, -기-'가 붙어서 만들어진다.

① 합의의 결과가 <u>보이다</u>.
② 친구에게 손해를 <u>보이다</u>.
③ 이야기의 결말이 <u>보이다</u>.
④ 벽에 걸려 있는 시계가 <u>보이다</u>.
⑤ 멀리 건물 사이로 하늘이 <u>보이다</u>.

02 〈자료〉에서 설명한 ㉠과 같은 표현의 문장은? [중3 학업성취도평가]

> ┤ 자료 ├
>
> 사동 표현은 ㉠과 같이 주어가, 다른 대상에게 어떤 행동을 하도록 시키는 것을 나타낸다.
>
> ㉠어머니가 아이에게 밥을 먹이셨다.

① 형이 동생에게 옷을 입혔다.
② 투수가 포수에게 공을 던졌다.
③ 그는 친구에게 소설책을 주었다.
④ 언니가 부모님께 선물을 보냈다.
⑤ 영희가 친구들에게 성금을 걷었다.

03 〈보기〉의 문장들에 대한 해석으로 적절하지 **않은** 것은?

> ┤ 보기 ├
>
> ㉠ 동생이 화려한 옷을 입었다.
> ㉡ 나는 동생에게 화려한 옷을 입혔다.
> ㉢ 나는 동생에게 화려한 옷을 입게 했다.

① ㉠은 주어가 스스로 하는 행동을 나타내고 있으므로 주동 표현이다.
② ㉠은 주어가 제힘으로 행동을 하는 것을 나타내고 있으므로 능동 표현이다.
③ ㉡은 '나'가 동생 스스로 옷을 입게끔 했다는 의미를 전달할 수 있다.
④ ㉢은 '나'가 직접 동생에게 옷을 입히는 행동을 했다는 의미를 전달할 수 있다.
⑤ ㉡과 ㉢ 모두 누군가 행동을 시키고 그 행동이 다른 사람에 의해 발생한 것임을 드러낼 수 있다.

04 밑줄 친 부분의 관계를 고려하였을 때, 바르게 쓰인 문장은? [중3 학업성취도평가]

① 설마 네가 이 밥을 다 먹었다.

② 혹시 아직도 널 기다리고 있었어.

③ 앞으로 나는 공부를 열심히 해야겠어.

④ 내가 만난 사람은 결코 평범한 사람이었다.

⑤ 왜냐하면 친구의 소중함을 느낄 수 있는 기회이다.

05 〈자료〉에 제시된 '구조적 중의성'의 예에 해당하지 않는 것은?

| 자료 |

〈구조적 중의성〉	
수식 범위의 불분명에 의한 중의성	꾸미는 말이 어떤 대상을 꾸미는지 명확하지 않을 때 발생하는 중의성
문장의 연결 관계에 의한 중의성	'와/과' 등에 의해 연결되었을 때 그 수식하는 바가 명확하지 않을 때 발생하는 중의성
비교 대상의 불분명에 의한 중의성	비교 대상이 명확하지 않을 때 발생하는 중의성
부정하는 대상에 의한 중의성	부정하는 대상이 무엇인지 명확하지 않을 때 발생하는 중의성
조사 '의'에 의한 중의성	조사 '의'가 의미하는 바가 명확하지 않을 때 발생하는 중의성

① 오빠는 나보다 야구를 더 좋아한다.　　② 나는 사과와 귤 두 개를 받았다.

③ 이것은 우리 누나의 그림이다.　　④ 나는 어제 수박 안 먹었다.

⑤ 이 마을에는 배가 많다.

06 다음 중 상황 맥락을 고려할 때, 가장 자연스러운 대화 장면은?

① (집에서 뛰지 말라는 엄마의 말을 듣지 않던 영호가 뛰다가 발목을 다쳤다.)

　　엄마 : 어이구, 아주 잘했다!

　　영호 : 감사해요.

② (다음 날 학교에 가야 하는데도 영희가 늦은 시간까지 텔레비전을 보고 있다.)

　　아빠 : 영희야, 내일 학교 안 가니?

　　영희 : 가요.

③ (아인이가 예슬이네 집에 갔다가 쓰레기가 아무데나 흩어져 있는 것을 본다.)

　　아인 : 집에 쓰레기통이 없나 봐?

　　예슬 : 아, 집이 많이 지저분하지? 얼른 치워야겠다.

④ (약속 시간에 한참을 늦은 은희에게 명선이 화가 나 있다.)

　　명선 : 지금이 도대체 몇 시야?

　　은희 : 지금? 2시 40분이야.

⑤ (은수는 영화표를 들고 설레는 표정으로 우진에게 말한다.)

　　은수 : 너 혹시 영화 보는 거 좋아하니? 주말에 시간 어때?

　　우진 : 시간 있어. 우리 주말에 축구 보러 갈래?

둘째 마당

소리와 규칙

 **13일** 음운이란 무엇일까 1

 1 음성과 음운, 음절

　우리는 말을 어떻게 배웠을까요? 처음에는 귀에 들리는 소리를 흉내 내다가, 그 다음에 점점 뜻을 가진 말을 하게 됐을 거예요. 아기가 '마마마마' 하다가 '엄마'라는 말을 시작하는 것처럼 말이에요. '마마마마'라고 하면 무슨 말인지 알아들을 수 없지만, '엄마'라고 하면 무슨 말을 하는지 알아들을 수 있어요. 그것은 말이란 소리와 뜻을 동시에 가지고 있어야 한다는 의미가 되겠죠.(물론 수어(手語)와 같은 경우는 여기서 다루지 않을게요.)

　우리는 말을 통해 생각이나 감정 등을 서로 주고받으며 생활해요. 따라서 자신의 생각이나 감정을 정확하게 표현할 수 있는 말을 해야 올바른 언어생활을 할 수 있어요.

1 **음성 – 사람이 내는 말소리예요**

　우리는 주변에서 무수히 많은 소리들을 들을 수 있어요. 자동차가 지나가는 소리, 새가 지저귀는 소리, 아이들이 떠드는 소리 등 우리는 매일 여러 가지 소리들을 들으며 살아가죠. 또한 우리는 주로 소리를 통해 다른 사람들과 의사소통을 해요. 그렇다면 우리 주변의 수많은 소리들이 전부 의사소통을 하는 데 사용될까요?

　주변에서 들을 수 있는 수많은 소리 중에서 우리가 의사소통에 사용하는 소리를 '말소리'라고 해요. 즉, 말을 한다는 것은 입을 통해 소리를 낸다는 의미죠. 이렇게 **사람이 내는 말소리를 음성**(音소리 음 聲소리 성)이라고 해요. 따라서 자동차가 지나가는 소리나 새가 지저귀는 소리는 그냥 소리일 뿐, 음성이라고 할 수 없어요. 즉, '소리'라는 큰 범주 안에 '음성'이라는 하위 요소가 들어 있다고 보면 되죠.

그렇다면 사람의 입을 통해 나오는 소리는 모두 음성일까요? 우리가 웃거나 울 때에도 입을 통해 여러 가지 소리가 나오지만, 이때에는 뒤에 '소리'라는 말을 붙여 '웃음소리, 울음소리'라고 해요. 사람의 입을 통해 나오는 소리라고 해서 모두 음성이라고 하지는 않는 거죠. 즉, 음성은 사람의 발음 기관에 의해 만들어져서 실제 말에 쓰이는 소리를 뜻하는 것이랍니다.

사람의 발음 기관은 오른쪽 그림에서 보는 바와 같이 여러 군데가 있어요. 공기는 폐에서 성대를 거쳐 입 밖으로 나오는데, 이때 어디에서 어떻게 장애를 받느냐 혹은 장애를 받지 않느냐에 따라 다양한 소리들이 만들어지죠. 자세한 설명은 **14일**에서 하도록 할 게요.

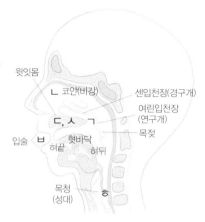

② 음운 - 말의 뜻을 구별해 줘요

사람마다 발음하는 방식은 조금씩 달라요. 그런데 우리는 어떻게 서로 의사소통을 하는 걸까요? 그것은 우리가 음성을 들으면서 그것을 '음운(音韻)'으로 인식하기 때문이에요. 다시 말하면 '음성'은 귀에 들리는 소리이고, '음운'은 머릿속에서 추상적으로 인식하는 소리인 거죠. 예를 들어 '강'이라는 말을 여러 사람이 발음했다고 할 때, 목소리의 굵기나 크기 등이 다르더라도 우리는 머릿속에 '강'이라는 대상을 그려 낼 수 있어요. 그 과정을 되풀이하면서 서로 말을 주고받는 거죠.

'음성'이 말하는 사람이나 상황에 따라 달라지는 개별적이고 구체적인 소리라면, '음운'은 모든 사람이 동일한 소릿값으로 생각하는 보편적이고 추상적인 소리를 의미하는 거예요. 이제 음성과 음운의 차이를 알겠죠? 그럼 문법적으로 '음운'에 대해 구체적으로 알아보기로 해요.

아래의 '달', '말', '발'이라는 단어를 봅시다.

공통적으로 '_ㅏㄹ'이라는 환경에 첫 번째 소리만 'ㄷ', 'ㅁ', 'ㅂ'으로 바뀜으로써 그 뜻이 달라지고 있어요. 또한 'ㄷ', 'ㅁ', 'ㅂ'은 다시 더 작은 단위로 쪼갤 수 없죠. 이처럼 말의 뜻을 구별해 주는 소리의 가장 작은 단위를 **음운**(音소리 음 韻운 운)이라고 해요.

이번에는 다음 단어들을 한번 비교해 볼까요?

앞에서 '달/탈'과 '달/담'은 첫소리와 끝소리의 자음이 달라짐에 따라 말의 뜻이 달라졌고, '달/돌'은 가운뎃소리인 모음이 달라짐에 따라 말의 뜻이 달라졌어요. 이처럼 우리말의 자음과 모음은 말의 뜻을 구별해 주는 기능을 하면서 더 작은 단위로 쪼갤 수 없으므로 모두 음운에 해당해요. 또한 '달'은 'ㄷ+ㅏ+ㄹ'로 나눌 수 있는데, 자음과 모음은 이처럼 각각으로 나눌 수 있기 때문에 '분절 음운'이라고도 해요.

그렇다면 말의 뜻을 구별해 주는 기능을 하는 것에는 자음과 모음만 있을까요?

- **말이 많다.** : 말[말:]이 많다. – 語 / 말[말]이 많다. – 馬 / 말[말]이 많다. – 斗
- **굴이 많다.** : 굴[굴]이 많다. – 해산물의 일종 / 굴[굴:]이 많다. – 땅이나 바위가 안으로 깊숙이 패어 들어간 곳

위의 예들은 '소리의 길이'에 의해 말의 뜻이 달라지는 경우를 보여 주고 있어요. 사전에서는 [말]/[말:] 이렇게 달리 표기하고 있죠. 어떤 말의 발음 뒤에 장음 부호 [:]가 붙어 있으면 길게 발음하라는 뜻이에요. 위에서 [말:]은 인간의 언어를 의미하고, [말]은 동물의 일종, 또는 곡식을 세는 단위나 기구를 의미해요. 또한 [굴]은 해산물의 일종을, [굴:]은 동굴을 의미하죠. 이처럼 우리말에서는 '소리의 길이'가 말의 뜻을 구별해 주는 기능을 하므로 이 역시 음운에 해당해요. 하지만 소리의 길이를 명확하게 나눌 수는 없으므로 '비분절 음운'이라고 하죠. 우리말에는 '눈[눈]–眼/눈[눈:]–雪', '밤[밤]–夜/밤[밤:]–栗', '성인[성인]–成人/성인[성:인]–聖人', '무력[무력]–無力 / 무력[무:력]–武力' 등 다양한 예가 있어요.

자, 그런데 소리의 길이와 관련해서 하나 주의할 점이 있어요.

긴소리는 일반적으로 단어의 첫음절(첫 번째 글자)에서 나타나는데, 본래 긴소리로 발음되는 단어도 둘째 음절 이하에 오면 짧게 발음되는 경향이 있어요.

- ┌ **말[말:]**은 끝까지 들어 봐야 안다.
  └ **한국말[–말]**은 끝까지 들어 봐야 안다.
- ┌ **눈[눈:]**이 펑펑 내린다.
  └ **함박눈[–눈]**이 펑펑 내린다.

위의 문장에서처럼 '눈'이나 '말'이라는 말 앞에 다른 말이 붙으면 단어의 의미가 명확해지기 때문에 긴소리보다는 짧은소리가 발음하기 쉬워서 짧은소리로 발음하는 거죠.

한편, 우리말에서는 소리의 길이 외에 소리의 높낮이(억양)도 말의 뜻을 구별해 주는 기능을 해요.

끝을 내림 : 집에 가는 상황(말하는 이의 의지나 물음에 대한 대답)을 나타냄.
끝을 올림 : 듣는 이에게 집에 가는지 물어보는 상황을 나타냄.
평탄하지만 짧고 강함 : 듣는 이에게 집에 가도록 명령하는 상황을 나타냄.

위의 '집에 가'라는 문장은 끝을 내리고 올리느냐에 따라, 강하게 말하느냐 부드럽게 말하느냐에 따라 다양한 의미를 나타낼 수 있어요.

앞에서 살펴본 것처럼 높낮이에 따라 같은 말로도 다양한 의미를 표현할 수 있어요. 물론 상황에 따라 더 세분화된 의미를 나타낼 수도 있죠. 그러므로 높낮이도 말의 뜻을 구별해 주는 음운이라고 할 수 있어요. 하지만 높낮이 역시 자음이나 모음처럼 명확하게 나눌 수는 없으므로 '비분절 음운'에 해당해요.

여러분, 혹시 공부하다가 '음소(音素)', '운소(韻素)'라는 말을 들어 보았나요? '음소'는 자음과 모음처럼 독립적으로 나눌 수 있는 분절 음운을 말해요. '운소'는 소리의 길이, 높낮이, 세기 등과 같이 글자로 드러나지 않는 비분절적 음운을 의미하죠. 음소와 운소의 앞 글자를 따서 '음운(音韻)'이라고 한답니다.

> 음운의 가장 큰 기능은 말의 뜻을 구별해 주는 거야.

국어교과서 단박정리

- **음성(音聲)** 사람이 내는 말소리. 사람의 발음 기관에 의해 만들어져서 실제 말에 쓰이는 소리
- **음운(音韻)** 말의 뜻을 구별해 주는 소리의 가장 작은 단위
  ① 분절 음운(음소) : 말의 뜻을 구별해 주며 낱낱으로 나눌 수 있는 음운. 각각의 자음과 모음
     예 달/발[ㄷ/ㅂ], 달/돌[ㅏ/ㅗ], 곰/공[ㅁ/ㅇ]
  ② 비분절 음운(운소) : 자음과 모음처럼 명확하게 나눌 수는 없지만 말의 뜻을 구별해 주는 기능을 하는 음운. 소리의 길이, 높낮이(억양), 세기 등
     예 눈[눈]-眼/눈[눈ː]-雪, 말[말ː]-語/말[말]-馬, 집에 가./집에 가?

 **개념 바로 확인하기**

01 다음 설명이 맞으면 ○표, 틀리면 ×표를 하시오.

(1) 사람이 내는 말소리를 '음성'이라고 한다. (   )

(2) 아기의 '웃음소리', '울음소리' 등은 음성에 해당한다. (   )

(3) 자음과 모음은 말의 뜻을 구별해 주는 분절 음운이다. (   )

(4) 소리의 길이, 높낮이 등도 말의 뜻을 구별해 주는 기능을 한다. (   )

(5) 본래 긴소리로 발음되는 단어는 둘째 음절 이하에 오더라도 항상 긴소리로 발음된다. (   )

02 다음 빈칸에 들어갈 알맞은 말을 쓰시오.

(1) 말의 뜻을 구별해 주는 소리의 가장 작은 단위를 ☐☐이라고 한다.

(2) 말하는 사람이나 상황에 따라 달라지는 개별적이고 구체적인 소리를 ☐☐이라 하고, 모든 사람이 동일한 소릿값으로 생각하는 보편적이고 추상적인 소리를 ☐☐이라 한다.

연습문제 풀이 **01** (1) ○ (2) × (3) ○ (4) ○ (5) × (본래 긴소리로 발음되는 단어도 둘째 음절 이하에 오면 짧은소리로 발음되는 경향이 있어요. 반드시 긴소리로만 발음되는 것은 아니에요.) **02** (1) 음운 (2) 음성, 음운

3 **음절** – 한 글자 한 글자 읽어요

아래의 문장을 소리 내어 읽어 봅시다.

> • 집 앞에는 맑은 물이 흐른다.

주어진 문장을 소리 나는 대로 읽으면 [지바페는말근무리흐른다]가 돼요. '집 앞에는'이라는 말은 [지], [바], [페], [는]처럼 모음을 중심으로 한 덩어리씩 묶어서 발음하죠. 이처럼 **발음할 때 한 번에 낼 수 있는 소리의 단위를 음절**(音소리 음 節마디 절)이라고 해요. '음절'의 한자를 풀이해 보면 '소리＋마디'로 이루어져 있음을 알 수 있는데, 이는 음절이 하나의 종합된 음의 느낌을 주는 말소리의 단위라는 걸 나타내죠.

우리말에서 음절이 만들어지기 위해서는 반드시 모음이 있어야 해요. '모음(母音)'이라는 말에 '모(母)'라는 글자를 쓴 것도 어머니처럼 홀로 음절을 이룰 수 있기 때문이었을 거예요. 하지만 '자음(子音)'은 홀로 음절을 이룰 수 없고 모음에 기대야만 음절을 이룰 수 있기 때문에 '자(子)'라는 글자를 사용했겠죠. 자식이 어머니에게 기대는 것처럼 말이에요. 따라서 우리말에서 음절의 개수는 모음의 수와 같다고 보면 돼요. 모음이 있어야만 소리를 낼 수 있으니까요.

일반적으로 우리말은 한 글자에 하나의 모음이 들어 있기 때문에 한 글자가 한 음절이 돼요. 하지만 위의 문장에서 본 것처럼 낱낱의 원래 글자 형태 그대로 읽는 경우는 드물어요. 표기와 음절이 서로 달라지는 경우가 많죠.

감[감]　　　ㄱ ＋ ㅏ ＋ ㅁ
　　　　　　음절의　　음절의　　음절의
　　　　　　첫소리　　가운뎃소리　끝소리

'감'이라는 글자는 첫소리인 'ㄱ', 가운뎃소리인 'ㅏ', 끝소리인 'ㅁ'으로 이루어져 있고, [감]이라는 한 음절로 소리 나요. 하지만 앞뒤에 다른 말이 붙으면 소리 나는 음절의 형태가 달라지죠.

> • 감이[가미] 맛있다. : [가]와 [미] 두 개의 음절로 바뀜.
> • 곶감[곧깜] 하나 주세요. : [깜]이라는 한 개의 음절로 바뀜.

이처럼 음절에서는 뜻이 아니라 소리를 내는 방식에만 초점을 맞추기 때문에 어떻게 소리를 내느냐 하는 것이 중요해요. 따라서 같은 말이라도 실제 발음은 달라질 수 있어요. 또한 발음을 하기 위해서는 모음이 꼭 필요하기 때문에 우리말의 음절은 모음을 중심으로 아래와 같이 네 가지 형태로 이루어져 있어요.

모음 하나로 되어 있는 음절	예 아, 어, 오, 우 등
자음＋모음으로 되어 있는 음절	예 가, 너, 수, 히 등
모음＋자음으로 되어 있는 음절	예 악, 음, 영, 일 등
자음＋모음＋자음으로 되어 있는 음절	예 강, 산, 국, 몫[목] 등

우리말의 음절은 모음을 중심으로 첫소리, 가운뎃소리, 끝소리로 이루어져요. '몫'이라는 글자를 보면 끝소리가 마치 두 개의 자음으로 소리 날 것 같지만 실제로는 'ㅅ'이 탈락한 'ㄱ'으로 소리 나요. 즉, [목]으로 소리 나는 거죠. 따라서 소리로는 하나의 자음만 남는다는 것을 알 수 있어요.

여기서 주의할 점 두 가지가 있어요. 음절의 첫소리에 오는 'ㅇ'은 소릿값이 없으므로 음운이 아니라는 것과, 음절의 형태를 따질 때에는 반드시 소리 나는 대로 따진다는 거예요.

국어교과서 단박정리

- **음절(音節)** 발음할 때 한 번에 낼 수 있는 소리의 단위 **예** 집 앞에 → [지][바][페] (소리 나는 대로 3개의 음절)
- **음절의 종류**

모음 하나로 되어 있는 음절	**예** 아, 어, 오, 우 등
자음＋모음으로 되어 있는 음절	**예** 가, 너, 수, 히 등
모음＋자음으로 되어 있는 음절	**예** 악, 음, 영, 일 등
자음＋모음＋자음으로 되어 있는 음절	**예** 강, 산, 국, 몫[목] 등

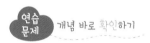

연습 문제 개념 바로 확인하기

01 다음 설명이 맞으면 ○표, 틀리면 ×표를 하시오.

(1) 발음할 때 한 번에 낼 수 있는 소리의 단위를 음절이라고 한다. (　　　)

(2) 우리말에서 소리를 내기 위해서는 각 음절에 자음이 꼭 필요하다. (　　　)

(3) '아, 어, 오'는 '자음＋모음'으로 이루어진 음절이다. (　　　)

02 다음 음절의 형태와 그에 해당하는 예를 바르게 연결하시오.

(1) 모음 하나로만 이루어진 음절　　　　•　　　　　　　• ㉠ 소

(2) '자음＋모음'으로 이루어진 음절　　　•　　　　　　　• ㉡ 악

(3) '모음＋자음'으로 이루어진 음절　　　•　　　　　　　• ㉢ 책

(4) '자음＋모음＋자음'으로 이루어진 음절 •　　　　　　　• ㉣ 아

03 다음 문장을 소리 나는 대로 쓰시오.

> 집 앞에 사람들이 걸어 다닌다.

[　　　　　　　　　　　　　　　　　　　　　　　　　　　　　　　　　　　　]

연습문제 풀이 01 (1) ○ (2) × (우리말에서 소리를 내기 위해서는 각 음절에 모음이 반드시 필요해요.) (3) × ('아, 어, 오'는 모음 하나로만 이루어진 음절이에요.) 02 (1) ㉣ (2) ㉠ (3) ㉡ (4) ㉢ 03 [지바페사람드리거러다닌다]

모음의 발음 원리와 분류 기준

폐에서 나온 공기가 성대를 진동시키면서 나는 소리를 '울림소리'라고 하는데, 우리말에서는 모든 모음이 울림소리에 해당해요. 즉, **모음**(母^{어미 모} 音^{소리 음})은 소리를 낼 때 목 안이나 입안의 어떤 자리에서 발음 기관의 장애를 받지 않고 나는 소리를 의미해요.

'ㅔ'와 'ㅐ'의 발음으로 인해 두 사람 사이에 오해가 생겼네요. 어떻게 해야 이런 일이 생기지 않을까요? 정확한 발음을 하기 위해 먼저 국어의 모음에 대해 자세히 알아보기로 해요.

① 단모음과 이중 모음

모음 'ㅏ'와 'ㅑ'를 길게 발음해 봅시다. 'ㅏ'는 길게 발음해도 소리에 변화가 없는 데 반해, 'ㅑ'는 길게 발음하면 나중에 'ㅏ'만 남아요. 또한 발음하는 과정에서 입술을 보면 'ㅏ'는 벌린 상태에서 변화가 없지만, 'ㅑ'는 평평한 상태에서 출발하여 입술이 벌어지게 되죠. 'ㅏ'처럼 발음할 때 입술이나 혀가 고정되어 움직이지 않는 모음을 **단모음**이라 하고, 'ㅑ'처럼 발음할 때 입술 모양이 바뀌거나 혀가 움직이는 모음을 **이중 모음**이라고 해요.

'ㅑ'는 이중 모음으로 'ㅣ+ㅏ'의 형태인데, 앞에 오는 'ㅣ'를 너무 길게 발음하면 이중 모음이 되지 않아요. 이렇게 모음을 발음하는 도중에 일정한 자리에서 시작하여 다른 자리로 옮겨 가면서 소리 나는 모음을 이중 모음이라고 해요. 그리고 이중 모음을 발음할 때 앞에 오는 짧은 모음을 '반모음'이라고 해요.

국어의 모음은 모두 21개로, 발음할 때 입술과 혀의 움직임 유무에 따라 아래와 같이 단모음과 이중 모음으로 나눌 수 있어요.

종류	소리 내는 방법	해당하는 모음
단모음(10개)	발음할 때 입술이나 혀가 고정되어 움직이지 않음.	ㅏ, ㅐ, ㅓ, ㅔ, ㅗ, ㅚ, ㅜ, ㅟ, ㅡ, ㅣ
이중 모음(11개)	발음할 때 입술 모양이 바뀌거나 혀가 움직임.(반모음 + 단모음)	ㅑ, ㅒ, ㅕ, ㅖ, ㅘ, ㅙ, ㅛ, ㅝ, ㅞ, ㅠ, ㅢ

2 단모음의 분류

이중 모음은 반모음과 단모음이 결합된 형태로 되어 있으므로 단모음을 정확하게 발음할 수 있어야 이중 모음도 정확하게 발음할 수 있을 거예요. 단모음을 정확하게 발음하기 위해서는 단모음의 발음에 영향을 미치는 혀의 최고점의 위치, 혀의 높낮이, 입술 모양에 따라 단모음을 분류해 봐야 해요.

● 혀의 최고점의 위치에 따라

모음 'ㅣ'와 'ㅡ'를 한번 발음해 보세요. 어때요? 'ㅣ'는 앞쪽에서, 'ㅡ'는 뒤쪽에서 소리 난다는 것을 알 수 있죠. 이처럼 입천장의 중간점을 기준으로 하여 혀의 가장 높은 부분(최고점)이 앞쪽에 있을 때 소리 나는 'ㅣ, ㅔ, ㅐ, ㅟ, ㅚ'와 같은 모음을 **전설(前舌) 모음**이라고 해요. 그리고 마찬가지로 입천장의 중간점을 기준으로 하여 혀의 최고점이 뒤쪽에 있을 때 소리 나는 'ㅡ, ㅓ, ㅏ, ㅜ, ㅗ'와 같은 모음을 **후설(後舌) 모음**이라 하고요.

종류	소리 내는 방법	해당하는 모음
전설 모음	입천장의 중간점을 기준으로 혀의 최고점이 앞쪽에 있음.	ㅣ, ㅔ, ㅐ, ㅟ, ㅚ
후설 모음	입천장의 중간점을 기준으로 혀의 최고점이 뒤쪽에 있음.	ㅡ, ㅓ, ㅏ, ㅜ, ㅗ

● 혀의 높낮이에 따라

이번에는 모음 'ㅡ', 'ㅓ', 'ㅏ'를 차례대로 발음해 보세요. 그럼 각각을 차례대로 발음할 때마다 입이 점점 더 크게 열림으로써 혀의 높이가 낮아진다는 것을 알 수 있어요. 이처럼 소리 낼 때 입이 조금 열려서 혀의 위치가 높은 'ㅣ, ㅟ, ㅡ, ㅜ'와 같은 모음을 **고모음**이라 하고, 고모음보다 입이 조금 더 열려서 혀의 위치가 중간인 'ㅔ, ㅚ, ㅓ, ㅗ'와 같은 모음을 **중모음**이라고 해요. 그리고 소리 낼 때 입이 크게 열려서 혀의 위치가 낮은 'ㅐ, ㅏ'와 같은 모음을 **저모음**이라고 해요.

종류	소리 내는 방법	해당하는 모음
고모음	입이 조금 열려서 혀의 위치가 높음.	ㅣ, ㅟ, ㅡ, ㅜ
중모음	고모음보다 입이 조금 더 열려서 혀의 위치가 중간임.	ㅔ, ㅚ, ㅓ, ㅗ
저모음	입이 크게 열려서 혀의 위치가 낮음.	ㅐ, ㅏ

● 입술 모양에 따라

모음 'ㅓ'와 'ㅗ'를 발음해 보면, 'ㅓ'는 입술 모양이 평평한 상태에서 소리 나고, 'ㅗ'는 입술을 동그랗게 오므린 상태에서 소리 난다는 것을 알 수 있어요. 이처럼 발음할 때 입술을 둥글게 오므린 상태에서 소리 내는 'ㅗ, ㅚ, ㅜ, ㅟ'와 같은 모음을 **원순(圓脣) 모음**이라 하고, 입술을 평평하게 하여 소리 내는 'ㅏ, ㅐ, ㅓ, ㅔ, ㅡ, ㅣ'와 같은 모음을 **평순(平脣) 모음**이라고 해요.

종류	소리 내는 방법	해당하는 모음
원순 모음	입술을 둥글게 하여 소리 냄.	ㅗ, ㅚ, ㅜ, ㅟ
평순 모음	입술을 평평하게 하여 소리 냄.	ㅏ, ㅐ, ㅓ, ㅔ, ㅡ, ㅣ

지금까지 배운 단모음 체계를 하나로 정리하면 다음과 같아요.

혀의 높이 \ 혀의 최고점의 위치 \ 입술의 모양	전설 모음		후설 모음	
	평순 모음	원순 모음	평순 모음	원순 모음
고모음	ㅣ	ㅟ	ㅡ	ㅜ
중모음	ㅔ	ㅚ	ㅓ	ㅗ
저모음	ㅐ		ㅏ	

{〈표준 발음법〉에 규정된 단모음의 발음}

참고로, 〈표준 발음법〉에서 규정하고 있는 단모음의 발음에 대해 살펴보도록 할게요.

> **제4항**
>
> '**ㅏ ㅐ ㅓ ㅔ ㅗ ㅚ ㅜ ㅟ ㅡ ㅣ**'는 단모음(單母音)으로 발음한다.
>
> 붙임 '**ㅚ, ㅟ**'는 이중 모음으로 발음할 수 있다.

전설 모음이자 원순 모음인 'ㅚ, ㅟ'는 원칙적으로 단모음이에요. 그런데, [붙임]에서는 'ㅚ, ㅟ'를 이중 모음으로 발음하는 것도 허용하고 있어요. 특히 'ㅚ'는 이중 모음으로 발음할 경우, 표기와는 달리 'ㅞ'와 발음이 비슷해져요. '금괴(金塊)[금괴]'가 '금궤(金櫃)[금궤]'와 같이 발음되는 경우가 그 한 예죠. 'ㅚ, ㅟ'는 단모음이지만, 이중 모음으로 발음할 수도 있다는 것, 잊지 마세요!

국어교과서 단박정리

● **모음(母音)** 소리를 낼 때 목 안이나 입안의 어떤 자리에서 발음 기관의 장애를 받지 않고 나는 소리
● **단모음 체계도**

혀의 높이 \ 혀의 최고점의 위치 \ 입술의 모양	전설 모음		후설 모음	
	평순 모음	원순 모음	평순 모음	원순 모음
고모음	ㅣ	ㅟ	ㅡ	ㅜ
중모음	ㅔ	ㅚ	ㅓ	ㅗ
저모음	ㅐ		ㅏ	

01 다음 설명이 맞으면 ○표, 틀리면 ×표를 하시오.

(1) 국어의 모음은 단모음과 이중 모음으로 나눌 수 있다. (　　　)

(2) 국어의 단모음의 개수는 11개이다. (　　　)

(3) 이중 모음은 발음할 때 입술 모양이 바뀌거나 혀가 움직이는 모음이다. (　　　)

(4) '평순 모음'과 '원순 모음'은 혀의 높낮이에 따라 모음을 분류한 것이다. (　　　)

02 다음 빈칸에 들어갈 알맞은 말을 쓰시오.

(1) 단모음은 혀의 최고점의 위치에 따라 □□ 모음과 □□ 모음으로 나뉜다.

(2) 단모음은 혀의 높낮이에 따라 □모음, □모음, □모음으로 나뉜다.

(3) 단모음은 입술 모양에 따라 □□ 모음과 □□ 모음으로 나뉜다.

03 다음 모음에 해당하는 예를 바르게 연결하시오.

(1) 고모음 •　　　　　　　• ㉠ ㅔ, ㅚ, ㅓ, ㅗ

(2) 중모음 •　　　　　　　• ㉡ ㅐ, ㅏ

(3) 저모음 •　　　　　　　• ㉢ ㅣ, ㅟ, ㅡ, ㅜ

연습문제 풀이 **01** (1) ○ (2) × (국어의 단모음은 모두 10개예요.) (3) ○ (4) × ('평순 모음'과 '원순 모음'은 입술 모양에 따라 모음을 분류한 거예요.) **02** (1) 전설, 후설 (2) 고, 중, 저 (3) 평순, 원순 **03** (1) ㉢ (2) ㉠ (3) ㉡

오늘 배운 '음운', '음절', '모음',
그리고 **14일**에 배울 '자음'은 국어 문법의
기본이 되는 중요한 개념이야. 이 개념들을
알아야 음성이 만들어지는 원리를 이해하고,
정확한 말로 우리의 생각을 표현할 수 있지.
그러니 머릿속에 꼭꼭 기억해 둬~!!

01 다음 중 밑줄 친 부분의 쓰임이 적절하지 <u>않은</u> 것은?

① 아기의 <u>울음소리</u>
② 짝이 <u>고함치는 음성</u>
③ 할아버지의 <u>기침 소리</u>
④ 어머니의 <u>부드러운 음성</u>
⑤ 지하철이 <u>지나가는 소리</u>

02 다음 중 '음운'에 대한 설명으로 적절하지 <u>않은</u> 것은?

① 음운은 말의 뜻을 구별해 주는 소리의 가장 작은 단위이다.
② '굴/꿀'이라는 말은 음절의 첫소리에 의해 의미가 달라진다.
③ 자음과 모음은 분절 음운으로 말의 뜻을 구별해 주는 기능을 한다.
④ 우리말의 단어들은 첫음절을 긴소리로 발음해야 의미가 명확해진다.
⑤ 소리의 길이나 억양 등은 명확하게 나눌 수는 없지만 음운에 해당한다.

03 〈보기〉를 참고할 때, '음운'의 특성과 가장 관련이 깊은 것은?

① 음절의 수는 모음의 수와 같다.
② 음운이 교체되면 말의 뜻이 달라진다.
③ '발, 물, 맛'은 한 번에 소리 낼 수 있는 말이다.
④ 음운이 합해져 음절을 이루어야 소리를 낼 수 있다.
⑤ 음절은 일반적으로 첫소리, 가운뎃소리, 끝소리로 이루어진다.

04 '밤[밤] - 夜 / 밤[밤ː] - 栗'에 의미 차이가 생기는 이유로 가장 알맞은 것은?

① 자음의 차이
② 모음의 차이
③ 소리의 길이
④ 소리의 세기
⑤ 소리의 높낮이

05 다음 밑줄 친 말 중 소리의 길이가 <u>다른</u> 하나는?

① <u>곰</u>은 겨울이 되면 굴에서 잠을 잔다.
② 공주 지역은 <u>밤</u>의 생산지로 유명하다.
③ 어제는 하루 종일 함박<u>눈</u>이 펑펑 내렸다.
④ 어른의 <u>말</u>은 끝까지 듣고 대답해야 한다.
⑤ 우리 집은 매해 여름이면 현관에 <u>발</u>을 친다.

06 '모음'에 관한 설명 중 적절하지 <u>않은</u> 것은?

① 국어의 모음은 단모음 10개와 이중 모음 11개로 이루어져 있다.
② 단모음은 입술 모양에 따라 '평순 모음'과 '원순 모음'으로 나뉜다.
③ 단모음은 혀의 높이에 따라 '고모음', '중모음', '저모음'으로 나뉜다.
④ 단모음은 혀의 최고점의 위치에 따라 '전설 모음'과 '후설 모음'으로 나뉜다.
⑤ 이중 모음은 발음할 때 성대 울림의 유무에 따라 나눌 수 있다.

07 〈보기〉는 우리말의 음절 형태와 관련된 설명이다. 적절하지 <u>않은</u> 것은?

| 보기 |

모음 하나로 되어 있는 음절	예 아, 어, 오, 우 등
자음 + 모음으로 되어 있는 음절	예 가, 너, 수, 히 등
모음 + 자음으로 되어 있는 음절	예 악, 음, 영, 일 등
자음 + 모음 + 자음으로 되어 있는 음절	예 강, 산, 국, 몫[목] 등

① 모음이 있어야 음절을 이룰 수 있다.
② 음절의 개수는 자음의 수와 일치한다.
③ '산이 높다'는 4개의 음절로 이루어져 있다.
④ 겹받침의 경우 둘 중 하나만으로 소리 난다.
⑤ 음절의 첫소리에 오는 'ㅇ'은 소릿값이 없다.

08 다음 문장을 소리 나는 대로 쓰고, '자음 + 모음 + 자음'으로 이루어진 음절을 쓰시오.

집 앞으로 맑은 물이 흐른다.

(1) 문장을 소리 나는 대로 쓴 것 : [   ]
(2) '자음 + 모음 + 자음'으로 이루어진 음절 : _____

14일 음운이란 무엇일까 2

1 자음의 발음 원리와 발음 기관

 자음 - 공기의 흐름에 방해를 받아 나는 소리예요

모음이 공기의 흐름에 방해를 받지 않고 성대를 울리면서 나오는 소리라면, **자음**(子-아들 자 音-소리 음)은 공기의 흐름에 방해를 받음으로써 만들어지는 소리예요. 그래서 모음은 하나만 있어도 소리를 낼 수 있지만, 자음은 모음과 함께 발음해야 비로소 소리를 낼 수 있어요. 모음을 순우리말로 '홀소리(홀로 나는 소리)', 자음을 '닿소리(모음에 닿아야 나는 소리)'라고도 해요.

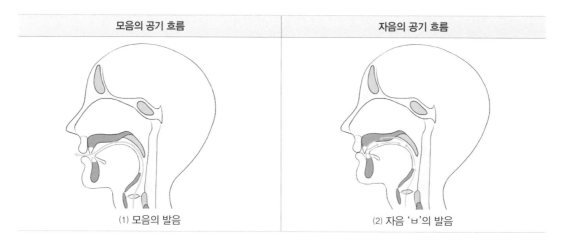

모음의 공기 흐름	자음의 공기 흐름
(1) 모음의 발음	(2) 자음 'ㅂ'의 발음

모음을 발음할 때에는 공기의 흐름이 자연스럽게 입 밖으로 나가게 돼요. 그림 (1)은 모음을 발음할 때 공기가 아무런 방해를 받지 않고 입을 통해 나가는 것을 보여 주고 있어요. 반면, 자음은 발음할 때 공기의 흐름이 입안의 어느 곳에서 방해를 받게 돼요. 그림 (2)는 자음 'ㅂ'을 발음하는 경우로, 위아래 입술이 맞닿아 공기의 흐름이 막히는 것을 알 수 있어요.

실제로 'ㅏ'나 'ㅗ' 등의 모음을 발음하면서 목 아래쪽에 손가락 끝을 대어 보면 진동을 느낄 수 있어요. 성대가 울리는 거죠. 반면 'ㅂ', 'ㅅ', 'ㅈ' 등의 자음은 홀로 발음할 수 없기 때문에 확인하기 쉽지 않은데요, 가장 약한 모음인 'ㅡ'와 함께 발음하되 'ㅡ'를 최대한 약하게 하면서 자음들을 발음해 보면 목 아래쪽에 거의 울림이 없다는 것을 확인할 수 있어요.

우리말에는 'ㄱ, ㄲ, ㄴ, ㄷ, ㄸ, ㄹ, ㅁ, ㅂ, ㅃ, ㅅ, ㅆ, ㅇ, ㅈ, ㅉ, ㅊ, ㅋ, ㅌ, ㅍ, ㅎ'의 19개의 자음이 있어요.

② 자음의 발음 기관 – 다양한 말소리를 만들어요

위의 그림 속 상황은 우리가 일상적으로 흔히 겪는 일들이에요. '쉰 목소리', '코맹맹이 소리', '혀 짧은 소리' 같은 말, 많이 들어 봤죠? 뭔가 발음이 좀 어색하고 웃기기도 해요. 대개 몸이 아프거나 불편할 때 이런 소리들이 나오게 되는데요, 목, 코, 혀, 이[齒] 등과 같은 부위들이 바로 말소리를 만들어 내는 신체 기관이에요. 흔히 **발음 기관**이라고 하죠.

우리 몸의 발음 기관에는 다음과 같은 것들이 있어요. 자음을 분류하거나 음운의 변동을 설명할 때 자주 언급되는 내용이므로 발음 기관의 명칭과 위치를 잘 알아 두어야 해요.

신체 기관의 종류	명칭	내용	위치
조음 기관 입속과 콧속을 중심으로 혀와 입술이 움직임으로써 여러 가지 말소리가 만들어지는 곳	입술	윗입술과 아랫입술이 맞닿아 소리를 만듦.	
	잇몸	입천장의 제일 앞부분	
	입천장	목젖에서부터 윗잇몸까지 이어지는 부분. 딱딱한 부분을 '센입천장(경구개)', 말랑말랑한 부분을 '여린입천장(연구개)'이라고 함.	
	목젖	입을 크게 벌렸을 때 목구멍 위에 매달린 부분	
	혀	'혀끝, 혓바닥, 혀뒤'로 나누어지며, 어떻게 사용하느냐에 따라 발음이 달라짐.	
발성 기관 소리 자체가 나는 곳	성대	소리를 내는 기관으로, 폐에서 나온 공기가 성대를 진동시키며 다양한 소리를 냄. '목청'이라고도 함.	

● **자음(子音)** 공기의 흐름이 발음 기관의 방해를 받으면서 나는 소리
● **자음의 종류** 'ㄱ, ㄲ, ㄴ, ㄷ, ㄸ, ㄹ, ㅁ, ㅂ, ㅃ, ㅅ, ㅆ, ㅇ, ㅈ, ㅉ, ㅊ, ㅋ, ㅌ, ㅍ, ㅎ'의 19개

연습 문제 개념 바로 확인하기

01 다음 설명이 맞으면 ○표, 틀리면 ×표를 하시오.

(1) 자음은 공기의 흐름에 방해를 받음으로써 만들어지는 소리이다. (   )

(2) 자음은 혼자서도 소리를 낼 수 있지만, 모음은 자음과 함께 발음해야 소리를 낼 수 있다.(   )

(3) 국어의 자음은 모두 19개이다. (   )

02 다음 빈칸에 들어갈 알맞은 말을 쓰시오.

(1) ☐☐는 소리 자체가 나는 발성 기관으로, 목청이라고도 한다.

(2) 입속과 콧속을 중심으로 혀와 입술이 움직임으로써 여러 가지 말소리가 만들어지는 곳을 ☐ ☐☐이라고 한다.

연습문제 풀이 **01** (1) ○ (2) × (모음은 혼자서도 소리를 낼 수 있지만, 자음은 모음과 함께 발음해야만 소리를 낼 수 있어요.) (3) ○ **02** (1) 성대 (2) 조음 기관

 ## 2 자음의 분류

1 소리 나는 위치에 따라

자음이 공기의 흐름에 방해를 받음으로써 만들어지는 소리라는 것, 잘 이해했죠? 이런 점에서 19개의 자음을 분류하는 첫 번째 기준은 '어디에서 방해를 받는가' 하는 거예요. 우선 모음 'ㅡ'를 붙여서 다음 자음들을 연속해서 발음해 보고, 혀의 위치가 어떻게 달라지는지 느껴 보세요.

> ㅂ - ㅃ - ㅍ   ㄷ - ㄸ - ㅌ   ㄱ - ㄲ - ㅋ

'ㅂ, ㅃ, ㅍ'을 발음할 때 혀는 가장 낮은 위치에서 거의 움직이지 않고, 윗입술과 아랫입술이 붙었다 떨어지면서 소리가 나요. 또 'ㄷ, ㄸ, ㅌ'을 발음할 때에는 혀끝이 윗잇몸에 닿는 것을, 'ㄱ, ㄲ, ㅋ'을 발음할 때에는 혀의 뒷부분이 입천장 뒷부분인 여린입천장에 닿는 것을 느낄 수 있을 거예요. 바로 '두 입술 사이', '윗잇몸과 혀끝 사이', '혀의 뒷부분과 여린입천장 사이'라는 위치가 공기의 흐름이 방해를 받는 곳인 거죠. 그곳을 소리가 만들어지는 위치, 즉 '조음 위치'라고 해요.

방금과 같은 방법으로 발음하면서 19개의 자음을 조음 위치에 따라 분류하면 다음과 같아요. 자음을 분류하는 대표적인 명칭이므로 잘 알아 두어야 해요. 발음 기관의 모양과 글자의 모양을 연관 지어 떠올리면 기억하기 쉬워요.

	명칭	소리 나는 위치	해당 자음	대표 음운과 발음 기관의 모양
조음 위치	입술소리(순음)	두 입술 사이	ㅁ, ㅂ, ㅃ, ㅍ	ㅂ 입술이 맞닿는 모양
	잇몸소리(치조음)	윗잇몸과 혀끝 사이	ㄴ, ㄷ, ㄸ, ㄹ, ㅅ, ㅆ, ㅌ	ㄷ
	센입천장소리(경구개음)	혓바닥과 센입천장 사이	ㅈ, ㅉ, ㅊ	ㅈ
	여린입천장소리(연구개음)	혀의 뒷부분과 여린입천장 사이	ㄱ, ㄲ, ㅇ, ㅋ	ㄱ
	목청소리(후음)	목청 사이	ㅎ	ㅎ 목구멍이 열린 모양

② 소리 내는 방법에 따라

● 공기의 흐름을 방해하는 세 가지 방법

앞에서 조음 위치에 따른 자음 분류가 공기의 흐름이 '어디에서 방해를 받는가'에 따른 것이라고 했죠? 그렇다면 공기의 흐름이 '어떻게 방해를 받는가'에 따라서도 자음을 분류해 볼 수 있어요. 이것이 자음 분류의 두 번째 기준이에요. 자음을 발음할 때 공기의 흐름에 방해를 받는 방식에는 다음과 같은 세 가지 종류가 있어요.

	공기의 흐름을 막았다가 한 번에 터뜨리는 방식
	공기가 흘러가는 **통로를 좁혀서** 공기가 틈 사이로 비집고 나가게 하는 방식
	공기의 흐름을 **막았다가 서서히 터뜨리면서** 공기가 틈 사이로 비집고 나가게 하는 방식

여름에 고무호스로 물놀이를 해 본 적이 있죠? 호스 끝의 구멍을 조금 막으면 수압이 세지면서 물총처럼 물살이 빠르게 뿜어져 나와요. 물론 입구를 더 좁게 막을수록 물살은 더 세차게 나오겠죠. 마찬가지로 폐에서 올라오는 공기의 흐름을 어떻게 막고 열어 주느냐에 따라 다른 소리가 나온답니다.

'ㅂ, ㅃ, ㅍ'과 'ㄷ, ㄸ, ㅌ' 그리고 'ㄱ, ㄲ, ㅋ'은 각각 입술, 잇몸, 여린입천장에서 공기를 막았다가 그 자리에서 한꺼번에 터뜨리면서 내는 소리예요. 터지면서 나오는 소리라는 뜻에서 **파열음**(破깨뜨릴 파 裂찢을 열 音소리 음)이라고 해요.

공기의 흐름을 막는 게 아니라면, 공기가 지나가는 틈을 좁혀서 방해할 수도 있어요. 'ㅅ, ㅆ'과 'ㅎ'은 각각 잇몸과 목청에서 통로를 좁혀 그 틈 사이로 공기가 마찰을 일으키며 비집고 나오게 해서 내는 소리예요. 이런 소리를 **마찰음**(摩갈 마 擦비빌 찰 音소리 음)이라고 해요. 아무래도 좁은 틈으로 나오려니 마찰이 심하고, 듣기에는 공기가 새는 느낌이 들죠.

마지막으로 이 두 가지 방식을 합쳐서 일단은 막았다가 한꺼번에 터뜨리지 않고 조금씩 틈을 열면서 마찰을 일으키며 내는 소리가 있어요. 'ㅈ, ㅉ, ㅊ'이 그런 경우인데, 파열로 시작해서 마찰로 끝나는 형태라서 두 가지를 합쳐 **파찰음**(破깨뜨릴 파 擦비빌 찰 音소리 음)이라고 해요.

		입술소리	잇몸소리	센입천장소리	여린입천장소리	목청소리
조음 방법	파열음	ㅂ, ㅃ, ㅍ	ㄷ, ㄸ, ㅌ		ㄱ, ㄲ, ㅋ	
	파찰음			ㅈ, ㅉ, ㅊ		
	마찰음		ㅅ, ㅆ			ㅎ

● **성대를 울리며 나오는 네 개의 울림소리**

일반적으로 자음은 발음할 때 성대가 울리지 않지만, 자음 중 일부는 성대를 울리면서 발음돼요. 'ㄴ, ㄹ, ㅁ, ㅇ' 네 개의 자음이 그것으로, 이들은 모음과 더불어 울림소리로 분류된답니다.

코를 막고 '맹꽁맹꽁'이란 말을 발음해 보세요. 발음이 잘 안 되죠? 'ㄴ, ㅁ, ㅇ'은 공기가 입뿐만 아니라 코를 통해서도 흘러 나가기 때문에 **비음**(鼻코 비 音소리 음) 또는 **콧소리**라고 해요. 발음할 때 입안의 통로를 막고 코로 공기를 내보내면서 내는 소리예요. 그래서 코를 막으면 공기가 나가지 못해 이상한 소리가 되는 거죠.

반면, '개굴개굴'이라는 말은 코를 막아도 발음하는 데 아무런 문제가 없어요. 짐작하다시피 'ㄹ'은 코와는 상관없는 음운이기 때문이에요. 대신 'ㄹ'은 혀의 양쪽으로 공기가 흘러 나가기 때문에 **유음**(流흐를 류 音소리 음) 또는 **흐름소리**라고 해요. 발음할 때 혀끝을 윗잇몸에 가볍게 대었다가 떼거나, 혀끝을 윗잇몸에 댄 채 공기를 그 양옆으로 흘려보내면서 내는 소리예요.

비음과 유음 같은 울림소리는 밝고 경쾌하면서 부드러운 느낌을 주기 때문에 음악적 성격이 강해서 시 구절이나 노랫말에 자주 쓰여요.

		입술소리	잇몸소리	센입천장소리	여린입천장소리	목청소리
조음 방법	비음(콧소리)	ㅁ	ㄴ		ㅇ	
	유음(흐름소리)		ㄹ			

3 소리의 세기에 따라

> 친구한테 그런 일이 있는 줄은 감감하게 모르고 있었네. 다른 아이들도 깜깜히 모르고 있을 텐데. 친구들의 일에 대해 캄캄했던 내가 한심스럽다.

위 그림에서 '감감하다 – 깜깜하다 – 캄캄하다'는 '어떤 사실을 전혀 모르거나 잊은 상태'라는 비슷한 뜻을 갖고 있지만, 서로 다른 느낌을 줘요. '감감하다'보다는 '깜깜하다'가 더 센 느낌을, '깜깜하다'보다는 '캄캄하다'가 더 거센 느낌을 주죠. 우리말의 자음에는 이렇게 두세 개의 음운이 짝을 이루고 있는 경우가 많아요. 'ㅂ-ㅃ-ㅍ', 'ㄷ-ㄸ-ㅌ', 'ㅅ-ㅆ', 'ㅈ-ㅉ-ㅊ', 'ㄱ-ㄲ-ㅋ'이 그런 경우예요. 모두 소리 내는 위치와 방법은 같지만, 얼마나 세게 소리를 내느냐에 따라 다른 소리가 나죠. 자음을 분류하는 세 번째 기준은 바로 이 '소리의 세기'예요.

'ㄱ, ㄷ, ㅂ, ㅅ, ㅈ'은 특별히 세게 소리 내지 않아도 자연스럽게 예사로 나는 소리라는 뜻에서 **예사소리 [평음(**平평평할 평 音소리 음**)]**라고 해요. 'ㄲ, ㄸ, ㅃ, ㅆ, ㅉ'은 성대 주위의 근육을 긴장시켜서 내는 소리로, 청각적으로 단단하고 센 느낌을 주기 때문에 **된소리[경음(**硬굳을 경 音소리 음**)]**라고 하죠. 숨이 거세게 터져 나오는 'ㅊ, ㅋ, ㅌ, ㅍ'은 예사소리에 'ㅎ' 소리가 더해지면서 마찰을 일으키고 분출되는 소리예요. 거친 느낌을 주기 때문에 **거센소리[격음(**激부딪칠 격 音소리 음**)]**라고 해요.

유성음과 무성음이 있는 것이 영어의 특징이듯 우리말 자음에는 '예사소리-된소리-거센소리'의 체계가 있어요. 국어 자음의 두드러진 특징 중 하나죠. 대개는 예사소리보다 된소리가 좀 더 강하고 단단한 느낌이고, 된소리보다 거센소리가 좀 더 세고 거친 느낌이랍니다.

조음 방법	조음 위치	입술소리	잇몸소리	센입천장소리	여린입천장소리	목청소리
파열음	예사소리	ㅂ	ㄷ		ㄱ	
	된소리	ㅃ	ㄸ		ㄲ	
	거센소리	ㅍ	ㅌ		ㅋ	
파찰음	예사소리			ㅈ		
	된소리			ㅉ		
	거센소리			ㅊ		
마찰음	예사소리		ㅅ			ㅎ
	된소리		ㅆ			

● 자음 체계도

② ③ ④ ①		입술소리 (순음)	잇몸소리 (치조음)	센입천장소리 (경구개음)	여린입천장소리 (연구개음)	목청소리 (후음)
안울림 소리	파열음 예사소리	ㅂ	ㄷ		ㄱ	
	파열음 된소리	ㅃ	ㄸ		ㄲ	
	파열음 거센소리	ㅍ	ㅌ		ㅋ	
	파찰음 예사소리			ㅈ		
	파찰음 된소리			ㅉ		
	파찰음 거센소리			ㅊ		
	마찰음 예사소리		ㅅ			ㅎ
	마찰음 된소리		ㅆ			
울림 소리	비음(콧소리)	ㅁ	ㄴ		ㅇ	
	유음(흐름소리)		ㄹ			

※ 분류 기준 : ① 조음 위치 ② 성대의 울림 여부 ③ 조음 방법 ④ 소리의 세기

3 모음과 자음 외의 음운

위 그림과 같이 우리말에서는 소리의 길이(장단)가 말의 뜻을 구별해 주기도 해요. 즉, 소리의 길고 짧음 역시 음운으로서의 역할을 하는 거죠. 더불어 소리의 높낮이(억양)도 말의 뜻을 구별해 주는데요, '학교 가'라는 말은 그 끝을 올리느냐, 내리느냐에 따라 뜻이 달라져요.

• 학교 가(↗) : 질문에 대한 답을 요구하는 의문문이 됨.
• 학교 가(↘) : 부드러운 느낌의 평서문이 됨.

이렇게 모음과 자음 외의 음운을 '비분절 음운'이라고 하는데, 우리말에는 '소리의 길이(장단), 높낮이(억양), 세기' 등이 있어요. **13일**에 공부했던 내용인데, 잘 기억하고 있죠?

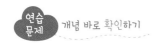

01 조음 위치에 따른 자음 종류와 해당 자음을 바르게 연결하시오.

(1) 입술소리 •   • ㉠ ㅈ, ㅉ, ㅊ

(2) 센입천장소리 •   • ㉡ ㅁ, ㅂ, ㅃ, ㅍ

(3) 여린입천장소리 •   • ㉢ ㄱ, ㄲ, ㅇ, ㅋ

02 조음 방법에 따른 자음 종류와 해당 자음을 바르게 연결하시오.

(1) 파열음 •   • ㉠ ㅂ, ㅃ, ㅍ / ㄷ, ㄸ, ㅌ / ㄱ, ㄲ, ㅋ

(2) 파찰음 •   • ㉡ ㅅ, ㅆ, ㅎ

(3) 마찰음 •   • ㉢ ㅈ, ㅉ, ㅊ

03 다음 빈칸에 들어갈 알맞은 말을 쓰시오.

(1) 자음 '☐, ☐, ☐'은 입뿐만 아니라 코를 통해서도 공기가 흘러 나가기 때문에 '비음' 또는 '콧소리'라고 한다.

(2) 자음 'ㄹ'은 혀의 양쪽으로 공기가 흘러 나가기 때문에 '유음' 또는 '☐☐소리'라고 한다.

04 다음 설명이 맞으면 ○표, 틀리면 ×표를 하시오.

(1) 비음과 유음을 묶어서 안울림소리라고 한다. (   )

(2) 울림소리는 밝고 경쾌하면서 부드러운 느낌을 주기 때문에 음악적 성격이 강하다. (   )

(3) 자음을 '예사소리-된소리-거센소리'의 체계로 나누는 기준은 소리의 세기이다. (   )

(4) '예사소리-된소리-거센소리'는 소리 내는 위치와 방법이 다르다. (   )

05 다음 조건에 모두 해당하는 자음을 쓰시오.

(1) 입술소리-파열음-거센소리 : _____

(2) 잇몸소리-마찰음-예사소리 : _____

(3) 센입천장소리-파찰음-된소리 : _____

(4) 여린입천장소리-비음 : _____

연습문제 풀이 **01** (1) ㉡ (2) ㉠ (3) ㉢ **02** (1) ㉠ (2) ㉢ (3) ㉡ **03** (1) ㄴ, ㅁ, ㅇ (2) 흐름 **04** (1) × (비음(콧소리)과 유음(흐름소리)은 다른 자음들과 달리 울림소리예요.) (2) ○ (3) ○ (4) × ('예사소리 – 된소리 – 거센소리' 모두 소리 내는 위치와 방법은 같아요. 얼마나 세게 소리를 내느냐에 따라 다른 소리가 나는 거죠.) **05** (1) ㅍ (2) ㅅ (3) ㅉ (4) ㅇ

01 밑줄 친 단어의 자음과 소리 나는 위치가 바르게 연결된 것은?

① 내일은 학교에서 소풍을 가는 날이다. – 입술소리

② 언니는 머리를 곱슬곱슬하게 파마했다. – 잇몸소리

③ 친구들과 함께 킹콩이라는 영화를 보았다. – 목청소리

④ 빵 위에 햄과 치즈를 얹어 샌드위치를 만들었다. – 센입천장소리

⑤ 모든 불빛이 꺼지자 도시는 완전한 어둠에 잠겼다. – 여린입천장소리

02 자음을 소리 내는 방법에 따라 분류할 때, 해당하는 예로 바르지 않은 것은?

① 파열음 – ㄱ, ㄷ, ㅂ ② 마찰음 – ㅅ, ㅆ, ㅎ

③ 파찰음 – ㅈ, ㅉ, ㅊ ④ 비음 – ㄴ, ㅁ, ㅇ

⑤ 유음 – ㅋ, ㅌ, ㅍ

03 〈보기〉의 빈칸에 들어갈 내용으로 가장 적절한 것은?

┤ 보기 ├

학생 : 감기에 걸려서 코가 막히니까 'ㄴ, ㅁ, ㅇ'이 들어간 단어를 발음하기가 힘들어요.

선생님 : 그건 'ㄴ, ㅁ, ㅇ'이 _____

① 발음할 때 공기가 코로도 흘러 나가는 비음이기 때문이야.

② 발음할 때 공기의 흐름이 방해를 받는 자음이기 때문이야.

③ 발음할 때 두 입술이 맞닿아서 소리 나는 입술소리이기 때문이야.

④ 발음할 때 혀의 양쪽으로 공기가 흘러 나가는 유음이기 때문이야.

⑤ 발음할 때 파열과 마찰의 과정을 모두 거치는 파찰음이기 때문이야.

04 〈보기〉의 밑줄 친 부분에 대한 설명으로 적절한 것은?

┤ 보기 ├

㉠ 얼음이 단단하게 얼어서 아무리 쳐도 깨지지 않는다.

㉡ 주먹밥이 돌처럼 딴딴하게 얼어 있었다.

㉢ 이 다리는 이백 년이 넘었지만 아직도 탄탄하다.

① ㉠은 ㉡에 비해 더 튼튼한 느낌을 준다.

② ㉠은 ㉡에 비해 더 굳고 센 느낌을 준다.

③ ㉠은 ㉡에 비해 더 거칠고 강한 느낌을 준다.

④ ㉠은 ㉢에 비해 더 굳어 있는 느낌을 준다.

⑤ ㉠은 ㉢에 비해 단단함의 정도가 덜한 느낌을 준다.

05 다음 중 〈보기〉의 조건을 모두 만족시키는 글자는?

| 보기 |

- 첫소리는 두 입술이 붙었다 떨어지면서 만들어진다.
- 가운뎃소리는 혀의 뒤쪽에서 발음된다.
- 끝소리는 공기의 흐름을 막았다가 한 번에 터뜨리면서 내는 소리이다.

① 흡 　　　② 팥 　　　③ 밀 　　　④ 콩 　　　⑤ 못

06 다음은 한글 점자 '훈맹정음'의 일부이다. 첫소리 'ㅇ'을 나타내는 글자가 없는 이유로 적절한 것은?

| 보기 |

	첫소리			끝소리			가운뎃소리			
	ㅅ	ㅇ	ㅈ	ㅅ	ㅇ	ㅈ	ㅕ	ㅗ	ㅛ	
…	○○ ○○ ○●	없음	●○ ○○ ○●	○○ ○○ ●○	○○ ●● ●○	●● ○○ ●●	●○ ○● ○●	●○ ○○ ●●	○● ○● ●●	…

(●은 돌출된 부분이고, ○은 평평한 면임.)

① 첫소리 'ㅇ'의 소릿값이 끝소리 'ㅇ'과 같아서 구별할 필요가 없기 때문이다.

② 첫소리 'ㅇ'과 끝소리 'ㅇ'이 같은 소리라서 별도의 글자가 필요 없기 때문이다.

③ 첫소리 'ㅇ'과 끝소리 'ㅇ'을 같은 글자로 나타내도 의미상 혼동이 없기 때문이다.

④ 첫소리 'ㅇ'은 말의 의미를 구별해 주는 별개의 음운으로 존재하지 않기 때문이다.

⑤ 첫소리 'ㅇ'은 거의 쓰지 않는 음운이므로 다른 글자로 대체해서 쓸 수 있기 때문이다.

07 〈보기〉의 밑줄 친 부분의 예로 적절하지 <u>않은</u> 것은? [고1 전국연합학력평가 응용]

| 보기 |

　자음 중 안울림소리는 소리의 세기에 따라 예사소리, 된소리, 거센소리로 나뉜다. <u>기본적으로 같은 의미를 가진 단어라도 된소리는 예사소리보다 더 강하고 단단한 느낌을 주고, 거센소리는 된소리보다 더 크고 거친 느낌을 준다.</u>

① ┌ 쌀가루를 <u>동글동글하게</u> 반죽하여 떡을 만들었다.
　 └ 아이들의 <u>똥글똥글한</u> 눈망울이 순수하고 예쁘다.

② ┌ 문이 <u>덜거덕</u> 열린다.
　 └ 수레가 <u>떨거덕</u> 소리를 내며 굴러간다.

③ ┌ 햇빛이 <u>부옇게</u> 칠판을 비추었다.
　 └ 안개가 <u>뿌옇게</u> 낀 아침이었다.

④ ┌ 일찍 일어나 마당을 <u>삭삭</u> 쓸었다.
　 └ 마루를 걸레로 <u>싹싹</u> 문질러 닦았다.

⑤ ┌ 부모님의 의견을 <u>좇아</u> 진로를 정했다.
　 └ 동생은 형을 <u>쫓아</u> 방에 들어갔다.

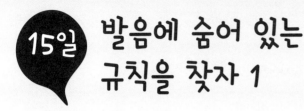

15일 발음에 숨어 있는 규칙을 찾자 1

 음운의 변동

① '음운 변동'의 개념과 필요성

위 그림을 보면 표기와는 달리 발음할 때 소리가 바뀌는 말들이 있어요.

- 국[국]+물[물] → 국물[궁물] : ㄱ+ㅁ → ㅇ+ㅁ · 닭[닥] : ㄺ → ㄱ
- 국화[구콰] : ㄱ+ㅎ → ㅋ · 먹을깨[머글까], 꽃을[꼬츨]

'국'이라는 단어는 홀로 쓰일 때에는 [국]으로 발음되다가, '국+물'에서는 [궁물]로 발음되고 있어요.

'닭'이라는 단어는 음절의 끝소리가 겹받침이지만, 실제 발음은 [닥]으로 소리 나죠.

'국화'라는 단어는 음운의 표기상 개수가 'ㄱ, ㅜ, ㄱ, ㅎ, ㅘ'의 5개이지만, 실제 발음할 때에는 4개로 줄어들어 [구콰]로 발음되고 있어요. 음운의 개수가 줄어든 거죠.

'먹을까', '꽃을'과 같은 단어에서는 뒤에 소릿값이 없는 'ㅇ'이 와서 앞말의 끝소리가 그 자리로 옮겨 가 발음되고 있어요.

이처럼 우리는 발음을 할 때 실제 표기와는 달리 음운이 바뀌는 현상을 자주 볼 수 있어요. 이를 **음운의 변동**이라고 해요. 왜 이런 현상이 일어나는 걸까요? 위 그림의 '국물'이라는 단어를 [국물]로 또박또박 발음해 본 후, 다시 [궁물]로 발음해 보세요. [국물]로 발음하는 것보다 [궁물]로 발음하는 것이 훨씬 편하다는 것을 느낄 수 있을 거예요. 이처럼 발음을 좀 더 쉽고 편하게 하기 위해서 음운의 변동이 일어나는 거예요.

위와 같은 음운의 변동 중 '자음의 변동'은 주로 표기는 변하지 않고 발음만 변하는 경우가 많아요. 따라서 〈표준 발음법〉(**18일**)과 관련이 있어요. '모음의 변동'은 모음이 탈락하거나 축약됨으로써 표기 자체가 달라지기 때문에 〈한글 맞춤법〉(**17일**)과 관련이 있죠. 이와 관련된 내용은 **17일**과 **18일**에서 좀 더 자세히 다루도록 할게요.

- **음운의 변동** 음운이 놓인 환경에 따라 발음이 달라지는 현상. 주로 발음을 쉽게 하기 위해 발생함.
  예 국물[궁물], 국화[구콰], 해돋이[해도지] 등

 개념 바로 확인하기

01 다음 빈칸에 들어갈 알맞은 말을 쓰시오.

(1) 발음을 할 때 실제 표기와는 달리 음운이 바뀌는 현상을 음운의 ☐☐이라고 한다.

(2) 음운의 변동이 일어나는 이유는 ☐☐을 좀 더 쉽고 편하게 하기 위해서이다.

02 다음 제시된 단어들을 소리 나는 대로 쓰시오.

(1) 굳이 : [　　　　　　　　　　]　　(2) 종로 : [　　　　　　　　　　]

(3) 닫는다 : [　　　　　　　　　]　　(4) 삶 : [　　　　　　　　　　]

연습문제 풀이 **01** (1) 변동 (2) 발음 **02** (1) [구지] (2) [종노] (3) [단는다] (4) [삼]

---

2 음운 변동의 종류 (1) – 교체

음운의 변동 중에서 어떤 음운이 환경에 따라 다른 음운으로 바뀌는 현상을 **교체**(交바꿀 교 替바꿀 체)라고 해요. '대체, 대치'라고도 하죠. '물고기'라는 단어를 발음할 때 '고'의 'ㄱ'이 'ㄲ'으로 바뀌는 것과 같은 현상을 말해요. 교체 현상에는 '음절의 끝소리 규칙, 자음 동화, 구개음화, 두음 법칙, 된소리되기' 등이 있어요.

1 음절의 끝소리 규칙

● **홑받침의 발음**

다음 단어를 각각 발음해 봅시다. 이때 음절의 끝소리가 어떻게 발음되는지에 주의하세요.

학 [학] 밖 [박] 부엌 [부억]	낟 [낟] 낫 [낟] 낮 [낟]	입 [입] 잎 [입]	값 [갑] 닭 [닥] 삶 [삼]

단어를 표기할 때에는 음절의 끝소리에 여러 가지 자음이 올 수 있지만 실제로 발음할 때에는 어떤 특정한 소리로만 발음된다는 것을 알 수 있죠? '낫'과 '낮'을 보면 표기상으로는 음절의 끝소리가 'ㅅ'과 'ㅈ'으로 다르지만, 발음할 때에는 똑같이 'ㄷ'으로 소리 나잖아요.

이처럼 우리말에서는 음절의 끝소리에서 발음되는 자음이 정해져 있어요. 음절의 끝소리에서 발음되는 자음은 'ㄱ, ㄴ, ㄷ, ㄹ, ㅁ, ㅂ, ㅇ'의 7개뿐이에요. 겹받침의 경우는 두 개의 자음 중 하나로만 소리 나게 돼요. 7개 이외의 자음이 받침이 되면 이 일곱 자음 중의 하나로 바꾸어 발음해야 하는데 이것을 '대표음'이라고 해요. 이처럼 음절의 끝소리가 'ㄱ, ㄴ, ㄷ, ㄹ, ㅁ, ㅂ, ㅇ'의 대표음 중 하나로만 발음되는 현상을 **음절의 끝소리 규칙**이라고 해요.

음절 끝소리의 표기	대표음	예
ㄱ, ㄲ, ㅋ	ㄱ	책[책], 밖[박], 부엌[부억]
ㄴ	ㄴ	간[간], 반[반]
ㄷ, ㅌ / ㅅ, ㅆ / ㅈ, ㅊ / ㅎ	ㄷ	낟[낟], 밭[받] / 낫[낟], 왔다[완따] / 낮[낟], 꽃[꼳] / 히읗[히읃]
ㄹ	ㄹ	달[달], 절[절]
ㅁ	ㅁ	감[감], 춤[춤]
ㅂ, ㅍ	ㅂ	입[입], 숲[숩]
ㅇ	ㅇ	강[강], 방[방]

국어교과서 단박정리

● **음절의 끝소리 규칙** 음절의 끝소리가 'ㄱ, ㄴ, ㄷ, ㄹ, ㅁ, ㅂ, ㅇ'의 대표음 중 하나로만 발음되는 현상
예 턱[턱], 밖[박], 동녘[동녁] / 낟[낟], 낫[낟], 낮[낟], 낯[낟], 낱[낟]

연습 문제 개념 바로 확인하기

01 다음 빈칸에 들어갈 알맞은 말을 쓰시오.

　(1) 음운의 변동 중 한 음운이 환경에 따라 다른 음운으로 바뀌는 현상을 ☐☐라고 한다.

　(2) 우리말에서 음절의 끝소리로 소리 나는 자음은 모두 ☐개이다.

02 다음 제시된 단어들의 음절 끝소리에서 공통적으로 발음되는 소리를 쓰시오.

　(1) 국, 밖, 부엌 : _____　　(2) 낟, 낫, 낮, 꽃 : _____

　(3) 밥, 앞, 늪, 숲 : _____

연습문제 풀이　**01** (1) 교체 (2) 7　**02** (1) ㄱ (2) ㄷ (3) ㅂ

● **겹받침의 발음**

값　　　닭

그렇다면 '값', '닭'과 같이 겹받침으로 된 단어들은 어떻게 발음할까요?

우리말의 겹받침에는 'ㄳ, ㄵ, ㄶ, ㄺ, ㄻ, ㄼ, ㄽ, ㄾ, ㄿ, ㅀ, ㅄ'이 있어요. 겹받침을 발음할 때에는 '값[갑], 닭[닥]'처럼 겹받침을 이루고 있는 두 개의 자음 중에서 하나로만 발음해요. 물론 뒤에 모음이 오면 뒤의 자음을 모음의 첫소리로 넘겨서 두 개의 자음을 모두 발음하죠.

이들 겹받침은 어말이나 자음 앞에서 둘 중 하나만 발음되고 하나는 탈락하는데, 일반적으로 'ㄳ, ㄵ, ㄶ, ㄼ, ㄽ, ㄾ, ㅀ, ㅄ'은 첫 번째 자음이 발음되고 두 번째 자음이 탈락해요. 또한 'ㄺ, ㄻ, ㄿ'은 첫 번째 자음이 탈락하고 두 번째 자음이 발음돼요.

다만, 겹받침 중에서 'ㄺ, ㄼ'은 발음이 불규칙한 경우가 있으므로 그 예를 알아 두어야 해요.

'ㄺ' 받침을 갖는 단어가 용언일 경우, 뒤에 'ㄱ'으로 시작되는 어미가

> ● **겹받침 발음의 음운 변동**
> 학교 문법에서는 겹받침 발음의 경우, 음절의 끝에서 변동이 일어나고 음운 변동의 결과가 'ㄱ, ㄴ, ㄷ, ㄹ, ㅁ, ㅂ, ㅇ'의 7개 자음 중 하나라는 점에서, 음운 교체 현상의 하나인 '음절의 끝소리 규칙'으로 보는 것이 일반적이다. 하지만 음절의 끝에서 겹받침 중 하나가 탈락하고 하나만 발음되기 때문에 음운 탈락 현상으로 보기도 한다.

오면 두 번째 자음 'ㄱ'이 탈락하고 'ㄹ'로 발음해요. 예를 들면 '맑고[말꼬], 맑게[말께], 읽고[일꼬], 읽거나[일꺼나]'처럼 발음해야 하는 거죠. 그러나 체언일 경우는 '흙과[흑꽈]'처럼 발음해야 하므로 주의해야 해요. 또한 'ㄼ' 받침을 갖는 단어 중에서 '밟-'은 자음 앞에서 [밥]으로, '넓-'은 '넓죽하다'와 '넓둥글다'의 경우에 [넙]으로 발음해요. 그러므로 '밟다', '넓죽하다, 넓둥글다'는 각각 [밥:따], [넙쭈카다], [넙뚱글다]로 발음하는 거죠.

소리 나는 음운	겹받침	예
앞의 받침이 소리 나는 경우	ㄳ	몫[목], 넋[넉], 넋과[넉꽈], 넋도[넉또]
	ㄵ, ㄶ	앉다[안따], 앉고[안꼬], 많다[만:타], 많고[만:코], 많아[마:나]
	ㄽ, ㄾ, ㅀ	외곬[외골], 핥는[할른], 앓는[알른]
	ㅄ	값[갑], 없다[업:따], 없고[업:꼬]
뒤의 받침이 소리 나는 경우	ㄻ	삶[삼:], 앎[암:], 삶다[삼:따]
	ㄿ	읊다[읖따] → [읍따]
불규칙한 경우	ㄺ	'ㄱ'으로 소리 나는 경우 : 맑다[막따], 맑지[막찌], 흙[흑], 흙과[흑꽈], 흙도[흑또]
		'ㄹ'로 소리 나는 경우 : 맑고[말꼬], 맑게[말께], 읽고[일꼬], 읽거나[일꺼나]
	ㄼ	'ㄹ'로 소리 나는 경우 : 넓지[널찌], 여덟[여덜]
		'ㅂ'으로 소리 나는 경우 : 넓죽하다[넙쭈카다], 밟다[밥:따], 밟지[밥:찌], 밟고[밥:꼬]

겹받침이 모음으로 시작되는 조사나 어미, 접미사와 결합할 때에는 뒤의 자음만을 다음 음절의 첫소리로 옮겨 발음하면 돼요. 예를 들어 '흙이[흘기], 흙을[흘글], 닭이[달기], 여덟이[여덜비], 여덟을[여덜블]'처럼 발음하면 되는 거죠.

● 연음 법칙과 절음 법칙

음절의 끝소리 규칙과 관련해 발음을 틀리는 경우가 많으니 주
의해야 해요.

음절의 끝소리 뒤에 모음으로 시작되는 조사나 어미, 접미사 등
의 형식 형태소가 오면 앞 음절의 끝소리가 대표음으로 바뀌지 않

조사나 어미 등의 형식
형태소는 실질적인 의미를
지니고 있지 않아. 그런
특성이 발음에도 반영되는
거지.

고 뒤에 오는 모음의 첫소리로 옮겨 발음되는데, 이것을 **연음 법칙**이라고 해요. 겹받침인 경우에는 앞서
'겹받침의 발음'에서 설명했듯이 두 번째 자음이 뒤에 오는 음절의 첫소리로 옮겨 가서 발음돼요.

- 모음으로 시작되는 조사가 올 경우 : 꽃+이 → [꼬치], 꽃+을 → [꼬츨]
- 모음으로 시작되는 어미가 올 경우 : 입-+-어라 → [이버라], 막-+-아서 → [마가서]
- 모음으로 시작되는 접미사가 올 경우 : 덮-+-이-+-다 → [더피다]
- 겹받침인 경우 : 삶+이 → [살:미], 맑-+-아서 → [말가서]

그런데 합성어나 단어 사이에서 앞 음절의 끝소리 뒤에 모음으로 시작되는 실질 형태소가 올 때에는 음
절의 끝소리 규칙이 먼저 적용돼요. 음절의 끝소리가 대표음으로 바뀐 후, 그다음에 연음 법칙이 일어나
는 거죠. 이것을 **절음 법칙**이라고 해요.

- 겉옷 → [걷옫] → [거돋]
- 꽃+아래 → [꼳 아래] → [꼬다래]
- 값어치 → [갑어치] → [가버치]

- 헛웃음 → [헏우슴] → [허두슴]
- 옷+안 → [옫 안] → [오단]
- 흙+아래 → [흑 아래] → [흐가래]

국어교과서 단박정리

● 주의해야 할 겹받침의 발음

앞의 받침이 소리 나는 경우		ㄳ, ㄵ, ㄶ, ㄼ, ㄽ, ㅀ, ㅄ : 삯[삭], 앉다[안따], 많다[만:타], 외곬[외골], 핥는[할른], 앓는[알른], 값[갑]
뒤의 받침이 소리 나는 경우		ㄻ, ㄿ : 삶[삼:], 젊다[점:따], 읊다[읖따] → [읍따]
불규칙한 경우	ㄺ	'ㄱ'으로 발음 : 맑다[막따], 맑지[막찌], 칡[칙], 닭[닥]
		'ㄹ'로 발음(뒤에 'ㄱ'으로 시작되는 어미가 올 경우) : 맑게[말께], 묽고[물꼬]
	ㄼ	'ㄹ'로 발음 : 여덟[여덜], 넓다[널따]
		※ '넓-'은 다음과 같은 경우에 'ㅂ'으로 발음 : 넓죽하다[넙쭈카다], 넓둥글다[넙 둥글다] ※ '밟-'은 자음 앞에서 [밥]으로 발음 : 밟다[밥:따], 밟지[밥:찌], 밟고[밥:꼬]

- **연음 법칙** 앞 음절의 끝소리 뒤에 모음으로 시작되는 조사나 어미, 접미사 등의 형식 형태소가 오면, 앞 음절의 끝
소리가 뒤 음절의 첫소리로 옮겨 가 발음되는 현상 **예** 꽃이[꼬치], 하늘이[하느리], 입어라[이버라]
- **절음 법칙** 합성어나 단어 사이에서 앞 음절의 끝소리 뒤에 모음으로 시작되는 실질 형태소가 오면, 앞 음절의 끝
소리가 대표음으로 바뀐 후 연음 법칙의 적용을 받아 발음되는 현상
예 겉옷 → [걷옫] → [거돋], 꽃 아래 → [꼳 아래] → [꼬다래]

01 다음 제시된 단어들의 발음이 맞으면 ○표, 틀리면 ×표를 하시오.

(1) 닭[닥] (　　　　)   (2) 맑지[말찌] (　　　　)

(3) 밟다[발따] (　　　　)   (4) 넓죽하다[넙쭈카다] (　　　　)

02 다음 제시된 단어들의 발음을 쓰시오.

(1) 읽고 : [　　　　　　　　　　]

(2) 넓지 : [　　　　　　　　　　]

(3) 맑다 : [　　　　　　　　　　]

(4) 닭을 : [　　　　　　　　　　]

03 다음 설명이 맞으면 ○표, 틀리면 ×표를 하시오.

(1) 음절의 끝소리 뒤에 모음으로 시작되는 조사가 올 경우, 음절의 끝소리 규칙을 적용한 후 발음한다. (　　　　)

(2) 음절의 끝소리 뒤에 모음으로 시작되는 어미가 올 경우, 받침을 뒤에 오는 모음의 첫소리로 옮겨 발음한다. (　　　　)

04 다음 빈칸에 들어갈 알맞은 말을 쓰시오.

(1) 음절의 끝소리 뒤에 모음으로 시작되는 실질 형태소가 오면 음절의 끝소리 규칙이 먼저 적용된 후 □□ 법칙이 일어나는 데, 이를 □□ 법칙이라고 한다.

(2) '밝으니'의 발음은 [□□□]이다.

(3) '옷 안'의 발음은 [□□□]이다.

연습문제 풀이 **01** (1) ○ (2) × [막찌] (3) × [밥:따] (4) ○ **02** (1) [일꼬] (2) [널찌] (3) [막따] (4) [달글] **03** (1) × (받침이 있는 단어 뒤에 모음으로 시작되는 조사가 오면, 앞 음절의 끝소리가 대표음으로 바뀌지 않고 뒤에 오는 모음의 첫소리로 옮겨 가 발음돼요.) (2) ○ **04** (1) 연음, 절음 (2) [발그니] (3) [오단]

2 자음 동화

● **비음화 – 비음(콧소리)으로 같아져요**

발음을 편하게 하기 위해 원래의 음운을 다른 것으로 바꿔 발음하는 것이 음운의 변동이라고 했어요. 하지만 이와 같은 음운 변동에도 일정한 규칙이 있어요. 같이 찾아볼까요?

종로 → [종노]
국물 → [궁물]
사로잡는 → [사로잠는]

'종로'를 [종로]로, '국물'을 [국물]로, '사로잡는'을 [사로잡는]으로 발음하는 것은 너무 불편하고 어색해요. 자연스럽게 [종노]와 [궁물], [사로잠는]으로 발음하게 되죠. 그런데 음운의 변동이 일어나기 전후 상황을 자음 분류표에서 확인해 보면 매우 흥미로운 점을 발견할 수 있어요.

조음 방법	조음 위치	입술소리 (순음)	잇몸소리 (치조음)	센입천장소리 (경구개음)	여린입천장소리 (연구개음)	목청소리 (후음)
안울림 소리	예사소리	ㅂ	ㄷ	ㅅ	ㅈ	ㄱ	
	된소리	ㅃ	ㄸ	ㅆ	ㅉ	ㄲ	ㅎ
	거센소리	ㅍ	ㅌ		ㅊ	ㅋ	
울림 소리	비음(콧소리)	ㅁ	ㄴ			ㅇ	
	유음(흐름소리)		ㄹ				

'종로'의 경우 '종'의 'ㅇ'과 '로'의 'ㄹ'이 붙어 있는 상황에서 'ㄹ'이 'ㄴ'으로 바뀌었는데, 'ㄹ'이 'ㄴ'으로 바뀌면서 'ㅇ'과 같은 비음(콧소리)이 되었다는 것을 알 수 있어요. '국물'의 경우에도 'ㄱ'이 'ㅇ'으로 바뀌면서 옆에 있는 'ㅁ'과 같은 비음이 되었고, '사로잡는'도 'ㅂ'이 'ㅁ'으로 바뀌면서 옆에 있는 'ㄴ'과 같은 비음이 되었어요. 모두 조음 위치는 여전히 다르지만 비음이라는 점에서는 같아진 거죠. 이처럼 자음과 자음이 만나, 서로 영향을 주고받아 한쪽이나 양쪽 모두 비슷한 소리로 바뀌는 현상을 **자음 동화**(子아들 자 音소리 음 同같을 동 化될 화)라고 해요. 말 그대로 자음이 서로 같아진다는 뜻이죠. 하지만 완전히 똑같은 음운으로 바뀌지는 않더라도 일부라도 그 성격이 같아져서 닮게 되면 '동화되었다'고 해요. 다만, 자음 동화가 일어나기 전에 음절의 끝소리 규칙의 영향을 먼저 받는다는 점을 기억하세요.

위에서 살펴본 예는 자음 동화 중 '비음화'에 해당해요. **비음화**(鼻코 비 音소리 음 化될 화)는 비음(콧소리)의 영향으로 비음이 아닌 자음이 비음 'ㄴ, ㅁ, ㅇ'으로 바뀌어 소리 나는 현상이에요. 비음화는 가까이 있는 자음 중 어느 쪽이 바뀌느냐에 따라 앞의 자음이 바뀌는 경우(역행), 뒤의 자음이 바뀌는 경우(순행), 양쪽 두 자음이 모두 바뀌는 경우(상호)로 나눌 수 있어요.

비음화의 종류	예		비고
'ㅂ, ㄷ, ㄱ'+'ㄴ, ㅁ' →[ㅁ, ㄴ, ㅇ]+[ㄴ, ㅁ]	밥물 → [밤물] 국물 → [궁물]	앞날 → [압날] → [암날] 맏며느리 → [만며느리]	역행 동화
'ㅁ, ㅇ'+'ㄹ' → [ㅁ, ㅇ]+[ㄴ]	남루 → [남:누] 종로 → [종노]	담력 → [담:녁] 대통령 → [대:통녕]	순행 동화
'ㅂ, ㄷ, ㄱ'+'ㄹ' → 'ㅂ, ㄷ, ㄱ'+[ㄴ] →[ㅁ, ㄴ, ㅇ]+[ㄴ]	섭리 → [섭니] → [섬니] 백로 → [백노] → [뱅노]	협력 → [협녁] → [혐녁] 몇 리 → [멷리] → [멷니] → [면니]	상호 동화

● **유음화** - 유음(흐름소리)으로 같아져요

드디어 신라의 천년 고도 경주에 왔다! 그런데 내가 길눈이 어두워서 잘 찾아다닐 수 있을지 걱정이네.

신라 → [실라]
길눈 → [길룬]

'신라'나 '길눈'이라는 말도 [신라], [길눈]으로 발음하기는 너무나 어렵죠. 그래서 자연스럽게 [실라]와 [길룬]으로 바뀌는데, 모두 'ㄹ'과 'ㄴ'이 붙어 있는 상황에서 'ㄴ'이 'ㄹ'로 바뀌면서 같아지고 있어요. 이는 자음 동화 중 '유음화'에 해당하는데, **유음화**(流흐를 유 音소리 음 化될 화)는 유음(흐름소리)이 아닌 자음 'ㄴ'이 유음 'ㄹ'로 바뀌어 소리 나는 현상이에요.

유음화의 종류	예			비고
'ㄴ'+'ㄹ' → [ㄹㄹ]	난로 → [날:로] 대관령 → [대:괄령]	진리 → [질리] 전라도 → [절라도]	신라 → [실라] 산란기 → [살:란기]	역행 동화
'ㄹ'+'ㄴ' → [ㄹㄹ]	칼날 → [칼랄] 훑는 → [훌른]	앓는 → [알른] 핥네 → [할레]	설날 → [설:랄] 하늘나라 → [하늘라라]	순행 동화

일반적으로 유음화는 비음 'ㄴ'이 주위에 있는 유음 'ㄹ'의 영향을 받아 'ㄹ'로 발음돼요. 하지만 유음화 현상에도 예외가 있는데, '란, 량, 력, 령, 례, 론, 료' 등이 접사처럼 붙어 이뤄진 말들은 'ㄹ'을 'ㄴ'으로 발음해요. 'ㄹㄹ'이 아니라 'ㄴㄴ'이 되는 거죠. 의견란[의:견난], 임진란[임:진난], 생산량[생산냥], 결단력[결딴녁], 공권력[공꿘녁], 상견례[상견녜], 이원론[이:원논], 입원료[이붠뇨] 등의 단어가 해당해요.

국어교과서 단박정리

● **자음 동화** 자음과 자음이 만나 어느 한쪽 또는 양쪽이 비슷한 소리로 바뀌는 현상. 자음 동화가 일어나기 전에 음절의 끝소리 규칙의 영향을 먼저 받음.

비음화	비음(콧소리)의 영향으로 비음이 아닌 자음이 비음 'ㄴ, ㅁ, ㅇ'으로 바뀌어 소리 나는 현상
유음화	유음(흐름소리)이 아닌 자음 'ㄴ'이 유음 'ㄹ'로 바뀌어 소리 나는 현상

※ 관련 어문 규정 : 〈표준 발음법〉 제18항~제20항

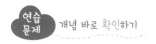

01 다음 설명이 맞으면 ○표, 틀리면 ×표를 하시오.

(1) 비음화는 비음의 영향으로 비음이 아닌 자음이 비음으로 바뀌어 소리 나는 현상이다. (　　)

(2) 비음화가 일어나면 'ㅂ, ㄷ, ㄱ'의 자음은 'ㅁ, ㄴ, ㅇ'으로 바뀌어 소리 난다. (　　)

(3) 유음화는 유음 'ㄹ'이 주위에 있는 다른 자음의 영향을 받아 'ㄴ'으로 바뀌는 현상이다. (　　)

02 다음 제시된 단어들의 발음을 쓰시오.

(1) 국물 : [　　　　　　　　　]　　(2) 앞날 : [　　　　　　　　　]

(3) 신라 : [　　　　　　　　　]　　(4) 권력 : [　　　　　　　　　]

연습문제 풀이 **01** (1) ○ (2) ○ (3) × (유음화는 유음이 아닌 자음 'ㄴ'이 주위에 있는 유음 'ㄹ'의 영향을 받아 유음 'ㄹ'로 바뀌어 소리 나는 현상이에요.) **02** (1) [궁물] (2) [암날] (3) [실라] (4) [궐력]

---

3 구개음화

'굳이', '해돋이', '같이'라는 단어를 발음해 봅시다.

이 단어들을 발음할 때 '굳이'를 굳이 [굳이]라고 발음하는 사람은 없을 거예요. 자연스럽게 [구지]로 발음하게 되죠. 또 '해돋이'는 [해도지]로, '같이'는 [가치]로 발음돼요. 세 단어에서 음운 변동이 일어난 과정을 살펴보면 다음과 같아요.

> • 굳이[구지] : ㄱ+ㅜ+ㄷ+'ㅣ' → ㄱ+ㅜ+ㅈ+'ㅣ'
> • 해돋이[해도지] : ㅎ+ㅐ+ㄷ+ㅗ+ㄷ+'ㅣ' → ㅎ+ㅐ+ㄷ+ㅗ+ㅈ+'ㅣ'
> • 같이[가치] : ㄱ+ㅏ+ㅌ+'ㅣ' → ㄱ+ㅏ+ㅊ+'ㅣ'

세 단어 모두 'ㅣ' 모음 앞에 있는 자음이 바뀌고 있어요. 음운 변동 전의 자음 'ㄷ'과 'ㅌ'은 모두 잇몸소리인데, 변동 후에는 센입천장소리인 'ㅈ'과 'ㅊ'으로 바뀌었어요. 조음 위치를 비교해 보면 'ㅈ, ㅊ'이 'ㄷ, ㅌ'에 비해 'ㅣ' 모음과 비슷하다는 것을 알 수 있어요.

'ㄷ, ㅌ'의 조음 위치와 혀의 모양	'ㅣ' 모음의 조음 위치와 혀의 모양	'ㅈ, ㅊ'의 조음 위치와 혀의 모양

이와 같이 끝소리 자음 'ㄷ, ㅌ'이 'ㅣ' 모음으로 시작하는 형식 형태소와 만나 구개음(센입천장소리)인 'ㅈ, ㅊ'으로 바뀌어 소리 나는 현상을 **구개음화**(口입 구 蓋덮을 개 音소리 음 化될 화)라고 해요. 조음 위치와 혀의 모양이 전설 모음인 'ㅣ' 모음과 비슷하게 바뀌기 때문에 자음이 모음을 닮아 가는 특이한 동화 현상으로 볼 수 있어요. 또한 구개음화는 '마디[마디], 잔디[잔디], 디디다[디디다], 느티나무[느티나무]'처럼 하나의 실질 형태소 안에서는 일어나지 않는다는 점에 주의하세요.

④ 두음 법칙

일부 소리가 단어의 첫머리에서 발음되는 것을 꺼려 다른 소리로 바뀌어 발음되는 현상을 **두음 법칙**이라고 해요. '녀(女)'라는 한자의 경우, '소녀(小女)'에서처럼 뒤 음절에 오면 '녀'라고 쓰지만, 앞 음절에 오면 '여자(女子)'라고 쓰는 거죠. '두음 법칙'과 관련된 더 자세한 내용은 **17일**에서 살펴보도록 할게요.

⑤ 된소리되기

두 개의 안울림 예사소리가 만나면 뒤에 오는 안울림소리가 된소리로 발음되는 현상을 **된소리되기**라고 해요. '약국[약꾹], 국수[국쑤], 떫지[떨:찌]' 등의 단어에서 뒤 음절의 첫소리인 'ㄱ, ㄷ, ㅂ, ㅅ, ㅈ'이 각각 'ㄲ, ㄸ, ㅃ, ㅆ, ㅉ'으로 변하는 거죠. '된소리되기'와 관련된 더 자세한 내용은 **18일**에서 살펴볼게요.

국어교과서 단박정리

- **구개음화** 끝소리 'ㄷ, ㅌ'이 'ㅣ' 모음으로 시작하는 형식 형태소와 만나 구개음인 'ㅈ, ㅊ'으로 바뀌어 소리 나는 현상
  예 굳이[구지], 같이[가치], 해돋이[해도지] 등
- **두음 법칙** 일부 소리가 단어의 첫머리에서 발음되는 것을 꺼려 다른 소리로 바뀌어 발음되는 현상
- **된소리되기** 두 개의 안울림 예사소리가 만나면 뒤에 오는 안울림소리가 된소리로 발음되는 현상

개념 바로 확인하기

01 다음 설명이 맞으면 ○표, 틀리면 ×표를 하시오.

(1) 'ㄷ, ㅌ'이 'ㅣ' 모음 앞에서 'ㅈ, ㅊ'으로 바뀌어 소리 나는 현상을 구개음화라고 한다. (　　)

(2) 두 개의 안울림 예사소리가 만나 뒤의 소리가 된소리로 발음되는 것을 사잇소리 현상이라고 한다. (　　)

02 다음 제시된 단어들의 발음을 쓰시오.

(1) 같이 : [　　　　　　　　　　　] (2) 피붙이 : [　　　　　　　　　　　]

(3) 해돋이 : [　　　　　　　　　　　] (4) 디디다 : [　　　　　　　　　　　]

연습문제 풀이 01 (1) ○ (2) × (두 개의 안울림 예사소리가 만나 뒤의 소리가 된소리로 발음되는 것은 '된소리되기' 현상이에요.) 02 (1) [가치] (2) [피부치] (3) [해도지] (4) [디디다] (하나의 실질 형태소 안에서는 구개음화가 일어나지 않아요.)

01 다음 중 음절의 끝소리로 발음될 수 없는 것은?

① ㄱ   ② ㄴ   ③ ㄷ

④ ㄹ   ⑤ ㅅ

02 다음 중 단어의 발음이 적절하지 <u>않은</u> 것은?

① 겉옷[거돋]   ② 밟다[발따]   ③ 값없다[가법따]

④ 닭고기[닥꼬기]   ⑤ 넓적다리[넙쩍따리]

03 다음 중 〈보기〉의 설명에 해당하는 단어로 가장 적절한 것은?

> ┤ 보기 ├
>
> 〈표준 발음법〉
>
> **제10항** 겹받침 'ㄳ', 'ㄵ', 'ㄼ, ㄽ, ㄾ', 'ㅄ'은 어말 또는 자음 앞에서 각각 [ㄱ, ㄴ, ㄹ, ㅂ]으로 발음한다.

① 값이   ② 밟고   ③ 앉은

④ 몫까지   ⑤ 핥아라

04 〈보기〉의 설명에 따를 때, ㉠에 들어갈 수 있는 단어로 적절한 것은? [고1 전국연합학력평가]

> ┤ 보기 ├
>
> 자음 두 개가 음절 끝에 놓일 때, 둘 중에서 하나의 자음이 탈락하는 현상을 '자음군 단순화'라고 한다. 다음 그림은 '칡'([칡] → [칙])과 같이 끝소리에 위치한 두 자음 중 앞에 있는 자음(자음^2)이 탈락하여 뒤에 있는 자음(자음^3)만 발음되는 현상을 시각화한 것이다.
>
>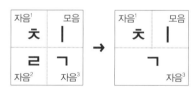
>
> 반면, 다음 그림은 ⃞㉠ 과 같이 끝소리에 위치한 두 자음 중 뒤에 있는 자음(자음^3)이 탈락하여 앞에 있는 자음(자음^2)만 발음되는 현상을 시각화한 것이다.
>
>

① 값, 넋   ② 값, 닭   ③ 값, 삶

④ 넋, 삶   ⑤ 닭, 삶

05 다음 밑줄 친 단어 중 〈보기〉의 설명과 관계가 <u>없는</u> 것은?

┤ 보기 ├

음절의 끝 자음이 그 뒤에 오는 자음과 만나 서로 비슷하거나 같은 소리로 변하는 현상

① 오후 5시가 되면 병원 <u>진료</u>가 끝난다.
② 날아오는 공을 한 손으로 <u>받는</u> 것은 힘든 일이다.
③ 오직 <u>국화</u>만이 가을의 찬 서리를 무릅쓰고 곱게 피었다.
④ 음식을 배불리 <u>먹는</u> 것이 아프리카 아이들의 소원이라고 한다.
⑤ 일제 강점기 때 우리 선조들은 나라의 <u>독립</u>을 위해 목숨을 바쳤다.

06 〈자료〉의 원리를 적용하여 발음해야 하는 단어로 알맞은 것은? [중3 학업성취도평가]

┤ 자료 ├

☆ '한류'의 발음
• 한류[한뉴] (×)
• 한류[할류] (○)
 ─ '한'의 끝소리 'ㄴ'과 '류'의 첫소리 'ㄹ'이 만남.
 ─ 'ㄴ'은 비음이고, 'ㄹ'은 유음임.
 ─ 'ㄴ'이 유음과 만나면 유음으로 바뀌어 소리 남.
 ─ '[할류]'로 발음해야 함.

① 진리   ② 협력   ③ 항로
④ 백로   ⑤ 남루

07 다음 중 구개음화 현상이 일어나지 <u>않는</u> 단어는?

① 밭이   ② 미닫이   ③ 달맞이
④ 쇠붙이   ⑤ 붙이다

08 다음 중 발음할 때 음운이 변하지 <u>않는</u> 단어는?

① 백제   ② 신라   ③ 피붙이
④ 고구려   ⑤ 대관령

16일 발음에 숨어 있는 규칙을 찾자 2

1 음운 변동의 종류 (2) - 축약

두 음운이 합쳐져서 하나의 음운으로 줄어 소리 나는 현상을 음운의 **축약**(縮줄일 축 約묶을 약)이라고 해요. 이때 어느 한 음운이 완전히 사라지는 것이 아니라, 인접한 두 음운의 특성이 살아서 하나로 합쳐지게 돼요. 음운의 축약은 자음과 모음 모두에서 일어나는데, 자음에서 축약이 일어나면 '자음 축약', 모음에서 축약이 일어나면 '모음 축약'이라고 해요.

1 자음 축약 - 예사소리와 'ㅎ'의 결합

어제 할아버지께서 묻히신 자리에 국화 한 송이를 놓고 돌아왔어요.

묻히신 → [무티신] → [무치신]
국화 → [구콰]
놓고 → [노코]

위 그림에 나온 '묻히신', '국화', '놓고'라는 단어를 보면 공통점을 하나 발견할 수 있어요. 그것은 'ㅎ'의 앞뒤에 있던 'ㄱ'이나 'ㄷ'과 같은 예사소리가 'ㅎ'과 합쳐지면서 'ㅋ'이나 'ㅌ'과 같은 거센소리로 바뀌었다는 거예요. 이처럼 예사소리인 'ㄱ, ㄷ, ㅂ, ㅈ'이 'ㅎ'의 앞뒤에서 거센소리인 [ㅋ, ㅌ, ㅍ, ㅊ]으로 바뀌어 소리 나는 현상을 **자음 축약**이라고 해요. 자음 축약에는 다음과 같은 유형이 있어요.

유형	예	
ㄱ, ㄷ, ㅂ, ㅈ+ㅎ → [ㅋ, ㅌ, ㅍ, ㅊ]	국화 → [구콰] 법학 → [버팍]	맏형 → [마텽] 맞히다 → [마치다]
ㅎ+ㄱ, ㄷ, ㅂ, ㅈ → [ㅋ, ㅌ, ㅍ, ㅊ]	놓고 → [노코] 옳지 → [올치]	않던 → [안턴]

유의해야 할 점은 '국화'의 경우 처음에 'ㄱ, ㅜ, ㄱ, ㅎ, ㅘ'의 5개 음운이었는데, 변동 후에는 'ㄱ, ㅜ, ㅋ, ㅘ'의 4개 음운이 되었다는 거예요. 'ㄱ'과 'ㅎ'이 합쳐져서 'ㅋ' 하나가 된 거죠. 이렇게 축약이 일어나면 당연히 음운의 수가 줄어들어요.

2 모음 축약 - 두 개의 모음을 하나로

벽에 걸려 있던 결혼 사진을 봤더니 색이 바래서 따로 사진첩에 뒀어요.

> 걸리어 → 걸려
> 보았더니 → 봤더니
> 두었어요 → 뒀어요

자음 축약은 자음들 사이에서 일어나는 음운 현상이었죠? 반면 위 그림에 나온 '걸려', '봤더니', '뒀어요' 등의 단어들을 보면 두 개의 단모음이 하나의 모음으로 합쳐지고 있죠. 이와 같이 두 개의 모음이 결합되어 하나의 모음으로 줄어드는 현상을 **모음 축약**이라고 해요. 모음 축약에는 다음과 같은 유형이 있는데, 자음 축약과 달리 모음 축약은 표기에 반영해요.

유형	예		유형	예	
ㅣ + ㅓ → ㅕ	그리어 → 그려	쓰이어 → 쏘여	ㅗ + ㅏ → ㅘ	보아 → 봐	꼬았다 → 꽜다
ㅡ + ㅣ → ㅢ	뜨이어 → 띄어	쓰이어 → 씌어	ㅜ + ㅣ → ㅟ	누이다 → 뉘다	
ㅜ + ㅓ → ㅝ	두었다 → 뒀다	맞추어 → 맞춰	ㅗ + ㅣ → ㅚ	보이어 → 뵈어	
ㅚ + ㅓ → ㅙ	되었다 → 됐다	뵈었고 → 뵀고			

한편 어간 끝모음 'ㅏ, ㅗ, ㅜ, ㅡ' 뒤에 'ㅡ이어'가 결합할 때에는 두 가지 형태로 줄어들어요. '보이어'는 '뵈어/보여', '쓰이어'는 '씌어/쓰여'가 되는 거죠. 〈한글 맞춤법〉에서는 두 가지 형태 모두 인정하고 있어요. 단, '띄어쓰기, 띄어 쓰다' 등은 관용상 '뜨여쓰기, 뜨여 쓰다' 같은 형태가 사용되지 않아요.

그런데 최근에는 위와 같은 모음 축약을 다르게 설명하는 견해도 있어요. 예컨대 '걸리어'가 '걸려'로 된 경우, 이중 모음 'ㅕ'를 반모음 'ĭ'와 단모음 'ㅓ'가 결합한 것으로 보아 단모음 'ㅣ'가 반모음 'ĭ'로 바뀐 교체 현상으로 보는 거죠. 이러한 설명에서는 단모음과 이중 모음뿐 아니라 반모음도 하나의 모음으로 인정하는 거예요. 이와 같은 견해 차이로 인해 교과서에서는 모음 축약에 대해서는 거의 다루고 있지 않아요.

국어교과서 단박정리

● **음운의 축약**　두 음운이 합쳐져서 하나의 음운으로 줄어 소리 나는 현상
① 자음 축약 : 예사소리인 'ㄱ, ㄷ, ㅂ, ㅈ'이 'ㅎ'의 앞뒤에서 거센소리인 [ㅋ, ㅌ, ㅍ, ㅊ]으로 바뀌어 소리 나는 현상
예 놓고 → [노코], 많다 → [만ː타], 잡히다 → [자피다], 그렇지 → [그러치] 등
※ 관련 어문 규정 : 〈표준 발음법〉 제12항
② 모음 축약 : 두 개의 모음이 결합되어 하나의 모음으로 줄어드는 현상. 자음 축약과 달리 표기에 반영함.
예 그리어 → 그려, 오아서 → 와서, 맞추어 → 맞춰, 되었다 → 됐다 등
※ 관련 어문 규정 : 〈한글 맞춤법〉 제35항~제38항

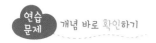

01 다음 빈칸에 들어갈 알맞은 말을 쓰시오.

(1) 인접한 두 음운의 특성이 살아서 하나로 합쳐지는 것을 음운의 □□이라고 한다.

(2) 'ㄱ, ㄷ, ㅂ, ㅈ'이 '□'의 앞뒤에서 거센소리로 바뀌는 현상을 자음 축약이라고 한다.

(3) 두 개의 모음이 결합되어 하나의 모음으로 줄어드는 현상을 □□ □□이라고 한다.

02 다음 설명이 맞으면 ○표, 틀리면 ×표를 하시오.

(1) 자음 축약이 일어나면 음운의 수가 줄어든다. (   )

(2) 자음 축약은 모음 축약과는 달리 표기에 반영한다. (   )

연습문제 풀이 **01** (1) 축약 (2) ㅎ (3) 모음 축약 **02** (1) ○ (2) × (자음 축약이 발음상에서만 반영되는 것과 달리, 모음 축약은 표기에도 반영 한다는 점에서 차이가 있어요.)

음운 변동의 종류 (3) - 탈락

두 음운이 만나면서 그중 한 음운이 완전히 사라져 소리 나지 않는 현상을 음운의 **탈락**(脫벗을 탈 落떨어질 락) 이라고 해요. 보통 단어를 만들거나 용언을 활용할 때 일어나는데, 이 역시 발음을 쉽게 하기 위한 현상이 에요. 음운의 탈락은 '자음 탈락'과 '모음 탈락'으로 나눌 수 있어요.

1 자음 탈락 - 발음하기 어렵거나 약한 자음이 있을 때

소나무의 열매는 '솔방울'인데, 왜 나무의 이름에는 '소'를 붙이고, 방울에는 '솔'을 붙일까요? 사실 '소 나무'의 원래 형태는 '솔나무'이지만 'ㄹ'과 'ㄴ'이 만나면서 'ㄹ'이 없어진 거예요. '지으니까'도 원래 어간인 '짓-'에는 받침 'ㅅ'이 있지만, 어미의 모음 앞에서 없어진 거고요. '많아요'의 경우 겹받침의 'ㅎ'이 연음되 지 않고 없어졌음을 알 수 있어요. 'ㅎ' 탈락은 발음과 관련된 것이라서, 다른 음운 탈락과 달리 표기에 반 영하지 않아요. 이처럼 발음하기에 불편한 자음을 떼어 냄으로써 발음을 수월하게 하는 것을 **자음 탈락**이 라고 해요. 원래 단어의 모양이 어떠했는지 생각해 보면 이해하기 더 쉬울 거예요. 자음 탈락에는 다음과 같은 유형이 있어요.

유형	예		
ㄹ 탈락	갈-+-니 → 가니 딸+-님 → 따님 쌀+전 → 싸전	달+달+-이 → 다달이 바늘+-질 → 바느질 열-+닫-+-이 → 여닫이	둥글-+-ㅂ니다 → 둥급니다 불+삽 → 부삽 활+살 → 화살
			※ 관련 어문 규정 : 〈한글 맞춤법〉 제18항, 제28항
ㅅ 탈락	긋-+-어 → 그어 잇-+-으니 → 이으니	낫-+-아 → 나아 짓-+-었-+-다 → 지었다	
			※ 관련 어문 규정 : 〈한글 맞춤법〉 제18항
ㅎ 탈락	낳-+-은 → [나은] 쌓-+-이고 → [싸이고]	넣-+-어 → [너어]	닳-+-아 → [다라]
			※ 관련 어문 규정 : 〈표준 발음법〉 제12항

2 모음 탈락 – 같은 모음이 겹치거나 약한 모음이 있을 때

> 할머니께서 장독대에 가서 간장을 퍼 오라고 하셨어요. 이걸로 장아찌를 담가 주신대요.

가-+-아서 → 가서
푸-+-어 → 퍼
담그-+-아 → 담가

'가다'라는 단어의 경우 '가고', '가니까'로 활용할 때와 달리 '가-+-아서'처럼 'ㅏ' 모음이 겹치면 두 번 발음하기가 무척 번거로워요. 그래서 'ㅏ' 하나를 떼어 버리는 게 발음하기 훨씬 편한 거죠. '푸다'와 같이 'ㅜ' 모음이 없어지는 경우도 있고요. 또한 '담그다'와 같은 단어는 활용할 때 'ㅡ' 모음이 없어지는 경우가 무척 많아요. 이것은 'ㅡ'가 음운의 특징과 성격이 매우 약한 모음이기 때문이에요. 강한 모음들 등쌀에 물러난다고나 할까요?

이처럼 발음하기에 불편하거나 약한 모음을 떼어 냄으로써 발음을 수월하게 하는 것을 **모음 탈락**이라고 해요. 모음 탈락에는 다음과 같은 유형이 있어요.

유형	예	
ㅡ 탈락	끄-+-어 → 꺼 뜨-+-었-+-다 → 떴다	고프-+-아 → 고파 바쁘-+-았-+-다 → 바빴다
		※ 관련 어문 규정 : 〈한글 맞춤법〉 제18항
ㅜ 탈락	푸-+-어 → 퍼 (ㅜ 탈락이 일어나는 낱말은 '푸다' 하나뿐임.)	푸-+-었-+-다 → 펐다
		※ 관련 어문 규정 : 〈한글 맞춤법〉 제18항
동일 모음 탈락	가-+-아서 → 가서 서-+-었-+-다 → 섰다	나-+-았-+-다 → 났다
		※ 관련 어문 규정 : 〈한글 맞춤법〉 제34항

한편, '음운 탈락'을 앞에서 살펴본 '음운 축약'과 혼동하는 경우가 있으니 주의해야 해요. '탈락'과 '축약' 모두 변동 과정에서 음운 개수가 1개씩 줄어들지만, 남은 음운의 형태가 달라요. 즉, '축약'은 'A+B → C' 와 같은 형태가 되는 반면, '탈락'은 'A+B → A 혹은 B'와 같은 형태가 된다는 점에서 차이가 있죠.

유형	예시 문장	비고
축약	하늘은 <u>파랗고</u>, 가을이 <u>됐다</u>.	• '파랗고'를 발음하면 'ㅎ+ㄱ → ㅋ'에 따라 [파:라코]가 됨. 축약에 해당 • '되었다'는 'ㅚ+ㅓ → ㅙ'에 따라 '됐다'가 됨. 축약에 해당
탈락	걱정을 <u>놓으니</u>, 행복에 <u>눈떴다</u>.	• '놓으니'를 발음하면 'ㅎ'이 탈락하여 [노으니]가 됨. 탈락에 해당 • '눈뜨었다'는 'ㅡ'가 탈락하여 '눈떴다'가 됨. 탈락에 해당

국어교과서 단박정리

● **음운의 탈락** 두 음운이 만나면서 그중 한 음운이 완전히 사라져 소리 나지 않는 현상
  ① 자음 탈락 : 두 자음이 만나면서 하나가 사라져 소리 나지 않는 현상. 형태소 중의 어떤 음운이 다른 형태소를 만나서, 또는 스스로 그 형태소에서 떨어져 나가는 것으로, 발음을 보다 쉽게 하기 위함임.
  예 딸+-님 → 따님, 긋-+-어 → 그어, 낳-+-은 → [나은]
  ※ 관련 어문 규정 : 〈한글 맞춤법〉 제18항, 제28항 / 〈표준 발음법〉 제12항
  ② 모음 탈락 : 두 모음이 만나면서 하나가 사라져 소리 나지 않는 현상. 용언의 어간에 있는 모음 'ㅏ', 'ㅓ', 'ㅜ', 'ㅡ' 가 모음으로 시작하는 어미 앞에서 사라짐.
  예 가-+-아서 → 가서, 서-+-었-+-다 → 섰다, 푸-+-어 → 퍼, 끄-+-어 → 꺼
  ※ 관련 어문 규정 : 〈한글 맞춤법〉 제18항, 제34항

연습 문제 개념 바로 확인하기

01 다음 설명이 맞으면 ○표, 틀리면 ×표를 하시오.
  (1) 발음하기에 불편하거나 약한 모음을 떼어 내어 발음을 수월하게 하는 것을 모음 탈락이라고 한다. (　　)
  (2) '(배가) 고파', '(물을) 펐다', '(얼음이) 됐다'에는 공통적으로 음운의 탈락 현상이 일어난다.

  (　　)

02 다음 음운 변동 현상과 그에 해당하는 예를 바르게 연결하시오.
  (1) ㄹ 탈락 •
  (2) ㅅ 탈락 •
  (3) ㅎ 탈락 •
  (4) ㅡ 탈락 •

  • ㉠ 넣어, 쌓이고, 닳아
  • ㉡ (밭을) 가니, (공이) 둥급니다, 다달이, 화살
  • ㉢ (밥을) 지어, (선을) 그으니, (끈을) 이어서
  • ㉣ (불을) 꺼서, (비행기가) 떴다, 바빴다

연습문제 풀이 **01** (1) ○ (2) × ('됐다'는 '되-+-었-+-다'에서 'ㅚ'와 'ㅓ'가 합쳐져 'ㅙ'가 되었으므로 모음 축약에 해당해요.) **02** (1) ㉡
(2) ㉢ (3) ㉠ (4) ㉣

음운 변동의 종류 (4) – 첨가

두 음운이 만날 때 원래 없던 소리가 추가되어 소리 나는 현상을 음운의 **첨가**(添더할 첨 加더할 가)라고 해요. 우리말에서는 사잇소리 현상이 대표적이에요.

1 사잇소리 현상과 'ㄴ' 첨가 – 두 음운 사이에서 소리가 덧날 때

가끔 '솜이불'을 발음할 때 [소미불]이라고 해야 할지, [솜니불]이라고 해야 할지 헷갈릴 때가 있는데, [솜:니불]이 올바른 발음이에요. '솜'과 '이불' 사이에서 'ㄴ' 소리가 덧나는 거죠. '촛불'이나 '콧물'도 원래는 각각 '초불', '코물'이었는데 원래 없던 음운이 더해지면서 [초뿔], [콘물]로 발음되는 경우예요.

이처럼 순우리말이 포함된 합성어에서 앞말의 끝소리인 울림소리와 뒷말의 첫소리인 안울림소리가 만날 때 뒤의 예사소리가 된소리로 변하는데, 이를 **사잇소리 현상**이라고 해요. 그리고 이렇게 사잇소리 현상이 나타날 때, 합성어의 앞말이 모음으로 끝나는 경우에는 그 모음의 받침에 사이시옷('ㅅ')을 넣어 표기에 반영해요. 위 그림에서 '초＋불'은 [초뿔]로 소리 나는데, 앞말인 '초'가 모음인 'ㅗ'로 끝났기 때문에 사이시옷을 넣어 '촛불'로 표기하는 거죠.

또한 위 그림의 '코＋물'처럼 뒷말의 첫소리가 울림소리 'ㄴ, ㅁ'으로 시작되는 경우에는 'ㄴ' 소리가 덧나는데, 이를 'ㄴ' **첨가**라고 해요. 이것 역시 사잇소리 현상에 포함돼요. '코' 뒤에 오는 '물'의 첫소리가 울림소리 'ㅁ'이기 때문에 '코'와 '물' 사이에 'ㄴ' 소리가 덧나 [콘물]로 소리 나는 거죠.

한편, '솜＋이불'처럼 뒷말이 'ㅣ' 모음이나 'ㅣ' 모음 계열로 시작될 때에는 'ㄴ'이 하나 혹은 둘이 겹쳐 나기도 해요. 위 그림의 '솜이불'은 앞말인 '솜' 뒤에 'ㅣ' 모음으로 시작하는 '이불'이 오면서 'ㄴ' 소리가 덧나 [솜:니불]로 발음돼요. 이때 발음은 'ㄴ' 또는 'ㄴㄴ'을 더해서 하되 표기에는 반영하지 않아요. 사잇소리 현상에는 다음과 같은 유형이 있어요.

유형	예	
울림소리(ㄴ, ㄹ, ㅁ, ㅇ, 모음)＋예사소리 → 된소리	봄＋비 → [봄삐] 물＋가 → [물까]	밤＋길 → [밤낄] 말＋소리 → [말:쏘리]
모음＋'ㄴ, ㅁ' → 'ㄴ' 첨가	이＋몸 → [인몸] → 잇몸	코＋날 → [콘날] → 콧날
뒷말의 첫소리가 'ㅣ' 모음 계열일 때 → 'ㄴ', 'ㄴㄴ' 첨가	집＋일 → [짐닐] 나무＋잎 → [나문닙] → 나뭇잎	콩＋잎 → [콩닙]

주의할 것은 사이시옷은 반드시 순우리말(고유어) 어근이 포함된 합성어에서만 반영한다는 점이에요. 한자어 어근들만으로 구성된 경우에는 사이시옷을 쓰지 않아요. 예를 들어 '치과(齒科)[치꽈]', '개수(個數)[개:쑤]', '대가(代價)[대:까]'와 같은 단어에서는 뒷말의 첫소리가 된소리로 발음되더라도 사이시옷을 쓰지 않는 거죠. 하지만 한자어로 된 합성어 중 '곳간(庫間)', '셋방(貰房)', '숫자(數字)', '찻간(車間)', '툇간(退間)', '횟수(回數)' 이 6개만은 사이시옷을 인정하고 있으므로, 꼭 기억해야 해요.

국어교과서 단박정리

● **음운의 첨가**   두 음운이 만날 때 원래 없던 소리가 추가되어 소리 나는 현상
  ① 사잇소리 현상 : 순우리말이 포함된 합성어에서 앞말의 끝소리인 울림소리와 뒷말의 첫소리인 안울림소리가 만날 때 뒤의 예사소리가 된소리로 변함.
    예 '봄+비' → [봄삐], '밤+길' → [밤낄], '초+불' → [초뿔] → '촛불', '배+사공' → [배싸공] → '뱃사공'
  ② 'ㄴ' 첨가 : 뒷말의 첫소리가 울림소리 'ㄴ, ㅁ'으로 시작되는 경우, 또는 뒷말이 'ㅣ' 모음이나 'ㅣ' 모음 계열로 시작되는 경우에 'ㄴ' 또는 'ㄴㄴ' 소리가 덧남.
    예 '이+몸' → [인몸] → '잇몸', '코+날' → [콘날] → '콧날', '나무+잎' → [나문닙] → '나뭇잎'
                                              ※ 관련 어문 규정 : 〈한글 맞춤법〉 제30항 / 〈표준 발음법〉 제29항, 제30항

개념 바로 확인하기

01 다음 빈칸에 들어갈 알맞은 말을 쓰시오.

  (1) 합성어에서 앞말의 끝소리인 울림소리와 뒷말의 첫소리인 안울림소리가 만날 때, 뒤의 예사소리가 된소리로 변하는 것을 □□□□ 현상이라고 한다.
  (2) 사잇소리 현상이 나타날 때, 뒷말의 첫소리가 울림소리 'ㅁ, ㄴ'으로 시작되는 경우에는 '□' 소리가 덧나기도 한다.
  (3) 사잇소리 현상이 나타날 때, 합성어의 앞말이 모음으로 끝나는 경우에는 그 모음의 받침에 □□□□을 넣어 발음을 표기에 반영한다.

02 다음 제시된 단어들의 올바른 발음을 쓰시오.

  (1) 물가 : [   ]   (2) 집일 : [   ]
  (3) 콩잎 : [   ]   (4) 예삿일 : [   ]

연습문제 풀이 **01** (1) 사잇소리 (2) ㄴ (3) 사이시옷 **02** (1) [물까] (2) [짐닐] (3) [콩닙] (4) [예산닐]

01 다음 밑줄 친 단어 중 음운 축약 현상이 일어나는 것은?

① <u>부엌</u> 바닥이 차다.

② 그는 금을 <u>그었다</u>.

③ 작은 <u>꽃망울</u>을 맺다.

④ 그녀는 유명한 의사가 <u>됐다</u>.

⑤ 그는 하나밖에 없는 <u>피붙이</u>이다.

02 〈보기〉의 밑줄 친 단어와 같은 음운 변동 현상이 일어나는 것은?

┤ 보기 ├

… 5천 년 역사의 권위를 의지하여 이를 선언함이며, 2천만 민중의 충성을 합하여 이를 널리 <u>밝힘이며</u>, 우리 민족의 영원히 한결같은 자유 발전을 위하여 이를 주장함이며, 인류가 가진 양심의 발로에 바탕을 둔 세계 개조의 큰 흐름에 순응하여 함께 나아가기 위하여 이를 내세워 일으킴이니, …

– 「기미독립 선언서」

① 설날   ② 좋다   ③ 봄비

④ 담력   ⑤ 해돋이

03 〈보기〉의 단어에서 공통적으로 일어나는 음운의 변동 현상과 그 이유를 바르게 짝지은 것은?

┤ 보기 ├

바늘 + -질 → 바느질   크- + -어 → 커

① 상호 동화, 비슷한 소리를 줄여서 발음하기 위해서

② 음운의 축약, 발음할 때 필요 없는 소리를 내지 않기 위해서

③ 음운의 첨가, 새로운 음운을 넣어 발음할 때 쉽게 소리 내기 위해서

④ 음운의 탈락, 발음할 때 드는 노력을 줄여 편하게 소리 내기 위해서

⑤ 음절의 끝소리 규칙, 음절의 끝에 오는 소리를 내지 않기 위해서

04 다음 중 음운의 첨가가 일어나지 <u>않는</u> 단어는?

① 담요   ② 백로   ③ 꽃잎

④ 맨입   ⑤ 홑이불

05 〈보기〉의 ㉠과 ㉡에 들어갈 예가 바르게 짝지어진 것은?

| 보기 |

　　인접한 두 음운이 합쳐서서 하나의 음운으로 줄어드는 것을 음운의 축약이라 한다. 음운의 축약은 자음 축약과 모음 축약으로 나눌 수 있다.
　　'자음 축약'은 '(㉠)'에서처럼 'ㄱ, ㄷ, ㅂ, ㅈ'이 'ㅎ'을 만나 [ㅋ, ㅌ, ㅍ, ㅊ]로 바뀌어 소리 나는 것을 말한다. '모음 축약'은 '(㉡)'에서처럼 두 개의 모음이 결합되어 하나의 모음으로 줄어드는 것을 말한다.

	㉠	㉡			㉠	㉡
①	축하	써		②	소나무	써
③	아드님	그어		④	하느님	봐
⑤	국화	봐				

06 〈자료〉의 빈칸에 들어갈 발음으로 옳은 것은? [중3 학업성취도평가]

| 자료 |

음운 현상	자음 축약
개념	예사소리 'ㄱ, ㄷ, ㅂ, ㅈ'과 'ㅎ'이 합쳐져 거센소리 'ㅋ, ㅌ, ㅍ, ㅊ'으로 바뀌는 현상
예	• 네가 오니까 참 좋다[조타]. • 연락이 끊기지(　　　　) 않도록 해.

① [끈기지]　　　　② [끈이지]　　　　③ [끈끼지]

④ [끈기지]　　　　⑤ [끈히지]

07 〈보기〉에서 (ㄱ)과 (ㄴ)의 '음운 변동'을 바르게 짝지은 것은? [고1 전국연합학력평가]

| 보기 |

ㅇ 어떤 음운이 그 놓이는 환경에 따라 다른 음운으로 바뀌는 현상을 음운 변동이라고 한다. 음운 변동은 그 결과에 따라 한 음운이 다른 음운으로 바뀌는 **교체**, 원래 있던 음운이 없어지는 **탈락**, 없던 음운이 추가되는 **첨가**, 두 개의 음운이 합쳐서서 하나로 되는 **축약**으로 분류할 수 있다.

ㅇ 음운 변동의 예 : **숱한** ──→ [순한] ──→ [수탄]
　　　　　　　　　　　　　　(ㄱ)　　　　　(ㄴ)

	(ㄱ)	(ㄴ)			(ㄱ)	(ㄴ)
①	교체	축약		②	교체	첨가
③	탈락	축약		④	첨가	교체
⑤	첨가	탈락				

 우리말 규범을 파악하자 1

- 꼬치 마니 이써요.
- 꼬치 많이 이써요.
- 꽃이 많이 있어요.

위의 세 문장을 소리 내어 읽어 봅시다. 어떤 차이가 느껴지나요? 소리 내어 읽는 것만으로는 별 차이를 느끼지 못할 거예요. 그런데 만약 문장을 이렇게 표기한다면 어떤 문제가 생길까요? 읽는 사람이 의미를 정확하게 파악하지 못하거나 서로 간에 오해가 생길 수도 있을 거예요. 따라서 의사소통을 원활하게 하고 올바른 언어생활을 하기 위해서는, 말을 글로 적는 방법에 대한 일정한 사회적 약속이 필요해요. 그것이 바로 〈한글 맞춤법〉이에요. 즉, 〈한글 맞춤법〉은 글을 쉽게 읽고 빠르게 이해할 수 있도록 우리말을 '한글'로 적을 때에 지켜야 할 규칙과 기준을 정한 것이에요.

 한글 맞춤법 총칙

제1항
한글 맞춤법은 표준어를 소리대로 적되, 어법에 맞도록 함을 원칙으로 한다.

〈한글 맞춤법〉 제1항에 따르면 우리말을 한글로 적는 방법에는 두 가지 큰 원칙이 있어요. 하나는 '표준어를 소리대로 적는 것'이고 다른 하나는 '어법에 맞도록 하는 것'이에요.

'표준어를 소리대로 적는 것'은 [자유], [강], [하늘]로 소리 나는 단어를 '자유', '강', '하늘'로 적는 것처럼, 소리가 나는 형태대로 적는 것을 원칙으로 한다는 말이에요.

그런데 이 원칙만을 적용하기 어려운 경우도 있어요. '꽃'이라는 단어는 '꽃이[꼬치], 꽃도[꼳또], 꽃만 [꼰만]' 등으로 환경에 따라 발음이 달라지기 때문에, 소리 나는 대로 적을 경우 무슨 뜻인지 알기 어려워요. 하지만 '꽃'으로 형태를 고정하여 적으면 뒤에 붙는 '이, 도, 만'의 형태 또한 고정되므로 어떤 말인지 금세 알아볼 수 있죠. 이처럼 같은 말은 동일한 표기로 적는 것이 눈에 훨씬 잘 들어오고 이해하기 쉽기 때문에 '어법에 맞도록 하는 것'을 또 하나의 원칙으로 정한 거예요.

제2항

문장의 각 단어는 띄어 씀을 원칙으로 한다.

아래의 문장을 읽어 봅시다.

> • 아버지가방에들어가신다. → 아버지 가방에 들어가신다. / 아버지가 방에 들어가신다.

띄어쓰기의 예로 많이 볼 수 있는 문장이죠? 이처럼 단어를 단위로 하여 문장을 띄어 쓰면 불필요한 오해를 피할 수 있고, 글을 읽을 때 내용을 좀 더 쉽고 빠르게 파악할 수 있어요. 그래서 〈한글 맞춤법〉 제2항에서는 문장의 각 단어는 띄어 쓰는 것을 원칙으로 한다고 밝히고 있죠. 단어는 독립적으로 쓰이는 말의 단위이기 때문에, 단어를 단위로 글을 띄어 쓰는 것이 가장 합리적인 방식이라고 보는 거예요. 다만, 우리말에서 조사는 하나의 단어로 다루어지고 있으나 앞말에 붙여 쓴다는 것, 잊지 마세요.

 한글 자모에 관한 것 [관련 어문 규정 : 〈한글 맞춤법〉 제4항]

〈한글 맞춤법〉 제4항에서는 한글의 '자음(子音)'과 '모음(母音)'의 순서와 이름을 규정하고 있어요. 모음의 명칭은 해당하는 모음의 소릿값을 그대로 이름으로 삼아 읽어요. 자음의 명칭은 'ㄱ(기역)', 'ㄷ(디귿)', 'ㅅ(시옷)' 3개를 제외하고 아래와 같이 읽어요.

자음의 명칭	[첫소리로서의 해당 자음] + ㅣ + 으 + [끝소리로서의 해당 자음] **예** 니은, 리을, 히읗 등
모음의 명칭	해당 모음의 소릿값을 그대로 이름으로 삼음. **예** ㅏ → 아, ㅓ → 어 등

국어교과서 단박정리

● 〈한글 맞춤법〉 총칙

제1항	한글 맞춤법은 표준어를 소리대로 적되, 어법에 맞도록 함을 원칙으로 한다. → 체언과 용언('책', '읽-' 등)뿐만 아니라 조사('이', '을', '만', '도' 등), 어미('-었-', '-고' 등)에 이르기까지 원래의 형태를 구별하여 적음.
제2항	문장의 각 단어는 띄어 씀을 원칙으로 한다. → 단, 조사는 그 앞말에 붙여 쓴다.(제41항)

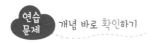
01 다음 문장에서 틀린 부분을 찾아 한글 맞춤법에 맞게 고쳐 쓰시오.

> 봄이면 아름다운 꼬치 마니 피어요.

02 다음 자음의 이름을 쓰시오.

(1) ㄱ : _____ (2) ㄴ : _____

(3) ㄷ : _____ (4) ㅅ : _____

연습문제 풀이 **01** 꼬치 마니 → 꽃이 많이 **02** (1) 기역 (2) 니은 (3) 디귿 (4) 시옷

 소리에 관한 것

1 **구개음화** [관련 어문 규정 : 〈한글 맞춤법〉 제6항]

'해돋이[해도지], 굳이[구지]'처럼, 'ㄷ, ㅌ'이 'ㅣ' 모음 앞에서 구개음인 'ㅈ, ㅊ'으로 바뀌어 소리 나는 현상을 **구개음화**라고 해요. **15일**에서 배웠던 거 기억나죠? 실질 형태소의 끝 받침 'ㄷ, ㅌ'이 'ㅈ, ㅊ'으로 발음되더라도, 표기할 때에는 그 본 모양을 밝히어 'ㄷ, ㅌ'으로 적도록 규정하고 있어요.

2 **두음 법칙** [관련 어문 규정 : 〈한글 맞춤법〉 제10항~제12항]

우리말에서 일부 소리가 단어의 첫머리에서 발음되는 것을 꺼려 다른 소리로 바꾸어 발음되는 현상을 **두음 법칙**이라고 해요. 일반적으로 단어 첫머리의 'ㄹ'을 'ㅇ'이나 'ㄴ'으로 바꾸어 써요. 또한 'ㄴ'은 'ㅣ' 모음이나 'ㅣ'가 포함된 이중 모음 등과는 함께 쓰지 않아요. 이때 'ㄴ' 역시 'ㅇ'으로 바뀌어요.

'랴, 려, 례, 료, 류, 리' → '야, 여, 예, 요, 유, 이'	예 良(량) + 心(심) → 양심(○) / 량심(×)
'라, 래, 로, 뢰, 루, 르' → '나, 내, 노, 뇌, 누, 느'	예 老(로) + 人(인) → 노인(○) / 로인(×)
'녀, 뇨, 뉴, 니' → '여, 요, 유, 이'	예 女(녀) + 子(자) → 여자(○) / 녀자(×)

단어의 첫머리 이외의 경우에는 대체로 두음 법칙의 적용을 받지 않으므로 본음대로 적어요. '남녀(男女)'가 그런 경우죠. 그러나 접두사처럼 쓰이는 한자가 붙어서 된 말이나 합성어에서는, 뒷말의 첫소리가 'ㄴ' 소리로 나더라도 두음 법칙을 적용해요. '신여성(新女性)'이나 '해외여행(海外旅行)' 등이 이 경우에 해당해요. 한편, 모음이나 'ㄴ' 받침 뒤에 이어지는 '렬, 률'은 '열, 율'로 적어요.

01 다음 단어의 표기나 발음이 맞으면 ○표, 틀리면 ×표를 하시오.

(1) 해돋이[해도지] (   )

(2) 맏이[마지] (   )

(3) 남여노소 (   )

(4) 노인정 (   )

02 다음 한자어의 올바른 한글 표기를 쓰시오.

(1) 流行 : _____

(2) 樂園 : _____

(3) 良心 : _____

(4) 道里 : _____

 01 (1) ○ (2) ○ (3) × (단어의 첫머리 이외의 경우에는 대체로 두음 법칙의 적용을 받지 않으므로 본음대로 적어요. 따라서 '남녀노소'로 적어야 해요.) (4) ○ **02** (1) 유행 (2) 낙원 (3) 양심 (4) 도리

🔱 4 형태에 관한 것

1 어간과 어미 [관련 어문 규정 : 〈한글 맞춤법〉 제15항, 제18항]

용언의 어간과 어미는 구별하여 적어요. 본래의 형태를 밝혀서 적는 거죠. 아래 단어들을 봅시다.

> 먹다(먹-+-다), 먹고(먹-+-고), 먹어(먹-+-어), 먹으니(먹-+-으니)

'먹-'이라는 어간과, '-다, -고, -어, -으니' 등의 어미를 본래의 형태대로 구분해 적고 있어요. 이는 실질 형태소인 어간의 형태를 고정시키고, 형식 형태소인 어미도 모든 어간에 공통적으로 결합하는 통일된 형식을 유지시켜 적기로 했기 때문이에요.

이와 관련해서 문장을 종결하는 데 사용되는 어미 '-오'는 '요'로 소리 나는 경우가 있더라도 그 원형을 밝혀 '오'로 적어요. 다만, 연결형에 사용되는 '이요'는 '이요'로 적는다는 것에 주의하세요.

> • 어서 오십시**오**. / 안녕히 계십시**오**.
> • 이것은 책**이요**, 저것은 공책**이요**, 저것은 연필이다.

하지만 어간과 어미가 결합할 때, 원칙에서 벗어나 예외적인 형태로 결합하는 경우는 그대로 적어요.

> ① 친구들과 **노는**(← 놀다) 일은 늘 즐겁다.
> ② 땅에 줄을 **그어서**(← 긋다) 모두 함께 운동을 하자.

①에서 '놀다'는 'ㄹ'이, ②에서 '긋다'는 'ㅅ'이 줄어지는데, 이를 그대로 표기에 반영하는 거죠.

2 접미사가 붙어서 된 말 [관련 어문 규정 : 〈한글 맞춤법〉 제19항, 제20항]

어간에 '–이'나 '–음/–ㅁ'이 붙어 명사가 되거나, '–이'나 '–히'가 붙어서 부사가 될 경우에는 그 어간의 원래 모습을 밝혀 적어야 해요.

- 높이 : 높–＋–이 / 다듬이 : 다듬–＋–이
- 믿음 : 믿–＋–음 / 앎 : 알–＋–ㅁ
- 같이 : 같–＋–이 / 많이 : 많–＋–이
- 밝히 : 밝–＋–히 / 익히 : 익–＋–히

'높–'이라는 어간에 '–이'라는 접미사가 붙을 때 '노피'라고 쓰지 않고, 어간의 원래 모습인 '높–'을 밝혀 '높이'라고 적는 거죠. 이는 접미사 '–음/–ㅁ'이 붙을 때도 마찬가지예요. 하지만 '–이'나 '–음' 이외의 모음으로 시작된 접미사가 붙어서 다른 품사로 바뀐 것은 그 어간의 원형을 밝혀 적지 않고 아래와 같이 소리 나는 대로 적어요.

- 명사로 바뀐 것 : 무덤, 올가미, 주검, 이파리[묻엄(×), 옭아미(×), 죽엄(×), 잎아리(×)]
- 부사로 바뀐 것 : 너무, 도로, 비로소, 자주[넘우(×), 돌오(×), 비롯오(×), 잦우(×)]

연습문제 개념 바로 확인하기

01 다음 문장이 한글 맞춤법에 맞으면 ○표, 틀리면 ×표를 하시오.

(1) 안녕히 계십시요. (   )

(2) 바람이 부니 시원하다. (   )

02 다음 (   ) 안에서 한글 맞춤법에 맞는 표현을 골라 ○표 하시오.

(1) 새 신을 (시느니 , 신으니) 기분이 좋다.

(2) 날이 너무 (더워 , 덥어) 땀이 줄줄 흘렀다.

(3) 소에게 (머기 , 먹이)로 여물을 주었다.

03 다음 빈칸에 들어갈 알맞은 말을 쓰시오.

(1) '높–'이라는 어간에 '–이'라는 접미사가 붙으면 '□□'라고 쓴다.

(2) '얼–'이라는 어간에 '–음'이라는 접미사가 붙으면 '□□'이라고 쓴다.

(3) '긋다'를 활용할 경우 '□'이 탈락한 형태로 표기한다.

연습문제 풀이 **01** (1) × ('계십시오'로 써야 해요.) (2) ○ **02** (1) 신으니 (2) 더워 (3) 먹이 **03** (1) 높이 (2) 얼음 (3) ㅅ (어간과 어미가 결합할 때, 원칙에서 벗어나 예외적인 형태로 결합하는 경우는 그대로 적어요. '긋다'의 경우 'ㅅ'이 탈락하는데, 이를 표기에 반영하는 거죠.)

❸ 합성어 및 접두사가 붙은 말 [관련 어문 규정 : 〈한글 맞춤법〉 제28항, 제29항]

끝소리가 'ㄹ'인 말이 다른 말과 결합할 때 'ㄹ' 소리가 나지 않는 것, 즉 'ㄹ' 탈락이 일어나는 경우에는 소리가 나지 않는 그대로 적어요.

딸+−님 → 따님 / 불+삽 → 부삽 / 달+달+−이 → 다달이

'딸'과 '−님'이 만나 '따님'이 되는 과정에서 'ㄹ'이 발음되지 않는데, 이를 그대로 표기에 반영하는 거예요. 또한 끝소리가 'ㄹ'인 말이 다른 말과 결합할 때 'ㄹ'이 'ㄷ'으로 소리 나는 것 역시 'ㄷ'으로 적어요.

바느질+고리 → 반짇고리 / 사흘+날 → 사흗날 / 이틀+날 → 이튿날

❹ 사이시옷 [관련 어문 규정 : 〈한글 맞춤법〉 제30항]

순우리말로 된 합성어 또는 순우리말과 한자어로 된 합성어에서 앞말이 모음으로 끝났을 때 'ㅅ'이 앞말의 끝소리로 들어가는 경우가 있는데, 이 'ㅅ'을 '사이시옷'이라고 해요. (**16일** '사잇소리 현상'에서 배웠던 내용을 참고하세요.)

나루+배 → 나룻배 / 아래+집 → 아랫집 / 아래+방(房) → 아랫방

사이시옷이 들어가기 위해서는 위의 단어들처럼 합성어의 두 어근 중 한 개 이상은 순우리말이어야 하고, 앞말이 모음으로 끝나야 해요. 또한 뒷말의 첫소리가 된소리로 나거나, 뒷말의 첫소리 'ㄴ, ㅁ' 또는 모음 앞에서 'ㄴ'이나 'ㄴㄴ' 소리가 덧나야 하죠. 사이시옷을 써야 하는 경우는 다음과 같아요.

뒷말의 첫소리가 된소리로 나는 경우	나무+가지 → [나무까지] → 나뭇가지
뒷말의 첫소리 'ㄴ, ㅁ' 앞에서 'ㄴ' 소리가 덧나는 경우	아래+마을 → [아랜마을] → 아랫마을
뒷말의 첫소리 모음 앞에서 'ㄴㄴ' 소리가 덧나는 경우	나무+잎 → [나문닙] → 나뭇잎

한자어로 된 합성어는 사이시옷을 쓰지 않지만, 2음절로 된 '곳간(庫間), 셋방(貰房), 숫자(數字), 찻간(車間), 툇간(退間), 횟수(回數)'의 6개 단어만은 사이시옷을 인정해요.

❺ 준말 [관련 어문 규정 : 〈한글 맞춤법〉 제32항, 제33항, 제35항, 제39항, 제40항]

단어의 끝모음이 줄어지고 자음만 남은 것은 그 앞의 음절에 받침으로 적어요. '어제그저께'가 줄면 '엊그저께'로 적는 거죠. 그리고 체언과 조사가 어울려 줄어질 때에도 줄어든 그대로 적는데, '그것이'가 줄어들면 '그게'가 되는 거예요.

또한 모음 'ㅗ, ㅜ'로 끝난 어간에 '-아/-어, -았-/-었-'이 어울려 'ㅘ/ㅝ, ㅙ/ㅞ'으로 될 때에는 줄어든 그대로 적어요. '보다'에 '-아'가 결합하면 '봐', '-았다'가 결합하면 '봤다'로 쓴다는 거죠.

- 보아 → 봐 / 보았다 → 봤다
- 두어 → 둬 / 두었다 → 뒀다
- 쏘아 → 쏴 / 쏘았다 → 쐈다
- 주어 → 줘 / 주었다 → 줬다

그런데 'ㅚ' 뒤에 '-어, -었-'이 어울려 'ㅙ, 쐈'으로 될 때에도 줄어든 그대로 적어요. '되다'의 경우 '되어'는 '돼', '되었다'는 '됐다'로 써야 해요. 참고로, '되다'라는 단어를 쓸 때 혼동하는 경우가 많은데, '되-'는 '되다'라는 단어의 어간이므로 어간만으로 문장을 종결할 수는 없어요. "오후에 오면 되."라고 쓸 수는 없다는 거죠. 문장을 끝마치려면 종결 어미가 필요하므로 어간 '되-'에 종결 어미 '-어'를 붙여 줘야 해요. 그러므로 "오후에 오면 돼."가 되는 거예요.

- 괴어 → 괘 / 괴었다 → 괬다
- 뵈어 → 봬 / 뵈었다 → 뵀다
- 되어 → 돼 / 되었다 → 됐다
- 쐬어 → 쐐 / 쐬었다 → 쐤다

그러면 "적지 않은 인원이야."라는 문장에서 '적지 않은'을 줄이면 '적쟎은'이 될까요, '적잖은'이 될까요? 〈한글 맞춤법〉 제39항에서는 어미 '-지' 뒤에 '않-'이 붙으면 '-잖-'으로 줄여 쓸 수 있고, '-하지' 뒤에 '않-'이 붙으면 '-하지'의 'ㅎ' 때문에 '-찮-'이 된다고 규정하고 있어요. 그러므로 '적지 않은'은 '적잖은'으로 써야 해요. '만만하지 않다'의 경우는 '만만찮다'가 되는 거죠.

이번에는 '간편하게'라는 단어를 줄여 써 봅시다. '간편게'? 아니면 '간편케'?

정답은 '간편케'예요. 〈한글 맞춤법〉 제40항에서는 어간의 끝음절 '하'의 'ㅏ'가 줄고 'ㅎ'이 다음 음절의 첫소리와 어울려 거센소리로 될 경우 거센소리로 적는다고 규정하고 있어요. '간편하-'의 'ㅎ'이 '게'의 'ㄱ'과 어울려 'ㅋ'이 되는데 이를 그대로 표기에 반영한 거예요. 그리고 어간의 끝음절 '하'가 아주 줄 적에는 줄어든 그대로 적어요. '거북하지'가 줄어들면 '거북지'가 되는 거죠. 하지만 'ㅎ'이 어간의 끝소리로 굳어진 것은 받침으로 적어요. '이러하다, 저러하다, 그러하다' 등이 줄어들 경우 '이러타, 저러타, 그러타'로 적는 것이 아니라 '이렇다, 저렇다, 그렇다'로 적는 거죠.

연습문제 개념 바로 확인하기

01 다음 단어가 한글 맞춤법에 맞으면 ○표, 틀리면 ✕표를 하시오.

(1) 달달이 (　　) 　　(2) 사흘날 (　　) 　　(3) 텃세(-勢) (　　)

(4) 훗날(後-) (　　) 　　(5) 깻잎 (　　) 　　(6) 숫자(數字) (　　)

(7) 샛강(-江) (　　) 　　(8) 아래방 (　　) 　　(9) 전세집(傳貰-) (　　)

02 다음 단어의 준말을 쓰시오.

(1) 되었다 : _____   (2) 어제저녁 : _____

(3) 그렇지 않은 : _____   (4) 생각하건대 : _____

 그 밖의 것 [관련 어문 규정 : 〈한글 맞춤법〉 제51항, 제53항, 제56항, 제57항]

〈한글 맞춤법〉 '제6장'에서는 앞에서 다루지 않은 내용 중 맞춤법의 중요 사항들을 규정하고 있으니까 꼼꼼히 살펴보는 게 좋아요.

여러분, '깨끗이'라는 단어의 끝음절은 어떻게 소리 나요? 분명하게 '이'로만 소리 나죠? 이러한 형태의 부사에서 끝음절이 분명하게 '이'로만 소리 나는 경우는 '-이'로 적어요. 또한 '급히'처럼 끝음절이 '히'로 소리 나거나, '솔직히'처럼 끝음절이 '이'나 '히'로 소리 나는 경우에는 '-히'로 적어요.

그리고 발음은 된소리로 나는데, 표기는 예사소리로 적어야 하는 어미들도 있어요. '-(으)ㄹ게'나 '-(으)ㄹ걸'과 같은 어미가 그런 경우인데, 발음은 [할께], [할껄]로 나지만 '할게', '할걸'로 적어야 해요. 하지만 의문을 나타내는 '-(으)ㄹ까', '-(으)ㄹ꼬', '-(으)ㄹ쏘냐'와 같은 어미들은 된소리로 적어요.

이번에는 다음 문장에서 '-든'과 '-던'의 차이점이 무엇인지 생각해 보세요.

> ① 얼마나 놀랐던지 몰라.
> ② 가든지 오든지 마음대로 해라.

①에서의 '-던'은 과거에 어떤 일이나 경험이 있었음을 나타내는 말이고, ②에서의 '-든'은 '-든지'의 준말로, 나열된 대상 중에서 어느 것이든 선택될 수 있음을 나타내는 말이에요. '-든'과 '-던'은 완전히 다른 말이므로 구분하여 사용해야 해요.

〈한글 맞춤법〉 제57항의 내용은 발음 형태는 같거나 비슷하면서 뜻이 다른 단어를 구별하여 적는 동음이의어(同音異義語)에 관한 거예요. 꼼꼼히 익혀 두면 우리말을 바르게 사용하는 데 많은 도움이 될 거예요. 여기에서는 꼭 알아 두어야 할 단어 몇 가지만 살펴보기로 해요.

그러므로(그러니까)	그는 부지런하다. 그러므로 잘 산다.
그럼으로(써)(그렇게 하는 것으로)	그는 열심히 공부한다. 그럼으로(써) 은혜에 보답한다.

※ '그러므로'는 '그러하기 때문에, 그렇게 하기 때문에'라는 뜻을 나타내며, '그럼으로(써)'는 대개 '그렇게 하는 것으로(써)'라는 뜻을 나타낸다.

이따가	이따가 오너라. / 이따가 가겠다.
있다가	돈은 있다가도 없다. / 여기에 있다가 갔다.

※ '이따가'는 '조금 지난 뒤에'라는 뜻을 나타내는 부사이고, '있다가'는 '있다'의 어간 '있-'에 어떤 동작이나 상태가 끝나고 다른 동작이나 상태로 옮겨지는 뜻을 나타내는 어미 '-다가'가 붙은 형태이다.

-(으)므로(어미)	그가 나를 믿으므로 나도 그를 믿는다.
(-ㅁ, -음)으로(써)(조사)	그는 믿음으로(써) 산 보람을 느꼈다.

※ '-(으)므로'는 까닭을 나타내는 어미이며, '-(으)ㅁ으로(써)'는 명사형 어미 또는 명사화 접미사 '-(으)ㅁ'에 조사 '-으로(써)'가 붙은 형태이다. 어미 '-(으)므로'에 '써'가 붙는 형식은 없다.

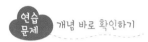

연습 문제 개념 바로 확인하기

01 다음 문장이 한글 맞춤법에 맞으면 ○표, 틀리면 ×표를 하시오.

(1) 그렇게 급히 어디를 가니? (　　　)

(2) 사과던지 배던지 먹고 싶은 걸 먹으렴. (　　　)

(3) 다음에 다시 연락할게. (　　　)

(4) 그가 나를 믿음으로 나도 그를 믿는다. (　　　)

연습문제 풀이 **01** (1) ○ (2) × (나열된 대상 중에서 어느 것이든 선택될 수 있음을 나타내는 말은 '-든'이므로, '사과든지 배든지'로 써야 해요.)
(3) ○ (4) × (까닭을 나타내는 어미는 '-(으)므로'이므로 '그가 나를 믿으므로'로 써야 해요.)

오늘 배운 우리말 규범인 〈한글 맞춤법〉의 자세한 내용은 이 책 맨 뒤의 [부록]에서 확인할 수 있어. 실전문제를 풀기 전에 다시 한번 〈한글 맞춤법〉 규정을 정리해 봐!

01 〈보기〉를 바탕으로 할 때, 단어의 표기가 적절하지 <u>않은</u> 것은?

┤보기├

　우리말에서 일부 소리가 단어의 첫머리에서 발음되는 것을 꺼려 다른 소리로 바꾸어 발음되는 현상을 '두음 법칙'이라고 한다. 일반적으로 단어 첫머리의 'ㄹ'을 'ㅇ'이나 'ㄴ'으로 바꾸어 쓴다. 또한 'ㄴ'은 'ㅣ' 모음이나 'ㅣ'가 포함된 이중 모음 등과는 함께 쓰지 않으므로 이때의 'ㄴ' 역시 'ㅇ'으로 바뀐다.

　단어의 첫머리 이외의 경우에는 대체로 두음 법칙의 적용을 받지 않으므로 본음대로 적는다. 그러나 접두사처럼 쓰이는 한자가 붙어서 된 말이나 합성어에서는, 뒷말의 첫소리가 'ㄴ' 소리로 나더라도 두음 법칙을 적용한다.

　한편, 모음이나 'ㄴ' 받침 뒤에 이어지는 '렬, 률'은 '열, 율'로 적는다.

① 남녀(男女)　　　　② 노동(勞動)　　　　③ 출석률(出席率)
④ 경노당(敬老堂)　　⑤ 참여율(參與率)

02 다음 중 〈보기〉의 〈한글 맞춤법〉 제18항의 예로 적절한 것은?

┤보기├

〈한글 맞춤법〉

제18항　다음과 같은 용언들은 어미가 바뀔 경우, 그 어간이나 어미가 원칙에 벗어나면 벗어나는 대로 적는다.

1. 어간의 끝 'ㄹ'이 줄어질 적

　놀다 : 노니, 논, 놉니다 / 둥글다 : 둥그니, 둥근, 둥급니다

2. 어간의 끝 'ㅅ'이 줄어질 적

　긋다 : 그어, 그으니, 그었다 / 짓다 : 지어, 지으니, 지었다

3. 어간의 끝 'ㅎ'이 줄어질 적

　그렇다 : 그러니, 그럴, 그러면 / 퍼렇다 : 퍼러니, 퍼럴, 퍼러면

4. 어간의 끝 'ㅜ, ㅡ'가 줄어질 적

　푸다 : 퍼, 펐다 / 뜨다 : 떠, 떴다

5. 어간의 끝 'ㄷ'이 'ㄹ'로 바뀔 적

　걷다[步] : 걸어, 걸으니 / 묻다[問] : 물어, 물으니

6. 어간의 끝 'ㅂ'이 'ㅜ'로 바뀔 적

　굽다[炙] : 구워, 구우니, 구웠다 / 가깝다 : 가까워, 가까우니, 가까웠다

① 먹으니　　　　② 들으니　　　　③ 감으니
④ 입으니　　　　⑤ 신으니

03 다음 중 〈보기〉의 사잇소리 현상에 해당하는 단어로 적절하지 않은 것은?

┤보기├

　　순우리말 또는 순우리말과 한자어로 된 합성어에서 앞말의 끝소리인 울림소리와 뒷말의 첫소리인 안울림소리가 만날 때 뒤의 예사소리가 된소리로 변하는데, 이를 '사잇소리 현상'이라고 한다. 또한 합성어가 될 때 'ㄴ' 또는 'ㄴㄴ' 소리가 덧나는 경우도 사잇소리 현상에 해당한다.

　　사잇소리 현상이 나타날 때, 합성어의 앞말이 모음으로 끝나는 경우에는 그 모음의 받침에 사이시옷('ㅅ')을 넣어 표기에 반영한다. 사이시옷이 들어가기 위해서는 합성어의 두 어근 중 한 개 이상은 순우리말이어야 하고, 앞말이 모음으로 끝나야 한다. 순우리말 또는 순우리말과 한자어로 된 합성어에서 사이시옷을 쓰는 경우는 다음과 같다.

- 뒷말의 첫소리가 된소리로 나는 경우
- 뒷말의 첫소리 'ㄴ, ㅁ' 앞에서 'ㄴ' 소리가 덧나는 경우
- 뒷말의 첫소리 모음 앞에서 'ㄴㄴ' 소리가 덧나는 경우

① 잇몸　　　　　　② 선짓국　　　　　　③ 나룻배
④ 베갯잇　　　　　⑤ 숟가락

04 〈보기〉의 〈한글 맞춤법〉을 바탕으로 할 때, 단어의 표기가 적절한 것은?

┤보기├

〈한글 맞춤법〉

제39항　어미 '-지' 뒤에 '않-'이 어울려 '-잖-'이 될 적과 '-하지' 뒤에 '않-'이 어울려 '-찮-'이 될 적에는 준 대로 적는다.

제40항　어간의 끝음절 '하'의 'ㅏ'가 줄고 'ㅎ'이 다음 음절의 첫소리와 어울려 거센소리로 될 적에는 거센소리로 적는다.

붙임 2　어간의 끝음절 '하'가 아주 줄 적에는 준 대로 적는다.

① 간편케　　　　　② 적찮은　　　　　　③ 생각컨대
④ 그렇찮은　　　　⑤ 변변잖다

05 〈보기 1〉을 바탕으로 〈보기 2〉를 이해한 내용으로 적절하지 **않은** 것은? [고1 전국연합학력평가]

――――| 보기 1 |――

한글 맞춤법은 표준어를 소리 나는 대로 적되, 어법에 맞도록 함을 원칙으로 하고 있다. 표준어를 소리 나는 대로 적는다는 것은 표준어의 발음대로 적는다는 뜻이다.

그런데 이 원칙만을 적용하기 어려운 경우도 있다. 예를 들어, '꽃(花)'이란 단어의 경우 '꽃', '꽃이', '꽃나무'를 소리대로 적으면 [꼳], [꼬치], [꼰나무]가 되는데, 이와 같이 적으면 그 뜻이 얼른 파악되지 않고 독서의 능률도 크게 떨어질 수 있다. 그래서 '꽃'처럼 형태소의 본 모양을 밝히어 적는 방법, 즉 어법에 맞도록 한다는 또 하나의 원칙이 붙은 것이다.

――――| 보기 2 |――

ㄱ. 거리를 좁히다.
ㄴ. 산 너머로 넘어 갔다.
ㄷ. 읽지 않고는 읽기 능력이 길러지지 않는다.

① ㄱ의 '거리'는 표준어의 발음대로 적은 것이군.
② ㄱ의 '좁히다'는 어법에 맞도록 적은 것이군.
③ ㄴ의 '너머'는 형태소의 본 모양을 밝혀 적은 것이군.
④ ㄴ의 '넘어'는 독서의 능률을 올리기 위한 표기이군.
⑤ ㄷ의 '읽-'은 뜻을 쉽게 파악하기 위한 표기이군.

06 〈보기 1〉을 참고하여 〈보기 2〉의 '밖에'를 탐구한 내용으로 적절하지 **않은** 것은? [고1 전국연합학력평가]

――――| 보기 1 |――

〈한글 맞춤법〉
제2항 문장의 각 단어는 띄어 씀을 원칙으로 한다.
제41항 조사는 그 앞말에 붙여 쓴다.

――――| 보기 2 |――

(ㄱ) 우리는 웃을 수밖에 없었다.
(ㄴ) 아이들은 잠시 밖에 나가 있어야 했다.

① (ㄱ)의 '밖에'는 조사로 보아야겠군.
② (ㄱ)의 '밖에'를 붙여 쓴 것은 부정을 나타내는 말과 함께 쓰일 때이군.
③ (ㄴ)의 '밖에'는 명사와 조사의 결합으로 보아야겠군.
④ (ㄴ)의 '밖'은 (ㄱ)과 달리 '바깥'과 바꾸어 쓸 수 있겠군.
⑤ (ㄱ)과 (ㄴ) 모두 '밖에'는 '밖'과 '에'의 두 단어로 보아야겠군.

07 〈보기〉를 바탕으로 한글 맞춤법에 대해 탐구한 내용으로 적절하지 <u>않은</u> 것은? [고1 전국연합학력평가]

> ┤ 보기 ├
>
> **제15항** 용언의 어간과 어미는 구별하여 적는다. ····················· ㉮
>   예 먹어(○)/머거(×), 좋고(○)/조코(×)
>
> **붙임 1** 두 개의 용언이 어울려 한 개의 용언이 될 적에, 앞말의 본뜻이 유지되고 있는 것은 그 원형을 밝히어 적고, 그 본뜻에서 멀어진 것은 밝히어 적지 아니한다. ····················· ㉯
>   (1) 앞말의 본뜻이 유지되고 있는 것
>   예 늘어나다
>   (2) 본뜻에서 멀어진 것
>   예 사라지다, 쓰러지다
>
> **붙임 2** 종결형에서 사용되는 어미 '−오'는 '요'로 소리 나는 경우가 있더라도 그 원형을 밝혀 '오'로 적는다. ····················· ㉰
>   예 이리로 오시오.

① ㉮를 보니, 어간이 표시하는 의미와 어미가 표시하는 의미가 쉽게 파악될 수 있게 표기한 것이라 할 수 있군.

② '고개를 넘어 가다.'에서 '넘어'로 적는 것은 ㉮의 '먹어'를 표기할 때 적용된 규정을 따른 것이군.

③ '격차가 벌어지다.'에서 '벌어지다'로 적는 것은 ㉯의 '사라지다'를 표기할 때 적용된 규정을 따른 것이군.

④ '교실로 들어가다.'에서 '들어가다'로 적는 것은 ㉯의 '앞말의 본뜻이 유지되고 있는 것'에 해당하기 때문이군.

⑤ '이것이 당신 것이오?'에서 '것이오'로 적는 것은 ㉰의 '오시오'를 표기할 때 적용된 규정을 따른 것이군.

08 〈보기〉를 참고할 때, 밑줄 친 말 중 그 사용이 바른 것은? [고1 전국연합학력평가 응용]

> ┤ 보기 ├
>
> 다음 말들은 각각 구별하여 적는다.
> • 보여 줌으로(방법, 수단) : 보여 주+(−ㅁ)+으로(써) (조사)
> • 보여 주므로(인과) : 보여 주+므로 (어미)

① 그가 나를 <u>믿음으로</u> 나는 그를 배신할 수 없다.

② 시험이 <u>어려웠음으로</u> 학생의 점수도 떨어질 것이다.

③ 고등학생이 <u>되었음으로</u> 앞으로는 학업에 매진해야 한다.

④ 그녀는 아무 말도 하지 <u>않음으로</u> 자신의 생각을 표현했다.

⑤ 벌써 한 해가 저물어 <u>감으로</u> 남은 기간을 알차게 보내야 한다.

 # 18일 우리말 규범을 파악하자 2

① 표준어 사정 원칙

1 표준어의 개념 - 법으로 정해 놓은 언어 규범

우리는 앞서 '음운의 개념'에서 출발해 여러 가지 음운 변동 현상과 그에 관한 규칙을 살펴봤어요. 그리고 음운 변동 현상을 반영한 올바른 표기법이 무엇인지도 〈한글 맞춤법〉을 통해 알아봤고요. 음운 변동 현상은 과학적 원리에 따른 것으로, 매우 규칙적이고 보편적인 현상이에요. 이 말은 곧, 단어나 문장을 자기 마음대로 발음해서는 안 된다는 뜻이에요. 하지만 같은 우리말이라고 해도 지역에 따라 음운, 어휘 등에 있어서는 꽤 많은 차이가 있어요.

여러분도 생활하면서 아래 사진 속 채소를 본 적이 있을 거예요. 이 채소로 고소하게 전을 부쳐 먹기도 하고, 겉절이를 담가 먹기도 하죠.

정구지? 부추?

솔? 세우리?

여러분은 이 채소를 뭐라고 부르나요? 혹은 어른들이 이 채소를 어떻게 부르는지 들은 적이 있나요?

이 채소는 전국 어디서나 자라는데, 지역마다 부르는 이름이 달라요. 서울, 경기, 강원 지역에서는 이 채소를 '부추'라고 하고, 경상도와 충청도 지역에서는 '정구지', 전라도 지역에서는 '솔'이라고 불러요. 특이한 것은 '세우리'라는 말인데, 제주 지역에서 이렇게 불러요.

그런데 이렇게 동일한 사물이나 개념에 대해 지역마다 단어나 발음이 서로 다르면, 국민 간의 의사소통에 불편이 생기고, 국가로서의 통일성을 해칠 수 있어요. 그렇기 때문에 **모든 국민이 지키고 따라야 하는 규범으로서의 언어**를 정하고 있는데 그것이 곧 **표준어**(標표할 표 準기준 준 語말씀 어)예요. 표준어는 모든 국민이 공식적인 자리나 상황에서 사용하도록 법으로 보장된 말이므로 '공용어(公用語)'로서의 자격도 갖고 있어요. 위 채소의 표준어는 바로 '부추'예요. 그리고 '정구지', '솔', '세우리'와 같이 **한 지역에서 쓰는, 표준어가 아닌 말을 지역 방언**이라고 해요.

물론 그렇다고 해서 지역 방언이 표준어에 비해 가치가 떨어지는 것은 아니에요. 그 지역의 역사와 그 지역 사람들의 삶, 그리고 우리말의 옛 모습을 담고 있는 것이 바로 지역 방언이기 때문이죠. 그렇기 때문에 방언은 우리말 연구의 중요한 자원이자, 다채로운 표현을 통해 국어를 더욱 풍요롭게 해 주는 언어적 자원이 되는 거예요. 또한 같은 방언을 쓰는 사람들 사이에서는 결속력을 높여 주는 역할도 하죠.

바르고 정확한 표준어를 사용하는 것은 좋지만, 지역 방언이 잘못된 말이라고 생각하면 안돼. 서울말이나 지역 방언이나 모두 소중한 우리말이거든.

국어교과서 단박정리

● **'표준어'의 개념**
  • 한 나라에서 공용어로 쓰는 규범으로서의 언어
  • 의사소통의 불편을 덜기 위하여 전 국민이 공통적으로 쓸 수 있는 자격을 부여받은 말
  • 같은 나라에서 같은 언어를 사용하는 사람이라면 어느 지역에서나 알아들을 수 있도록 하기 위하여 정한 공통어

● **지역 방언**
  • 한 지역에서 쓰는, 표준어가 아닌 말
  • 우리말 연구의 중요한 자원이자, 국어를 더욱 풍요롭게 해 주는 언어적 자원임.

---

2 표준어 사정 원칙 – 교양 있는 사람들이 두루 쓰는 현대 서울말

그렇다면 어떤 말을 표준어로 정하는 것이 좋을까요? 여러 가지 기준이 있겠지만, 공용어로서의 법적 지위를 갖는 말이니만큼 그 기준 역시 보편타당해야 해요. 우리말(한국어, 국어)을 조사해서 표준어로 정하는 원칙은 '표준어 사정 원칙' 제1항에서 다음과 같이 밝히고 있어요.

> **제1항**
>
> 표준어는 교양 있는 사람들이 두루 쓰는 현대 서울말로 정함을 원칙으로 한다.

표준어 사정 원칙을 보면 4가지 기준이 적용되었음을 알 수 있어요.

첫 번째는 **교양 있는 사람들**의 말이라는 점이에요. 비속어나 은어를 생각해 보면 표준어로서는 그 격이 맞지 않을 것이라는 점이 쉽게 수긍이 되죠. 한편, 이 기준은 적어도 공식적인 자리에서는 표준어를 구사할 줄 알아야 교양 있는 사람이 된다는 의미도 포함하고 있어요.

두 번째 기준은 **두루 쓰는** 말이라는 점이에요. 아무리 아름답고 품격이 높은 말이라도 일부 계층이나 소수의 사람들만 한정적으로 사용한다면 모든 사람이 사용하는 표준어로 정해지기는 어렵겠죠.

세 번째 기준은 **현대**라는 시대적 기준이에요. 당연한 말이겠지만 과거에 쓰다가 **사어**(死죽을 사 語말씀 어)가 되어 버린 말을 표준어로 삼는 것은 곤란해요. 물론 예외적으로 옛말을 되살려 순화어나 새말을 만들 수는 있지만, 현재 사람들이 사용하는 말이어야 널리 두루 사용하기에 적합하겠죠.

마지막 기준은 **서울말**이라는 점이에요. 흔히 표준어와 지역 방언을 대립적인 시각으로 보는 경향이 있는데, 결국 표준어도 여러 지역 방언 중 하나로 정해질 수밖에 없어요. 이 때문에 어느 지역 방언이 표준

어로 정해지면 그것이 다른 지역 방언에 비해 우월한 게 아니냐는 오해가 생길 수도 있어요. 하지만 '표준어 사정 원칙'에서 '서울말'을 표준어로 삼은 것은 서울이 우리나라의 수도(首都)이자 사람들이 가장 많이 모여 사는 곳이라서 행정, 교통, 문화 면에서의 영향력이 가장 크고 표준어를 보급하기 쉽기 때문이에요. 서울말을 포함한 지역 방언들 사이에 좋고 나쁘고의 우열은 없어요.

국어교과서 단박정리

- **표준어 사정 원칙** 표준어는 교양 있는 사람들이 두루 쓰는 현대 서울말로 정함을 원칙으로 한다.('표준어 사정 원칙' 제1장 제1항)
- **표준어 사정 원칙의 기준** '교양 있는 사람들'(계층적), '두루 쓰는'(사용의 보편성), '현대 21세기(시대적)', '서울말(지역적)', '공식적이고 품위 있는 상황(사용 상황)'
- ※ 표준어를 '서울말'로 정한 이유 : 서울이 우리나라의 수도로서 행정, 교통, 문화 면에서 영향력이 크고 표준어를 보급하기 수월하기 때문이다. 지역 방언들 사이에 우열은 없다.

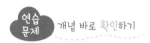

01 다음 빈칸에 들어갈 알맞은 말을 쓰시오.

(1) 모든 국민이 지키고 따르도록 규범으로 정해 놓은 말을 □□□□라고 한다.

(2) 한 지역에서 쓰는, 표준어가 아닌 말을 □□ □□이라고 한다.

(3) 우리말의 표준어는 □□ 있는 사람들이 □□ 쓰는 □□ □□말로 정함을 원칙으로 한다.

02 다음 설명이 맞으면 ○표, 틀리면 ×표를 하시오.

(1) 표준어는 공용어로서 모든 국민이 공식적인 자리나 상황에서 사용하도록 법으로 보장된 말이다. (   )

(2) 서울말이 표준어로 정해진 이유는 다른 지역 방언들에 비해 우월하기 때문이다. (   )

(3) 표준어는 규범적인 공용어이므로 각 지역의 방언은 사용하지 말아야 한다. (   )

연습문제 풀이 **01** (1) 표준어 (2) 지역 방언 (3) 교양, 두루, 현대, 서울 **02** (1) ○ (2) × (서울말이 표준어이기는 해도 서울말 역시 여러 지역 방언 중의 하나이며, 지역 방언들 사이에 우열은 없어요.) (3) × (지역 방언은 국어를 더욱 풍요롭게 해 주고, 같은 방언을 쓰는 사람들 사이의 결속력을 높여 주는 등의 역할을 해요.)

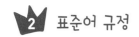 **표준어 규정**

〈표준어 규정〉은 모두 26개의 항으로 되어 있어요. 그 안에 기본적인 원칙과 예외 조항 등을 담고 있는데, 여기에서는 중요한 항목이나 다소 헷갈리는 내용을 중심으로 살펴볼게요.

1 어원에서 멀어져 굳어진 말 [관련 어문 규정 : 〈표준어 규정〉 제5항]

원칙적으로는 어원을 충실히 담고 있는 말을 표준어로 삼아야 하겠지만, 사람들의 의식 속에 어원에 대한 생각이 엷어지고 발음이 변화한 경우, 변화한 형태를 표준어로 삼고 있어요. '사글세'라는 단어는 '삭월세(朔月貰)'에서 온 말로, 달마다 일정한 날, 대개는 초하룻날[삭(朔)]에 내는 월세(月貰)라는 의미였어요. 또 '강낭콩'이라는 단어의 어원은 '강남콩'으로, 원래 중국의 '강남(江南)' 지방에서 들여온 콩이라는 뜻에서 붙여진 이름이에요. 그런데 사람들이 이런 어원을 거의 모르고 있어서 발음대로 굳어진 형태를 표준어로 삼은 거죠.

2 수컷을 의미하는 접두사 '수-' [관련 어문 규정 : 〈표준어 규정〉 제7항]

'암수'라는 뜻을 나타내는 '암'과 '수'의 옛말에는 받침에 'ㅎ'이 들어 있었어요. 그래서 '수캐 / 암캐', '수탉 / 암탉' 등의 단어를 보면 'ㅎ'이 축약된 형태로 그 흔적이 남아 있음을 알 수 있죠. 하지만 〈표준어 규정〉에서는 수컷을 의미하는 접두사는 모두 '수-'로 통일하고, '숫양, 숫염소, 숫쥐'의 세 가지 경우에 한해서만

예외를 인정하고 있어요. 그리고 '수캉아지(암캉아지), 수탉(암탉), 수컷(암컷), 수퇘지(암퇘지)' 등의 별도 단어에 대해서는 '수–'와 '암–' 뒤에서 나는 거센소리도 인정하고 있어요.

3 **'ㅣ' 모음 역행 동화** [관련 어문 규정 : 〈표준어 규정〉 제9항]

'ㅣ' 모음 역행 동화는 'ㅣ' 모음이 앞의 모음 'ㅏ, ㅓ, ㅗ, ㅜ'에 영향을 주어 'ㅣ' 모음과 같은 전설 모음인 'ㅐ, ㅔ, ㅚ, ㅟ'로 변하게 하는 현상이에요. '아비', '어미', '아기'를 각각 '애비', '에미', '애기'로 발음하는 게 대표적이죠. 이런 현상은 전국적으로 흔하기는 하지만, 주의해서 발음하면 피할 수 있어요. 따라서 〈표준어 규정〉에서는 '서울내기, 시골내기, 풋내기, 냄비' 등의 몇 개 단어를 제외하고는 'ㅣ' 모음 역행 동화가 일어난 단어를 표준 발음으로 인정하지 않아요.

한편, '–장이'와 '–쟁이'는 의미에 따라 구분해요. 기술을 가진 사람에게는 '–장이', 그 외에는 '–쟁이'를 사용해요.

4 **'웃–'과 '윗–'** [관련 어문 규정 : 〈표준어 규정〉 제12항]

'웃어른'이 맞는지, '윗어른'이 맞는지 헷갈릴 때가 많죠? '윗도리 / 웃도리', '위층 / 윗층'도 그렇고요. 간단히 정리하면, '위쪽'을 의미할 때에는 '윗–'으로, '아래쪽'을 의미할 때에는 '아랫–'으로 통일해서 쓰면 돼요. '윗도리, 윗니, 윗몸'처럼요. 다만 '아래, 위'의 대립이 없을 때에는 '윗–'이 아니라 '웃–'을 써요. '웃어른'이나 '웃돈' 같은 단어는 '아래'와 반대되는 의미를 가지는 게 아니니까 '윗–'을 붙이면 의미가 이상해지겠죠. 그리고 된소리나 거센소리 앞에서는 사이시옷이 붙지 않으므로 그냥 '위'와 '아래'를 써서 '위층, 아래층'처럼 돼요.

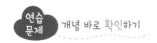
01 다음 설명이 맞으면 ○표, 틀리면 ×표를 하시오.

(1) 사람들의 의식 속에 어원에 대한 생각이 엷어지고 발음이 변화한 경우에도 어원을 담고 있는 형태만을 표준어로 인정한다. (   )

(2) 〈표준어 규정〉에서는 'ㅣ' 모음 역행 동화가 일어난 단어를 모두 표준 발음으로 인정한다.

(   )

02 다음 빈칸에 들어갈 알맞은 말을 쓰시오.

(1) 수컷을 의미하는 접두사는 '☐–'로 통일하고, '☐☐, 숫염소, 숫쥐'에 대해서만 접두사 '숫–' 을 사용한다.

(2) '위쪽'을 의미할 때에는 '☐–'으로, '아래쪽'을 의미할 때에는 '☐☐–'으로 통일한다.

연습문제 풀이 **01** (1) × ('사글세', '강낭콩' 등은 어원에 대한 인식이 거의 없는 말이므로 소리 나는 형태를 표준어로 인정해요.) (2) × ('냄비', '풋내기' 등의 몇 개 단어를 제외하고 'ㅣ' 모음 역행 동화는 표준 발음으로 인정되지 않아요.) **02** (1) 수, 숫양 (2) 윗, 아랫

---

5 **준말과 본말** [관련 어문 규정 : 〈표준어 규정〉 제14항~제16항]

저는 새앙쥐가 아니라 생쥐랍니다~

　　하나 마나 한 이야기 같지만 〈표준어 규정〉에서는 준말을 표준 어로 삼는 경우[무(○) / 무우(×)], 본말을 표준어로 삼는 경우[낌새 (○) / 낌(×)], 그리고 둘 다 인정하는 경우[막대기(○) / 막대(○)]가 있어요. 간단히 말해 본말과 준말 중 무슨 뜻인지 보다 쉽게 이해되 는 말, 그래서 널리 쓰이는 말을 표준어로 정한다는 거죠. 만약 두

형태가 다 널리 쓰인다면 둘 다 표준어로 인정해요.

---

6 **단수 표준어와 복수 표준어** [관련 어문 규정 : 〈표준어 규정〉 제18항, 제19항, 제26항]

　　비슷한 단어가 둘 이상 있을 때, 이들 중 어떤 하나가 널리 쓰이면 그 하나만을 표준어로 삼았는데, 이 게 바로 **단수(單**하나 단 **數**숫자 수**) 표준어**예요. 반대로 비슷한 발음을 가진 두 단어가 모두 널리 쓰이거나, 한 가지 의미를 나타내는 단어 형태 몇 가지가 널리 쓰이는 경우, 두 가지 모두를 표준어로 삼았는데 이를 **복 수(複**겹칠 복 **數**숫자 수**) 표준어**라고 해요. '(햇볕을) 쬐다 / 쪼이다'나 대답할 때 쓰는 말 '예 / 네' 같은 경우들 이 복수 표준어에 해당하는데, '(아기의) 고까신 / 꼬까신'처럼 단지 어감에 있어서 미묘한 차이를 보이는 단어들도 복수 표준어로 인정되었어요.

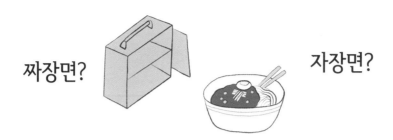

짜장면?   자장면?

여러분, '짜장면'이 맞을까요, '자장면'이 맞을까요? 예전에는 '자장면'만 표준어였지만, 지금은 '자장면'과 '짜장면', 둘 다 표준어예요.

표준어를 사용하고 이를 지키는 것은 매우 중요한 일이지만, 시대의 흐름에 따라 변해 가는 국민들의 언어 사용 실태를 규정에 반영하는 것도 중요해요.

이에 따라 국립국어원에서는 2011년에 새로운 표준어를 제정하여 발표했어요. 그동안 비표준어였지만 일상생활에서 많이 쓰이던 단어들에 대해, 언어 현실을 반영해서 표준어로 인정한 거죠. 2014년부터는 매년 새로 인정된 표준어를 발표하고 있으니까, 새롭게 추가되는 표준어에는 어떤 것들이 있는지 관심을 갖고 살펴보세요.

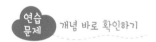

연습 문제   개념 바로 확인하기

01 다음 설명이 맞으면 ○표, 틀리면 ×표를 하시오.

(1) 〈표준어 규정〉에서는 본말만을 표준어로 삼고 준말은 인정하지 않는다. (　　)

(2) 어감에 있어서 미묘한 차이를 보이는 단어들은 그중 하나만 표준어로 인정한다. (　　)

02 다음 빈칸에 들어갈 알맞은 말을 쓰시오.

(1) 비슷한 단어가 둘 이상 있을 때, 이들 중 어떤 하나가 널리 쓰이면 그 하나만을 표준어로 삼으며, 이를 '☐☐ 표준어'라고 한다.

(2) '자장면'과 '☐☐☐'은 두 가지 표기 모두 표준어이다.

연습문제 풀이 **01** (1) × (표준어를 정할 때 단어의 원래 형태를 중시하기는 하지만, 본말이든 준말이든 쉽고 정확하게 소통된다면 둘 다 표준어로 인정하고 있어요.) (2) × ('고까신 / 꼬까신'처럼 단지 어감에 있어서 미묘한 차이를 보이는 단어들도 복수 표준어로 인정하고 있어요.) **02** (1) 단수 (2) 짜장면

3 북한의 문화어

다음 그림은 북한에서 온 할머니에게 버스에서 자리를 양보하는 남한 여학생의 모습이에요. 할머니의 말이 우리가 쓰는 말과 어떤 점에서 차이가 있는지 생각해 보세요.

할머니의 말 중에서 '일없다', '녀학생'이라는 단어가 좀 생소하죠? 남한에서는 '일없다'라는 말이 '소용이나 필요가 없다.'라는 다소 부정적인 뜻으로 쓰이지만, 북한에서는 '괜찮다.'의 긍정적인 뜻으로 쓰여요. 또한 우리가 '여학생'으로 표기하는 것과 달리, 북한에서는 두음 법칙을 인정하지 않고 '녀학생'으로 쓰죠.

한국 전쟁 이후 남한과 북한이 분단된 지 60년이 넘었어요. 그동안 남한과 북한 사람들의 삶은 너무도 다르게 변화했죠. 원래는 지역 방언의 차이 정도에 불과했던 남북한의 언어도 때로는 의사소통에 어려움이 생길 정도로 어휘, 발음, 억양 등에서 차이를 보이게 됐어요.

남한의 공통어가 '표준어'이듯이, 북한의 공통어는 '문화어'예요. '문화어'는 '근로 인민 대중이 사용하는 현대 평양말'로 정해져 있죠. 문화어의 몇 가지 특징을 살펴보면 다음과 같아요.

	표준어(남한)	문화어(북한)
두음 법칙	여자[여자], 노동 신문[노동 신문]	녀자[녀자], 로동 신문[로동 신문]
자음 동화	심리[심니], 항로[항노]	심리[심리], 항로[항로]

우선, 북한의 문화어에서는 두음 법칙과 자음 동화를 인정하지 않아요. 그러니까 낱말 첫소리의 'ㄹ'과 'ㄴ, ㄴ, ㄴ, ㄴ, ㄴ' 등을 원래 음운 그대로 쓰고 읽을 때도 그대로 읽어요. 또한 모든 모음 앞의 'ㄹ'을 한자음 본래 그대로 읽고, 받침 'ㅁ, ㅇ' 뒤에서 'ㄹ'이 동화되지도 않죠.

표준어와 문화어의 차이는 어휘 측면에서 두드러지는데, 특히 외래어 분야에서 차이가 아주 커요. 문화어는 서양에서 유래한 말을 우리말이나 한자어로 바꾸려는 경향이 매우 강해요. 예를 들어, '원주필'(볼펜), '손기척'(노크), '곱침'(드리블 – 농구), '모서리공'(코너킥 – 축구), '댕기운동'(리본 체조) 등과 같은 말이 있어요. 다소 억지스러운 느낌도 있죠?

일상생활이나 스포츠 분야의 어휘가 이 정도인데 정치, 사상, 사회 등의 분야는 어떻겠어요? 서로 소통하지 못하고 지낸 시간이 길어질수록 사용하는 말 또한 더욱 멀어질 거예요. 하나의 민족인 남북한 사람들이 의사소통을 원활히 할 수 있도록 남북한 언어의 차이를 이해하고 극복하기 위해 노력해야겠어요.

국어교과서 **단박정리**

- **문화어** 북한의 공통어로, 근로 인민 대중이 사용하는 현대 평양말. 남한의 표준어에 대응 되는 개념임.
- **문화어의 특징** 두음 법칙과 자음 동화를 인정하지 않음. 높은 데서 낮은 데로 떨어지는 억양이 반복됨. 고유어를 많이 사용하기 위해 노력하면서 특히 외래어 사용을 줄임.

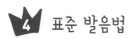
개념 바로 확인하기

01 다음 설명이 맞으면 ○표, 틀리면 ×표를 하시오.

(1) 북한의 문화어에서는 두음 법칙을 인정하지 않지만, 자음 동화는 인정한다. (　　)

(2) 북한의 문화어는 서양에서 유래한 말을 우리말이나 한자어로 바꾸려는 경향이 강하다. (　　)

02 다음 빈칸에 들어갈 알맞은 말을 쓰시오.

(1) 북한의 문화어는 '근로 □□ 대중이 사용하는 현대 □□□'로 정해져 있다.

(2) '심리'라는 단어는 북한의 문화어에서 [□□]로 발음된다.

연습문제 풀이 **01** (1) × (북한의 문화어에서는 두음 법칙과 자음 동화를 모두 인정하지 않아요.) (2) ○   **02** (1) 인민, 평양말 (2) [심리]

4 표준 발음법

앞서 살펴본 〈표준어 규정〉을 통해 우리는 어떤 말이 표준어인지를 알 수 있었어요. 그리고 이 표준어를 한글로 적는 기준이 되는 것이 바로 〈한글 맞춤법〉이라는 것도 배웠고요.

그런데 사람들은 출신 지역이나 나이에 따라 같은 말이라도 조금씩 다르게 발음하는 경우가 많아요. '의자(椅子)[의자]'라는 단어를 누구는 [으자]로 발음하기도 하고, 누구는 [이자]로 발음하기도 해요. 또 '참외[차뫼/차붸]'를 [차메]로, '과자[과자]'를 [가자]로 잘못 발음하는 일도 많죠. '깨끗이'라는 단어는 [깨끄시]가 올바른 발음이지만, [깨끄치]로 발음하는 사람들도 종종 있어요. 이처럼 사람마다 같은 단어를 다르게 발음한다면 의사소통에 지장을 줄 수 있어요. 따라서 이렇게 잘못 발음함으로써 생길 수 있는 혼란을 막기 위해 발음의 표준을 정할 필요가 있는데, 이게 바로 **〈표준 발음법〉**이에요.

〈표준 발음법〉은 표준어를 발음하는 공식적인 규칙과 규범을 정한 것이에요. 〈표준 발음법〉 제1항에서는 '표준 발음법은 표준어의 실제 발음을 따르되, 국어의 전통성과 합리성을 고려하여 정함을 원칙으로 한다.'라고 하였어요. 여기서 국어의 합리성을 고려한다는 것은 〈한글 맞춤법〉 규정에서 '어법에 맞도록 한다'는 것과 유사한 원칙이에요. 즉, 국어의 규칙 내지는 법칙에 따라서 표준 발음을 합리적으로 정한다는 뜻이죠.

〈표준 발음법〉은 모두 30개의 항으로 되어 있어요. 여기에서는 **15일**에서 살펴본 음운 변동 현상과 관련된 내용, 혼동하기 쉬운 내용 등을 중심으로 공부해 보도록 합시다.

1 **이중 모음의 발음** [관련 어문 규정 : 〈표준 발음법〉 제5항]

동요 '고향의 봄'의 첫 구절을 불러 봅시다.

여러분은 '나의'라는 단어를 [나의]라고 발음했나요, 아니면 [나에]라고 발음했나요?

'나의 살던 고향은'의 '나의'처럼, 이중 모음 11개를 완벽히 발음하는 것은 생각보다 쉽지 않아요. 대개는 방언의 영향 때문인데, 'ㅖ'를 'ㅔ'로 발음하거나 'ㅓ'를 'ㅐ'로 발음하는 게 대표적이에요. 그래서 'ㅑ, ㅒ, ㅕ, ㅖ, ㅘ, ㅙ, ㅛ, ㅝ, ㅞ, ㅠ, ㅢ'는 이중 모음으로 발음하는 것을 원칙으로 하되, 몇 가지 예외 사항을 두고 있어요. 특히 'ㅢ'는 [ㅢ], [ㅣ], [ㅔ]로 다양하게 소리 나는 경우가 있으니 주의해야 해요. '나의'의 '의'는 조사인데, 조사 '의'는 [ㅢ]로 발음하는 게 원칙이지만 [ㅔ]로 발음하는 것도 허용돼요. 그러니까 [나의], [나에] 모두 맞는 발음이에요.

- 시계[시계 / 시게]
- 무늬[무니]
- 우리의[우리의 / 우리에]
- 지혜[지혜 / 지헤]
- 희망[히망]
- 강의의[강ː의의 / 강ː이에]

2 **받침의 발음** [관련 어문 규정 : 〈표준 발음법〉 제15항]

'사과가 맛있다.'에서 '맛있다'는 어떻게 발음할까요? [마싣따]? [마딛따]? 그러면 '맛없다'는요? 설마 [마섭따]라고 발음하지는 않겠죠? 간단해 보여도 은근히 헷갈리는 발음이 종종 있답니다. '맛있다'는 [마딛따], '맛없다'는 [마덥따]가 올바른 발음이에요.

받침으로 끝나는 단어의 뒤에 모음으로 시작하는 조사나 어미(형식 형태소)가 오면 받침이 뒤의 음절로 옮겨져 발음되는 것이 원칙이에요. 하지만 뒤에 실질 형태소가 오면 받침이 대표음으로 바뀌어 소리 나게 돼요. '옷' 뒤에 '안'이라는 실질 형태소가 올 경우 [오단]으로 소리 나는 거죠. **15일**에 배운 연음 법칙과 절음 법칙의 내용을 떠올려 보면 될 거예요.

참고로 '맛있다'와 '멋있다'는 [마딛따]와 [머딛따]가 올바른 발음이지만 많은 사람들이 [마싣따]와 [머싣따]로 발음하고 있기 때문에 둘 다 표준 발음으로 인정하고 있어요.

- 맛있다[마딛따 / 마싣따]
- 옷 안[오단]

- 맛없다[마덥따]
- 겉옷[거돋]

3 된소리가 나는 경우 [관련 어문 규정 : 〈표준 발음법〉 제23항~제28항]

미리 숙제를 해 둘걸. 아침밥도 못 먹고 왔는데, 할 게 아직도 많아.

위 그림에서 '둘걸'은 [둘껄]로, '아침밥'은 [아침빱]으로, '할 게'는 [할께]로 소리 나고 있어요. 이처럼 뒤 음절의 첫소리인 예사소리 'ㄱ, ㄷ, ㅂ, ㅅ, ㅈ'이 된소리 'ㄲ, ㄸ, ㅃ, ㅆ, ㅉ'으로 교체되어 소리 나는 현상을 '된소리되기'라고 해요. **15일**에서 공부했던 거, 기억나죠? '된소리되기'가 일어나는 경우는 무척 다양한데, 〈표준 발음법〉 제23항~제28항에서는 이런 경우를 자세히 규정하고 있어요.

간단히 정리해 보자면, 'ㄱ, ㄷ, ㅂ' 같은 파열음 뒤에 오는 'ㄱ, ㄷ, ㅂ, ㅅ, ㅈ'은 된소리로 발음되고, 어간이 'ㄴ, ㅁ'으로 끝나는 용언 뒤에 결합되는 어미의 첫소리 'ㄱ, ㄷ, ㅅ, ㅈ' 역시 된소리로 발음돼요. 또 '갈등[갈뜽]' 같은 한자어에서 받침 'ㄹ' 뒤에 'ㄷ, ㅅ, ㅈ'이 오는 경우에도 된소리되기가 일어나요.

- 국수[국쑤]
- 감다[감:따]
- 발전[발쩐]

- 걷다[걷:따]
- 신고[신:꼬]
- 일주[일쭈]

- 입술[입쑬]
- 앉다[안따]
- 절도[절또]

한편 관형사형 '-(으)ㄹ' 뒤에 'ㄱ, ㄷ, ㅂ, ㅅ, ㅈ'이 올 때도 된소리로 교체되어 소리 나요. '할 수는[할쑤는]', '갈 사람[갈싸람]'처럼 말이에요.

4 **음이 첨가되는 경우** [관련 어문 규정 : 〈표준 발음법〉 제29항]

[소미불]?　　[솜니불]?

위 그림 속 '솜이불'을 어떻게 읽어야 하는지에 대해 배웠던 것, 기억하고 있죠?

정답은 [솜:니불]이었어요. 한자어나 합성어 혹은 접두사가 붙어서 만들어진 파생어의 경우 앞 단어나 접두사가 자음으로 끝나고 뒤 단어의 첫음절이 '이, 야, 여, 요, 유'인 경우 'ㄴ' 음을 첨가하여 발음해요. **16일** '음운의 변동' 부분에서 공부했던 내용이니 다시 한번 정리해 보세요.

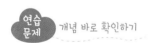

개념 바로 확인하기

01 다음 빈칸에 들어갈 알맞은 말을 쓰시오.

　(1) 표준어를 발음하는 공식적인 규칙과 규범으로 발음의 표준을 정해 놓은 것을 ☐☐ ☐☐☐ 이라고 한다.

　(2) 표준 발음은 ☐☐☐의 실제 발음을 따르되, 국어의 전통성과 합리성을 고려하여 정함을 원칙으로 한다.

　(3) 'ㅑ, ㅒ, ㅕ, ㅖ, ㅘ, ㅙ, ㅛ, ㅝ, ㅞ, ㅠ, ㅢ'는 ☐☐ 모음으로 발음하며, 조사 '의'는 [☐]로 발음하는 것도 허용한다.

02 다음 단어의 발음이 〈표준 발음법〉에 맞으면 ○표, 틀리면 ×표를 하시오.

　(1) 희망[희망] (　　　)　　　　　　　(2) 갈증[갈쯩] (　　　)

　(3) 막일[망닐] (　　　)　　　　　　　(4) 꽃잎[꼰닙] (　　　)

　(5) 한여름[하녀름] (　　　)　　　　　(6) 신여성[신녀성] (　　　)

연습문제 풀이 **01** (1) 표준 발음법 (2) 표준어 (3) 이중, ㅔ **02** (1) × (자음을 첫소리로 가지고 있는 음절의 'ㅢ'는 [ㅣ]로 발음하므로, [히망]으로 발음해야 해요.) (2) ○ (3) ○ (4) ○ (5) × ('ㄴ' 음이 첨가되어 [한녀름]으로 발음돼요.) (6) ○

01 다음 중 표준어 사정의 원칙에 대한 설명으로 적절하지 <u>않은</u> 것은?

① 법적인 원칙이므로 모든 국민이 지켜야 한다.

② 교양 있는 사람들이 사용하는 말이어야 한다.

③ 두루 쓰이는 말이어야 하며, 보편성을 가져야 한다.

④ 옛날에 쓰던 말이 아니라 지금 현재 사용하고 있는 말이어야 한다.

⑤ 행정, 교통, 문화 면에서의 영향력이 가장 크고 우수한 서울말로만 한정한다.

02 다음 중 〈보기〉의 '이것'에 해당하는 것은?

┤ 보기 ├

　'이것'은 그 지역의 역사와 그 지역 사람들의 삶, 그리고 우리말의 옛 모습을 담고 있다. 따라서 우리말 연구의 중요한 자원이자, 다채로운 표현을 통해 국어를 더욱 풍요롭게 해 주는 언어적 자원이 된다. 또한 '이것'을 함께 쓰는 사람들 사이에서는 결속력을 높여 주는 역할도 한다.

① 은어　　　　　　　　② 표준어　　　　　　　　③ 공용어
④ 고유어　　　　　　　　⑤ 지역 방언

03 다음 〈보기〉에서 표준어인 것끼리 묶인 것은?

┤ 보기 ├

㉠ 강낭콩　　　㉡ 숫소　　　㉢ 암퇘지　　　㉣ 멋장이　　　㉤ 복사뼈

① ㉠, ㉡　　　　　　　② ㉡, ㉢　　　　　　　③ ㉠, ㉢, ㉤
④ ㉡, ㉣, ㉤　　　　　⑤ ㉠, ㉡, ㉢, ㉤

04 다음 중 밑줄 친 단어가 표준어인 것은?

① <u>윗어른</u> 앞에서는 말과 행동을 조심해야 한다.

② 언니가 옆집에서 <u>숫강아지</u> 한 마리를 데리고 왔다.

③ 아이들은 <u>웃도리</u>를 벗어던지고 물속에 뛰어들었다.

④ 비 오는 날 누나가 뜨끈한 냄비 우동을 끓여 주었다.

⑤ 예전에는 신혼살림을 <u>삭월세</u>로 시작하는 사람들이 많았다.

O5 다음 중 밑줄 친 단어가 표준어가 <u>아닌</u> 것은?

① <u>애기</u>가 아장아장 걷는다.

② 일이 돌아가는 <u>낌새</u>가 심상치 않다.

③ <u>위층</u>으로 올라가는 계단이 가파르다.

④ 아버지께서 <u>막대</u>로 동생의 손바닥을 때리셨다.

⑤ 배가 고픈 나머지 우리는 밭에 있는 <u>무</u>를 뽑아 먹었다.

O6 〈보기〉를 참고할 때, 밑줄 친 단어 중 표준어가 <u>아닌</u> 것은?

─┤ 보기 ├─

〈표준어 규정〉

제26항 한 가지 의미를 나타내는 형태 몇 가지가 널리 쓰이며 표준어 규정에 맞으면, 그 모두를 표준어로 삼는다.

① 그는 <u>눈짐작</u>으로 맞는 옷을 골랐다.

② <u>어저께</u>는 무척 바빴는데 오늘은 한가하다.

③ 뒤엉킨 <u>덩굴</u> 더미를 뒤적거리며 참외를 땄다.

④ 그는 세상에 의지할 곳 없는 <u>가엾은</u> 존재이다.

⑤ 약이 뒤바뀌는 <u>어처구니없는</u> 실수가 일어났다.

O7 〈자료〉에 제시된 남한말과 북한말에 대한 설명으로 적절하지 <u>않은</u> 것은? [중3 학업성취도평가]

─┤ 자료 ├─

	남한말	북한말
(가)	나이테 : 나무의 줄기나 가지 따위를 가로로 자른 면에 나타나는 둥근 테.	해돌이 : 나무줄기에 해마다 한 돌기씩 생기는 줄무늬.
(나)	낙서(落書) : 글자, 그림 따위를 장난으로 아무 데나 함부로 씀.	락서(落書) : 글자나 그림 같은 것을 함부로 쓰거나 그리는 것.
(다)	냇가 : 냇물의 가장자리.	내가 : 물과 기슭이 닿는 부분 또는 그 부근.
(라)	달걀 : 닭이 낳은 알.	닭알 : 닭이 낳은 알.
(마)	타이어(tire) : 자동차, 자전거 따위의 바퀴 굴통에 끼우는 테.	다이야(tire) : 차바퀴의 바깥 둘레에 끼우게 된 바퀴 테.

① (가)는 같은 대상을 가리키는 단어가 다른 예이다.

② (나)는 두음 법칙의 적용 여부가 다른 예이다.

③ (다)는 사이시옷(ㅅ)의 사용 여부가 다른 예이다.

④ (라)는 뜻이 같은 단어를 같은 형태로 표기하는 예이다.

⑤ (마)는 같은 대상을 가리키는 외래어를 다르게 표기하는 예이다.

08 〈표준 발음법〉에 대한 설명으로 적절하지 <u>않은</u> 것은?

① 음운 변동 규칙에 따라 합리적으로 표준 발음을 정한다.

② 표준어를 발음하는 공식적인 규칙과 규범을 정한 것이다.

③ 한글 맞춤법에 따라 표기한 그대로 발음하는 것을 원칙으로 한다.

④ 개인이 자기 마음대로 음운을 바꾸거나 변형해서 발음하면 안 된다.

⑤ 잘못 발음함으로써 생길 수 있는 의사소통의 혼란을 막기 위한 것이다.

09 〈보기〉를 참고할 때, 밑줄 친 부분의 발음이 옳은 것은?

| 보기 |

〈표준 발음법〉

제5항 'ㅑ, ㅒ, ㅕ, ㅖ, ㅘ, ㅙ, ㅛ, ㅝ, ㅞ, ㅠ, ㅢ'는 이중 모음으로 발음한다.

다만 1. 용언의 활용형에 나타나는 '져, 쪄, 쳐'는 [저, 쩌, 처]로 발음한다.

다만 2. '예, 례' 이외의 'ㅖ'는 [ㅔ]로도 발음한다.

다만 3. 자음을 첫소리로 가지고 있는 음절의 'ㅢ'는 [ㅣ]로 발음한다.

다만 4. 단어의 첫음절 이외의 '의'는 [ㅣ]로, 조사 '의'는 [ㅔ]로 발음함도 허용한다.

① 이 단어의 용례[용레]를 보면 뜻을 짐작할 수 있다.

② 남북 정상 회담이 갖는 역사적 의의[이이]가 매우 크다.

③ 이 책상은 나무의 무늬[무늬]를 그대로 살려서 만들었다.

④ 옥수수는 큰 가마솥에 한꺼번에 넣고 쪄[쩌] 먹는 게 가장 맛있다.

⑤ 오늘 저희 매장을 방문해 주신 고객님들께 많은 혜택[해택]을 드릴 예정입니다.

10 〈자료 1〉을 바탕으로 할 때, 〈자료 2〉의 ㉠~㉤ 중 발음의 유형이 <u>다른</u> 하나는?

| 자료 1 |

〈표준 발음법〉

제23항 받침 'ㄱ(ㄲ, ㅋ, ㄳ, ㄺ), ㄷ(ㅅ, ㅆ, ㅈ, ㅊ, ㅌ), ㅂ(ㅍ, ㄼ, ㄿ, ㅄ)' 뒤에 연결되는 'ㄱ, ㄷ, ㅂ, ㅅ, ㅈ'은 된소리로 발음한다.

제24항 어간 받침 'ㄴ(ㄵ), ㅁ(ㄻ)' 뒤에 결합되는 어미의 첫소리 'ㄱ, ㄷ, ㅅ, ㅈ'은 된소리로 발음한다.

> ┤자료 2├
>
> 　이튿날, 유치원을 파하고 집으로 오게 된 때, 나는 ㉠갑자기 어제 ㉡벽장 속에 숨었다가 어머니를 ㉢몹시 울게 했던 생각이 나서 집으로 돌아가기가 어쩐지 부끄러워졌습니다. '오늘은 어머니를 좀 기쁘게 해 드려야 할 텐데…… . 무엇을 갖다 드리면 기뻐할까?' 하고 생각하였습니다. 그러자 ㉣문득 유치원 안에 선생님 책상 위에 놓여 ㉤있던 꽃병이 생각이 났습니다.

① ㉠　　　　② ㉡　　　　③ ㉢　　　　④ ㉣　　　　⑤ ㉤

11 〈자료 1〉을 참고하여 〈자료 2〉의 ㉠과 ㉡에 들어갈 표준 발음을 쓰시오. [중3 학업성취도평가]

> ┤자료 1├
>
> 〈표준 발음법〉
> **제5항** 'ㅑ ㅒ ㅕ ㅖ ㅘ ㅙ ㅛ ㅝ ㅞ ㅠ ㅢ'는 이중 모음으로 발음한다.
> 다만 3. 자음을 첫소리로 가지고 있는 음절의 'ㅢ'는 [ㅣ]로 발음한다.

> ┤자료 2├
>
> (1) 그는 굳은 의지를[　㉠　] 보였다.
> (2) 그는 분위기를 띄우려고[　㉡　] 노력했다.

㉠ : _____　　㉡ : _____

12 〈자료〉의 〈표준 발음법〉 규정을 참고할 때 잘못 발음한 것은? [중3 학업성취도평가]

> ┤자료├
>
> **제14항** 겹받침이 모음으로 시작된 조사나 어미, 접미사와 결합되는 경우에는, 뒤엣것만을 뒤 음절 첫소리로 옮겨 발음한다. (이 경우 'ㅅ'은 된소리로 발음함.)

① 값이[가비]　　　　　② 넓이[널비]
③ 닭을[달글]　　　　　④ 몫을[목쓸]
⑤ 읊어[을퍼]

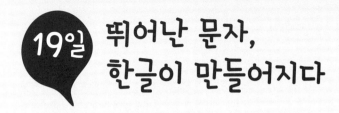

19일 뛰어난 문자, 한글이 만들어지다

👑 1 한글 창제의 목적

1 한글이 없던 시절

우리가 친구들과 대화를 주고받고, 공부를 하고, 글을 통해 자신의 의사를 표현할 수 있는 것은 모두 우리 고유의 글자인 한글이 있기에 가능한 것이에요. 하지만 불과 오백여 년 전만에도 우리 민족에게는 우리의 글자가 없었죠. 그렇다면 우리 선조들은 어떻게 문자 생활을 했을까요?

한글이 없던 시절, 우리 선조들은 중국의 문자인 한자를 통해 문자 생활을 했어요. 하지만 우리 글자가 없었던 상황에서도 선조들은 우리말을 우리 식으로 표기하기 위해 노력했어요. 즉, 우리말 어순이나 형태에 맞게 한자를 빌려 적었는데, 이를 '차자(借字)' 표기라고 해요. 글자를 빌려 온다는 뜻이죠. 대표적인 차자 표기에는 '이두'와 '향찰'이 있어요.

● 한자로 우리말을 적으려는 노력 - 이두와 향찰

'임신서기석'은 신라 시대의 두 화랑이 우정을 맹세하고 함께 공부하기를 다짐한 내용이 새겨진 비석이에요. 그 첫 구절에 '天前誓'라는 말이 있어요. 언뜻 한문으로 보이는데, 한자를 살펴보면 '하늘', '앞', '맹세(하다)'의 순서로 되어 있어요. 그대로 읽으면 '하늘 앞에 맹세하다.'가 되어 우리말의 어순과 일치하죠. '임신서기석'의 나머지 글자들도 이런 식으로 배열되어 있어요. 이렇게 한자를 우리말 어순대로 표기하는 방식을 **이두**(吏讀)라고 해요.

▲ 임신서기석

다음 글을 볼까요?

善化公主主隱
他密只嫁良置古
薯童房乙
夜矣卯乙抱遣去如

백제 무왕이 지었다고 전해지는 4구체 향가 「서동요」예요. 한자로 되어 있어서 한시처럼 보이지만 역시 첫 구절부터 일반적인 한시와는 다르답니다.

'善化公主主隱(善착할 선 化될 화 公공평할 공 主공주 주 主주인 주 隱숨길 은)'을 한자대로 읽으면 '선화공주', '주인', '숨기다'가 되는데, 이게 어떤 의미인지 해석할 방법이 없어요. 하지만 '主'라는 글자에서 뜻을 취하여 '님'으로 읽고, '隱'이라는 글자는 뜻을 버리고 소리만 취하여 '은'으로 읽으면, '선화공주님은'이라는 구절이 돼요. 아주 자연스러운 우리말 문장이죠. 이 구절이 이렇게 자연스럽게 느껴지는 이유는 존칭을 나타내는 접미사 '-님'과 조사 '은' 덕분이에요. 조사와 어미가 발달했다는 건 우리말의 중요한 특징이거든요.

이렇게 한자의 음과 뜻을 빌려 우리말의 어순과 문법 요소에 맞게 우리말 문장을 표기하는 방식을 **향찰** (鄕札)이라고 해요. 완전하지는 않아도 한자로 우리말을 쓰는 데 있어 매우 독창적이고 가장 합리적인 방식이었어요. 하지만 이러한 향찰에도 결정적인 문제가 있었답니다. 그것은 향찰을 쓰기 위해서는 애초에 한자를 잘 알아야 한다는 것이었어요. 한자를 배우지 못한 사람이 향찰을 쓸 수는 없지 않겠어요?

● **문자 생활에서 소외된 백성들**

예전에 한글 창제를 소재로 다룬 TV 드라마가 방영된 적이 있었어요. 주인공은 노비인데, 그는 세종대왕의 아들을 납치한 후 그에게 이렇게 항변해요.

> "글자가 나오면 백성들이 그 글자를 정말 알게 될 것이라고 생각하십니까? 예, 저도 한 천 자 정도는 알고 있습니다. 근데 그거 배우는 데 얼마나 힘들었는지 아십니까? 제가 머리가 나빠서요? 아닙니다. 시간이 없어서입니다. 그게 백성의 삶입니다. 입에 풀칠하려면 동트기 전에 일어나 해 질 때까지 허리 한 번 못 펴고 일만 해야 되는데 언제 글자를 배운답니까?"

주인공의 말 속에는 먹고사느라 바빠서 한자를 배울 수가 없었던 당시 백성들의 현실이 잘 담겨 있어요. 그러니 아무리 이두가 있고 향찰이 유용한 방법이라고 해도, 백성들에게는 큰 도움이 되지 못했을 거예요. 즉, 일반 백성들은 문자 생활에서 철저하게 소외되어 있었던 거죠. 이러한 상황은 삼국 시대와 고려 시대는 물론이고 조선 시대에 와서도 나아지지 않았고, 백성들은 그야말로 '눈 뜬 장님[文盲]'인 채로 살아야 했어요.

② '훈민정음' 창제의 목적과 그 속에 담긴 정신

세종대왕은 우리말을 표현할 수 있는 글자가 없어서 백성들이 어려움을 겪는다는 것을 잘 알고 있었어요. 그래서 이러한 백성들을 위해 직접 글자를 만들기로 했죠.

▲ '훈민정음' 서문

세종대왕은 1443년에 '훈민정음'을 완성하고, 1446년에 이를 공표했어요. **훈민정음**(訓가르칠 훈 民백성 민 正바를 정 音소리 음)은 '백성을 가르치는 바른 소리'라는 뜻이에요. 이로써 우리는 세계에서 유례없는 과학적이고 효율적이며 아름답고 쉬운 글자를 갖게 되었어요. 그리고 비로소 다른 어떤 글자의 도움이나 제한 없이 우리말을 표기할 수 있게 되었죠.

'훈민정음' 창제의 목적과 정신은 그 서문에 잘 담겨 있어요.

> 우리나라의 말이 중국과 달라 한자와는 서로 통하지 않아서, 이런 까닭에 어리석은 백성들이 말하고자 하는 바가 있어도 마침내 제 뜻을 말하지 못하는 사람이 많다. 내가 이를 가엾게 여겨 새로 스물여덟 글자를 만드니, 모든 사람이 쉽게 익혀 날마다 쓰는 데 편하게 하고자 할 따름이다.
>
> – '훈민정음' 서문

우선 우리말이 중국과는 다르다는 점을 분명히 하고 이를 표기할 우리 문자를 만들었다는 점에서 주체성과 '자주정신'을 엿볼 수 있어요. 그리고 자신의 뜻을 표현할 수 없었던 백성들을 불쌍히 여겨서 글자를 만들었다는 점에서는 '애민 정신'을 확인할 수 있어요. 또한 이전까지 쓰던 한자와는 완전히 다르게 표음 문자의 형태로 문자를 새로 만들었다는 점에서 '창조 정신'을 찾아볼 수 있죠. 마지막으로 누구나 쉽게 익혀서 날마다 편하게 쓰도록 했다는 점에는 '실용 정신'이 담겨 있어요.

국어교과서 단박정리

● **한글 창제 이전의 문자 생활**
  – 우리말을 표기하기 위해 한자의 음과 뜻을 활용함. **예** 이두, 향찰 등
  – 한자를 배울 기회가 없었던 일반 백성들은 문자 생활에서 소외되었음.
● **'훈민정음'의 창제 정신**
  – 자주정신, 애민 정신, 창조 정신, 실용 정신

연습문제 개념 바로 확인하기

01 다음 설명이 맞으면 ○표, 틀리면 ×표를 하시오.
  (1) 한글이 없던 시절, 우리 선조들은 한자를 빌려 우리말을 표기하기 위해 노력하였다. (　　)
  (2) 한글은 세계에서 유례를 찾아볼 수 없는 과학적이고 효율적이며 아름답고 쉬운 글자이다.

　　　　　　　　　　　　　　　　　　　　　　　　　　　　　　　　　　　　　　　(　　)

02 다음 빈칸에 들어갈 알맞은 말을 쓰시오.
  (1) 한자를 우리말 어순대로 표기하는 방식을 '▢▢'라 하고, 한자의 음과 뜻을 빌려 우리말의 어순과 문법 요소에 맞게 우리말 문장을 표기하는 방식을 '▢▢'이라고 한다.
  (2) ▢▢▢▢은 세종대왕이 창제한 문자로, '백성을 가르치는 바른 소리'라는 뜻이다.

03 다음 '훈민정음' 서문과 연관된 한글의 창제 정신을 바르게 연결하시오.
  (1) 우리말이 중국과 달라서 한자와 의미가 통하지 않는다. •　　　　　• ㉠ 애민 정신
  (2) 어리석은 백성의 처지를 불쌍히 여겨 문자를 만들다. •　　　　　• ㉡ 창조 정신
  (3) 한자와는 다른 28개의 글자를 새로 만들다. •　　　　　　　• ㉢ 실용 정신
  (4) 누구나 쉽게 익히고 편하게 사용할 수 있다. •　　　　　　　• ㉣ 자주정신

연습문제 풀이 **01** (1) ○ (2) ○ (한글은 음성학, 음운학, 기호학 등의 과학적 원리를 바탕으로, 어떤 과정을 거쳐 어떻게 만든 글자인지를 알 수 있는 세계에서 유일한 글자예요.) **02** (1) 이두, 향찰 (2) 훈민정음 **03** (1) ㉣ (2) ㉠ (3) ㉡ (4) ㉢

👑2 '훈민정음'의 창제 원리

문자가 없던 시절, 사람들은 먼 거리에 있거나 지금 함께 있지 않은 사람에게 어떻게 메시지를 전달했을까요? 가장 먼저 떠올릴 수 있는 것은 바로 '그림'일 거예요. 이 '그려서 보여 준다'는 것이 '문자'의 기본적인 발상이에요. 시간이 지나고 그림이 단순화되면서 사용하기 쉬워지기는 했겠지만, 세상의 모든 것을 그림으로 보여 주어야 한다면 얼마나 많은 그림이 필요하겠어요? 더구나 형태가 없거나 눈에 보이지 않는 것이라면 표현하기가 더더욱 힘들었겠죠. 그래서 대표적 상형 문자인 이집트 문자도 후대로 갈수록 그 의미가 특정한 소리를 나타내는 방향으로 발달했어요. 이를테면 소 모양의 글자가 처음에는 '소'를 의미했지만, 점점 특정한 말소리를 나타내는 기호가 된 거죠. 다음 표는 일반적인 문자의 발달 단계예요.

그림	상형 문자	표의 문자●	음절 문자●	음소(음운) 문자●
		牛 (한자)	う し [u] [si] (일본어)	COW (영어) bœuf (프랑스어) vaca (스페인어) Rind (독일어) 소 (한글)

한자는 글자로서의 형태가 고정되어 자리를 잡은 이후 지금까지 뜻글자로서의 성격에 변함이 없어요. 우리나라 역시 오랜 시간 동안 한자를 써 왔기 때문에, 문자라면 으레 한자와 같은 표의 문자의 개념에서 생각하기 쉬웠죠. 하지만 세종대왕은 전혀 다른 관점에서 연구를 시작했어요. 한자처럼 '뜻'을 표시하는 게 아니라, '말소리'를 표현하기로 하고 우리말의 소리를 찾아낸 거예요.

우리말은 자음과 모음만 40개인 데다가, 첫소리(초성), 가운뎃소리(중성), 끝소리(종성)로 구성되므로 이론적으로는 11,000여 자가 넘는 음절을 만들 수 있어요. 이 중 실현 가능한 음절만 해도 1,000개가 넘죠. 이는 110개 내외의 음절을 갖는 일본어의 약 10배에 가까운 숫자예요. 일본어라면야 음절 문자로도 충분하겠지만, 우리말에서 소리 나는 음절마다 글자를 만든다면 한자보다 나을 게 없겠죠.

●표의 문자
하나하나의 문자가 하나의 단어가 되는 문자. 한자가 대표적임. = 뜻글자, 단어 문자
●음절 문자
표음 문자 중 하나로, 한 글자가 한 음절을 나타내는 문자
●음소(음운) 문자
표음 문자 중 하나로, 하나의 글자가 한 개의 음운(낱소리)을 나타내는 문자. 한글, 로마자, 아라비아 문자 등이 있음.

▲ '훈민정음' 해례

그래서 '훈민정음'은 우리말의 음절을 이루고 있는 음운과 그 특성에 대한 연구를 바탕으로 만들어졌어요. 예컨대 '훈민정음' 해설서인 '해례'에서는 'ㄱ, ㅋ'이 모두 '아음(어금닛소리)'이라고 하였는데, 이는 지금 우리가 알고 있는 '여린입천장소리'라는 개념과 같은 거예요. 뿐만 아니라 다른 자음들도 조음 위치나 소리의 성질, 음운의 특성 및

체계 등이 지금과 거의 차이가 없다는 점에서, 음운을 표기하는 문자로서의 '훈민정음'의 우수성을 확인할 수 있죠.

① 자음자의 창제 원리

　표의 문자로서 한자의 장점이라면 글자의 모양새만으로도 그 의미를 짐작할 수 있다는 점이에요. '月'이라는 글자를 보면 하늘에 떠 있는 초승달을 쉽게 떠올릴 수 있죠. 표음 문자는 이런 면에서는 아쉬운 점이 있어요. 알파벳 'A'를 아무리 들여다봐도 [아]나 [에이]라는 소리와의 연관성은 느껴지지 않거든요. 애초에 소리라는 게 형태가 없는 것이다 보니 어쩌면 당연한 일이기도 해요.

　'훈민정음'을 만든 세종대왕은 여기서 획기적인 생각을 했어요. 자음을 나타내는 글자는 그 자음을 발음할 때의 혀와 입속 모양을 본떠서 만든 거죠. 이렇게 5개의 **기본자**(基터 기 本근본 본 字글자 자)를 만들고, 여기에 획을 더해서 같은 위치에서 소리 나는 자음들을 표시했어요. 이를 **가획자**(加더할 가 畫그을 획 字글자 자)라고 해요. 그리고 세기의 차이만 있는 소리(된소리)는 같은 글자를 나란히 써서[[**병서**(竝나란히 병 書쓸 서)] 글자의 수를 줄였어요. 그리고 여기에 해당하지 않는 자음들은 모양을 달리하여 만들었는데, 이를 **이체자**(異다를 이 體몸 체 字글자 자)라고 해요. 글자의 모양이 다르다는 뜻이죠. 이렇게 만든 자음자를 정리하면 다음과 같아요.

기본자 상형(발음 기관의 모양을 본뜸)		가획자 기본자에 획을 더함	병서 나란히 쓰기	이체자 별도의 방식
	ㄱ (혀뿌리가 목구멍을 막는 모양)	→ ㅋ	ㄲ	ㆁ
	ㄴ (혀가 윗잇몸에 닿는 모양)	→ ㄷ → ㅌ	ㄸ	ㄹ
	ㅁ (입술의 모양)	→ ㅂ → ㅍ	ㅃ	
	ㅅ (이의 모양)	→ ㅈ → ㅊ	ㅆ, ㅉ	ㅿ
	ㅇ (목구멍의 모양)	→ ㆆ → ㅎ	ㆅ	

2 모음자의 창제 원리

과학 시간에 혹시 '천구(天球)'라는 말을 들어 보았나요? 사실 하늘이 공 모양으로 생긴 것은 아니지만, 밑에서 올려다보면 둥근 스크린처럼 보이기도 하거든요. 전통적으로 동아시아권에서는 하늘은 둥글고 땅은 네모지다고 생각했어요. 그리고 하늘과 땅은 각각 양과 음의 기운으로 조화를 이루며 우주 만물을 만들어 낸다고 믿었죠.

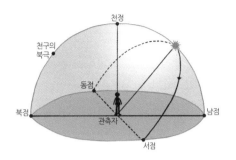

'훈민정음'의 자음자가 발음 기관의 모양을 본뜬 것이라면, '훈민정음'의 모음자는 이런 우주의 모습과 원리를 반영하고 있어요. 'ㆍ'는 양의 기운으로 가득한 둥근 하늘의 모습을 본뜬 것이고, 'ㅡ'는 음의 기운을 품고 있으며 네모지고 평평한 땅의 모습을 본뜬 거예요. 그리고 그 사이에 서서 발로는 땅을 딛고 머리로는 하늘을 이고 있는 사람을 'ㅣ'라는 글자로 형상화했죠.

이 세 글자 'ㆍ, ㅡ, ㅣ'를 기본자로 해서 여기에 'ㆍ'를 위아래, 좌우로 결합하여 처음으로 나온 글자를 **초출자**(初처음 초 出날 출 字글자 자)라 하고, 이 초출자에 다시 한 번 'ㆍ'를 결합하여 만든 글자를 **재출자**(再두 번 재 出날 출 字글자 자)라고 해요.

기본자 상형(우주 자연의 모습을 본뜸)			초출자 기본자들을 결합함	재출자 초출자에 기본자를 결합함
하늘의 모습	하늘 [天]	ㆍ	ㆍ + ㅡ → ㅗ	ㅗ + ㆍ → ㅛ
땅의 모습	땅 [地]	ㅡ	ㅡ + ㆍ → ㅜ	ㅜ + ㆍ → ㅠ
사람의 모습	사람 [人]	ㅣ	ㅣ + ㆍ → ㅏ	ㅏ + ㆍ → ㅑ
			ㆍ + ㅣ → ㅓ	ㅓ + ㆍ → ㅕ

01 다음 설명이 맞으면 ○표, 틀리면 ×표를 하시오.

(1) '훈민정음'은 우리말의 음절을 이루고 있는 음운과 그 특성에 대한 연구를 바탕으로 만들어진 과학적인 글자이다. (   )

(2) '훈민정음' 창제의 바탕이 된 당시의 음운학적 지식과 체계는 지금과 많은 차이가 있다. (   )

02 다음 빈칸에 들어갈 알맞은 말을 쓰시오.

(1) '훈민정음'의 자음 기본자는 □□ □□의 모양을 본떠 만들어졌으며, 모음 기본자는 □, □, □의 원리와 모양을 본떠 만들어졌다.

(2) 'ㄱ'이 'ㅋ'이 되는 것은 □□의 원리에 의한 것이다.

(3) '훈민정음'의 모음 기본자에 'ㆍ'를 결합하여 처음으로 나온 글자를 □□□라 한다.

03 '훈민정음'의 자음 기본자와 모음 기본자를 쓰시오.

(1) 자음 기본자 : _____

(2) 모음 기본자 : _____

연습문제 풀이 **01** (1) ○ (2) × ('훈민정음'을 만드는 데 활용된 당시의 음운학적 지식은 현대 음운학의 내용과 거의 차이가 없다는 점에서 한글의 과학성과 우수성을 엿볼 수 있어요.) **02** (1) 발음 기관, 천, 지, 인 (2) 가획 (3) 초출자 **03** (1) ㄱ, ㄴ, ㅁ, ㅅ, ㅇ (2) ㆍ, ㅡ, ㅣ

 ## 한글의 역사와 가치

1 백성을 가르치던 소리에서 '모든 문자의 꿈'으로

세종대왕이 만든 우리의 위대한 문화유산인 한글의 역사는 그 명칭의 변화를 통해 살펴볼 수 있어요. 반포되었을 당시 한글의 정식 명칭은 '훈민정음(訓民正音)'이었고, 줄여서 '정음'이라고도 했어요. '백성을 가르치는 바른 소리'라는 뜻이에요. 하지만 같은 시기에 '천박한 글자', '온전하지 못한 글자'라는 뜻으로 '언문(諺文)', '반절(半切)'이라고 낮추어 불리기도 했어요.

갑오경장 이후 대한 제국 시기에는 한글이 우리나라의 공식적인 글자로 인정받아 '국문(國文)'이라고 불렀어요. 하지만 이는 특정한 문자에 대한 명칭이라기보다는 그저 우리끼리 '우리나라 글'이라는 뜻으로 부른 거예요. 중국 사람들에게 국문은 한자가 되는 식이죠. 그리고 이후 일제 강점기는 아예 우리글 자체를 쓸 수 없는 시기였고요.

우리글에 '한글'이라는 이름을 처음 붙인 사람은 국어학자인 주시경 선생으로 알려져 있어요. 1913년 어린이 잡지에 기고한 글에서 최초로 '한글'이라고 표기했다고 해요.

한글이라는 말에는 '글 중에 가장 큰[大] 글, 글 중에 오직 하나[一]인 좋은 글, 온 겨레가 한결[一致]같이 쓰는 글, 글 중에서 가장 바른[正] 글(똑바른 가운데를 '한가운데'라 함과 같음), 결함이 없이 원만(圓滿)한 글'이란 의미가 담겨 있다고 해요. 비로소 위대한 한글의 가치를 조금이나마 이름 속에 담아낸 거죠.

② 민족 문화 발달의 자산에서 세계의 문화 자원으로

우리나라가 일제의 식민 지배와 한국 전쟁 후의 폐허를 딛고 빠른 속도로 성장할 수 있었던 것은 국민들의 성실함과 교육열 덕분이었을 거예요. 그리고 그것이 가능했던 이유는 우리나라의 문맹율이 세계에서 가장 낮았기 때문이었을 거고요. 모든 국민이 글을 읽을 수 있는 것의 일등 공신은 분명 한글이죠.

현재 한글은 4차 산업 혁명을 앞둔 지식 정보화 시대에 가장 효율적이고 정확한 디지털 문자로 기능하고 있어요. 전화기와 컴퓨터의 입출력 장치, 전 세계 소수 언어의 표기 수단, 기하학적 도안을 활용한 디자인의 원형 등, 한글의 활용 범위와 용도는 정말 무궁무진해요. 이런 문화적 가치를 인정받아 한글은 우리나라에서는 국보 제70호로 지정되어 있고, 유네스코에서도 세계 기록 유산으로 지정하여 보전하고 있죠. 그리고 한글은 여전히 무한한 가능성을 품은 채 앞으로 더 많은 기회가 주어지기를 기다리고 있어요.

국어교과서 단박정리

● **한글의 역사와 명칭**
- 한글은 시대에 따라 다양한 명칭으로 불림. **예** '훈민정음, 정음, 언문, 반절' 등
- 갑오경장 이후 '국문'으로 불렸으며, 주시경 선생이 '한글'이라는 명칭을 붙인 것으로 알려짐.
- 민족의 문화 유산이며 유네스코 세계 기록 유산으로 지정되어 있음.

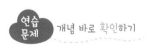
연습문제 개념 바로 확인하기

01 다음 빈칸에 들어갈 알맞은 말을 쓰시오.
(1) 한글은 조선 시대에 '천박한 글자', '온전하지 못한 글자'라는 뜻으로 '□□', '□□'이라고 낮추어 불리기도 했다.
(2) □□이라는 말에는 '글 중에 가장 큰 글, 글 중에 오직 하나인 좋은 글, 온 겨레가 한결같이 쓰는 글, 글 중에서 가장 바른 글, 결함이 없이 원만한 글'이라는 의미가 담겨 있다.

02 다음 설명이 맞으면 ○표, 틀리면 ×표를 하시오.
(1) 한글은 우리나라의 근대화와 발전을 위한 문화적 자산과 바탕이 되었다. (　　)
(2) 한글은 우리나라 밖에서도 문자가 없는 전 세계 소수 민족 언어의 표기 수단으로 사용되면서 보급이 늘어나고 있다. (　　)

연습문제 풀이 **01** (1) 언문, 반절 (2) 한글 (주시경 선생은 '한글'이라는 말에 우리 민족의 큰 글이라는 의미가 담겨 있다고 했어요.) **02** (1) ○ (2) ○ (인도네시아 찌아찌아족의 경우 한글을 자신들의 공식 문자로 채택하여 정식 교육하고 있어요.)

01 〈보기〉의 ㉠에 들어갈 내용으로 가장 적절한 것은?

┤ 보기 ├

　세계 문자사(史)의 흐름에서 볼 때 한글은 일반적인 문자 발전의 흐름과는 다른, 다소 예외적인 경우에 해당한다. 그것은 한글이 (　㉠　)이다. 즉, 일찍이 인류 문자의 역사에 없었던 일이 일어난 것이다.

① 이웃 나라의 문자를 변형하여 발전시킨 문자였기 때문
② 당시까지 사용된 문자들 중 유일한 표음 문자였기 때문
③ 최초로 표기하려는 대상의 수보다 글자의 수가 적은 글자였기 때문
④ 기존의 문자와는 전혀 다른 방식으로 완전히 새롭게 만들어졌기 때문
⑤ 주변 언어 문화권에서 사용되는 문자의 영향을 받아 만들어졌기 때문

02 〈보기〉를 통해 찾아볼 수 있는 '훈민정음'의 창제 정신으로 적절하지 <u>않은</u> 것은?

┤ 보기 ├

　우리나라의 말이 중국과 달라 한자와는 서로 통하지 않아서, 이런 까닭에 어리석은 백성들이 말하고자(글로 쓰고자) 하는 바가 있어도 마침내 제 뜻을 말하지 못하는 사람이 많다. 내가 이를 가엾게 여겨 새로 스물여덟 글자를 만드니, 모든 사람이 쉽게 익혀 날마다 쓰는 데 편하게 하고자 할 따름이다.

– '훈민정음' 서문

① 우리나라의 말이 중국과 다르기 때문에 우리 고유의 문자가 필요하다고 하는 점에서 자주 정신을 느낄 수 있어.
② 장애로 인해 자신의 뜻을 표현하지 못하는 백성들을 위해 문자를 만들었다는 점에서 애민 정신이 느껴져.
③ 이전에는 없던 새로운 글자를 만들었다는 점에서 창조 정신을 엿볼 수 있어.
④ 모든 사람들이 사용하기 쉽고 편리하도록 만들었다는 점에서 실용성을 중요하게 여겼음을 알 수 있어.
⑤ 한글 창제에 담긴 가장 큰 핵심 정신은 백성을 아끼는 마음이었구나.

03 '훈민정음'의 창제 원리에 대한 설명으로 적절하지 <u>않은</u> 것은?

① 자음 기본자는 발음 기관의 모양을 본떠 만들어졌다.

② 자음 기본자 중 'ㅁ'은 입술의 모양을 본떠 만들어졌다.

③ 모음 기본자는 '천지인'의 모습과 원리를 반영하여 만들어졌다.

④ 모음 중 'ㅛ'는 기본자에 'ㆍ'를 결합하여 만든 초출자에 해당한다.

⑤ 모음과 자음의 기본자는 모두 상형의 원리에 의해 만들어졌다.

04 '훈민정음'의 창제 원리에 따를 때, 〈보기〉의 조건을 만족하는 글자는?

┤보기├

• 초성 : 기본자이면서 목구멍의 모양을 본떠서 만든 글자

• 중성 : 기본자이면서 사람의 모양을 본떠서 만든 글자

• 종성 : 입술의 모양을 본떠서 만든 기본자에 한 번 가획한 글자

① 입   ② 압   ③ 잎

④ 읍   ⑤ 잉

05 〈보기〉의 ㉠~㉤을 탐구한 것으로 적절하지 <u>않은</u> 것은? [고1 전국연합학력평가]

┤보기├

붉은 ㉠긔운이 명낭ᄒᆞ야 첫 ㉡홍ᄉᆡᆨ을 헤앗고 텬듕의 쟁반 ᄀᆞᆺᄒᆞᆫ 것이 수레박희 ᄀᆞᆺᄒᆞ야 믈속으로셔 치미러 밧치ᄃᆞ시 올나붓ᄒᆞ며 항 독 ㉢ᄀᆞᆺᄒᆞᆫ 긔운이 스러디고 처엄 붉어 것츨 빗최던 ㉣거슨 모혀 소 혀텨로 드리워 믈속의 풍덩 ㉤ᄲᅡ디ᄂᆞᆫ 둧시브더라

— 의유당, 「동명일기」(1772년) —

[현대어 풀이]

붉은 기운이 명랑하여 첫 홍색을 헤치고, 하늘 한가운데 쟁반 같은 것이 수레바퀴 같아서 물속에서 치밀어 받치듯이 올라붙으며, 항아리, 독 같은 기운이 없어지고, 처음 붉게 겉을 비추던 것은 모여 소의 혀처럼 드리워 물속에 풍덩 빠지는 듯싶더라.

	탐구 대상	비교 자료	탐구 결과
①	㉠	기운이	'긔운'과 '이'를 끊어 적었군.
②	㉡	홍색을	현대 국어와 같은 형태의 '을'이 사용되었군.
③	㉢	같은	현대에는 소실된 'ㆍ'가 당시에는 사용되었군.
④	㉣	것은	앞 글자의 받침 'ㅅ'을 거듭 적었군.
⑤	㉤	빠지는	현대 국어에서 쓰이지 않는 'ㅄ'이 사용되었군.

 **20일** 언어의 특성과
기능을 파악하자

 언어의 특성

우리는 언어를 통해 다른 사람들과 의사소통을 해요. 물론 동물들도 몸짓이나 소리를 이용해 서로 의사소통을 할 수는 있지만 그것을 언어라고 부르기는 어려워요. 그렇다면 우리가 사용하는 언어는 어떤 특성을 가지고 있을까요? 하나씩 알아보기로 합시다.

1 기호성(記號性) - 내용과 형식으로 이루어져요

우리가 말을 한다는 것은 머릿속에 어떤 '내용'을 생각한 후 그것을 나타낼 수 있는 소리를 입 밖으로 내보내는 과정이에요.

위 그림에서 아이는 머릿속에 필기도구 중 하나인 연필을 떠올리면서, 이것을 [연필]이라는 음성으로 표현하고 있어요. 이때 머릿속에 떠올린 것을 '내용 또는 의미'라 하고, [연필]이라는 음성을 '형식 또는 기호'라고 해요. 이렇듯 언어는 일정한 형식과 내용의 결합으로 이루어져 있는데, 이러한 특성을 언어의 **기호성**(記기록할 기 號이름 호 性성질 성)이라고 해요.

2 자의성(恣意性) - 내용과 형식의 관계는 임의적이에요

그런데, '연필'이라는 대상[내용]을 반드시 '연필'[기호]이라고 해야 할까요? 만약 그렇다면 모든 언어에서 동일한 대상을 '연필'이라고 불러야 할 거예요. 하지만 영어에서는 '연필'을 'pencil'이라고 부르죠. 그것은 언어의 내용과 형식이 '필연적(必然的)'인 관계가 아니기 때문이에요. 단지 그 언어를 쓰는 사람들끼리 그렇게 부르기로 약속한 것이죠. 언어의 내용과 기호의 결합은 임의적이고 자의적(恣意的)인 관계에 있어요. 즉, 우연하게 이루어진 것이라는 의미예요. 이러한 특성을 언어의 **자의성**(恣마음대로 자 意뜻 의 性성질 성)이라고 해요.

3 사회성(社會性) - 사회 구성원들 간의 약속이에요

위 그림에서와 같은 퀴즈가 가능한 이유는 무엇일까요? 그것은 그 대상을 그렇게 부르기로 사람들끼리 약속했기 때문이에요. 즉, 언어는 그 언어를 사용하는 사람들끼리의 약속인 거죠. 이러한 언어적 약속은 한 날한시에 이루어지는 것이 아니라 오랜 세월을 거치는 동안에 그 말을 사용하는 사람들 사이에서 자연스럽게 이루어져요. 그렇기 때문에 개인이 마음대로 바꿀 수 없어요. 아래의 글을 읽어 볼까요?

> "언제나 똑같은 책상, 언제나 똑같은 의자들, 똑같은 침대, 똑같은 사진이야. 그리고 나는 책상을 책상이라고 부르고, 사진을 사진이라고 부르고, 침대를 침대라고 부르지. 의자는 의자라고 한단 말이야. 도대체 왜 그렇게 불러야 하는 거지?"
> 프랑스 사람들은 침대를 '리'라고 하고, 책상을 '타블', 그림을 '타블로', 그리고 의자는 '쉐즈'라고 한다. 그러면서도 서로 다 알아듣는다. 그리고 중국 사람들도 이런 식으로 자기들끼리 말이 통한다.
> '어째서 침대를 사진이라고 부르지 않느냔 말야.'
> 남자는 그렇게 생각하며 미소를 지었다. 그런 다음 웃음을 터뜨렸는데, 이웃들이 벽을 두드리며 "조용히 합시다." 하고 고함지를 때까지 그는 웃고 또 웃었다.
> "이제 달라질 거야." 이렇게 외치면서 그는 이제부터 침대를 '사진'이라고 부르기로 하였다.
> "피곤한데, 사진 속으로 들어가야겠어."
> 그는 이렇게 말했다. 그러고는 아침마다 한참씩 사진 속에 누운 채로 이제 의자를 뭐라고 부를까를 고심했다. 그러다가 의자를 '시계'라고 부르기로 했다.
>
> — 페터 빅셀, 「책상은 책상이다」

윗글에서처럼 누군가가 사회적 약속을 어기고 대상의 이름을 자기 마음대로 부른다면 우리는 그 사람과 의사소통하는 데에 어려움을 느낄 거예요. 언어는 그 언어를 사용하는 사람들로부터 인정을 받아야만 언어로서의 구실을 할 수 있기 때문이죠. 즉, 언어는 **어느 한 개인이 마음대로 바꾸어 쓸 수 없는 사회적 약속**이에요. 이러한 특성을 언어의 **사회성(社**모일 사 **會**모일 회 **性**성질 성**)**이라고 해요.

아래의 작품을 읽어 봅시다.

> 살어리 살어리랏다 청산(靑山)애 살어리랏다.
> 멀위랑 ᄃ래랑 먹고 청산(靑山)애 살어리랏다.
>   얄리얄리 얄랑셩 얄라리 얄라
> 우러라 우러라 새여 자고 니러 우러라 새여.
> 널라와 시름 한 나도 자고 니러 우니로라.
>   얄리얄리 얄랑셩 얄라리 얄라
>
> – 작자 미상, 「청산별곡」

위 작품은 고려 시대의 노래인 「청산별곡」의 한 부분이에요. 무슨 뜻인지 잘 이해가 되나요? 아마 이해가 잘 안 될 거예요. 그리고 그 이유는 작품에 사용된 말이 지금 우리가 사용하는 말과 모습이 많이 다르기 때문일 거고요.

사회와 문화는 시간이 흐르면서 계속 변하기 때문에, 언어 역시 새로 만들어지고 모습이 변하기도 해요. 또 존재했던 사물이나 현상 등이 사라지면서 그것을 가리키던 언어가 함께 사라지기도 하죠. 이처럼 **시간의 흐름에 따라 끊임없이 언어가 생성되고 성장, 소멸하며 변화하는 특성**을 언어의 **역사성**(歷지날 역 史역사 사 性성질 성)이라고 해요. '컴퓨터'나 '텔레비전' 같은 말은 예전에는 없었지만 새로 생겨난 말이고, '즈믄[천]', '온[백]', '미르[용]' 같은 말은 지금은 잘 쓰이지 않는 말이잖아요. 또 시간이 지나면서 원래 단어의 뜻이나 형태가 달라지기도 하죠. 다음 글을 읽어 봅시다.

> 나랏말ᄊᆞ미 듕귁에 달아 문ᄍᆞᆼ와로 서르 ᄉᆞᄆᆞᆺ디 아니ᄒᆞᆯᄊᆡ
> 이런 젼ᄎᆞ로 어린 ᄇᆡᆨ셩이 니르고져 홇 배 이셔도 ᄆᆞᄎᆞᆷ내 제 ᄠᅳ들 시러 펴디 몯 홇 노미 하니라
> 내 이를 윙ᄒᆞᅌᅡ 어엿비 녀겨 새로 스믈여듧 ᄍᆞᆼᄅᆞᆯ 밍ᄀᆞ노니
> 사ᄅᆞᆷ마다 ᄒᆡᅇᅧ 수ᄫᅵ 니겨 날로 ᄡᅮ메 뼌한킈 ᄒᆞ고져 홇 ᄯᆞᄅᆞ미니라
>
> – '훈민정음' 서문

윗글을 현대 국어의 표기와 비교해 보면, 세종대왕 당시의 한글 표기가 지금과 많이 다르다는 것을 알 수 있을 거예요. 이상한 모양도 있고, 처음 보는 글자도 있죠? '훈민정음' 창제 당시에는 이러한 글자들이 많이 쓰였어요. 하지만 'ᄇᆡᆨ', '밍', 'ᅇᅧ' 같은 글자들은 지금은 사라지고 없죠.

표기뿐만 아니라 뜻이 달라지는 경우도 있어요. '어리다'라는 말은 당시에는 '어리석다'라는 뜻이었지만 지금은 '나이가 적다'라는 뜻으로 사용해요. 이처럼 언어는 시간의 흐름에 따라 끊임없이 변하고, 또 사라지는 특성을 가지고 있답니다.

> 언어는 새롭게 생겨나기도 하고, 어느 순간 없어지기도 해. 그리고 시간이 지나면서 뜻이나 형태가 변하기도 하지. 이게 언어의 '역사성'이야.

5 **창조성(創造性)** – 새로운 문장을 만들어요

앵무새나 구관조가 사람처럼 말하는 것을 들어 본 적이 있나요? 사실 그것은 말을 하는 것이 아니라 사람의 소리를 흉내 내는 것일 뿐이에요.

오늘 여러분이 사용한 문장 중에서 예전과 똑같이 사용한 문장이 몇 개나 될까요? 단어 하나, 조사 하나라도 예전과는 다른 새로운 문장을 만들어 사용했을 거예요. 우리는 하나의 단어를 배우게 되면 그 단어를 가지고 전혀 새로운 문장들을 만들어 사용해요.

> **창조(創造)** : 「명사」 전에 없던 것을 처음으로 만듦.

'창조'라는 말의 사전 풀이처럼, 우리는 전에 사용한 적이 없는 문장을 새로 만들어 쓰기도 하고, 처음 듣는 문장의 내용을 이해할 수도 있어요. 즉, 우리는 유한한 단어를 가지고 무한히 많은 말을 만들어 사용할 수 있는 거죠. 이러한 특성을 언어의 **창조성**(創시작할 창 造지을 조 性성질 성)이라고 해요. 이러한 언어의 창조성은 인간과 동물을 구별해 주는 가장 큰 특징이기도 하죠.

여러분이 본 가장 긴 문장은 무엇인가요? 소설가 박태원의 「방란장 주인(芳蘭莊主人)」이라는 소설은 작품 전체가 한 문장으로 되어 있어요. 이것도 언어의 창조성이 있기에 가능한 일이었겠죠?

6 **규칙성(規則性)** – 정해진 규칙이 있어요

> ① 나는 밥이 많이 먹는다.
> ② 어제는 비가 많이 올 것으로 예상됩니다.
> ③ 선생님, 밥 먹어.

누군가가 위와 같이 말을 한다면 어떨까요? 아마도 내용이 잘 이해되지 않을 뿐만 아니라 어딘가 이상하다는 생각이 들 거예요. 그것은 위의 문장들이 우리말의 규칙에 맞지 않기 때문이에요. ①은 목적격 조사를 쓰지 않은 '밥이'라는 표현이, ②는 시제 표현이 이상하죠. 그리고 ③은 높임 표현을 쓰지 않아서 문장이 어색해졌어요.

언어에는 지켜야 하는 규칙이 있어요. 그 규칙을 지키지 않으면 문장이 어색해지거나, 문장의 뜻이 제대로 전달되지 않아 의사소통에 어려움을 겪게 되죠. 이처럼 언어에는 그것을 올바르게 사용하기 위한 여러 가지 규칙이 존재한다는 것을 언어의 **규칙성**(規법 규 則법칙 칙 性성질 성)이라고 해요. 우리가 배우는 문법이 바로 언어의 규칙이에요.

> 언어의 규칙을 지키지 않으면 의사소통을 제대로 할 수 없어. 규칙을 지켜야 정확하고 바른 표현을 할 수 있지.

● **언어의 특성**

기호성	언어는 일정한 형식과 내용의 결합으로 이루어져 있음. ⓔ '흑연과 점토의 혼합물을 나무 속에 넣은 필기도구 → 연필'
자의성	언어의 내용과 기호의 결합은 임의적이고 자의적인 관계임. ⓔ 우리말 – 연필, 영어 – pencil
사회성	언어는 그 언어를 사용하는 사람들 사이의 약속으로, 어느 한 개인이 마음대로 바꾸어 쓸 수 없음. ⓔ '연필'이라는 말을 개인이 '지우개'로 바꾸어 쓸 수 없음.
역사성	언어는 시간의 흐름에 따라 끊임없이 생성하고 소멸하며 변화함. ⓔ '컴퓨터'[생성], '불휘 → 뿌리'[변화], '즈믄'[소멸]
창조성	유한한 단어를 가지고 무한히 많은 말을 만들어 사용할 수 있음. ⓔ '하늘, 구름, 검다' → 하늘에 먹구름이 시커멓다.
규칙성	언어에는 그것을 올바르게 사용하기 위한 여러 가지 규칙이 존재함. ⓔ 어제는 비가 올 것이다. → 어제는 비가 왔다. / 내일은 비가 올 것이다.

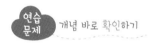
개념 바로 확인하기

01 다음 설명이 맞으면 ○표, 틀리면 ×표를 하시오.

(1) 언어에서 형식과 내용은 필연적인 것으로 각 나라에서 정하여 쓴다. (   )

(2) 언어는 그 언어를 사용하는 사람들 사이의 약속으로 한 개인이 마음대로 바꾸어 쓸 수 없다.

(   )

02 다음 빈칸에 들어갈 알맞은 말을 쓰시오.

(1) 언어는 일정한 ☐☐을 일정한 ☐☐으로 나타내는 기호 체계이다.

(2) 언어는 ☐☐의 흐름에 따라 생성하고 소멸하며 변화한다.

03 다음 언어의 특성과 그에 해당하는 내용을 바르게 연결하시오.

(1) 창조성 •　　　　　　　　　• ㉠ 언어는 시간이 흐르면서 변화한다.

(2) 자의성 •　　　　　　　　　• ㉡ 언어는 내용과 형식으로 이루어진다.

(3) 기호성 •　　　　　　　　　• ㉢ 같은 대상을 언어마다 다른 말로 나타낸다.

(4) 역사성 •　　　　　　　　　• ㉣ 상황에 따라 무한하게 많은 말을 만들어 낼 수 있다.

연습문제 풀이 　01 (1) × (언어의 내용과 형식은 필연적인 것이 아니라 임의적이고 자의적인 관계예요. 그래서 동일한 대상을 가리키는 말이 각 언어마다 다른 거죠.) (2) ○　02 (1) 내용, 형식 (2) 시간　03 (1) ㉣ (2) ㉢ (3) ㉡ (4) ㉠

2 언어의 기능

우리는 일상생활에서 언어를 통해 어떤 내용을 질문하거나 설명하기도 하고, 누군가에게 무엇을 시키기도 하며, 자신의 감정을 나타내기도 해요. 이처럼 언어에는 다양한 기능이 있어요. 어떤 기능들이 있는지 알아보도록 합시다.

1 정보적 기능

위의 그림에서처럼 말하는 이가 듣는 이에게 어떤 내용이나 사실, 상황, 지식 등을 알려 주는 것을 언어의 **정보적 기능** 또는 **지시적 기능**이라고 해요.

선생님들께서는 수업 시간에 학생들에게 다양한 내용을 설명해 주시죠. 이렇게 전달되는 내용을 통해 듣는 이가 새로운 정보를 얻을 수 있기 때문에 정보적 기능이라고 하는 거예요. 따라서 정보적 기능에서는 전달하고자 하는 내용이 중요하답니다.

2 정서적 기능

사람의 마음에 일어나는 온갖 감정, 그리고 그러한 감정을 불러일으키는 상황이나 분위기를 '정서'라고 해요. 언어는 기본적으로 이런 사람의 감정이나 태도를 표현하는 수단이에요.

우리는 "기분이 정말 좋아.", "참 행복해.", "그 드라마 재미있어." 등과 같은 말을 자주 하죠. 이처럼 언어를 통해 어떤 대상에 대한 자신의 감정이나 판단, 분위기 등을 표현하는 것을 언어의 **정서적 기능** 또는 **표현적 기능**이라고 해요. 정서적 기능은 말하는 이의 정서를 표현하는 것이기 때문에 말하는 이에게 초점이 맞추어져요.

③ 명령적 기능

> ① "민주야, 얼른 일어나서 밥 먹고 학교 가."
> ② "핸드폰 그만 보고 방 청소 좀 해라."

위에 제시된 말들은 어떤 기능을 할까요? 이 말들은 단순히 정보를 전달하는 것이 아니라 듣는 이로 하여금 어떤 행동을 하게 만드는 말이에요. ①에서 민주가 아침에 자고 있는 상황이었다면 일어나서 씻고 학교에 갈 준비를 하겠죠. ②에서는 핸드폰 보던 것을 멈추고 방 청소를 할 테고요.

이처럼 말하는 이가 듣는 이에게 무엇을 하게 하거나, 하지 않게 하는 것을 언어의 **명령적 기능**이라고 해요. 듣는 사람에게 특정 행동이나 반응을 요구하는 거죠.

언어의 명령적 기능은 일반적으로 명령문이나 청유문 등을 통해 이루어지지만, 포스터나 캠페인 문구 등에서는 평서문이나 의문문의 형태로 권유나 명령을 나타내는 경우도 많아요. 또 일상적인 대화에서도 "날이 덥구나."와 같이 말함으로써 '창문을 열어 달라.'라는 명령의 기능을 수행하는 경우도 있지요.

> 명령적 기능은 직접적인 표현뿐만 아니라, 간접적인 표현으로도 가능해. 어머니께서 "방이 지저분하구나."라고 말씀하신다면, 그건 방을 치우라는 뜻일 테니까 말이야.

④ 친교적 기능

> 안녕히 주무셨어요?
> 잘 잤니?

우리는 일상생활에서 "안녕하세요?", "안녕!" 등과 같은 인사를 자주 주고받아요. 그런데 '안녕(安寧)'이 무슨 뜻인지 알고 있나요? '안녕'의 사전적 의미는 '아무 탈 없이 편안함'이에요. 그런데 우리가 인사를 주고받을 때 상대방이 정말 편안한지 궁금해서 이런 말을 하는 것은 아니죠? 대부분의 경우 서로 간의 친밀함을 확인하기 위해 이런 말을 건네곤 해요. 우리는 언어를 통해 서로의 안부를 묻는 행동을 하면서, 원만한 사회생활을 유지하려고 하죠. 이때에는 말의 내용보다는 말하는 행위 자체가 더 중요한 역할을 해요.

이처럼 말하는 이와 듣는 이가 친분을 확인하고 서로 친밀한 관계를 유지하도록 해 주는 것을 언어의 **친교적 기능**이라고 해요.

5 미적 기능

아래의 시를 소리 내어 한 번 읽어 봅시다.

자주 꽃 핀 건
자주 감자
파 보나 마나
자주 감자

하얀 꽃 핀 건
하얀 감자
파 보나 마나
하얀 감자

— 권태응, 「감자꽃」

> 이 시를 읽으면 예쁜 자주색 꽃과 하얀색 꽃이 곱게 피어 있는 모습이 떠오르지 않니?

우리가 일상생활에서 사용하는 언어가 잘 엮여서 아름다운 한 편의 시가 되고 있어요. 문학 작품에 쓰인 언어는 읽는 것만으로도 우리에게 소리의 아름다움을 느끼게 하고, 감동을 줘요. 이처럼 말이나 글이 **듣기 좋고 읽기 쉽게 전달되도록 아름답게 표현하는** 기능을 언어의 **미적 기능**이라고 해요. 특히 언어를 예술적인 소재로 삼는 문학 작품에서는 읽는 이들이 아름다움을 느낄 수 있도록 언어의 미적 기능을 최대한 활용하죠. 다음 글을 읽어 볼까요?

① • 콩 심은 데 콩 나고 팥 심은 데 팥 난다.
　• 가는 말이 고와야 오는 말이 곱다.
② 나 돌아간다 내가 돌아간다 떨떨거리고 내가 돌아간다.
　아리아리랑 쓰리쓰리랑 아라리가 났네. 아리랑 응응응 아라리가 났네.
　노다 가세 노다나 가세 저 달이 떴다 지도록 노다나 가세.
　아리아리랑 쓰리쓰리랑 아라리가 났네. 아리랑 응응응 아라리가 났네.

— 「진도 아리랑」

문학 작품뿐만 아니라 ①에서와 같이 일상적으로 많이 쓰는 속담이나 관용구 등에서도 대구(對句)의 형식을 이용한 언어의 미적 기능을 찾아볼 수 있어요. 그리고 ②와 같은 민요의 노랫말에서도 반복을 통해 리듬감을 형성하는 언어의 미적 기능을 접할 수 있고요.

> 시나 소설, 노래 가사 등에 쓰이는 언어는 우리에게 아름다움과 감동을 느끼게 해. 이는 언어에 미적 기능이 있기 때문이야. 우리도 아름다운 말을 사용하도록 노력해야 해.

지금까지 살펴본 언어의 기능들이 하나로 고정되어 있는 것은 아니에요. 말을 주고받는 상황과 맥락에 따라 같은 문장이라도 다른 기능을 할 수 있어요. 그러므로 대화를 주고받는 상대방과 원만한 관계를 유지하기 위해서는 상황과 맥락에 따라 언어의 기능을 잘 파악해야 한답니다.

국어교과서 단박정리

● 언어의 기능

정보적(지시적) 기능	말하는 이가 듣는 이에게 어떤 내용이나 사실, 상황, 지식 등을 알려 주는 기능 예 "이 사과는 한 개에 천 원입니다."
정서적(표현적) 기능	어떤 대상에 대한 자신의 감정이나 판단, 분위기 등을 표현하는 기능 예 "어머, 정말 맛있네.", "기분이 정말 좋아."
명령적 기능	말하는 이가 듣는 이에게 무엇을 하게 하거나, 하지 않게 하는 기능 예 "이제 그만 일어나서 학교 가."
친교적 기능	말하는 이와 듣는 이가 친분을 확인하고 서로 친밀한 관계를 유지하도록 해 주는 기능 예 "안녕하세요?", "식사하셨어요?"
미적 기능	말이나 글이 듣기 좋고 읽기 쉽게 전달되도록 아름답게 표현하는 기능 예 문학 작품, 노랫말, 속담이나 관용구의 대구 표현

연습
문제 개념 바로 확인하기

01 다음 설명이 맞으면 ○표, 틀리면 ×표를 하시오.

(1) 말하는 이가 듣는 이에게 무엇을 하게 하거나, 하지 않게 하는 것을 언어의 명령적 기능이라 한다. (　　)

(2) 노랫말에서 반복을 통해 리듬감을 형성하는 것을 언어의 미적 기능이라 한다. (　　)

(3) 언어의 기능들은 하나로 고정되어 있다. (　　)

02 다음 빈칸에 들어갈 알맞은 말을 쓰시오.

(1) 수업 시간에 선생님이 학생들에게 교과 내용을 설명하는 것은 언어의 □□적 기능에 해당한다.

(2) 친구들과 인사를 주고받는 것은 언어의 □□적 기능에 해당한다.

03 다음 언어의 기능과 그에 해당하는 내용을 바르게 연결하시오.

(1) 미적 기능　•　　　　• ㉠ 어떤 내용이나 사실, 상황, 지식 등을 알려 주는 기능

(2) 정서적 기능 •　　　　• ㉡ 어떤 대상에 대한 자신의 감정이나 판단, 분위기 등을 표현하는 기능

(3) 정보적 기능 •　　　　• ㉢ 말이나 글이 듣기 좋고 읽기 쉽게 전달되도록 아름답게 표현하는 기능

연습문제 풀이 **01** (1) ○　(2) ○　(3) × (언어의 기능들이 하나로 고정되어 있는 것은 아니므로, 대화의 상황과 맥락을 잘 고려해야 해요.)
02 (1) 정보(지시)　(2) 친교　**03** (1) ㉢　(2) ㉡　(3) ㉠

01 〈보기〉에서 설명하고 있는 언어의 특성과 가장 관련이 깊은 것은?

┌─── 보기 ┐

'영감'이라는 말은 예전에는 정삼품과 종이품의 벼슬아치를 이르던 말이었으나, 지금은 나이가 많아 중년을 지난 남자나, 나이 든 부부 사이에서 아내가 남편을 이르거나 부르는 말로 그 의미가 확대되어 사용되고 있다.

└──┘

① 언어의 자의성　　　　② 언어의 사회성　　　　③ 언어의 역사성
④ 언어의 창조성　　　　⑤ 언어의 규칙성

02 〈보기〉에서 설명하고 있는 언어의 특성으로 적절한 것은?

┌─── 보기 ┐

우리는 '연필'이라고 부르는 대상을 영어에서는 'pencil'이라고 부른다.

└──┘

① 언어의 자의성　　　　② 언어의 사회성　　　　③ 언어의 역사성
④ 언어의 창조성　　　　⑤ 언어의 규칙성

03 〈보기〉의 ㉮~㉯와 관련된 언어의 특성을 바르게 연결한 것은?

┌─── 보기 ┐

㉮ 앵무새는 '안녕'이라는 말을 그대로 따라 할 수는 있지만, 그 말을 이용하여 다른 문장을 만들어 사용하지는 못한다. 반면에 사람은 '안녕'이라는 단어를 이용하여 무수히 많은 문장을 만들어 사용할 수 있다.

㉯ 만일 누군가 '지우개'를 '지우개'라고 하지 않고 '하양이'라고 한다면 우리는 그 사람과 의사소통하는 데에 어려움을 느낄 것이다. 언어는 그 언어를 사용하는 사람들로부터 인정을 받아야만 언어로서의 구실을 할 수 있다. 그러므로 언어는 개인이 마음대로 바꾸어 쓸 수 없다.

㉰ 횡단보도의 신호등이 녹색이면 사람들은 길을 건널 수 있지만, 빨간색이면 멈추어 서야 한다. 이것은 교통의 흐름을 원활하게 하고 사고를 막기 위한 규칙으로, 이를 지키지 않으면 커다란 혼란이 발생한다. 언어도 마찬가지이다.

└──┘

	㉮	㉯	㉰
①	언어의 창조성	언어의 사회성	언어의 규칙성
②	언어의 규칙성	언어의 역사성	언어의 기호성
③	언어의 창조성	언어의 자의성	언어의 규칙성
④	언어의 기호성	언어의 규칙성	언어의 기호성
⑤	언어의 자의성	언어의 규칙성	언어의 기호성

04 〈보기〉의 대화에 나타난 언어의 기능으로 가장 적절한 것은?

┌─── 보기 ┐

수민 : (교실에 들어서서 창호를 바라보며) 안녕?

창호 : (반갑게 손을 흔들며) 안녕?

└──┘

① 정보적 기능   ② 명령적 기능   ③ 친교적 기능

④ 정서적 기능   ⑤ 미적 기능

05 〈보기〉의 ㉠, ㉡에 나타난 언어의 기능을 차례대로 나열한 것은?

┌─── 보기 ┐

엄마 : ㉠어머, 이 머리핀 정말 예쁘다.

아이 : 엄마 드리려고 하교하는 길에 샀어요.

엄마 : 비싼 거 아니니?

아이 : 많이 비싸지 않아요. ㉡한 쌍에 이천 원이에요.

└──┘

	㉠	㉡
①	명령적 기능	친교적 기능
②	정보적 기능	정서적 기능
③	친교적 기능	미적 기능
④	미적 기능	명령적 기능
⑤	정서적 기능	정보적 기능

06 〈보기〉의 ㉠에 들어갈 문장으로 가장 적절한 것은?

┌─── 보기 ┐

[㉠   ]라는 문장은 말하는 이가 듣는 이에게 특정한 내용이나 사실을 알려 주는 것이므로 언어의 정보적 기능에 해당한다. 즉, 전달되는 내용을 통해 듣는 이가 새로운 정보를 얻게 되는 것이다. 정보적 기능은 전달하고자 하는 내용에 초점이 맞추어져 있다.

└──┘

① 컴퓨터 그만하고 이제 자야지.

② 할아버지, 안녕히 주무셨어요?

③ 어머나, 이 꽃 정말 향기롭구나.

④ 이 과자는 한 개에 500원이란다.

⑤ (열린 창문을 바라보며) 춥지 않니?

종합 문제

제1회 / 제2회 / 제3회

01 다음은 '받침의 발음'에 대한 의문을 해결한 과정이다. ㉠과 ㉡에 들어갈 내용을 짝지은 것으로 적절한 것은? [고1 전국연합학력평가]

의문	'옷에'의 경우 '옷'의 받침 'ㅅ'이 뒤 음절 첫소리로 연음되어 [오세]로 발음되는 데 비해, '옷 안'은 왜 [오단]으로 다르게 발음될까?

↓

활동	1. 교과서에서 관련 내용을 찾아본다. 　자음으로 끝나는 말 뒤에 모음으로 시작하는 형식 형태소가 올 때는 앞 음절의 받침을 그대로 뒤 음절의 첫소리로 옮겨 발음한다. 다만, 뒤에 모음으로 시작하는 실질 형태소가 연결되는 경우에는 앞 음절의 받침을 대표음으로 바꾸어서 뒤 음절의 첫소리로 옮겨 발음한다. 2. '대표음'에 관한 표준 발음법 규정을 찾아본다. 　**제9항** 받침 'ㄲ, ㅋ', 'ㅅ, ㅆ, ㅈ, ㅊ, ㅌ', 'ㅍ'은 어말 또는 자음 앞에서 각각 대표음 [ㄱ, ㄷ, ㅂ]으로 발음한다.

↓

결론	'옷 안'이 [오단]으로 발음되는 이유는 '옷 안'의 '안'이 '에'와 달리 　㉠　 이기 때문이군. 이 원리대로라면 '숲 위'는 　㉡　 로 발음해야겠군.

	㉠	㉡
①	실질 형태소	[수뷔]
②	실질 형태소	[수퓌]
③	실질 형태소	[숩퓌]
④	형식 형태소	[수뷔]
⑤	형식 형태소	[수퓌]

02 〈보기〉를 바탕으로 관형어에 대해 탐구한 내용으로 적절하지 <u>않은</u> 것은? [고1 전국연합학력평가]

> ┤ 보기 ├
>
> ㉠ 그녀는 <u>파란</u> 옷을 입었다.
> ㉡ 이 우산은 <u>새</u> 것이다.
> ㉢ <u>시골</u> 풍경은 마음을 편안하게 해.
> ㉣ 영희는 <u>내가 읽은</u> 책을 <u>읽을</u> 계획이다.

① ㉠을 보니 관형어는 체언의 의미 범위를 축소하고 있음을 알 수 있군.
② ㉡을 보니 관형어가 없으면 올바른 문장이 되지 않을 수도 있군.
③ ㉢을 보니 관형격 조사가 붙지 않은 체언은 관형어가 될 수 없군.
④ ㉣을 보니 관형사형 어미를 통해 시제를 표현할 수 있군.
⑤ ㉣을 보니 하나의 문장이 다른 문장 안에서 관형어의 기능을 할 수 있군.

03 〈보기〉를 바탕으로 '국어의 사동 표현'에 대해 탐구 학습을 진행하였다. 학습의 결과로 적절하지 <u>않은</u> 것은? [고1 전국연합학력평가]

> ┤ 보기 ├
>
> 　어떤 동작이나 행위를 자기 스스로 행하는 것을 주동(主動)이라 하고, 주어가 남에게 어떤 동작을 하도록 시키는 것을 사동(使動)이라 한다.
>
> ○ 주동문(S_0) : 아이가 옷을 입었다.
> ○ 사동문(S_1) : 어머니께서 아이에게 옷을 입히셨다.
> 　　　(S_2) : 어머니께서 아이에게 옷을 입게 하셨다.

① S_0과 S_2에서 '옷을 입는' 행동을 하는 주체는 동일하다.
② S_0을 S_1이나 S_2로 바꿀 때에는 S_0의 주어가 S_1, S_2에서 부사어로 쓰인다.
③ S_0에 없던 주어 '어머니'가 S_1, S_2에 나타난 것은 사동 표현이 행위를 시키는 주체에 초점을 두기 때문이다.
④ S_0의 동사 '입다'의 어간 '입-'에 S_1의 사동 접사 '-히-' 또는 S_2의 '-게 하다'를 붙이면 사동문을 만들 수 있다.
⑤ S_2의 경우, 어머니가 직접 아이에게 옷을 입혔을 수도, 아이에게 옷을 입도록 지시만 했을 수도 있는 중의성이 생긴다.

O4 〈보기〉의 밑줄 친 부분에 해당하는 예로 적절한 것은? [고1 전국연합학력평가]

┌─── 보기 ┤
"나는 멋진 오빠의 친구를 보았다."는 수식하는 말의 수식 범위가 불분명하여 두 가지 이상 의 의미로 해석되는 문장이다. 즉, '오빠'가 멋진 것인지, '오빠의 친구'가 멋진 것인지 분명하 지 않아 중의적으로 해석된다.
└───

① 귀여운 동생의 강아지가 있다.   ② 형은 나보다 등산을 좋아한다.

③ 할머니께서 신발을 신고 계신다.   ④ 나와 그녀는 올해 결혼을 하였다.

⑤ 그는 나에게 사과와 귤 두 개를 주었다.

O5 다음은 표준 발음에 대한 수업 장면의 일부이다. 각 예에 적용된 내용과 그 발음이 모두 바른 것은?

[고1 전국연합학력평가]

┌─── 보기 ┤
학생 : 선생님, 저번 시간에 ⓐ홑받침이나 쌍받침이 모음으로 시작된 조사나 어미, 접미사와 결합되는 경우에는, 제 음가대로 뒤 음절 첫소리로 옮겨 발음한다고 하셨으니까 '막일'은 [마길]로 발음해야 하나요?

선생님 : 그렇지 않아요. ⓑ합성어 및 파생어에서, 앞 단어나 접두사의 끝이 자음이고 뒤 단 어나 접미사의 첫음절이 '이, 야, 여, 요, 유'인 경우에는, [ㄴ] 소리를 첨가하여 [니, 냐, 녀, 뇨, 뉴]로 발음해야 하기 때문에 '막일'은 [망닐]로 발음해야 해요.

학생 : 그러면 '막일'에서 '일'이 [닐]로 발음되는 건 이해가 되는데, '막'은 왜 [망]으로 발음이 되는 거죠?

선생님 : 그것은 ⓒ받침소리 [ㄱ, ㄷ, ㅂ]은 [ㄴ, ㅁ] 소리 앞에서 [ㅇ, ㄴ, ㅁ]으로 발음되는 현 상 때문입니다. 그래서 [막닐]이 아니라 [망닐]로 발음해야 됩니다.

학생 : 아, 그렇군요. 말씀해 주신 것 말고도 제가 더 알아 둬야 할 것이 있나요?

선생님 : ⓓ[ㄴ] 소리가 첨가된 후, 이 [ㄴ] 소리가 받침소리 [ㄹ] 뒤에서 [ㄹ]로 발음되는 현상 도 있습니다. '물약'을 [물략]으로 발음하는 것이 이에 해당해요.
└───

	예	적용 내용	발음
①	눈＋요기	ⓐ	[눈뇨기]
②	내복＋약	ⓑ, ⓒ	[내ː봉냑]
③	색＋연필	ⓑ, ⓒ	[색년필]
④	들＋일	ⓑ, ⓓ	[들ː닐]
⑤	칼＋날	ⓑ, ⓓ	[칼랄]

01 〈보기〉를 참고할 때 동화의 양상이 다른 것은? [고1 전국연합학력평가]

⟨ 보기 ⟩

○ 순행 동화 : 뒤의 음운이 앞의 음운의 영향을 받아 그와 비슷하거나 같게 소리 나는 현상.
　　예 칼날[칼랄], 강릉[강능]
○ 역행 동화 : 앞의 음운이 뒤의 음운의 영향을 받아 그와 비슷하거나 같게 소리 나는 현상.
　　예 편리[펼리], 까막눈[까망눈]

① 종로　　　　　② 작년　　　　　③ 신라
④ 밥물　　　　　⑤ 국민

02 다음은 형태소에 대한 탐구 학습이다. ㉠의 형태소를 분석하여 이를 바르게 짝지은 것은?

[고1 전국연합학력평가]

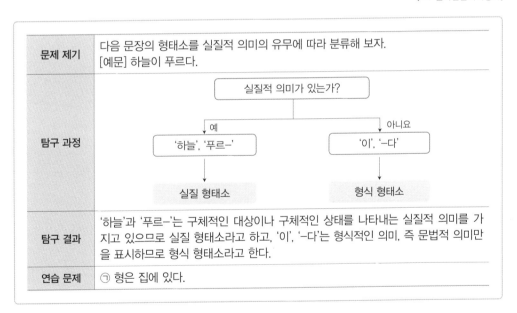

문제 제기	다음 문장의 형태소를 실질적 의미의 유무에 따라 분류해 보자. [예문] 하늘이 푸르다.
탐구 과정	실질적 의미가 있는가? 예 → '하늘', '푸르–' → 실질 형태소 아니요 → '이', '–다' → 형식 형태소
탐구 결과	'하늘'과 '푸르–'는 구체적인 대상이나 구체적인 상태를 나타내는 실질적 의미를 가지고 있으므로 실질 형태소라고 하고, '이', '–다'는 형식적인 의미, 즉 문법적 의미만을 표시하므로 형식 형태소라고 한다.
연습 문제	㉠ 형은 집에 있다.

	실질 형태소	형식 형태소
①	형, 집	은, 에, 있–, –다
②	집, 있–	형, 은, 에, –다
③	형, 집, 있–	은, 에, –다
④	형, 집, 은	에, 있–, –다
⑤	은, 있–, –다	형, 집, 에

[03~04] 다음 글을 읽고 물음에 답하시오 [고1 전국연합학력평가]

> 국어 문장에서 서술어로 쓰이는 것은 용언인 동사와 형용사, 그리고 체언에 '이다'가 붙어서 이루어지는 표현이다.
>
> (1) 준영이가 책을 읽는다. / 읽느냐? / 읽는구나.
>
> (2) 준영아, 책을 읽어라. / 읽자.
>
> (1), (2)는 동사 '읽다'가 문장 안에서 그 형태가 변하는 예이다. 이때 변하지 않는 부분인 '읽-'은 어간이고, 변하는 부분인 '-는다, -느냐, -는구나, -어라, -자'는 어미이다. 이처럼 용언 어간에 여러 가지 어미가 붙는 일을 '활용'이라 한다.
>
> (3) 꽃이 예쁘다. / 예쁘냐? / 예쁘구나.
>
> (4) 꽃아, *예뻐라. / *예쁘자. (*표는 비문법적인 표현.)
>
> (3), (4)는 형용사 '예쁘다'가 활용하는 예이다. (1), (2)와 비교해 보았을 때, 동사와 형용사는 활용의 방식에서 차이를 보인다. 먼저 (1)과 (3)에서 볼 수 있듯이, 동사 활용에는 '-는/ㄴ다, -느냐, -는구나'가 쓰이지만 형용사 활용에는 '-다, -(으)냐, -구나'가 쓰인다. 다음으로 (2)와 (4)에서 볼 수 있듯이, 동사 어간과 달리 형용사 어간에는 명령형 어미 '-아라/어라', 청유형 어미 '-자'가 붙을 수 없다. '꽃이 참 예뻐라!'와 같이 '예뻐라'가 쓰이기도 하는데, 이때의 '-어라'는 명령형 어미가 아니라 감탄형 어미이다.
>
> (5) 이것이 책이다. (*책이는다.) / 책이냐? (*책이느냐?) / 책이로구나. (*책이는구나.) / *책이어라. / *책이자.
>
> (5)는 체언 '책'에 '이다'가 결합한 어절 전체가 문장에서 서술어로 쓰이는 예이다. (5)에서 볼 수 있듯이, '이다'도 용언처럼 활용을 한다. 이때 '-는/ㄴ다, -느냐, -는구나', 그리고 명령형 어미 '-아라/어라', 청유형 어미 '-자' 등의 어미와는 결합하지 않는다. 이런 점을 고려하면 '이다'의 활용 양상은 대체로 (3), (4)에 나타난 형용사의 활용 양상과 유사하다는 것을 알 수 있다.

03 윗글에 대한 이해로 적절하지 <u>않은</u> 것은?

① 동사와 형용사는 문장에서 서술어로 쓰일 수 있다.
② 형용사는 활용할 때 감탄형 어미와 결합할 수 있다.
③ 용언이 활용할 때 어간에 붙는 부분을 어미라고 한다.
④ 동사는 형용사에 비해 '이다'와 활용 양상이 유사하다.
⑤ '이다'는 활용할 때 명령형 어미나 청유형 어미와는 결합하지 않는다.

04 윗글을 바탕으로 〈보기〉의 ⓐ~ⓔ를 이해한 내용으로 적절하지 <u>않은</u> 것은?

> | 보기 |
> ⓐ 나는 주로 저녁에 <u>씻는다</u>.
> ⓑ 오늘 날씨가 정말 <u>춥구나</u>.
> ⓒ 규연아, 지금 밥 <u>먹자</u>.
> ⓓ 창문을 활짝 <u>열어라</u>.
> ⓔ 그는 어떤 <u>사람이냐</u>?

① ⓐ의 '씻는다'는 어간이 '-는다'와 결합한 것으로 보아 동사이다.
② ⓑ의 '춥구나'는 어간이 '-구나'와 결합한 것으로 보아 형용사이다.
③ ⓒ의 '먹자'는 어간이 청유형 어미 '-자'와 결합한 것으로 보아 동사이다.
④ ⓓ의 '열어라'는 어간이 명령형 어미 '-어라'와 결합한 것으로 보아 형용사이다.
⑤ ⓔ의 '사람이냐'는 체언에 '이다'가 결합한 말이 활용한 것이다.

05 〈보기 1〉을 바탕으로 〈보기 2〉에 쓰인 높임의 양상을 바르게 표시한 것은? [고2 전국연합학력평가]

> | 보기 1 |
> 국어의 높임법은 높임의 대상이 무엇이냐에 따라 크게 셋으로 나뉜다. 주체 높임법에서는 문장의 주어가 가리키는 인물, 객체 높임법에서는 문장의 목적어나 부사어가 지시하는 대상, 상대 높임법에서는 말을 듣는 상대, 즉 청자가 높임의 대상이 된다. 그런데 실제로는 대개 두세 가지의 높임법이 동시에 사용된다. 존대를 [+]로 비존대를 [-]로 나타낸다면, '철수야, 할아버지 오셨어.'와 같은 문장은 [주체 높임+], [상대 높임-]로 표시할 수 있다.

> | 보기 2 |
> 영희가 할머니를 모시고 공원에 갔어요.

① [주체 높임 -], [객체 높임 +], [상대 높임 +]
② [주체 높임 -], [객체 높임 +], [상대 높임 -]
③ [주체 높임 -], [객체 높임 -], [상대 높임 -]
④ [주체 높임 +], [객체 높임 +], [상대 높임 +]
⑤ [주체 높임 +], [객체 높임 -], [상대 높임 -]

06 〈보기〉의 ㉠에 들어갈 예로 적절한 것은? [고1 전국연합학력평가]

┤보기├

　　효과적인 의사소통을 하기 위해서는 문장을 정확하게 구사해야 한다. "이 옷은 참 잘 어울린다."는 서술어인 '어울린다'가 필요로 하는 부사어가 빠져 의미가 제대로 전달되지 않는 문장이다. 이와 같이 문장에 필요한 성분이 빠져 있는 또 다른 문장의 예는 다음과 같다.

㉠

① 내 친구 영수는 얼굴이 닮았다.
② 그는 하얀색 운동화를 신고 있었다.
③ 기상청에서는 눈이 내릴 것이라고 미리 예고했다.
④ 저희는 소중한 고객님의 의견을 기다리고 있습니다.
⑤ 그는 절대로 그가 하고 싶은 일을 결국에는 하고야 말았다.

07 〈보기〉의 한글 맞춤법 규정을 ⓐ~ⓔ와 바르게 연결한 것은? [고1 전국연합학력평가]

┤보기├

ㄱ. **제14항**　체언은 조사와 구별하여 적는다.
ㄴ. **제33항**　체언과 조사가 어울려 줄어지는 경우에는 준 대로 적는다.

- 너는 ⓐ무얼 좋아하니?
- ⓑ이건 값이 너무 비싸다.
- ⓒ너희 사진은 어디에 있니?
- 나는 항상 ⓓ여기에 있을게.
- ⓔ그게 바로 문제의 핵심이다.

① ⓐ - ㄱ　　　　　② ⓑ - ㄱ　　　　　③ ⓒ - ㄴ
④ ⓓ - ㄴ　　　　　⑤ ⓔ - ㄴ

01 다음 질문에 대한 답변으로 적절하지 <u>않은</u> 것은? [고1 전국연합학력평가 응용]

┤ 보기 ├

[질문]

다음 밑줄 친 부분을 어떻게 읽어야 하는지 발음 원리와 함께 설명해 주세요.

㉠한여름, ㉡대관령에 올라 ㉢좋은 것만 가지려는 ㉣욕망을 버리고 나니, ㉤그렇게 마음이 편할 수 없었다.

[답변]

① ㉠은 앞말이 자음으로 끝나고 뒷말이 '이, 야, 여, 요, 유'로 시작할 때, 'ㄴ' 소리를 첨가하므로 [한녀름]이라고 읽습니다.
② ㉡은 'ㄴ'이 'ㄹ' 앞에서 'ㄹ'의 영향을 받으므로 [대관녕]이라고 읽습니다.
③ ㉢은 받침 'ㅎ'이 모음과 모음 사이에서 탈락하므로 [조은]이라고 읽습니다.
④ ㉣은 'ㄱ'이 비음 앞에서 발음이 바뀌므로 [용망]이라고 읽습니다.
⑤ ㉤은 'ㅎ'과 'ㄱ'이 어울려 거센소리가 되므로 [그러케]라고 읽습니다.

02 〈보기〉를 바탕으로 단어 형성법에 대해 탐구한 것으로 적절하지 <u>않은</u> 것은? [고1 전국연합학력평가]

┤ 보기 ├

단어에서 실질적 의미를 나타내는 중심 부분을 어근이라 하고, 어근에 붙어 그 뜻을 더하는 부분을 접사라고 한다. 단어는 형성 방법에 따라 단일어와 파생어, 합성어로 나누어진다. 단일어는 '바다', '놀다'와 같이 하나의 어근으로 이루어진 말이고, 파생어는 '군살'이나 '멋쟁이'처럼 어근과 접사의 결합으로 이루어진 말이다. 합성어는 어근과 어근이 결합한 말로 '달빛'이나 '뛰놀다'와 같은 말이 이에 해당한다.

① '치솟다'는 접사가 어근에 붙어 뜻을 더하고 있으므로 파생어이군.
② '밤하늘'은 실질적 의미를 지닌 어근끼리 결합하였으므로 합성어이군.
③ '지우개'는 어근에 접사가 결합한 파생어이고, '닭고기'는 어근끼리 결합한 합성어이군.
④ '나무꾼'과 '검붉다'는 모두 실질적인 뜻을 가진 어근끼리 결합하였으므로 합성어이군.
⑤ '개살구'와 '부채질'은 모두 어근에 접사가 결합하여 이루어진 단어이므로 파생어에 해당하는군.

03 〈보기〉는 '타다'의 의미 학습을 위해 활용한 사전의 일부분이다. 탐구 결과로 적절하지 <u>않은</u> 것은?

[고1 전국연합학력평가]

┤ 보기 ├

타다¹ 통

1 【…에】【…을】 탈것이나 짐승의 등 따위에 몸을 얹다.
¶ 버스에 타다. / 말을 타다.

2 【…을】
① 도로, 줄, 산, 나무, 바위 따위를 밟고 오르거나 그것을 따라 지나가다.
¶ 원숭이는 나무를 잘 탄다.
② 어떤 조건이나 시간, 기회 등을 이용하다.
¶ 대화가 끊긴 틈을 타 자리에서 일어섰다.

타다² 통

1 【…에서/에게서 …을】 몫으로 주는 돈이나 물건 따위를 받다.
¶ 회사에서 월급을 타다. / 상을 타다.

2 【…을】 복이나 재주, 운명 따위를 선천적으로 지니다.
¶ 좋은 팔자를 타고 태어나다.

① 타다¹과 타다²는 둘 다 다의어이군.

② 타다¹과 타다²는 서로 동음이의 관계에 있군.

③ 타다¹ – 2와 타다²는 문장 구조상 목적어를 필요로 하겠군.

④ 타다¹ – 2 – ②의 예문으로 '음악적 소질을 타고 태어났다.'를 추가할 수 있겠군.

⑤ 타다² – 1의 반의어로는 '주다'가 가능하겠군.

04 〈보기 1〉을 바탕으로 〈보기 2〉의 부정 표현에 대해 탐구했을 때, 적절하지 <u>않은</u> 것은? [고1 전국연합학력평가]

| 보기 1 |

부정 표현은 부정 부사 '안'과 '못', 부정 용언 '아니하다'와 '못하다'를 사용하여 만들 수 있다. 부정 부사로 만들어진 부정문을 짧은 부정문, 부정 용언으로 만들어진 부정문을 긴 부정문이라고 한다.

| 보기 2 |

민규 : 오늘 탁구 시합이 있던데 넌 ㉠안 가니?

진우 : ㉡안 가는 게 아니라 ㉢못 가는 거야.

민규 : 왜?

진우 : 내가 예선에서 영수를 ㉣이기지 못했어.

민규 : 네가 ㉤못 이겼다고? 영수 대단하구나.

① ㉠, ㉡, ㉢, ㉤은 부정 부사를 사용하여 만들어진 부정문이군.

② ㉡에서 '안'이 사용된 부정 표현은 '하고 싶지 않다'는 뜻으로 해석할 수 있겠군.

③ ㉢에서 '못'이 사용된 부정 표현은 '능력이 없어서 할 수 없다'는 뜻으로 해석할 수 있겠군.

④ ㉣은 부정 용언을 사용하여 만들어진 부정문이군.

⑤ ㉣과 ㉤을 보니, 긴 부정문이냐 짧은 부정문이냐에 따라 의미의 차이가 크다는 것을 알 수 있군.

05 〈보기〉의 ㉠, ㉡에 해당하는 단어로 적절한 것은? [고1 전국연합학력평가]

| 보기 |

된소리되기는 'ㄱ, ㄷ, ㅂ, ㅅ, ㅈ'과 같은 예사소리가 'ㄲ, ㄸ, ㅃ, ㅆ, ㅉ'과 같은 된소리로 바뀌어 소리 나는 음운 현상이다. 된소리되기의 유형은 다음과 같다.

  ○ 받침 'ㄱ, ㄷ, ㅂ' 뒤에 연결되는 자음 'ㄱ, ㄷ, ㅂ, ㅅ, ㅈ'을 된소리로 발음하는 유형

  ○ 어간 받침 'ㄴ(ㄵ), ㅁ(ㄻ)' 뒤에 결합되는 어미의 첫소리 'ㄱ, ㄷ, ㅅ, ㅈ'을 된소리로 발음하는 유형 ·················· ㉠

  ○ 한자어에서 'ㄹ' 받침 뒤에 결합되는 자음 'ㄷ, ㅅ, ㅈ'을 된소리로 발음하는 유형 ······ ㉡

	㉠	㉡		㉠	㉡
①	신다	굴곡(屈曲)	②	앉다	불법(不法)
③	넓다	갈등(葛藤)	④	담다	발전(發展)
⑤	끓다	월세(月貰)			

06 다음은 '윗-', '위', '웃-'의 표기에 관한 탐구 과정이다. ⑤에 들어갈 조건으로 적절한 것은?

[고1 전국연합학력평가]

탐구 과제	'윗-', '위', '웃-'을 어떻게 구분하여 표기할까?	
수집 자료	윗사람, 윗집, 위쪽, 위층, 웃어른	

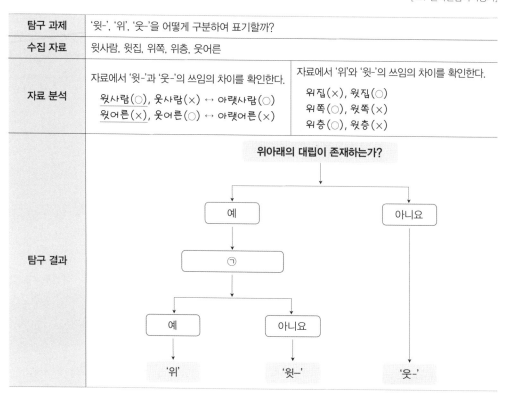

① 합성어인가?

② 모음 앞에 위치하는가?

③ 울림소리 앞에 위치하는가?

④ 사물의 이름을 나타내는가?

⑤ 된소리나 거센소리 앞에 위치하는가?

부록

관련 어문 규정

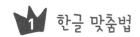

한글 맞춤법

한글 자모의 수는 스물넉 자로 하고, 그 순서와 이름은 다음과 같이 정한다.

ㄱ(기역)	ㄴ(니은)	ㄷ(디귿)	ㄹ(리을)	ㅁ(미음)
ㅂ(비읍)	ㅅ(시옷)	ㅇ(이응)	ㅈ(지읒)	ㅊ(치읓)
ㅋ(키읔)	ㅌ(티읕)	ㅍ(피읖)	ㅎ(히읗)	
ㅏ(아)	ㅑ(야)	ㅓ(어)	ㅕ(여)	ㅗ(오)
ㅛ(요)	ㅜ(우)	ㅠ(유)	ㅡ(으)	ㅣ(이)

'ㄷ, ㅌ' 받침 뒤에 종속적 관계를 가진 '-이(-)'나 '-히-'가 올 적에는 그 'ㄷ, ㅌ'이 'ㅈ, ㅊ'으로 소리 나더라도 'ㄷ, ㅌ' 으로 적는다.

맏이	해돋이	굳이	같이	끝이
핥이다	걷히다	닫히다	묻히다	

해설 '종속적 관계'란, 형태소 연결에 있어서 실질 형태소인 체언, 어근, 용언의 어간 등에 형식 형태소인 조사, 접미사, 어미 등이 결합하는 관계 를 말한다. 이 경우 형식 형태소는 실질 형태소에 딸려 붙는(종속되는) 요소인 것이다.

한자음 '녀, 뇨, 뉴, 니'가 단어 첫머리에 올 적에는, 두음 법칙에 따라 '여, 요, 유, 이'로 적는다.

여자(女子)	연세(年歲)	요소(尿素)	유대(紐帶)	익명(匿名)

한자음 '랴, 려, 례, 료, 류, 리'가 단어의 첫머리에 올 적에는, 두음 법칙에 따라 '야, 여, 예, 요, 유, 이'로 적는다.

양심(良心)	역사(歷史)	예의(禮儀)	용궁(龍宮)	이발(理髮)

붙임 1 단어의 첫머리 이외의 경우에는 본음대로 적는다.
다만, 모음이나 'ㄴ' 받침 뒤에 이어지는 '렬, 률'은 '열, 율'로 적는다.

비율(比率)	실패율(失敗率)	분열(分裂)	선율(旋律)	백분율(百分率)

한자음 '라, 래, 로, 뢰, 루, 르'가 단어의 첫머리에 올 적에는, 두음 법칙에 따라 '나, 내, 노, 뇌, 누, 느'로 적는다.

내일(來日)	노인(老人)	뇌성(雷聲)	누각(樓閣)	능묘(陵墓)

제15항

용언의 어간과 어미는 구별하여 적는다.

먹다	먹고	먹어	먹으니
신다	신고	신어	신으니

붙임 2 종결형에서 사용되는 어미 '-오'는 '요'로 소리 나는 경우가 있더라도 그 원형을 밝혀 '오'로 적는다.

이것은 책이오.   이리로 오시오.

제18항

다음과 같은 용언들은 어미가 바뀔 경우, 그 어간이나 어미가 원칙에 벗어나면 벗어나는 대로 적는다.

놀다 : 노니	불다 : 부니	낫다 : 나아	잇다 : 이어	그렇다 : 그러니
까맣다 : 까마니	푸다 : 펐다	뜨다 : 떴다	걷다[步] : 걸으니	묻다[問] : 물으니
가깝다 : 가까워	괴롭다 : 괴로워	맵다 : 매워	무겁다 : 무거워	쉽다 : 쉬워
하다 : (하아 →) 하여, (하아라 →) 하여라		이르다[至] : 이르러	누르다 : 누르러	푸르다 : 푸르러
가르다 : 갈랐다	거르다 : 걸렀다	오르다 : 올랐다	벼르다 : 별렀다	지르다 : 질렀다

제19항

어간에 '-이'나 '-음/-ㅁ'이 붙어서 명사로 된 것과 '-이'나 '-히'가 붙어서 부사로 된 것은 그 어간의 원형을 밝히어 적는다.

1. '-이'가 붙어서 명사로 된 것

길이	깊이	먹이	살림살이	쇠붙이

2. '-음/-ㅁ'이 붙어서 명사로 된 것

걸음	묶음	믿음	얼음	웃음

3. '-이'가 붙어서 부사로 된 것

같이	굳이	길이	높이	많이

4. '-히'가 붙어서 부사로 된 것

밝히	익히	작히

붙임 어간에 '-이'나 '-음' 이외의 모음으로 시작된 접미사가 붙어서 다른 품사로 바뀐 것은 그 어간의 원형을 밝히어 적지 아니한다.

너머	마중	무덤	비로소	차마

명사 뒤에 '-이'가 붙어서 된 말은 그 명사의 원형을 밝히어 적는다.

1. 부사로 된 것

곳곳이	낱낱이	몫몫이	샅샅이	집집이

2. 명사로 된 것

삼발이	애꾸눈이	육손이	절뚝발이 / 절름발이

붙임 '-이' 이외의 모음으로 시작된 접미사가 붙어서 된 말은 그 명사의 원형을 밝히어 적지 아니한다.

끄트머리	바가지	바깥	싸라기	이파리

끝소리가 'ㄹ'인 말과 딴 말이 어울릴 적에 'ㄹ' 소리가 나지 아니하는 것은 아니 나는 대로 적는다.

다달이(달-달-이)	바느질(바늘-질)	여닫이(열-닫이)	우짖다(울-짖다)	화살(활-살)

끝소리가 'ㄹ'인 말과 딴 말이 어울릴 적에 'ㄹ' 소리가 'ㄷ' 소리로 나는 것은 'ㄷ'으로 적는다.

사흘날(사흘날)	섣달(설달)	숟가락(술가락)	이튿날(이틀날)	섣부르다(설부르다)

사이시옷은 다음과 같은 경우에 받치어 적는다.

1. 순우리말로 된 합성어나 순우리말과 한자어로 된 합성어로서 앞말이 모음으로 끝난 경우

(1) 뒷말의 첫소리가 된소리로 나는 것

귓밥	나룻배	나뭇가지	냇가	맷돌
머릿기름	모깃불	바닷가	뱃길	부싯돌
아랫집	잿더미	핏대	햇볕	혓바늘
귓병(-病)	샛강(-江)	아랫방(--房)	자릿세(--貰)	전셋집(傳貰-)
찻잔(-盞)	탯줄(胎-)	텃세(-勢)	핏기(-氣)	햇수(-數)

(2) 뒷말의 첫소리 'ㄴ, ㅁ' 앞에서 'ㄴ' 소리가 덧나는 것

아랫니	텃마당	아랫마을	뒷머리	잇몸
깻묵	냇물	빗물		
곗날(契-)	제삿날(祭祀-)	훗날(後-)	툇마루(退--)	

(3) 뒷말의 첫소리 모음 앞에서 'ㄴㄴ' 소리가 덧나는 것

두렛일[두렌닐]	뒷일[뒨:닐]	뒷입맛[뒨:님맏]	베갯잇[베갠닏]	깻잎[깬닙]
나뭇잎[나문닙]	댓잎[댄닙]			
가욋일(加外-)[가왼닐]	예삿일(例事-)[예:산닐]	훗일(後-)[훈:닐]		

2. 두 음절로 된 다음 한자어

곳간(庫間)	셋방(貰房)	숫자(數字)	찻간(車間)	툇간(退間)
횟수(回數)				

제32항

단어의 끝모음이 줄어지고 자음만 남은 것은 그 앞의 음절에 받침으로 적는다.

본말	준말	본말	준말
어제저녁	엊저녁	디디고, 디디지	딛고, 딛지

제33항

체언과 조사가 어울려 줄어지는 경우에는 준 대로 적는다.

본말	준말	본말	준말
그것으로	그걸로	무엇을	뭣을 / 무얼 / 뭘
나는	난	무엇이	뭣이 / 무에

제35항

모음 'ㅗ, ㅜ'로 끝난 어간에 '-아/-어, -았-/-었-'이 어울려 'ㅘ/ㅝ, 왔/웠'으로 될 적에는 준 대로 적는다.

본말	준말	본말	준말
보아	봐	보았다	봤다
주어	줘	주었다	줬다

붙임 1 '놓아'가 '놔'로 줄 적에는 준 대로 적는다.

붙임 2 'ㅚ' 뒤에 '-어, -었-'이 어울려 'ㅙ, ㅙㅆ'으로 될 적에도 준 대로 적는다.

본말	준말	본말	준말
되어	돼	되었다	됐다
뵈어	봬	뵈었다	뵀다

'ㅏ, ㅗ, ㅜ, ㅡ' 뒤에 '-이어'가 어울려 줄어질 적에는 준 대로 적는다.

본말	준말	본말	준말
보이어	뵈어/보여	뜨이어	띄어
누이어	뉘어/누여	쓰이어	씌어/쓰여

어미 '-지' 뒤에 '않-'이 어울려 '-잖-'이 될 적과 '-하지' 뒤에 '않-'이 어울려 '-찮-'이 될 적에는 준 대로 적는다.

본말	준말	본말	준말
그렇지 않은	그렇잖은	만만하지 않다	만만찮다
적지 않은	적잖은	변변하지 않다	변변찮다

어간의 끝음절 '하'의 'ㅏ'가 줄고 'ㅎ'이 다음 음절의 첫소리와 어울려 거센소리로 될 적에는 거센소리로 적는다.

본말	준말	본말	준말
간편하게	간편케	다정하다	다정타
연구하도록	연구토록	정결하다	정결타
가하다	가타	흔하다	흔타

붙임 2 어간의 끝음절 '하'가 아주 줄 적에는 준 대로 적는다.

본말	준말	본말	준말
거북하지	거북지	생각하건대	생각건대
생각하다 못해	생각다 못해	깨끗하지 않다	깨끗지 않다
넉넉하지 않다	넉넉지 않다	못하지 않다	못지않다
섭섭하지 않다	섭섭지 않다	익숙하지 않다	익숙지 않다

붙임 3 다음과 같은 부사는 소리대로 적는다.

결단코	결코	기필코	무심코	아무튼
요컨대	정녕코	필연코	하마터면	하여튼
한사코				

조사는 그 앞말에 붙여 쓴다.

꽃이   꽃마저   꽃밖에   꽃에서부터   꽃으로만

의존 명사는 띄어 쓴다.

아는 **것**이 힘이다.   나도 할 **수** 있다.   먹을 **만큼** 먹어라.   아는 **이**를 만났다.   그가 떠난 **지**가 오래다.

단위를 나타내는 명사는 띄어 쓴다.

한 **개**   차 한 **대**   금 서 **돈**   소 한 **마리**   옷 한 **벌**
연필 한 **자루**   집 한 **채**   신 두 **켤레**

두 말을 이어 주거나 열거할 적에 쓰이는 다음의 말들은 띄어 쓴다.

국장 **겸** 과장   열 **내지** 스물   청군 **대** 백군   책상, 걸상 **등**이 있다   이사장 **및** 이사들

단음절로 된 단어가 연이어 나타날 적에는 붙여 쓸 수 있다.

좀더 큰것   이말 저말   한잎 두잎

보조 용언은 띄어 씀을 원칙으로 하되, 경우에 따라 붙여 씀도 허용한다. (ㄱ을 원칙으로 하고, ㄴ을 허용함.)

ㄱ	ㄴ	ㄱ	ㄴ
비가 올 **듯**하다.	비가 올듯하다.	그 일은 할 **만**하다.	그 일은 할만하다.
비가 올 **성싶**다.	비가 올성싶다.	잘 아는 **척**한다.	잘 아는척한다.

제51항

부사의 끝음절이 분명히 '이'로만 나는 것은 '-이'로 적고, '히'로만 나거나 '이'나 '히'로 나는 것은 '-히'로 적는다.

1. '이'로만 나는 것

깨끗이	느긋이	따뜻이	반듯이	산뜻이

2. '히'로만 나는 것

극히	급히	딱히	속히	정확히

3. '이, 히'로 나는 것

솔직히	가만히	소홀히	조용히	도저히

제53항

다음과 같은 어미는 예사소리로 적는다.

-(으)ㄹ걸	-(으)ㄹ게	-(으)ㄹ수록	-(으)ㄹ지	-(으)ㄹ지라도
-(으)ㄹ지언정	-(으)ㄹ진대	-올시다		

다만, 의문을 나타내는 다음 어미들은 된소리로 적는다.

-(으)ㄹ까?	-(으)ㄹ꼬?	-(스)ㅂ니까?	-(으)리까?	-(으)ㄹ쏘냐?

제56항

'-더라, -던'과 '-든지'는 다음과 같이 적는다.

1. 지난 일을 나타내는 어미는 '-더라, -던'으로 적는다.

지난겨울은 몹시 춥더라.   깊던 물이 얕아졌다.
그렇게 좋던가?   그 사람 말 잘하던데!

2. 물건이나 일의 내용을 가리지 아니하는 뜻을 나타내는 조사와 어미는 '(-)든지'로 적는다.

배든지 사과든지 마음대로 먹어라.   가든지 오든지 마음대로 해라.

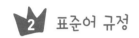

2 표준어 규정

제5항

어원에서 멀어진 형태로 굳어져서 널리 쓰이는 것은, 그것을 표준어로 삼는다.

강낭–콩   고샅(초가지붕을 일 때 쓰는 새끼)   사글–세
울력–성당(떼를 지어서 으르고 협박하는 일)

제7항

수컷을 이르는 접두사는 '수–'로 통일한다.

수–꿩   수–나사   수–놈   수–소   수–은행나무

다만 1. 다음 단어에서는 접두사 다음에 나는 거센소리를 인정한다. 접두사 '암–'이 결합되는 경우에도 이에 준한다.

수–캉아지   수–캐   수–컷   수–키와   수–탉
수–탕나귀   수–톨쩌귀   수–퇘지   수–평아리

다만 2. 다음 단어의 접두사는 '숫–'으로 한다.

숫–양   숫–염소   숫–쥐

※ 관련 어문 규정 : 〈한글 맞춤법〉 제31항

제9항

'ㅣ' 역행 동화 현상에 의한 발음은 원칙적으로 표준 발음으로 인정하지 아니하되, 다만 다음 단어들은 그러한 동화가 적용된 형태를 표준어로 삼는다.

서울내기   시골내기   신출내기   풋내기   냄비
동댕이–치다

붙임 2 기술자에게는 '–장이', 그 외에는 '–쟁이'가 붙는 형태를 표준어로 삼는다.

미장이   유기장이   멋쟁이   소금쟁이   담쟁이–덩굴

제12항

'웃–' 및 '윗–'은 명사 '위'에 맞추어 '윗–'으로 통일한다.

윗–니   윗–도리   윗–목   윗–몸   윗–변(수학 용어)

다만 2. '아래, 위'의 대립이 없는 단어는 '웃–'으로 발음되는 형태를 표준어로 삼는다.

웃–돈   웃–어른   웃–옷(맨 겉에 입는 옷)

※ 관련 어문 규정 : 〈한글 맞춤법〉 제30항

제14항

준말이 널리 쓰이고 본말이 잘 쓰이지 않는 경우에는, 준말만을 표준어로 삼는다.

귀찮다[귀치 않다(×)]　　또리[또아리(×)]　　　무[무우(×)]　　　생-쥐[새앙-쥐(×)]　　온-갖[온-가지(×)]

제15항

준말이 쓰이고 있더라도, 본말이 널리 쓰이고 있으면 본말을 표준어로 삼는다.

귀이-개[귀-개(×)]　　낌새[낌(×)]　　　마구-잡이[막-잡이(×)] 부스럼[부럼(×)]　　　일구다[일다(×)]

제16항

준말과 본말이 다 같이 널리 쓰이면서 준말의 효용이 뚜렷이 인정되는 것은, 두 가지를 다 표준어로 삼는다.

노을 / 놀　　　　　　　막대기 / 막대　　　　　머무르다 / 머물다　　　　서두르다 / 서둘다
시-누이 / 시-뉘 / 시-누　외우다 / 외다　　　　찌꺼기 / 찌끼

※ 관련 어문 규정 : 〈한글 맞춤법〉 제32항～제40항

제18항

다음 단어는 ㄱ을 원칙으로 하고, ㄴ도 허용한다.

ㄱ	ㄴ	ㄱ	ㄴ
네	예	쇠고기	소고기
(물이) 괴다	고이다	(볕을) 쬐다	쪼이다

제19항

어감의 차이를 나타내는 단어 또는 발음이 비슷한 단어들이 다 같이 널리 쓰이는 경우에는, 그 모두를 표준어로 삼는다.

고까신 / 꼬까신　　　　고린-내 / 코린-내　　　나부랭이 / 너부렁이

제26항

한 가지 의미를 나타내는 형태 몇 가지가 널리 쓰이며 표준어 규정에 맞으면, 그 모두를 표준어로 삼는다.

가엾다 / 가엽다　　　　　넝쿨 / 덩굴　　　　　　눈-대중 / 눈-어림 / 눈-짐작
다달-이 / 매-달　　　　　떨어뜨리다 / 떨어트리다　말동무 / 말벗
멀찌감치 / 멀찌가니 / 멀찍이　모쪼록 / 아무쪼록　　　-(으)세요 / -(으)셔요
아무튼 / 어떻든 / 어쨌든 / 하여튼 / 여하튼　　　　어이-없다 / 어처구니-없다

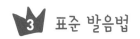

3 표준 발음법

제5항

'ㅑ, ㅒ, ㅕ, ㅖ, ㅘ, ㅙ, ㅛ, ㅝ, ㅞ, ㅠ, ㅢ'는 이중 모음으로 발음한다.

다만 1. 용언의 활용형에 나타나는 '져, 쪄, 쳐'는 [저, 쩌, 처]로 발음한다.

　가지어 → 가져[가저]　　　찌어 → 쪄[쩌]　　　다치어 → 다쳐[다처]

다만 2. '예, 례' 이외의 'ㅖ'는 [ㅔ]로도 발음한다.

　계시다[계:시다 / 게:시다]　　시계[시계 / 시게](時計)　　혜택[혜:택 / 헤:택](惠澤)　　지혜[지혜 / 지헤](智慧)

다만 3. 자음을 첫소리로 가지고 있는 음절의 'ㅢ'는 [ㅣ]로 발음한다.

　무늬　　　　　　띄어쓰기　　　　　씌어　　　　　　티어
　희어　　　　　　희떱다　　　　　　희망　　　　　　유희

다만 4. 단어의 첫음절 이외의 '의'는 [ㅣ]로, 조사 '의'는 [ㅔ]로 발음함도 허용한다.

　주의[주의 / 주이]　　　협의[혀븨 / 혀비]　　　우리의[우리의 / 우리에]　　　강의의[강:의의 / 강:이에]

제15항

받침 뒤에 모음 'ㅏ, ㅓ, ㅗ, ㅜ, ㅟ'들로 시작되는 실질 형태소가 연결되는 경우에는, 대표음으로 바꾸어서 뒤 음절 첫소리로 옮겨 발음한다.

　밭 아래[바다래]　　　맛없다[마덥따]　　　겉옷[거돋]　　　　　헛웃음[허두슴]

다만, '맛있다, 멋있다'는 [마싣따], [머싣따]로도 발음할 수 있다.

제23항

받침 'ㄱ(ㄲ, ㅋ, ㄳ, ㄺ), ㄷ(ㅅ, ㅆ, ㅈ, ㅊ, ㅌ), ㅂ(ㅍ, ㄼ, ㄿ, ㅄ)' 뒤에 연결되는 'ㄱ, ㄷ, ㅂ, ㅅ, ㅈ'은 된소리로 발음한다.

　국밥[국빱]　　　　깎다[깍따]　　　　닭장[닥짱]　　　　있던[읻떤]　　　　꽂고[꼳꼬]
　꽃다발[꼳따발]　　낯설다[낟썰다]　　덮개[덥깨]　　　　넓죽하다[넙쭈카다]　값지다[갑찌다]

제24항

어간 받침 'ㄴ(ㄵ), ㅁ(ㄻ)' 뒤에 결합되는 어미의 첫소리 'ㄱ, ㄷ, ㅅ, ㅈ'은 된소리로 발음한다.

　신고[신:꼬]　　　껴안다[껴안따]　　　얹다[언따]　　　삼고[삼:꼬]　　　젊지[점:찌]

제25항

어간 받침 'ᆲ, ᆴ' 뒤에 결합되는 어미의 첫소리 'ㄱ, ㄷ, ㅅ, ㅈ'은 된소리로 발음한다.

넓게[널께]　　　　할다[할따]　　　　훑소[훌쏘]　　　　떫지[떨ː찌]

제26항

한자어에서, 'ㄹ' 받침 뒤에 연결되는 'ㄷ, ㅅ, ㅈ'은 된소리로 발음한다.

갈등[갈뜽]　　　발동[발똥]　　　절도[절또]　　　말살[말쌀]　　　일시[일씨]
갈증[갈쯩]　　　물질[물찔]　　　발전[발쩐]　　　몰상식[몰쌍식]　　불세출[불쎄출]

제27항

관형사형 '-(으)ㄹ' 뒤에 연결되는 'ㄱ, ㄷ, ㅂ, ㅅ, ㅈ'은 된소리로 발음한다.

할 것을[할꺼슬]　　갈 데가[갈떼가]　　할 바를[할빠를]　　할 수는[할쑤는]　　할 적에[할쩌게]
갈 곳[갈꼳]　　　할 도리[할또리]　　만날 사람[만날싸람]

제28항

표기상으로는 사이시옷이 없더라도, 관형격 기능을 지니는 사이시옷이 있어야 할(휴지가 성립되는) 합성어의 경우에는, 뒤 단어의 첫소리 'ㄱ, ㄷ, ㅂ, ㅅ, ㅈ'을 된소리로 발음한다.

문-고리[문꼬리]　　눈-동자[눈똥자]　　신-바람[신빠람]　　산-새[산쌔]　　손-재주[손째주]
길-가[길까]　　　발-바닥[발빠닥]　　그믐-달[그믐딸]　　아침-밥[아침빱]　　잠-자리[잠짜리]
강-가[강까]　　　초승-달[초승딸]　　등-불[등뿔]　　　창-살[창쌀]　　　강-줄기[강쭐기]

제29항

합성어 및 파생어에서, 앞 단어나 접두사의 끝이 자음이고 뒤 단어나 접미사의 첫음절이 '이, 야, 여, 요, 유'인 경우에는, 'ㄴ' 음을 첨가하여 [니, 냐, 녀, 뇨, 뉴]로 발음한다.

홑-이불[혼니불]　　　맨-입[맨닙]　　　색-연필[생년필]　　　담-요[담ː뇨]
눈-요기[눈뇨기]　　　영업-용[영엄뇽]　　식용-유[시굥뉴]　　　백분-율[백뿐뉼]

붙임 1　'ㄹ' 받침 뒤에 첨가되는 'ㄴ' 음은 [ㄹ]로 발음한다.

솔-잎[솔립]　　　물-약[물략]　　　서울-역[서울력]　　　휘발-유[휘발류]

실패란 넘어지는 것이 아니라
그 자리에 머무는 것이다.

Never give up!

중학국어
문법 총정리

문법개념책×필수문제집

한권으로 끝내기

이창언·정문경 | 지음

정답 및 해설

쏠티북스

중학국어 문법 총정리

문법개념책×필수문제집

한권으로 끝내기

정답 및 해설

쏠티북스

01일 품사의 개념과 분류 기준을 알아보자

실전문제 배운 개념 적용하기   [본문] 16쪽

01 ③
02 (1) 포도, 딸기, 복숭아 (2) 달다, 시다, 새콤하다
03 ④   **04** ④   **05** ④   **06** ②   **07** ⑤

01

`이게 정답!` 단어는 뜻을 가지고 홀로 쓰일 수 있는 말로, '는'이나 '가'와 같은 조사도 단어로 인정한다. 따라서 주어진 문장은 '나, 는, 엄마, 가, 좋아요'로 나눌 수 있으므로, 총 5개의 단어로 이루어져 있다.

03

`이게 정답!` ① '사람', ② '자유', ③ '무지개', ⑤ '거울'은 사람이나 사물의 이름을 나타내는 말(명사)이고, ④ '파랗다'는 사람이나 사물의 상태나 성질을 나타내는 말(형용사)이다. 또한 이 단어들은 형태 변화에 따라 가변어(파랗다)와 불변어(사람, 자유, 무지개, 거울), 기능에 따라 용언(파랗다)과 체언(사람, 자유, 무지개, 거울)으로도 나눌 수 있다.

04

`이게 정답!` ㄱ의 단어는 문장에서 어느 위치에 쓰여도 그 형태가 변하지 않는 반면, ㄴ의 단어는 문장에서의 쓰임에 따라 '마시고', '슬픈', '뜨거워', '걸으니' 등과 같이 형태가 변할 수 있다. 따라서 '형태가 변하는지, 변하지 않는지에 따라' 단어를 분류한 것이다.

`왜 답이 아니지?` ① ㄴ의 '마시다'와 '걷다'는 움직임을, '슬프다'와 '뜨겁다'는 상태나 성질을 의미한다. 곧, ㄴ 안에서도 의미에 따라 단어를 분류할 수 있기 때문에 '공통된 의미에 따라' 분류한 것은 아니다.
② 단어는 '뜻을 가지고 홀로 쓰일 수 있는 말의 단위'로, 모든 단어는 뜻을 가지고 있다. 따라서 뜻이 있는지 없는지에 따라 단어를 분류한 것은 아니다.
③ 단어는 홀로 쓰일 수 있으므로 자립성이 있으

며, 단지 조사만 자립성이 없지만 단어로 인정한다. ㄱ과 ㄴ에는 조사가 없으므로 제시된 단어는 모두 자립성이 있다. 따라서 자립성이 있는지 없는지에 따라 단어를 분류한 것은 아니다.
⑤ ㄴ의 '마시다'와 '걷다'만 움직임을 나타내는 단어에 해당한다. 곧, ㄱ의 단어와 ㄴ의 일부 단어는 움직임을 나타내지 않으므로, 움직임을 나타내는지의 여부에 따라 단어를 분류한 것은 아니다.

05

`이게 정답!` 단어는 문장에서 쓰일 때 형태를 바꿀 수 있느냐 없느냐에 따라 가변어와 불변어로 나눌 수 있다. 주어진 문장을 단어로 나누면 '나, 는, 사과, 를, 깎고, 동생, 은, 사과, 를, 먹는다'가 된다. 이 중에서 형태가 변하는 단어인 가변어는 '깎고(깎다)'와 '먹는다(먹다)'이며, 나머지 단어는 모두 불변어에 해당한다.

06

`이게 정답!` '새'는 형태가 변하지 않으므로 첫 번째 물음에서는 '아니요'로 이동해야 한다. 또한 '새' 뒤에는 조사가 붙을 수 없으므로 두 번째 물음에서도 '아니요'로 이동해야 한다. 그리고 '새'는 뒤에 오는 '구두'라는 '명사'를 꾸미고 있으므로, 세 번째 물음에서는 '예'로 이동해야 한다. 따라서 '새'는 최종적으로 ⓛ에 들어가게 된다.

07

`이게 정답!` 형태가 변하지 않으며, 체언을 수식하는 단어는 관형사이다. 제시된 단어 중 형태가 변하지 않는 것은 '하지만'과 '모든' 둘 뿐이고, 이 중 체언을 수식하는 것은 '모든'이다(글에서 '모든'은 체언 '구성원'을 꾸미고 있음). 참고로, '하지만'은 부사에 해당한다.

`왜 답이 아니지?` ① '이다'는 '이고, 이니, 이어서, 이다' 등으로, ③ '생각하다'는 '생각하고, 생각하니, 생각해서' 등으로, ④ '아니다'는 '아니고, 아니니, 아니어서, 아닌데' 등과 같이 형태가 변할 수 있다.

01

이게 정답! ㉠ 의존 명사는 명사의 성격을 가지면서도 자립성이 없어서 앞에 꾸며 주는 말이 와야만 문장에서 쓰일 수 있다. 이처럼 자립성이 없어 다른 말에 기대어 쓰이지만, 의존 명사도 엄연히 명사이므로 '너는 할 수가 없다.'와 같이 조사가 붙을 수 있다. ㉫ 동사는 어간에 명령형, 청유형, 현재형 어미가 붙을 수 있고, 또한 '-고 있다'라는 진행형 표현을 붙여 진행형 문장을 만들 수 있다. 이에 반해 형용사의 어간에는 명령형, 청유형, 현재형 어미와 '-고 있다'라는 진행형 표현을 붙일 수 없다.

02

이게 정답! ㉢ '몸짓'은 '몸을 놀리는 모양'을 뜻하는 단어로, 명사이다. 따라서 체언에 해당한다.

왜 답이 아니지? ㉠ '내'와 ㉣ '그'는 모두 어떤 사람을 대신하여 가리키기 위해 사용하는 인칭 대명사이다. 또한 ㉡ '이름'과 ㉤ '꽃'은 모두 특정한 사람이나 사물의 이름이 아닌 같은 종류의 사물에 대하여 두루 쓰이는 명사이므로 '보통 명사'이면서, 앞에 별도의 꾸며 주는 말을 필요로 하지 않으므로 '자립 명사'에 해당한다.

03

이게 정답! ㉥의 '네'는 의존 명사 '채'(집을 세는 단위)를 꾸며 주는 수 관형사에 해당하며, 나머지는 모두 수사에 해당한다. 참고로, 조사가 붙을 수 있으면 수사이며, 조사가 붙을 수 없고 뒤에 의존 명사가 와 그 의존 명사를 꾸며 주는 역할을 하고 있으면 수 관형사이다.

04

이게 정답! 사람이나 사물의 움직임을 나타내며, '어찌하다'의 뜻을 갖는 말은 동사이다. ㉠ '괜찮아'는 '괜찮다'의 활용형으로 '별로 나쁘지 않고 보통 이상이다.'라는 뜻을 가지고 있으며, '누가(무엇이) 어떠하다'라는 형식에서 대상의 상태나 성질을 설명하는 '어떠하다'에 해당하는 말이므로, 형용사이다.

왜 답이 아니지? ①, ④ '괜찮아'의 기본형은 '괜찮다'로, '괜찮다'는 예문의 '괜찮아' 외에도 '괜찮고', '괜찮으니', '괜찮아서', '괜찮게' 등과 같이 다양한 형태로 활용이 가능한 용언이다.

② '괜찮다'는 문장을 만들 때 '누가(무엇이) 어떠하다'의 형식으로 대상의 상태나 성질에 대해 서술하는 역할을 한다.

⑤ '괜찮아'는 어간 '괜찮-'에 어미 '-아'가 결합한 것이다. 곧, 어간 '괜찮-'에 '-아', '-고', '-으니' 등과 같은 다양한 어미가 결합할 수 있어서, 조사와 어미가 발달한 교착어로서의 우리말의 특징을 잘 보여 준다. (참고로, 교착어란 언어의 형태적 유형의 하나로, 실질적인 의미를 가진 단어 등에 문법적인 기능을 가진 요소가 차례로 결합함으로써 문장 속에서의 문법적인 역할이나 관계의 차이를 나타내는 언어이다.)

05

이게 정답! '행복하다'는 형용사인데, 형용사는 동사와 달리 '-어라/아라'와 같은 명령형 어미를 붙일 수 없다. 이러한 형용사의 특성상 '행복하다'에 ㉤ '행복하세요'와 같이 명령이나 권유의 의미를 가진 '-세요(셔요)'를 붙여 표현하는 것은 적절하지 않다. 이런 경우에는 '행복한 날 보내세요.', '행복하게 지내세요.'처럼 '보내다'나 '지내다'와 같은 동사를 사용하는 방식으로 표현을 고쳐야 한다.

왜 답이 아니지? ① '지금'은 체언 중 명사에 해당하므로 필요한 경우 조사를 붙일 수 있다.

② '아침'은 명사이므로 활용하지도 않을 뿐만 아니라, '아침 운동', '아침 식사', '아침 뉴스' 등과 같이 뒤에 오는 다른 명사를 꾸며 줄 때 반드시 특별한 조사가 필요한 것도 아니다.

③ '마음'이 자립 명사인 것은 맞지만, 그것은 앞에서

'마음'을 꾸며 줄 말이 반드시 필요한 것은 아니기 때문이다. 필요한 경우 조사를 붙여 쓰는 것은 자립 명사나 의존 명사 모두 가능하다.

④ '하루'는 수사가 아니라 명사이다.

06

이게 정답! ㄷ '저기'는 말하는 이와 듣는 이 모두에게서 멀리 떨어져 있는 장소를 가리키는 지시 대명사로, '학교 앞 정류소'를 의미한다.

왜 답이 아니지? ① ㄱ '그것'은 듣는 이에게 가까이 있거나 앞에서 이미 언급한 대상을 가리키는 지시 대명사로, '내(지수)가 낀 장갑'을 의미한다.

② ㄴ '여기'는 말하는 이에게 가까운 장소를 가리키는 지시 대명사로, 제시된 대화 상황에서는 말하는 이와 듣는 이가 같은 장소에 함께 있으므로 '두 사람의 대화가 이루어지는 장소'를 의미한다.

④ ㄹ '거기'는 앞에서 이미 이야기한 장소를 가리키는 지시 대명사로, '편의점'을 의미한다.

⑤ ㅁ '그곳'은 '거기'를 문어적으로 이르는 말로, 앞에서 이미 이야기한 장소를 가리키는 지시 대명사이다. 〈보기〉의 대화에서는 지수가 설명하는 대상이 되는 장소를 가리키므로 '지수'의 언니가 장갑을 산 '가게'를 의미한다.

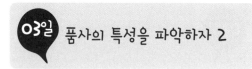

03일 품사의 특성을 파악하자 2

실전문제 배운 개념 적용하기 [본문] 36쪽

01 ④   02 ③   03 ⑤   04 ⑤   05 ②
06 ⑤   07 ④

01

이게 정답! 앞말이 주어의 자격을 갖게 만들어 주는 조사는 주격 조사로, '이/가', '께서(높임)', '에서(단체)' 등이 이에 해당한다. '와/과'는 '나는 사과와 배를 샀다.'에서 확인할 수 있듯이 두 가지 이상의 단어를 같은 자격으로 이어 주는 역할을 하는 접속 조사이다.

왜 답이 아니지? ③ 조사는 형태가 변하지 않는 불변어이지만, 서술격 조사 '이다'는 '이고, 이니, 이어서' 등과 같이 조사 중에서 유일하게 활용을 한다.

⑤ 조사 '요'는 '돈이 없어요.'에서와 같이 주로 종결 어미 뒤에 붙어 높임의 의미를 나타내는 보조사이다.

02

이게 정답! ㄷ의 '만'과 '도'는 보조사로, 보조사는 앞말에 붙어 특별한 뜻을 더하는 역할을 할 뿐, 앞말의 품사를 바꾸지는 않는다. 참고로, '만'은 어떤 사물을 단독으로 또는 한정함의 의미를 나타내며, '도'는 이미 어떤 것이 포함되고 그 위에 더함의 뜻을 나타낸다.

왜 답이 아니지? ① ㄱ에서 '이/가'는 앞말인 '동생'과 '여기'에 붙어 각각 주어의 자격을 갖게 해 주며(주격 조사), '을'은 '책'에 붙어 목적어의 자격을 갖게 해 준다(목적격 조사). 또한 '이다'는 '천국'에 붙어 '천국'을 서술어로 만들어 준다(서술격 조사).

② ㄴ에서 '와'와 '랑'은 두 말을 같은 자격으로 연결해 준다(접속 조사).

④ ㄹ을 통해 조사가 체언('꽃')뿐만 아니라 용언('예쁘게')과 부사('천천히')에도 결합할 수 있음을 알 수 있다.

⑤ ㅁ의 '이것이 좋다.'와 '이것 좋다.'에서 조사가 생략될 수 있음을 알 수 있다. 또한 '이것만으로도 좋

다.'에서 '이것만으로도'는 대명사 '이것'에 조사 '만', '으로', '도'가 결합된 것으로, 이를 통해 둘 이상의 조사가 겹쳐 쓰일 수도 있음을 알 수 있다.

03

이게 정답! 수 관형사는 사물의 수량을 나타내는 관형사로, 수사와 형태가 같은 것도 있기 때문에 문장에서의 쓰임을 확인하여 수 관형사인지 수사인지를 구분해야 한다. 예를 들어, '다섯 사람이 있다.'에서처럼 '다섯'이 체언 '사람'을 꾸며 준다면 이때의 '다섯'은 수 관형사에 해당한다. 그러나 ⑤ '사람이 모두 다섯이다.'에서처럼 '다섯'에 조사 '이다'가 결합하여 사용될 경우에 '다섯'은 수사이므로, ⑤는 적절하지 않은 설명이다.

왜 답이 아니지? ③ '새', '헌' 등은 사물의 성질이나 상태, 모양 등을 명확하게 나타내 주는 성상 관형사이다.
④ '이', '그' 등은 어떤 특정한 대상을 가리키는 지시 관형사이다.

04

이게 정답! ⑤에서의 '아름다운'은 체언 '사람'을 수식하고 있지만, 기본형은 '아름답다'이므로 품사는 형용사이다. 곧, '아름다운'은 형용사의 활용형에 해당한다.

왜 답이 아니지? ①, ②, ③, ④ '새'는 체언 '책'을, '헌'은 체언 '옷'을, '옛'은 체언 '기억'을, '모든'은 체언 '사람'을 각각 꾸며 주고 있으므로 관형사이다.

05

이게 정답! ②에서의 '오늘'은 '지금 지나가고 있는 이 날.'이라는 뜻의 명사이다. 참고로, '그가 오늘 왔다.'라는 문장에서는 '오늘'이 '지금 지나가고 있는 이 날에.'라는 뜻의 부사로 쓰이고 있다. 따라서 '오늘'은 문장에서의 쓰임을 확인하여 명사인지 부사인지를 판단해야 한다.

왜 답이 아니지? ① '참'은 용언 '착하다'를, ③ '아주'는 부사 '빨리'를, ④ '못'은 용언 '먹었다'를 꾸며 주는 부사(성분 부사)이다. ⑤ '과연'은 '너는 대단한 아이구나.'라는 문장 전체를 꾸며 주는 부사(문장 부사)이다.

06

이게 정답! ⑤에 제시된 '은숙이와 친구는 같이 사업을 했다.'에서의 '같이'는 ㄹ '서로 함께'의 의미로 사용된 것이다. 따라서 ㅁ의 예문으로 적절하지 않다. ㅁ의 예문으로는 '세월이 물과 같이 흐른다.' 정도를 들 수 있다.

왜 답이 아니지? ① '그는 눈같이 맑은 영혼의 소유자였다.'에 쓰인 '같이'는 체언 '눈' 뒤에 붙어 '앞말이 보이는 전형적인 어떤 특징처럼'의 뜻을 나타내는 격조사이다. 따라서 ㄱ의 예문으로 적절하다.
② '내일은 새벽같이 일어나야 한다.'에 쓰인 '같이'는 때를 나타내는 '새벽'이라는 명사 뒤에 붙어 바로 그때를 강조하는 격조사이다. 따라서 ㄴ의 예문으로 적절하다.
③ '예상한 바와 같이 우리 반이 이겼어.'에 쓰인 '같이'는 앞말과 띄어 쓴 경우로 부사에 해당한다. 그 의미 역시 '바로 그대로'이므로, ㄷ의 예문으로 적절하다.
④ '지난 10년 동안 같이 알고 지낸 사이야.'에 쓰인 '같이'는 앞말과 띄어 쓴 경우로 부사에 해당한다. 그 의미 역시 '둘 이상의 사람이나 사물이 함께'이므로 ㄹ의 예문으로 적절하다.

07

이게 정답! ④에서의 '철호야'는 고유 명사인 '철호'에 호격 조사 '야'가 결합한 것으로, 감탄사가 아니다.

왜 답이 아니지? ① '어이쿠'는 감탄사로, 몹시 놀랐을 때 내는 소리이다.
② '치'는 감탄사로, 못마땅하거나 아니꼽거나 화가 날 때 내는 소리이다.
③ '어흥'은 감탄사로, 호랑이가 우는 소리 혹은 그것을 흉내 내는 소리이다.
⑤ '야호'는 감탄사로, 신이 나서 외치는 환호의 소리이다.

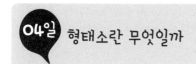

실전문제 배운 개념 적용하기 [본문] 44쪽

01 ⑤   02 ③   03 ②   04 ④   05 ②
06 ⑤

01

이게 정답! 형태소는 뜻을 가진 가장 작은 말의 단위이므로(①), 하나의 단어는 형태소로 더 잘게 나뉠 수도 있다. 곧, 단어는 하나 이상의 형태소로 구성되므로, 하나의 문장에서 단어와 형태소의 수는 일치하지 않을 수도 있다. 또한 단어는 자립하여 쓰일 수 있는 말의 단위이므로(조사는 자립하여 쓸 수 없지만 그 특이한 성격 때문에 단어로 인정함), 하나의 문장 안에서 단어의 수와 품사의 수는 일치한다. 정리하면, 하나의 문장 안에서 단어와 품사의 수는 일치하지만, 형태소의 수는 이들의 수와 일치하지 않을 수도 있으므로 ⑤는 적절하지 않은 설명이다.

왜 답이 아니지? ② 홀로 쓰일 수 있다는 것은 자립성이 있다는 것이다. '가을', '나라'와 같이 자립성이 있는 형태소(자립 형태소)는 그 자체로 하나의 단어가 된다. ③ 형태소는 자립성의 유무에 따라 '자립 형태소'와 '의존 형태소'로 나눌 수 있으며, 실질적인 의미의 유무에 따라 '실질 형태소'와 '형식 형태소'로 나눌 수 있다.

02

이게 정답! ㉠은 '달+빛', ㉡은 '주먹+밥', ㉣은 '책+가방', ㉤은 '안개+꽃'으로 나눌 수 있으며, 각각 2개의 형태소로 이루어진 단어들이다. 그러나 ㉢ '복숭아'는 하나의 형태소로 이루어진 단어이다.

03

이게 정답! '이웃 마을에 가려고 돌다리를 건넜다.'라는 문장을 형태소 단위로 분석하면 '이웃, 마을, 에, 가-, -려고, 돌, 다리, 를, 건너-, -었-, -다'가 된

다. 이 형태소들을 '자립 형태소'와 '의존 형태소', 그리고 '실질 형태소'와 '형식(문법) 형태소'로 분류하면 다음과 같다.

분류 기준	형태소의 종류	형태소 분류 결과
자립성	자립 형태소	이웃, 마을, 돌, 다리
	의존 형태소	에, 가-, -려고, 를, 건너-, -었-, -다
의미와 기능	실질 형태소	이웃, 마을, 가-, 돌, 다리, 건너-
	형식(문법) 형태소	에, -려고, 를, -었-, -다

'건넜다(건너었다)'는 용언의 활용형인데, 기본형은 '건너다'로 '건너니, 건너고, 건너므로' 등과 같이 활용되므로 용언의 어간은 '건너-'이다. 곧, '건넜다'는 용언의 어간 '건너-'에 어미 '-었-'과 '-다'가 결합한 것이므로, 이들을 각각의 형태소로 분석할 수 있다. 그런데 ②에서는 이를 '건-, -넜-, -다'로 분석하였으므로 적절하지 않다.

04

이게 정답! 〈보기〉의 문장을 단어와 형태소로 분석해 보면 다음과 같다.

• 나는 가게에서 김밥과 돼지고기를 샀다.
→ [단어] 나, 는, 가게, 에서, 김밥, 과, 돼지고기, 를, 샀다 (9개)
→ [형태소] 나, 는, 가게, 에서, 김, 밥, 과, 돼지, 고기, 를, 사-, -았-, -다 (13개)

이렇게 분석한 형태소를 다시 종류별로 분류하면 또한 다음과 같다.
→ [자립 형태소] 나, 가게, 김, 밥, 돼지, 고기
→ [의존 형태소] 는, 에서, 과, 를, 사-, -았-, -다
→ [실질 형태소] 나, 가게, 김, 밥, 돼지, 고기, 사-
→ [형식 형태소] 는, 에서, 과, 를, -았-, -다

분석 결과, 〈보기〉의 문장에서 2개 이상의 형태소로 이루어진 단어는 '김밥(김+밥)', '돼지고기(돼지+고기)', '샀다(사- + -았- + -다)'의 3개이다.

왜 답이 아니지? ① 단어는 뜻을 가지고 홀로 쓰일 수 있는 단위이며, 조사는 홀로 쓰일 수는 없지만 단어로 인정된다. 따라서 〈보기〉의 문장에서 단어는 9개가 사용되었다.

② 〈보기〉의 문장에서 체언은 '나', '가게', '김밥', '돼

지고기'로 4개, 용언은 '샀다'로 1개가 사용되었다.

③ 홀로 쓰일 수 있는 형태소는 자립 형태소를 뜻한다. 〈보기〉의 문장에서 자립 형태소는 '나, 가게, 김, 밥, 돼지, 고기'의 6개가 사용되었다.

⑤ 의존 형태소는 다른 말에 의존하여 쓰이는 형태소로, 조사와 용언의 어간, 어미 등이 이에 해당한다. 〈보기〉의 문장에 쓰인 의존 형태소는 '는, 에서, 과, 를, 사-, -았-, -다'인데, 이 중 '는, 에서, 과, 를'은 조사이다. 조사는 홀로 쓰일 수 없지만 그 특이한 성격 때문에 단어로 취급한다.

05

이게 정답! ② '밤낮'은 명사 '밤'과 '낮'이 결합되어 만들어진 단어로, '밤'과 '낮' 모두 실질적인 의미를 가지고 있다.

왜 답이 아니지? ①, ③, ④ '미처'와 '엄마', '사람'은 모두 더 이상 나눌 수 없는 하나의 형태소로 구성된 단어이다.

⑤ '작은'은 용언의 어간 '작-'과 어미 '-은'이라는 2개의 형태소가 결합되어 만들어진 단어이다. 그러나 '작-'은 실질적인 의미를 지닌 실질 형태소인 반면, '-은'은 실질적인 의미를 지니지 않은 형식(문법) 형태소이다.

06

이게 정답! 〈보기〉에서 하나의 형태소로 이루어진 것을 '단일어', 두 개 이상의 형태소로 이루어진 것을 '복합어'라고 한다고 하였다. ⑤에서 '옷값'은 '옷'과 '값'이라는 두 개의 형태소로 이루어진 단어이므로, 복합어이다.

왜 답이 아니지? ① '딸애'는 '딸'과 '애'라는 두 개의 형태소로 이루어진 복합어이다.

② '조카애'는 '조카'와 '애'라는 두 개의 형태소로 이루어진 복합어이다.

③ '밭고랑'은 '밭'과 '고랑'이라는 두 개의 형태소로 이루어진 복합어이다.

④ '마음'은 하나의 형태소로 이루어진 단일어이다.

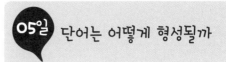

05일 단어는 어떻게 형성될까

실전문제 배운 개념 적용하기 [본문] 55쪽

01 ②	02 ③	03 ②	04 ④	05 ②
06 ③	07 ④	08 ②		

01

이게 정답! '오가다'는 두 개의 동사 '오다'와 '가다'의 어근이 연결 어미 없이 직접 결합하여 형성된 합성어이므로, ㉠에 해당하는 단어이다.

왜 답이 아니지? ① '맏며느리'는 명사 '며느리'에 친족 관계를 나타내는 일부 명사 앞에 붙어 '맏이'의 뜻을 더하는 접두사 '맏-'이 결합하여 형성된 파생어이다.

③ '높다랗다'는 형용사 '높다'의 어근에 일부 형용사 어간 뒤에 붙어 '그 정도가 꽤 뚜렷함'의 뜻을 더하는 접미사 '-다랗다'가 결합하여 형성된 파생어이다.

④ '정답다'는 명사 '정'에 일부 명사 또는 명사구 뒤에 붙어 '성질이나 특성이 있음'의 뜻을 더하고 형용사를 만드는 접미사 '-답다'가 결합하여 형성된 파생어이다.

⑤ '짓밟다'는 동사 '밟다'의 어근에 일부 동사 앞에 붙어 '마구', '함부로', '몹시'의 뜻을 더하는 접두사 '짓-'이 결합하여 형성된 파생어이다.

02

이게 정답! '길이'는 어근과 접사가 결합하는 방식으로 형성된 단어이다. 곧, 형용사 '길다'의 어근에 몇몇 형용사, 동사 어간 뒤에 붙어 명사를 만드는 접미사 '-이'가 결합하여 형성된 파생어이다.

왜 답이 아니지? ①, ② '배나무'는 '배'와 '나무', '가을바람'은 '가을'과 '바람'이라는 어근과 어근이 결합하여 이루어진 단어이다(합성어).

④ '뛰놀다'는 '뛰다'와 '놀다'라는 동사의 어근과 어근이 결합하여 이루어진 단어이다(합성어).

⑤ '도라지'는 하나의 어근으로 이루어진 단어이다(단일어).

03

이게 정답! 형용사 '까맣다'에 접두사 '새-'가 붙어 형성된 '새까맣다'의 품사는 어근의 원래 품사 그대로 형용사이다. 곧, 접두사 '새-'는 형용사 앞에 붙어 '매우 짙고 선명하게'의 뜻을 더할 뿐, 어근의 품사를 바꾸지는 않는다.

왜 답이 아니지? ① 접두사 '날-'은 명사 '고기'에 붙어 '말리거나 익히거나 가공하지 않은'의 뜻을 더하여 '고기'의 의미를 제한하고 있다. 또한 접두사 '맨-' 역시 명사 '주먹'에 붙어 '다른 것이 없는'의 뜻을 더하여 '주먹'의 의미를 제한하고 있다.

③ '-꾸러기'는 어근의 뒤에 붙어 단어를 형성하므로 접미사에 해당한다. 명사 '장난'에 접미사 '-꾸러기'가 붙어 형성된 '장난꾸러기'의 품사 역시 명사이므로, 접미사 '-꾸러기'를 붙여도 원래 어근의 품사는 그대로 유지된다는 것을 알 수 있다.

④ 명사 '노래'에 접미사 '-하다'가 붙어 형성된 '노래하다'의 품사는 동사이고, 명사 '슬기'에 접미사 '-롭다'가 붙어 형성된 '슬기롭다'의 품사는 형용사이며, 형용사 '깨끗하다'의 어근 '깨끗-'에 접미사 '-이'가 붙어 형성된 '깨끗이'는 부사이다. 이를 통해 접미사가 붙어 원래 어근의 품사가 바뀌는 경우가 있음을 알 수 있다.

⑤ 〈보기〉에서는 어근의 앞에 붙는 접사인 '날-', '맨-', '새-'는 접두사라고 하였고, 어근의 뒤에 붙는 접사인 '-꾸러기', '-꾼', '-하다', '-롭다'는 접미사라고 하였다. 이를 통해 접사는 어근에 붙는 위치에 따라 접두사와 접미사로 나눌 수 있음을 알 수 있다.

04

이게 정답! '높푸르다'는 '높다'와 '푸르다'라는 두 형용사의 어간이 결합하여 이루어진 합성어이다. 우리말에서는 어간과 어간이 바로 결합하는 것을 어색하게 여겨, 그 둘이 결합할 때에는 '높고 푸르다'와 같이 어미의 매개가 있어야 한다. 그런데 '높푸르다'는 어미의 매개 없이 어간끼리 바로 결합되어 있으므로(우리말의 단어 배열 방식을 따르지 않았으므로), 비통사적 합성어에 해당한다. 따라서 ②이 아닌 ⑩에 들어갈 예로 적절하다.

왜 답이 아니지? ① '마소'는 말과 소를 아울러 이르는 말이다. 곧, '말'과 '소'라는 두 어근의 의미가 대등하게 유지되며 결합되었으므로 대등 합성어의 예로 적절하다.

② '얕보다'는 실제보다 낮추어 깔보다라는 의미의 말이다. 곧, '얕다'가 '보다'를 꾸며 주는 형태이기 때문에 수식 합성어의 예로 적절하다.

③ '밤낮'은 '밤'과 '낮'이라는 두 어근이 결합하여 '늘, 항상'이라는 새로운 의미의 부사를 만들어 내었기 때문에 융합 합성어의 예로 적절하다.

⑤ 우리말에서는 일반적으로 용언의 어간 뒤에 명사가 직접 오지 않고 관형사형 어미에 의해 연결된다. 이러한 방식에 따라 합성어를 만든다면, 용언의 어간 '덮-'과 명사 '밥'이 연결될 때에는 관형사형 어미 '-은'을 사용하여 '덮은밥'이 되어야 할 것이다. 그러나 관형사형 어미 '-은'이 생략된 채 '덮밥'으로 용언의 어간과 명사가 직접 연결되어 단어를 형성하였으므로, '덮밥'은 비통사적 합성어의 예로 적절하다.

05

이게 정답! ㉠ '물고기'는 '물(어근)+고기(어근)'로 이루어진 합성어이다.
㉢ '책가방' 역시 '책(어근)+가방(어근)'으로 이루어진 합성어이다.

왜 답이 아니지? ㉡ '지우개'는 '지우-(어근)＋-개(접사)'로 이루어진 파생어이다.
㉣ '심술쟁이'는 '심술(어근) ＋ -쟁이(접사)'로 이루어진 파생어이다.

06

이게 정답! '달리기'는 '달리다'의 어근 '달리-'와 접사 '-기'로 이루어진 파생어이다. 따라서 이를 도식화하면 [달리-] (-기) 가 된다.

07

이게 정답! '멋'이나 '과일'은 실질적인 뜻을 가진 형태소이므로 어근이고, '-쟁이'나 '햇-'은 실질적인 뜻보다는 어근에 붙어 그 의미를 제한하거나 새로운 단어를 만드는 역할을 하고 있으므로 접사이다. 따라서 '멋쟁이'는 '멋(어근) + -쟁이(접사)'로, '햇과일'은 '햇-(접사) + 과일(어근)'로 짜임새를 분석할 수 있다.

08

이게 정답! 〈보기〉는 대등한 자격을 지닌 어근들이 본래의 뜻을 유지하며 결합하는 '대등 합성어'가 만들어질 때의 양상을 정리한 것이다. ②의 '돌다리'는 '돌'과 '다리'가 결합하여 만들어진 '돌로 된(만든) 다리'라는 의미로, 앞말이 뒷말을 꾸며 주는 수식 합성어이다. 따라서 〈보기〉에 해당하는 예로는 적절하지 않다.

왜 답이 아니지? ① '여기저기'는 가까운 거리('여기')를 먼 거리('저기')보다 먼저 파악하려는 경향을 반영한 대등 합성어이다.

③ '어제오늘'은 앞선 시간('어제')을 뒤에 오는 시간('오늘')보다 먼저 파악하려는 경향을 반영한 대등 합성어이다.

④ '잘잘못'은 '잘함과 잘못함'으로, 긍정적인 요소('잘함')를 부정적인 요소('잘못함')보다 먼저 파악하려는 경향을 반영한 대등 합성어이다.

⑤ '예닐곱'은 '여섯이나 일곱쯤 되는 수'로, 이는 작은 수('여섯')에서 큰 수('일곱')의 차례로 파악하려는 경향을 반영한 대등 합성어이다.

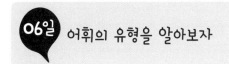

06일 어휘의 유형을 알아보자

실전문제 배운 **개념** 적용하기   [본문] 67쪽

01 ⑤   02 ④   03 ③   04 ⑤   05 ③
06 ①   07 ④   08 ⑤

01

이게 정답! 순우리말 이름이 한자어에 비해 반드시 짧거나 길다고 단정 지을 수는 없다. 예를 들어, 〈보기〉의 '푸실'이라는 지명을 한자어로 바꾼다면 풀을 뜻하는 '초(草)'와 마을을 뜻하는 '리(里)'를 써서 '초리'라고 할 수 있는데, '푸실'과 '초리'는 둘 다 2글자로 같다. 다른 예로 '밤나무골'이라는 지명을 한자어로 바꾼다면 밤나무를 뜻하는 '율(栗)'과 골짜기를 뜻하는 '곡(谷)'을 써서 '율곡'이라고 할 수 있는데, 이는 순우리말인 '밤나무골'보다 길이가 더 짧다. 곧, 순우리말 지명이 한자어 지명보다 길 수도 있다.

왜 답이 아니지? ① 순우리말은 쉽고 정겨운 느낌을 준다.

② '아랫파발, 점말, 새술막, 곰지골, 한여골, 푸실' 등의 지명은 모두 순우리말로 되어 있다.

③ '풀이 우거진' 지역적 특성이 '푸실'이라는 이름 속에 반영되어 있다.

④ 순우리말에는 우리 민족 고유의 정서가 담겨 있다.

02

이게 정답! '판단(判斷)하다'는 '사물을 인식하여 논리나 기준 등에 따라 판정을 내리다.'라는 뜻으로, '신문을 보다'에서의 '보다'와는 문맥상 통하지 않는다. 이때의 '보다'는 문맥상 '책이나 신문, 잡지 따위를 구입하여 읽다.'라는 뜻의 '구독(購讀)하다'와 대응된다고 할 수 있다.

왜 답이 아니지? ① '도출(導出)하다'는 '판단이나 결론 따위를 이끌어 내다.'라는 뜻으로, 문맥상 ①의 '보다'에 대응한다.

② '목격(目擊)하다'는 '눈으로 직접 보다.'라는 뜻으

로, 문맥상 ②의 '보다'에 대응한다.
③ '수행(遂行)하다'는 '생각하거나 계획한 대로 일을 해내다.'라는 뜻으로, 문맥상 ③의 '보다'에 대응한다.
⑤ '진찰(診察)하다'는 '의사가 여러 가지 방법으로 환자의 병이나 증상을 살피다.'라는 뜻으로, 문맥상 ⑤의 '보다'에 대응한다.

03

이게 정답! '빵'은 포르투갈어 계열의 외래어이고, '밀크(milk)'는 우유를 뜻하는 외국어에 해당하므로, 각각 ㉠과 ㉡에 들어가기에 적절하다.

왜 답이 아니지? ① '시간(時間)'은 외래어가 아닌 한자어이다. 물론 넓은 의미에서 보면 한자어도 외래어로 볼 수는 있지만, 한자어는 오랜 시간 동안 광범위하게 사용되며 우리 언어문화의 바탕이 되어 왔기 때문에 외래어와 구분하여 우리말 어휘 체계의 한 축으로 본다. '택시(taxi)'는 대체어가 없으므로 외래어에 해당한다.
② '버스(bus)'와 '라디오(radio)' 둘 다 외래어에 해당한다.
④ '하늘'은 순우리말(고유어)에 해당하며, '컴퓨터(computer)'는 외래어에 해당한다.
⑤ '시나브로'는 순우리말(고유어)에 해당하며, '텔레비전(television)'은 외래어에 해당한다.

04

이게 정답! '은어'는 특정 집단에서 다른 사람들이 알아듣지 못하도록 하기 위해(어떤 집단에서 비밀을 유지하기 위해) 그 구성원끼리만 비밀스럽게 사용하는, 일종의 암호처럼 쓰는 말이다.

왜 답이 아니지? ① 전문 분야에서 특별한 의미로 쓰는 말은 '전문어'이다.
② 은어는 특정 집단의 구성원 사이에서 사용하는 말로, 일반 사람들이 일상생활에서 널리 쓰는 말이 아니다.
③ 새로운 대상을 나타내기 위해 새로 생긴 말은 '새말(신조어)'로, 새말은 문화의 변화에 따라 생겨난다.
④ 비교적 짧은 시기에 걸쳐 여러 사람의 입에 오르내리는 말은 '유행어'이다.

05

이게 정답! 한자어는 중국의 한자를 기반으로 만들어진 말인데, 그중에는 한자를 이용하여 우리 스스로 만들어 사용해 온 말도 있다. '학생(學生)'과 '고생(苦生)'은 모두 한자어에 해당한다. 그중 '고생'은 우리 스스로 만들어 우리나라에서만 사용하는 한자어로, 이외에도 '감기(感氣)', '생원(生員)', '도령(道令)' 등을 그 예로 들 수 있다.

왜 답이 아니지? ① 전문어는 전문성이 필요한 특정 분야에서 그 일을 효과적으로 수행하거나 전문적인 개념을 나타내기 위해 사용하는 말로, 그 예로는 의사들끼리 사용하는 말(의학 용어)인 '대동맥 박리, 바이탈(vital)' 등을 들 수 있다. 제시된 '공주병, 왕자병'은 전문어의 예가 아닌, 유행어의 예에 해당한다.
② 유행어는 '비교적 오랜 시간'이 아니라 '비교적 짧은 시기'에 걸쳐 여러 사람의 입에 오르내리는 단어, 구절, 문장 등을 이르는 말이다. '얼짱, 몸짱'은 유행어의 예로 적절하지만, 유행어에 대한 설명이 잘못되었다.
④ 은어는 '공공의 이익을 위한 업무를 수행하기 위해' 사용하는 말이 아니라, 특정 집단에서 다른 사람들이 알아듣지 못하도록 그 구성원끼리만 비밀스럽게 사용하는 말이다. 제시된 '먹주, 대, 삼패'는 청과물 시장 은어로, 각각 '1, 2, 3'을 뜻한다.
⑤ 외래어는 다른 나라에서 들어온 말 중 우리말로 굳어져 쓰이는 말이다. 외래어 중에는 '빵', '담배' 등과 같이 우리말에 완전히 동화되어 외래어인 줄 모르고 사용되는 말들도 있다. 따라서 '우리말처럼 느껴지지는 않아서 다른 나라의 말이라는 것을 쉽게 알게 된다'는 설명은 적절하지 않다. 외국에서 들어온 말로 아직 우리말로 정착되지 않은 말은 외국어로, '무비', '밀크', '러브' 등이 있다.

06

이게 정답! '일을 마치고 손을 씻어 얼룩을 지웠다.'에서의 '손을 씻다'는 '손'과 '씻다'라는 각 단어의 뜻 그대로 '손을 씻다(닦다)'라는 의미로 사용되었으므로, 관용어에 해당하지 않는다. 참고로, '그는 범죄 조직에서 손을 씻고 착실히 살아가고 있다.'에서는 '손을 씻다'가 '부정적인 일이나 찜찜한 일에 대하여 관계를 청산하다'라는 의미의 관용어로 쓰이고 있다.

왜 답이 아니지? ② '간(이) 떨어지다'는 '몹시 놀라다'라는 의미의 관용어이다.

③ '국수(를) 먹다/먹이다'는 '결혼식을 올리다'라는 의미의 관용어이다.

④ '눈에 밟히다'는 '잊히지 않고 자꾸 눈에 떠오르다'라는 의미의 관용어이다.

⑤ '머리를 맞대다'는 '어떤 일을 의논하거나 결정하기 위하여 서로 마주 대하다'라는 의미의 관용어이다.

07

이게 정답! 만화 속 텔레비전에 등장한 의사들이 응급실에서 사용하고 있는 말은 '전문어'이다. 전문어는 전문성이 필요한 분야에서 사용하는 말로, 대상을 정확하고 분명하게 가리키고 효과적인 의사소통을 하기 위해 쓰인다.

왜 답이 아니지? ① 유행어의 문제점에 해당한다.

② 전문어는 개인적인 목적으로 만들어 사용하는 것이 아니라, 해당 전문 분야에서 업무를 효과적으로 수행하기 위해 사용하는 말이다.

③, ⑤ 당시의 상황을 반영하고 풍자하는 성격이 있는 것은 유행어이다. 유행어는 기존의 표현보다 기발하고 신선하여 대화의 분위기를 가볍게 이끄는 등 생활의 활력소가 된다는 장점이 있다.

08

이게 정답! '네티즌'은 젊은이뿐만 아니라 인터넷(사이버) 공간에서 활동하는 사람들 모두를 의미하므로, '네티즌'을 '젊은이'라고 순화하여 쓰는 것은 적절하지 않다. 요즘은 '네티즌'을 '누리꾼'으로 순화해서 사용하고 있다.

왜 답이 아니지? ① '마빡'은 '이마'를 가리키는 비속어이다. 비속어는 비속하고 천한 어감이 있는, 점잖지 못한 말을 가리킨다.

② '쌩얼'은 아무 것도 바르지 않은 얼굴을 뜻하는 비속어로, '민낯'으로 순화하여 쓰는 것이 좋다.

③ '닭도리탕'은 '닭+도리(〈일본어〉 tori[鳥]) + 탕(湯)'으로 분석될 수 있으며, 이를 순화한 말이 '닭볶음탕'이다. 하지만 '닭도리탕'을 '닭볶음탕'이라고 순화하여 쓰는 것에 대한 논란은 현재까지 의견이 분분한 상태이다.

④ '리플'은 누군가의 글에 덧붙인 글을 뜻하는 영어(reply)를 줄여서 쓴 말로, '댓글'로 순화하여 쓰는 것이 좋다. '댓글'은 '인터넷에 오른 원문에 대하여 짤막하게 답하여 올리는 글'이라는 뜻이다.

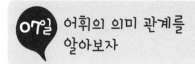

07일 어휘의 의미 관계를 알아보자

실전문제 배운 **개념** 적용하기 [본문] 77쪽

01 ③	02 ④	03 ②	04 ①	05 ④
06 ③	07 ②	08 ①		

01

이게 정답! '걱정 : 근심'이 유의 관계에 있는 것은 맞다. 그러나 '학생 : 남학생'은 반의 관계에 있다고 볼 수 없다. 반의 관계가 되기 위해서는 단어가 가지고 있는 여러 의미 요소들 중에서 오직 하나의 의미 요소만 다르고 나머지는 공통적이어야 하는데, '학생 : 남학생'은 그 하나의 대립 요소가 명확하지 않다. '학생 : 선생님' 또는 '남학생 : 여학생' 정도가 대립 관계에 해당하는 사례로 적절할 것이다. 참고로, '학생 : 남학생'은 〈보기〉에 제시된 상하 관계로 보는 것이 적절하다.

02

이게 정답! '과일'은 '사과'를 포함하는 상위어이고, '사과'는 '과일'에 포함되는 하위어이다. 곧, '과일'과 '사과'는 의미상 상하 관계에 해당한다.

왜 답이 아니지? ① '소매'는 '옷'의 부분이고, ② '팔'은 '몸'의 부분이며, ③ '시침'은 '시계'의 부분이고, ⑤ '흑연'은 '연필'의 부분이다. 곧 ①, ②, ③, ⑤에 짝지어진 단어들은 한 단어가 다른 단어의 부분(구성 요소)이 되므로, 부분 – 전체의 의미 관계를 갖는다.

03

이게 정답! 〈보기〉의 '여는'의 기본형은 '열다'로, '어떤 회의나 모임을 시작하다.'라는 뜻으로 쓰였다. 따라서 '어떤 일이나 과정, 절차 따위가 끝나다. 또는 그렇게 하다.'를 의미하는 '마치다'를 이에 대응하는 반의어로 연결할 수 있다.

왜 답이 아니지? ①, ③, ④ '열다'가 '뚜껑을 열다.', '문을 열다.', '수도꼭지를 열다.'와 같이 '닫히거나 잠긴

것을 트거나 벗기다.'의 의미로 사용될 때에는 그 각각에 대응하는 반의어로 '덮다', '닫다', '잠그다'를 연결할 수 있다.

⑤ '열다'가 '다른 사람에게 어떤 일에 대하여 터놓거나 이야기를 시작하다.'의 의미로 사용될 때에는 그에 대응하는 반의어로 '다물다'를 연결할 수 있다.

04

이게 정답! 〈보기〉의 시에서 ㉠ '길'은 '사람이 삶을 살아가거나 사회가 발전해 가는 데에 지향하는 방향, 지침, 목적.'이라는 의미로 쓰였다. ①에서의 '길' 역시 이와 비슷한 의미로 쓰였다.

왜 답이 아니지? ② 여기서의 '길'은 '어떠한 일을 하는 도중이나 기회.'라는 의미로 쓰였다.

③ 여기서의 '길'은 '방법이나 수단.'이라는 의미로 쓰였다.

④ 여기서의 '길'은 '어떤 일에 익숙하게 된 솜씨.'라는 의미로 쓰였다.

⑤ 여기서의 '길'은 '사람이나 동물 또는 자동차 따위가 지나갈 수 있게 땅 위에 낸 일정한 너비의 공간.'이라는 의미로 쓰였다.

참고로 ①, ②, ③, ⑤의 '길'은 다의 관계에 있으며, 이 중 ⑤의 '길'이 중심 의미로 쓰였고, 나머지는 주변 의미로 쓰였다. 또한 이들과 ④의 '길'은 동음이의 관계에 있다.

05

이게 정답! '차다¹' ㉠은 '일정한 공간에 사람, 사물, 냄새 따위가 더 들어갈 수 없이 가득하게 되다.'라는 의미이므로, '물이 가득 차다.'라는 예문을 추가하는 것은 적절하다.

왜 답이 아니지? ① '비다'의 ㉠과 ㉡은 하나의 표제어에 여러 의미가 있는 경우이므로 다의 관계에 있으며, '비다¹'은 다의어이다. 여기서 ㉠은 '비다¹'의 중심 의미이고, ㉡은 그 중심 의미에서 확장되어 나온 주변 의미이다. 참고로, 동음이의어는 사전에 별개의 표제어로 제시된다.

② '빈 수레가 요란하다.'라는 속담에 쓰인 '비다'는 '비다¹' ㉠의 의미로, '차다¹' ㉠의 반의어에 해당한다.

③ '비다'과 '차다'은 모두 '무엇을'에 해당하는 말을 필요로 하지 않는 동사이다. 만약 '무엇을'에 해당하는 말을 필요로 하는 경우에는 사전에 【…을】이라는 형태로 제시된다.

⑤ '차다' ㉡은 '감정이나 기운 따위가 가득하게 되다.'라는 뜻이고, '비다' ㉡은 '할 일이 없거나 할 일을 끝내서 시간이 남다.'라는 뜻으로, 이 둘은 반의 관계에 있지 않다. 반의어는 의미가 서로 반대되거나 대립되는 관계에 있는 말로, 한 쌍의 말 사이에 서로 공통되는 의미 요소가 있으면서 동시에 서로 다른 오직 한 개의 의미 요소가 있어야 한다. '차다'과 '비다'의 여러 뜻 가운데 반의 관계에 있는 것은 '차다' ㉠과 '비다' ㉠뿐이다.

06

이게 정답! '파다'의 중심 의미는 '구멍이나 구덩이를 만들다.'로, ③에서의 '파다'는 이 중심 의미로 사용된 것이다. '파다'가 주변 의미로 사용된 예로는 '그는 도장을 파는 것이 직업이다.' 정도를 들 수 있는데, 여기서의 '파다'는 '그림이나 글씨를 새기다.'라는 의미로 사용된 것이다.

왜 답이 아니지? ① '듣다'의 중심 의미는 '사람이나 동물이 소리를 감각 기관을 통해 알아차리다.'이다. ①에서의 '듣다'는 이 중심 의미에서 확장되어 나온 '다른 사람의 말이나 소리에 스스로 귀 기울이다.'라는 뜻의 주변 의미로 사용된 것이다.

② '바르다'의 중심 의미는 '겉으로 보기에 비뚤어지거나 굽은 데가 없다.'이다. ②에서의 '바르다'는 이 중심 의미에서 확장되어 나온 '말이나 행동 따위가 사회적인 규범이나 사리에 어긋나지 아니하고 들어맞다.'라는 뜻의 주변 의미로 사용된 것이다.

④ '먹다'의 중심 의미는 '음식 따위를 입을 통하여 배속에 들여보내다.'이다. ④에서의 '먹다'는 이 중심 의미에서 확장되어 나온 '어떤 마음이나 감정을 품다.'라는 뜻의 주변 의미로 사용된 것이다.

⑤ '얼굴'의 중심 의미는 '눈, 코, 입이 있는 머리의 앞면.'이다. ⑤에서의 '얼굴'은 이 중심 의미에서 확장되어 나온 '어떤 분야에 활동하는 사람.'이라는 뜻의 주변 의미로 사용된 것이다.

07

이게 정답! 아픈 증세를 말할 때의 '쑤시다'는 '신체의 일부분이 바늘로 찌르는 것처럼 아픈 느낌이 들다.'의 의미이다. 이의 용례로는 '공연히 옆구리가 쑤신다.' 정도를 들 수 있다. 제시된 용례에서의 '쑤시다'는 '다른 사람을 부추기거나 꾀다.'의 의미를 지니고 있으므로, 아픈 증세를 말할 때의 '쑤시다'의 용례로 적절하지 않다.

왜 답이 아니지? ① 결리다 : 숨을 크게 쉬거나 몸을 움직일 때에, 몸의 어떤 부분이 뜨끔뜨끔 아프거나 뻐근한 느낌이 들다.

③ 아리다 : 상처나 살갗 따위가 찌르는 듯이 아프다.

④ 놓다 : 치료를 위하여 주사나 침을 찌르다.

⑤ 뜨다 : (주로 '뜸'과 함께 쓰여) 병을 다스리기 위하여, 약쑥을 비벼 혈에 놓고 불을 붙여 태우다.

08

이게 정답! ㉮ '누명을 벗다.'에서 '벗다'는 '누명이나 치욕 따위를 씻다.'라는 뜻으로, 이때 '벗다'의 반의어는 '사람이 죄나 누명 따위를 가지거나 입게 되다.'라는 뜻의 '쓰다'가 될 수 있다.

㉯ '배낭을 벗다.'에서 '벗다'는 '메거나 진 배낭이나 가방 따위를 몸에서 내려놓다.'라는 뜻으로, 이때 '벗다'의 반의어는 '어깨에 걸치거나 올려놓다.'라는 뜻의 '메다'가 될 수 있다.

왜 답이 아니지? ②, ③, ④ '안경을 / 장갑을 / 모자를 벗다.'에서의 '벗다'는 모두 '사람이 자기 몸 또는 몸의 일부에 착용한 물건을 몸에서 떼어 내다.'라는 뜻으로, 이때 '벗다'의 반의어는 '얼굴에 어떤 물건을 걸거나 덮어쓰다.'라는 뜻의 '쓰다'가 될 수 있다. 그러나 '끼다'와 '차다', '걸다'는 '배낭을 벗다.'에서 '벗다'의 반의어에 해당하지 않는다.

⑤ '허물을 벗다.'에서 '벗다'는 '동물이 껍질, 허물, 털 따위를 갈다.'의 뜻이므로, 이때 '벗다'의 반의어는 '쓰다'가 될 수 없다.

08일 문장은 어떻게 이루어질까 1

실전문제 배운 **개념** 적용하기 　　　　　　[본문] 89쪽

01 ⑤	02 ③	03 ⑤	04 ⑤	05 ③
06 ④	07 ③	08 ④	09 ②	

01

이게 정답! '아니다'는 '누가 무엇이 아니다'라고 해야 의미가 온전한 문장이 될 수 있는 서술어인데, '너는 아니다'라는 문장에는 '무엇이'에 해당하는 성분이 빠져 있다. 이는 '너는 학생이 아니다.'와 같이 써야 의미가 온전한 문장이 된다.

왜 답이 아니지? ① 문장을 구성하는 기본적인 문법 단위는 단어와 어절이다. 단어가 온전한 뜻과 소리를 갖춰 독립적으로 쓰일 수 있는 말의 단위라면, 이 단어에 필요한 경우 조사를 붙여 문장에서 일정한 문법적 역할과 구실을 할 수 있게 만든 것이 어절이다. ② 띄어쓰기는 단어 단위로 하는데, 조사만 예외적으로 앞의 단어에 붙여서 쓴다. 결과적으로 띄어쓰기가 된 상태가 곧 어절의 형태와 일치한다. 따라서 '나는 지금 책을 읽는다.'는 '나는, 지금, 책을, 읽는다'의 4개 어절로 구성되어 있다. ③ 문장 성분은 문장을 구성하는 요소로서 문장 안에서 일정한 문법적인 기능(역할)을 하는 부분이다. ④ 말하는 이의 의도가 완결된 최소 단위가 곧 문장이고, 그렇기 때문에 문장 구성에는 최소한 1개 어가 필요하다.

02

이게 정답! ③은 '무엇이 어떠하다'라는 유형의 문장이다(서술어가 형용사임). 이에 반해, 나머지는 모두 '누가/무엇이 어찌하다'라는 유형의 문장이다(서술어가 동사임).

03

이게 정답! ⑤에서의 주어는 '영수는'이다. '친구가'는 주어와 형식이 비슷하지만 그 의미와 기능을 보면 영수의 신분을 보충하면서 설명해 주는 말로 주어가 아니다. (참고로, '친구가'의 문장 성분은 보어로, 이에 대해서는 다음 09일에 자세히 공부할 것이다.) 이에 반해, ①~④에서의 밑줄 그은 부분은 모두 각 문장에서 설명하는 핵심적인 대상이자 문장에서 서술하는 행위나 상태의 주체로서 '누가/무엇이'에 해당하는 주어이다.

04

이게 정답! 문장의 의미가 분명하지 않다는 것은 문장에 꼭 필요한 문장 성분이 빠져 의미가 온전하지 않다는 뜻이다. 그리고 문장에 꼭 필요한 문장 성분이 무엇인지를 확인하는 방법은 서술어의 자릿수를 확인해 보는 것이다. ⑤의 '되었다'는 주어가 '누가/무엇이' 되었는지를 알아야 의미가 완성되는 서술어인데, 주어진 문장에는 주어인 '하니가' 무엇이 되었는지에 대한 말이 빠져 있다. 이는 '하니는 열 번이 넘는 도전 끝에 마침내 대표 선수가 되었다.'와 같이 써야 의미가 분명한 문장이 된다.

05

이게 정답! 〈보기〉의 '좋아한다(좋아하다)'는 '누가/무엇이 누구를/무엇을 좋아한다'라고 해야 필요한 문장 성분이 모두 갖춰지는 서술어이다. 곧, 서술어 외에 '누가/무엇이 누구를/무엇을'에 해당하는 말이 필요한 두 자리 서술어이다. ③의 '내려다보았다(내려다보다)' 역시 의미상 내려다본 사람과 그 대상이 있어야 하는 서술어이다. 곧, '누가/무엇이 누구를/무엇을'에 해당하는 말이 필요한 두 자리 서술어이다.

왜 답이 아니지? ① 서술어 '조약돌이었다'는 '무엇이다(체언＋서술격 조사 '이다')'의 형태로, 주어만 필요한 한 자리 서술어이다. (제시된 문장은 주어가 생략된 상태이다.) ② '넣었다(넣다)'는 넣은 '누군가'와 넣어진 '무언가', 그리고 그것을 넣은 '어딘가'가 있어야 문장이 성립되는 서술어이다. 곧, '누가 무엇을 어디에'에 해당하는 말이 필요한 세 자리 서술어이다. ④, ⑤ '움직였다(움직이다)'와 '반짝거렸다(반짝거리

다)'는 모두 '무엇이'에 해당하는 말만 필요한 한 자리 서술어이다. 각 문장에서 나머지 어절은 모두 꾸며 주는 말에 해당한다.

06

이게 정답! ④는 '누가 무엇을 어찌하다'의 형식에 따라 주성분만으로 이루어진 문장이다.

왜 답이 아니지? 주성분만으로 되어 있지 않다는 것은 문장에 독립 성분이나 부속 성분이 있다는 것이다. ①에서 '참'은 서술어 '잘한다'를 꾸밈으로써 '얼마나' 잘하는지를 구체적으로 드러내 주는 부속 성분에 해당한다. 또한 ②에서 '동생과'는 서술어 '산책했다'를, ③에서 '소양강의'와 '가을'은 주어 '경치가'를, ⑤에서 '온종일'은 뒤에 오는 문장 전체를, '추적추적'은 서술어 '내렸다'를 꾸며 주는 부속 성분으로, 주성분의 의미를 보다 구체적으로 드러내 주고 있다.

07

이게 정답! ㉠ 어절은 띄어쓰기 단위와 일치하므로 '나는, 그가, 도둑임을, 재빨리, 알아챘다'의 5개 어절로 구성된 문장이라는 설명은 적절하다.

㉣ 문장 전체의 주어는 '나는'이고, 서술어는 '알아챘다'로 적절한 설명이다. '그가 도둑임을'에서의 '그가'와 '도둑이-'는 전체 문장이 아닌 문장의 일부분으로 쓰인 절의 주어와 서술어에 해당한다.

왜 답이 아니지? ㉡ 구는 2개 이상의 어절이 모여 하나의 단어처럼 쓰이는 단위로, 구를 이루는 요소들은 주어와 서술어의 관계를 가지지 않는다. '재빨리 알아챘다'는 2개 이상의 어절로 이루어져 하나의 단어처럼 쓰이며, '재빨리'와 '알아챘다'는 주어와 서술어 관계를 갖지 않으므로 구에 해당한다. 그러나 '그가 도둑임을'은 주어인 '그가'와 서술어인 '도둑이-'가 있으므로 구가 아닌 절에 해당한다. 절은 2개 이상의 어절이 모여 하나의 문법 단위를 이룬다는 점에서는 구와 비슷하지만, 절을 이루는 요소들이 주어와 서술어 관계를 갖는다는 점에서 구와 다르다.

㉢ 주성분은 주어, 서술어, 목적어, 보어이다. 주어진 문장은 주어 '나는', 목적어 '그가 도둑임을', 서술어 '알아챘다' 외에도, 주성분인 서술어 '알아챘다'를

꾸며 주는 부속 성분인 부사어 '재빨리' 역시 사용되고 있다. 따라서 주성분만으로 이루어진 문장이라는 설명은 적절하지 않다. (부속 성분에 대해서는 다음 09일에 자세히 공부할 것이다.)

㉤ '알아챘다(알아채다)'는 '누가 무엇을 알아채다'라고 해야 필요한 문장 성분이 모두 갖춰지는 서술어이다. 곧, '알아채다'는 2개의 문장 성분을 필요로 하는 두 자리 서술어이다.

08

이게 정답! 첫 번째 단계에서 주어진 '문장을 이루는 데 꼭 필요한 성분'은 주성분을 뜻한다. ㉠~㉤ 중에서 주성분은 ㉠(주어), ㉡(보어), ㉢(서술어), ㉣(주어)이다.

두 번째 단계에서 주어진 '누가/무엇이'에 해당하는 것은 주어나 '되다'와 '아니다' 앞에 쓰이는 문장 성분(보어)이다. ㉠~㉣ 중에서 이에 해당하는 것은 ㉠, ㉡, ㉣이다.

세 번째 단계에서 주어진 '동작이나 상태의 주체 역할을 하는 문장 성분'은 주어를 뜻한다. ㉠, ㉡, ㉣ 중에서 주어는 ㉠과 ㉣이다.

네 번째 단계에서 주어진 '특별한 의미만을 더하는 조사'는 '만, 도, 마저, 까지' 등과 같은 보조사를 뜻한다. ㉠과 ㉣ 중에서 보조사와 결합되어 있는 것은 ㉣ '삼촌도'이다. 곧, '삼촌도'는 보조사가 결합되어 있는 주어에 해당한다.

09

이게 정답! 〈자료〉의 문장은 '무엇이 어찌하다'의 형식으로 된 것이므로, 주어는 '나무가'이고, 서술어는 '보인다'이다. 따라서 ㉡이 주성분이다.

왜 답이 아니지? ㉠은 '어떤' 나무인지를, ㉢은 '어디의' 밖인지를, ㉣은 '어디에' 보이는지를, ㉤은 '어떻게' 보이는지를 자세히 설명해 주는 부속 성분이다.

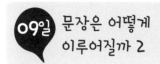

09일 문장은 어떻게 이루어질까 2

실전문제 배운 **개념** 적용하기   [본문] 101쪽

01 ③   02 ④   03 ④   04 ④   05 ⑤
06 ③   07 ⑤

01

`이게 정답!` 관형어와 부사어는 주성분이 아닌 부속 성분이기에 문장에 반드시 필요하지는 않다. 하지만 관형어가 의존 명사와 함께 쓰이는 경우, 의존 명사는 홀로 쓰일 수 없는 단어이기 때문에 관형어가 반드시 함께 쓰여야 한다. 또한 부사어에도 서술어의 성격에 따라 문장에 반드시 쓰여야 그 의미가 완성되는 '필수적 부사어'가 있다. 따라서 관형어와 부사어가 부속 성분이긴 하지만 문장에 꼭 필요한 경우도 있다는 ③의 설명은 적절하다.

`왜 답이 아니지?` ① 주성분에는 주어, 서술어, 목적어, 보어가 있다.

② 관형어는 체언을, 부사어는 주로 용언을 꾸며 주는 역할을 한다.

④ 관형어('이 온갖 새 물건')와 부사어('너무 많이 먹다.') 둘 다 여러 개를 겹쳐서 사용할 수 있다.

⑤ 독립어는 문장에서 다른 문장 성분과 직접적인 관련을 맺지 않는 독립된 성분으로, 생략해도 문장의 의미는 변하지 않는다.

02

`이게 정답!` 관형어는 체언을 꾸며 주고, 부사어는 주로 용언을 꾸며 주는 문장 성분이다. ② '하얗게'는 뒤에 나오는 동사 '뒤덮는'을 꾸며 주는 부사어이다.

`왜 답이 아니지?` ㉠ '시원한'은 명사 '동치미'를, ㉡ '얼큰한'은 명사 '해장국'을, ㉢ '온'은 명사 '세상'을, ㉣ '뒤덮는'은 명사 '눈보라'를 꾸며 주는 관형어이다.

03

`이게 정답!` ②에서 부사어 '의외로'는 '의외로 그는 노래를 잘한다. / 그는 의외로 노래를 잘한다. / 그는 노래를 의외로 잘한다.'와 같이 문장 내에서 위치를 자유롭게 이동할 수 있다. 그러나 ㉡에서의 '못'이나 ㉢에서의 '아주', ㉤에서의 '또는'과 같은 부사어는 상대적으로 위치 이동이 자유롭지 못하다. 따라서 부사어가 문장 안에서 '항상' 자유롭게 위치를 이동할 수 있다는 탐구 결과는 적절하지 않다.

`왜 답이 아니지?` ① ㉢에서 부사어 '아주'는 생략해도 문장의 완전성에 별다른 영향을 미치지 않는다. 이를 통해 부사어는 문장 내에서 생략할 수 있음을 알 수 있다. (부사어는 다른 문장 성분을 꾸며 주는 성분이므로 대개 하나의 문장을 구성하는 데 있어 꼭 필요하지는 않아 생략이 가능하다.)

② ㉠에서 부사어 '빨리'에 보조사 '도'를 붙여 사용하고 있다. 이를 통해 부사어에 보조사가 붙을 수 있음을 알 수 있다.

③ ㉠에서 '빨리도'는 동사 '간다'를, ㉡에서 '못'은 동사 '말린다'를, ㉢에서 '아주'는 형용사 '정직한'을 꾸며 주고 있다. 이에 비해 ②에서 '의외로'는 이어지는 '그는 노래를 잘한다.'라는 문장 전체를 꾸며 주고 있다. 이를 통해 부사어가 용언뿐만 아니라 문장 전체를 꾸며 줄 수 있음을 알 수 있다.

⑤ ㉤에서 '또는'은 '연필'과 '볼펜'이라는 두 단어를 연결하여 주는 역할을 하고 있다. 그렇게 함으로써 두 단어를 목적어라는 하나의 문장 성분으로 만들고 있으므로, 부사어가 두 단어를 연결해서 하나의 문장 성분을 만드는 역할을 할 수 있다는 탐구 결과는 적절하다.

04

`이게 정답!` '확실히'는 '그 약은 효과가 있었다.'라는 문장 전체를 꾸며 주는 부사어로, 약이 효과가 있다는 사실이 '틀림없다'는 의미를 더해 주고 있다.

`왜 답이 아니지?` ① 응답하는 말인 '네'는 감탄사로 독립어에 해당한다.

② '사랑이여'는 체언에 호격 조사 '이여'가 붙어 독립어로 사용되고 있다.

③ '영호'는 호격 조사 없이 사용된 체언으로 독립어로 사용되고 있다.

⑤ 부르는 말인 '여보게'는 감탄사로 독립어에 해당한다.

05

[이게 정답!] 🕒에서 '우리'가 처음 한 말에는 서술어인 '되다'가 필요로 하는 문장 성분 중 주어와 보어가 빠져 있으며, 이어서 한 말에는 서술어인 '뽑히다'가 필요로 하는 문장 성분 중 주어가 빠져 있다. 이렇듯 '우리'가 한 말에는 각 문장에 꼭 필요한 문장 성분이 빠졌기에 '나라'가 그 의미를 제대로 이해하지 못한 것이다.

[왜 답이 아니지?] ① '우리'가 한 말 중 2개의 주어가 사용된 문장은 없다.
② '우리'가 한 말 중 필요 없는 문장 성분이 반복적으로 사용된 경우는 없다.
③ 문장에 꼭 필요한 성분을 빠뜨렸기에 상대방이 '우리'의 말을 제대로 이해하지 못한 것이지, 서술어의 자릿수보다 많은 문장 성분을 사용해서 그런 것이 아니다.
④ '우리'가 한 말 중 여러 의미로 해석되는 내용은 없다.

06

[이게 정답!] '뽑혔다(뽑히다)'는 '누가 어디에/무엇으로'에 해당하는 문장 성분을 필요로 하는 서술어이다. 곧, '뽑히다'는 주어와 부사어(필수적 부사어)를 필요로 하는 두 자리 서술어이다. '전교 회장으로 ㉠뽑혔다고.'를 보면, '전교 회장으로'라는 부사어만 있을 뿐, 주어가 없어서 문장이 완전하지 않다.

[왜 답이 아니지?] ① 보어는 '되다'와 '아니다' 두 개의 서술어에서만 꼭 필요한 성분이다.
② '뽑히다'는 주어와 부사어를 필요로 하는 두 자리 서술어로, 별다른 목적어가 필요 없다.
④, ⑤ 주어는 모든 서술어가 반드시 필요로 하는 문장 성분이다. 다만, 문장의 내용이나 상황에 따라 생략이 되는 경우가 있는 것이다. 또한 관형어는 의존 명사와 함께 쓰이는 경우가 아니면 문장에 반드시 필요한 성분은 아니다.

07

[이게 정답!] 🕒에서 결국 '우리'가 하고 싶었던 말은 '내 친구 다운이가 전교 회장이 되었다.' 또는 '내 친구 다운이가 전교 회장으로 뽑혔다.'이다(각 문장에서 '내 친구'는 생략이 가능함). 두 문장에 사용된 문장 성분의 종류는 다르지만 문장의 의미는 동일하다.

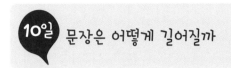

10일 문장은 어떻게 길어질까

01

이게 정답! ②는 '눈이 오다.'와 '날씨가 많이 춥다.'라는 두 개의 문장이 원인을 나타내는 연결 어미 '-니까'에 의해 연결된 겹문장이다. 나머지 문장은 주어와 서술어가 한 번씩만 나타나는 홑문장이다.

02

이게 정답! ⑤는 '나는 농구를 좋아한다.'와 '동생은 야구를 좋아한다.'라는 두 개의 문장이 앞뒤의 내용을 대조하는 연결 어미 '-지만'에 의해 대등하게 이어진 문장이다.

왜 답이 아니지? ① '먹다'에 의도를 나타내는 연결 어미 '-으러'가 결합하여 종속적으로 이어진 문장이다. ② '익다'에 정도가 더함을 나타내는 연결 어미 '-을수록'이 결합하여 종속적으로 이어진 문장이다. ③ '작다'에 원인을 나타내는 연결 어미 '-아서'가 결합하여 종속적으로 이어진 문장이다. ④ '일어나다'에 조건을 나타내는 연결 어미 '-면'이 결합하여 종속적으로 이어진 문장이다.

03

이게 정답! '비가 오고 바람이 분다.'는 '비가 온다.'와 '바람이 분다.'라는 두 홑문장이 결합한 문장이다. 여기서 앞뒤 절의 순서를 바꾸어 '바람이 불고 비가 온다.'라고 해도 문장의 의미는 변하지 않는다. 따라서 이 문장은 대등하게 이어진 문장에 해당한다.
'눈이 와서 길이 미끄럽다.'는 '눈이 온다.'와 '길이 미끄럽다.'라는 두 홑문장이 결합한 문장이다. 여기서 앞뒤 절의 순서를 바꾸어 '길이 미끄러워서 눈이 온

다.'라고 하면 문장의 의미가 통하지 않게 된다. 따라서 이 문장은 종속적으로 이어진 문장에 해당한다.

04

이게 정답! ①에서의 '아름다운 사람'은 '사람이(주어) 아름답다(서술어).'의 형태로 바꾸어 쓸 수 있는 절이다. 반면, ② '온 산', ③ '새 책', ④ '온갖 옷', ⑤ '그 친구'는 모두 관형사와 명사가 결합한 구에 해당한다.

05

이게 정답! ①은 '민수는 학생이다.'와 '성격이 좋다.'라는 문장으로 분석된다. '성격이 좋다.'라는 문장이 관형사형 어미 '-은'과 결합하여 '성격이 좋- + -은'의 형태로 다른 문장인 '민수는 학생이다.' 속에 들어가서 체언인 '학생'을 꾸며 주고 있다. 따라서 ①은 안은문장의 예로 적절하다.

왜 답이 아니지? ② '부사어(우리 집 정원에)+주어(장미꽃이)+서술어(피었다)'로 이루어진 홑문장이다. ③ '주어(다예가)+부사어(교실에서)+목적어(소설책을)+서술어(읽었다)'로 이루어진 홑문장이다. ④ '그는 갔다.'와 '그의 예술은 살아 있다.'라는 두 문장이 연결 어미 '-으나'에 의해 대등하게 이어진 문장이다. ⑤ '바람이 세차게 분다.'와 '비가 억수같이 내린다.'라는 두 문장이 연결 어미 '-고'에 의해 대등하게 이어진 문장이다.

06

이게 정답! ④에서의 '기차가 떠났음'은 '기차가 떠났다.'라는 문장에 명사형 어미 '-음'이 결합한 명사절이다. 이 명사절에 목적격 조사 '을'이 붙어 전체 문장에서 목적어의 역할을 하고 있다. 곧, ④의 문장에는 '기차가 떠났음'이라는 안긴문장(명사절)이 들어 있다.

왜 답이 아니지? ① '인생은 짧다.'와 '예술은 길다.'라는 두 문장이 연결 어미 '-고'에 의해 대등하게 이어진 문장이다. ② '나무가 많다.'와 '공기가 맑다.'라는 두 문장이 연결 어미 '-아서'에 의해 종속적으로 이어진 문장이다.

③ '까마귀가 날다.'와 '배가 떨어진다.'라는 두 문장이 연결 어미 '−자'에 의해 종속적으로 이어진 문장이다.
⑤ '죽− + −어서'의 형태로 각각 종속적으로 이어진 두 문장 '호랑이는 죽어서 가죽을 남기다.'와 '사람은 죽어서 이름을 남기다.'가 다시 연결 어미 '−고'에 의해 대등하게 이어진 문장이다.

07
이게 정답! '어제 읽은 소설이 재미있었다.'에서 꾸미는 부분을 분리하여 1단계와 같이 두 문장으로 나눈다. 그런 다음 2단계에서 앞 문장에 꾸밈을 받는 말 '소설'을 넣으면 '어제 소설을 읽었다.'와 '소설이 재미있었다.'가 된다.

08
이게 정답! ②는 '그녀는 아름답다.'라는 문장이 확장하여 '그녀는 (어떻게) 아름답다.'라는 문장이 된 것이다. 여기서 '어떻게'에 해당하는 '눈이 부시게'는 '눈이 부시다.'라는 주어와 서술어를 갖춘 문장이 부사형 어미 '−게'와 결합하여 전체 문장에서 부사어의 역할을 하고 있는 부사절이다. 따라서 〈보기〉의 문장 유형과 가장 가깝다.
왜 답이 아니지? ① '나는 밥을 먹다.'와 '나는 세수를 했다.'라는 두 문장이 '−고'라는 연결 어미를 통해 대등하게 이어진 문장이다.
③ '봄이 오다.'와 '갖가지 꽃이 활짝 피었다.'라는 두 문장이 '−니'라는 연결 어미를 통해 종속적으로 이어진 문장이다.
④ '빗물이 떨어지다.'라는 문장이 관형사형 어미 '−는'과 결합하여 뒤에 오는 명사 '소리'를 꾸며 주는 관형어의 기능을 하고 있는 안긴문장이다.
⑤ 주어 '사람마다'와 서술어 '가지고 있다'가 한 번만 나타나는 홑문장이다.

09
이게 정답! 〈보기〉의 ㉡에서는 의문형 어미 중 형용사의 어간 뒤에 '−(으)냐'가 붙는 경우를 설명하고 있

다. 곧, ㉡을 통해 간접 인용에서 의문형 어미는 형용사의 어간(예쁘−) 뒤에서는 '−(으)냐'를 사용함을 알 수 있다.
왜 답이 아니지? ① 〈보기〉의 ㉠에서 확인할 수 있는 내용이다.
② 〈보기〉의 ㉢에서 확인할 수 있는 내용이다.
④ 〈보기〉의 ㉢에서 확인할 수 있는 내용이다.
⑤ 〈보기〉의 ㉣에서 확인할 수 있는 내용이다.

10
이게 정답! '활짝'은 서술어 '피었다'를 자세하게 설명해 주는 부사어일 뿐, 주어와 서술어의 관계를 갖춘 절이 아니다. 오히려 '하얀 (꽃)'이 '(꽃이) 하얗다.'라는 문장에 관형사형 어미 '−ㄴ'이 결합한 관형절로, 문장에서 관형어로 쓰이고 있다. 곧, ③에 쓰인 안긴 문장의 종류는 부사절이 아니라 관형절이다.
왜 답이 아니지? ① '그가 오기'는 '그가 오다.'라는 문장에 명사형 어미 '−기'가 결합한 명사절로, 문장에서 목적어로 쓰이고 있다.
② '윤슬이가 산 (꽃)'은 '윤슬이가 (꽃을) 사다.'라는 문장에 관형사형 어미 '−ㄴ'이 결합한 관형절로, 문장에서 관형어로 쓰이고 있다.
④ '코가 길다'라는 서술절이 문장에서 서술어로 쓰이고 있다.
⑤ '이것은 인형이 아니라고'는 "이것은 인형이 아니다."라는 문장에 앞말이 간접 인용되는 말임을 나타내는 격 조사 '고'가 결합한 인용절로, 문장에서 부사어로 쓰이고 있다.

11일 문장을 어떻게 표현할까 1

실전문제 배운 개념 적용하기 [본문] 128쪽

01 ②	02 ④	03 ⑤	04 ③	05 ②
06 ①	07 ④	08 ⑤	09 ③	10 ⑤

01

이게 정답! ② '예슬이는 오늘도 책을 읽는다.'라는 평서문을 명령문으로 바꾸려면 명령형 종결 어미 '−아라/어라'를 사용해야 한다. 곧, '예슬이는 오늘도 책을 읽어라.' 정도로 바꿀 수 있다. '−을까'는 의문문에 사용하는 종결 어미이다.

02

이게 정답! ④ '눈이 오면 얼마나 좋을까?'는 굳이 상대의 대답을 요구하지 않고 말하는 이의 감탄을 표현하고 있는 의문문이다. 따라서 대화 상대방에게 단순히 긍정이나 부정의 대답을 요구하는 판정 의문문의 예로는 적절하지 않다. 판정 의문문의 예로는 '내일 가니?', '이 일을 네가 한 거니?' 정도를 들 수 있다.

왜 답이 아니지? ① 집에 '어떻게' 갔는지에 대한 설명을 요구하므로 ㉠'설명 의문문'의 예로 적절하다.
② 그 일을 '누가' 할 것인지에 대한 설명을 요구하므로 ㉠'설명 의문문'의 예로 적절하다.
③ 음악 수행 평가를 '언제' 보는지에 대한 설명을 요구하므로 ㉠'설명 의문문'의 예로 적절하다.
⑤ 숙제를 다 했는지에 대한 '예', '아니요'의 단순한 대답을 요구하므로 ㉡'판정 의문문'의 예로 적절하다.

03

이게 정답! ⑤에서 선어말 어미 '−(으)시−'를 통해 직접적으로 높이고 있는 것은 '아드님'이다. 그런데 이는 실제 '아드님'을 높이기 위해서가 아니라, 이러한 높임의 표현을 통해 '아드님'과 긴밀한 관련이 있는 주어 '선생님'을 간접적으로 높이기 위한 것이다. 이

처럼 주어와 긴밀한 관련이 있는 사람이나 사물 또는 높여야 할 대상의 신체 일부분 등을 높임으로써 주어를 높이는 표현은 주체 높임 중 '간접 높임'에 해당한다.

04

이게 정답! 객체 높임법은 문장의 객체, 곧 목적어나 부사어가 지시하는 대상을 높이는 방법이다. 그런데 ③은 주격 조사 '께서'와 '지나가신다'에 사용된 선어말 어미 '−시−'를 통해 객체 높임법이 아닌 주체 높임법이 사용되었음을 확인할 수 있다.

왜 답이 아니지? ① '선생님'과 높임을 드러내는 특수한 어휘 '모시다(데리다)', '드리다(주다)'를 통해 목적어 '선생님'을 높이는 객체 높임법을 확인할 수 있다.
② 부사격 조사 '께'와 높임을 드러내는 특수한 어휘 '드리다'를 통해 부사어 '할아버지'를 높이는 객체 높임법을 확인할 수 있다.
④ '유명한 분'과 높임을 드러내는 특수한 어휘 '뵙다(보다)'를 통해 목적어 '유명한 분'을 높이는 객체 높임법을 확인할 수 있다.
⑤ 부사격 조사 '께'와 높임을 드러내는 특수한 어휘 '여쭈다(묻다)'를 통해 부사어 '할아버지'를 높이는 객체 높임법을 확인할 수 있다.

05

이게 정답! ②에서 듣는 이는 '슬기'이고, 주어는 '선생님'이다. 그렇기 때문에 정확한 높임 표현을 실현하려면 주체를 높이는 주체 높임법과 상대 높임법 중 낮춤을 써야 한다. 따라서 서술어 '오다'에는 '−시−'를 붙이면 안 되고(오는 주체인 '슬기'는 높임의 대상이 아니므로), '(말)하다'는 높여야 하므로(오라고 말을 한 사람은 높임의 대상인 '선생님'이므로) '오라고 하셨어' 또는 '오라고 하셔(오라서)' 등으로 표현하는 것이 적절하다.

06

이게 정답! [분석 문장]에서 서술어 '가시었어요'의 주체는 '아버지'이고, 객체는 (부사어인) '할아버지'이며, 말을 듣는 상대방은 '어머니'이다. 따라서 주체

높임의 대상은 '아버지'로(㉠), '께서'와 '-시-(가시었어요)'를 통해 높임을 표현하고 있다. 그리고 객체 높임의 대상은 '할아버지'로(㉡), '께'와 '드리다'를 통해 높임을 표현하고 있다. 또한 상대 높임법의 대상은 '어머니'로, 종결 어미 '-어요(가시었어요)'를 통해 높임을 표현하고 있다(㉢). 특히 서술어 '가시었어요'는 '가- + -시-(주체 높임 선어말 어미) + -었-(과거 시제 선어말 어미) + -어요(상대 높임을 드러내는 종결 어미)'로, 다양한 높임 표현과 시제가 섞인 표현이다.

07

이게 정답! ④에서는 '어제', '만들던', '완성됐다(완성되었다)' 등의 표현을 통해 과거 시제를 드러낸 문장임을 알 수 있다. 따라서 사건시가 발화시보다 앞서므로 '사건시>발화시'로 나타낸 것은 적절하다.

왜 답이 아니지? ① '내일', '올(오-+-ㄹ)' 등의 표현을 통해 미래 시제를 드러낸 문장임을 알 수 있다. 따라서 발화시가 사건시보다 앞서므로 '사건시<발화시'로 나타내야 한다.
② '노는구나' 등의 표현을 통해 현재 시제를 드러낸 문장임을 알 수 있다. 따라서 사건시와 발화시가 일치하므로 '사건시=발화시'로 나타내야 한다.
③ '어제', '보았다' 등의 표현을 통해 과거 시제를 드러낸 문장임을 알 수 있다. 따라서 사건시가 발화시보다 앞서므로 '사건시>발화시'로 나타내야 한다.
⑤ '예전', '선물했다(선물하였다)' 등의 표현을 통해 과거 시제를 드러낸 문장임을 알 수 있다. 따라서 사건시가 발화시보다 앞서므로 '사건시>발화시'로 나타내야 한다.

08

이게 정답! 선어말 어미 '-겠-'은 기본적으로 미래의 일이나 추측을 나타낸다. 또한 '-겠-'이 1인칭 주어와 어울려 쓰일 경우에는 주어(주체)의 의지를 나타내기도 한다. 이 외에도 '-겠-'은 가능성의 의미를 나타내기도 하는 등 여러 가지 표현에 사용될 수 있으므로 문맥을 확인하여 그 의미를 구분해야 한다. 〈보기〉에서의 '-겠-'은 미래에 있을 일에 대한 추측

(예상)을 나타내고 있다. ⑤에서의 '-겠-' 역시 이와 유사한 뜻으로 쓰이고 있다.

왜 답이 아니지? ①, ②, ③, ④에서의 '-겠-'은 모두 주어의 의지를 나타내는 미래 시제 표현이다.

09

이게 정답! 동작상은 특정 시제와는 무관하므로, 동작상인 진행상과 완료상이 놓이는 시간은 과거, 현재, 미래 모두 가능하다. ③에서는 '내일'과 '-겠-'을 통해 미래 시제를 표현하고 있다. 그런데 '내려(내리어) 있겠지?'는 '-어 있다'로 동작이나 사건의 진행이 아닌, 동작이나 사건이 그 시점에서 끝났음(완료됨)을 표현하고 있다. 따라서 ③은 미래 진행상이 아니라 미래 완료상의 예문으로 보아야 한다. 미래 진행상의 예문으로는 '내일 아침에는 눈이 많이 내리고 있겠지?' 정도를 들 수 있다.

왜 답이 아니지? ① '어제'와 '있었다'를 통해 과거 시제를 표현하고 있으며, '놀고 있었다'를 통해 진행상을 표현하고 있다.
② '지금'과 '있다'를 통해 현재 시제를 표현하고 있으며, '가고 있다'를 통해 진행상을 표현하고 있다.
④ '이미'와 '버렸다'를 통해 과거 시제를 표현하고 있으며, '먹어 버렸다'를 통해 완료상을 표현하고 있다.
⑤ '현재'와 '있다'를 통해 현재 시제를 표현하고 있으며, '가 있다'를 통해 완료상을 표현하고 있다.

10

이게 정답! 용언 '아니하다(-지 아니하다/않다)'와 '못하다(-지 못하다)'를 사용하여 만드는 긴 부정문은 부사 '못'과 '안'을 사용하는 짧은 부정문으로 바꿔 쓸 수 있다. 그러나 ⑤에서의 '못 정직하다'는 문법에 맞지 않는 문장, 곧 비문이므로 '정직하지 못했다'를 '못 정직했다'로 바꾸어 쓰는 것은 적절하지 않다.
참고로, '못' 부정문은 불가능(능력 부정)의 의미를 지니고 있기 때문에 일반적으로 동사와만 어울려 쓰인다. 그러나 예외적으로 말하는 이의 기대에 못 미침을 아쉬워할 때에는 형용사와도 어울려 쓰일 수 있는데, 이때는 긴 부정문으로만 쓰인다. '정직하지 못하다', '건강하지 못하다' 등을 그 예로 들 수 있다.

12일 문장을 어떻게 표현할까 2

01

이게 정답! 〈자료〉를 참고하면, 피동 표현은 주어가 어떤 행동의 대상이 되어 그 행동을 당하게 되었다는 의미를 나타낸다. 하지만 ②의 뜻은 말하는 이가 친구에게 손해를 입혔다는 것이므로 사동의 의미를 나타내며, 이때 '보이다'의 '-이-'는 사동 접미사이다. 참고로, 사동 표현과 피동 표현이 헷갈릴 때에는 피동사 혹은 사동사 자리에 '-어지다'나 '-게 하다'를 대신 집어넣어 보면 둘을 쉽게 구분할 수 있다. '-어지다'가 자연스러우면 피동, '-게 하다'가 자연스러우면 사동이다. 또한 문장에 목적어가 있으면 사동사, 없으면 피동사이다. ②는 '친구에게 손해를 보게 하다.'가 자연스럽고, '손해를'이라는 목적어도 있으므로 사동 표현이다.

왜 답이 아니지? ①, ③, ④, ⑤에서의 '보이다'는 '보다'의 피동 표현으로, '보이다'의 '-이-'는 피동 접미사이다. 또한 여기서의 '보이다'는 모두 '보여지다'로 바꾸어 써도 자연스럽고, 문장에 목적어도 없으므로 피동 표현이다.

02

이게 정답! ㉠은 밥을 먹은 것은 아이지만, 아이가 그 행동을 하게끔 시킨 것은 어머니라는 의미로, 사동 표현이다. 이러한 의미는 사동 서술어 '먹이셨다(사동 접미사 '-이-'의 사용)'에 담겨 있다. 이와 마찬가지로 ①에서 옷은 동생이 입었지만, 동생이 그 행동을 하게끔 시킨 것은 형이라는 의미가 사동 서술어 '입혔다'(사동 접미사 '-히-'의 사용)에 담겨 있다.

왜 답이 아니지? ②, ③, ④, ⑤ 모두 각각의 주어인 '투수', '그', '언니', '영희'가 스스로 어떤 행동을 하고 있

03

이게 정답! ㉢에서의 '입게 하다'는 '입다'에 '-게 하다'가 붙어 이루어진 서술어이다. '-게 하다'를 이용한 사동문은 주어가 대상에게 그 행동을 하도록 시켰다('나'가 동생에게 옷을 입으라고 말해서 동생이 스스로 옷을 입음)는 의미만을 담고 있다. 따라서 주어인 '나'가 직접 동생에게 옷을 입히는 행동을 했다는 의미를 전달할 수 있다고 한 ④는 적절하지 않다.

왜 답이 아니지? ① 주어인 '동생'이 스스로 옷을 입는 행동을 하는 것을 나타내고 있으므로 주동 표현이다.

② 주어인 '동생'이 제힘으로 옷을 입는 행동을 하는 것을 나타내고 있으므로 능동 표현이다.

③ '입혔다(입히었다)'는 '입다'에 사동 접미사 '-히-'가 붙어 이루어진 서술어이다. 사동 접미사를 이용한 사동문은 주어가 직접 행동에 참여하거나('나'가 동생에게 직접 옷을 입힘), 대상에게 그 행동을 하도록 시켰다('나'가 동생에게 옷을 입으라고 말해서 동생이 스스로 옷을 입음)는 의미가 모두 가능하다.

⑤ ㉡은 사동 접미사를 이용한 사동 표현이고, ㉢은 '-게 하다'를 이용한 사동 표현이다. 사동 표현은 주어가 다른 사람(대상)에게 동작이나 행위를 하도록 시키는 것을 나타내는 것이다.

04

이게 정답! ③에서의 '앞으로'는 미래를 나타내는 부사어이므로 '해야겠어'와 같은 미래 시제 표현과 호응한다. 그러므로 ③은 문장의 호응이 적절하게 이루어진 자연스러운 문장이다.

왜 답이 아니지? ① '설마'는 '그럴 리는 없겠지만'이라는 뜻으로 부정적인 추측을 강조할 때 쓴다. 따라서 '먹었다'가 아니라 '먹었을 리가 없다.' 또는 '먹지는 않았겠지?' 정도와 같이 부정적 진술로 써야 문장이 자연스럽다.

② '혹시'는 의문문에 쓰여 그러리라 생각하지만 다소 미심쩍은 데가 있어 말하기를 주저할 때 쓰는 말

이다. 따라서 '있었어.'와 같은 평서문이 아니라 '있을까?'와 같은 의문문으로 문장을 종결해야 자연스럽다.

④ '결코'는 '어떤 경우에도 절대로'라는 뜻으로, '아니다', '없다', '못 하다' 등의 부정어와 함께 쓰인다. 따라서 '사람이었다'가 아니라 '사람이 아니었다'와 같이 부정적 진술로 써야 문장이 자연스럽다.

⑤ '왜냐하면'은 '~(이)기 때문이다'와 함께 쓰인다. 따라서 '기회이다'가 아니라 '기회이기 때문이다'와 같이 써야 문장이 자연스럽다.

05

이게 정답! ⑤에서의 '배'는 과일을 의미할 수도 있고, 선박을 의미할 수도 있다. 곧, ⑤는 동음이의어에 의해 중의성이 발생한 문장으로, 〈자료〉에 제시된 '구조적 중의성'의 예로 적절하지 않다.

왜 답이 아니지? ① 비교 대상의 불분명에 의해 중의성이 발생한 문장이다. 곧, '오빠는 내가 야구를 좋아하는 것보다 더 야구를 좋아한다.'와 '오빠는 나와 야구 중에서 야구를 더 좋아한다.'의 두 가지 의미로 해석된다.

② 문장의 연결 관계로 인해 중의성이 발생한 문장이다. 곧, '나는 사과와 귤 각각 두 개씩을 받았다.'와 '나는 사과와 귤을 합하여 두 개를 받았다.'는 두 가지 의미로 해석된다.

③ 조사 '의'에 의해 중의성이 발생한 문장이다. 곧, '누나의'가 '누나가 그린', '누나를 그린', '누나가 소유한' 등의 의미로 해석된다.

④ 부정 부사 '안'이 부정하는 대상이 무엇인지 명확하지 않아 중의성이 발생한 문장이다. 곧, '다른 사람이 수박을 먹었다.(주어 부정)'와 '나는 어제가 아닌 다른 날 수박을 먹었다.(부사어 부정)'와 '나는 어제 수박 말고 다른 것을 먹었다.(목적어 부정)', '나는 어제 수박을 먹지 않고 보았다.(서술어 부정)' 등의 의미로 해석된다.

06

이게 정답! ③에서 아인이 "집에 쓰레기통이 없나 봐?"라고 한 것은 집이 지저분하다는 의미에서 한 말

이다. 이 말을 들은 예슬이 집을 치우겠다고 한 것은 맥락상 자연스러운 발화이다.

왜 답이 아니지? ① 엄마가 "잘했다."라고 한 것은 자신의 말을 듣지 않고 뛰다가 다친 영호를 꾸짖고자 한 말이다. 이 말을 들은 영호는 맥락상 '죄송하다' 정도의 말을 하는 것이 자연스럽다.

② 아빠가 "내일 학교 안 가니?"라고 한 것은 텔레비전을 그만 보고 자라는 의미에서 한 말이다. 이 말을 들은 영희는 맥락상 '이것만 보고 잘게요' 정도의 말을 하는 것이 자연스럽다.

④ 명선이 "지금이 도대체 몇 시야?"라고 한 것은 약속 시간에 늦은 은희에게 화가 났음을 드러내는 표현이다. 이 말을 들은 은희는 맥락상 '미안하다' 정도의 말을 하는 것이 자연스럽다.

⑤ 은수가 영화표를 들고서 "너 혹시 영화 보는 거 좋아하니? 주말에 시간 어때?"라고 한 것은 자신과 같이 주말에 영화를 보자는 의미에서 한 말이다. 이 말을 들은 우진은 맥락상 '좋다'나 '영화 보는 것을 좋아하지 않으니 다른 것을 하자' 정도의 말을 하는 것이 자연스럽다.

13일 음운이란 무엇일까 1

01 ② **02** ④ **03** ② **04** ③ **05** ③
06 ⑤ **07** ②
08 (1) [지바프로말근무리흐른다] (2) 말, 근, 른

01

이게 정답! 우리 주변에 존재하는 수많은 소리 중에서 사람의 입을 통해서 나오는 소리를 '음성'이라고 한다. 그러나 사람이 내는 모든 소리가 음성에 해당하는 것은 아니며, 그중에서 실제 말에 쓰이는 소리만을 음성이라고 한다. 그러므로 짝이 고함치는 것은 음성이 아니라 소리에 해당한다.

왜 답이 아니지? ①, ③, ⑤ 울음이나 기침, 지하철이 지나갈 때 나는 소리 등은 말의 뜻을 전달하는 데 쓰이는 것이 아니므로 '음성'이 아닌 '소리'이다.
④ 어머니가 부드럽게 말하는 것은 실제 말에 쓰이는 소리이므로 '음성'에 해당한다.

02

이게 정답! 첫음절을 길게 발음함으로써 단어의 뜻을 구별하는 경우도 있지만, 모든 단어들을 첫음절에서 길게 발음하는 것은 아니다.

왜 답이 아니지? ①, ③, ⑤ '음운'은 말의 뜻을 구별해 주는 소리의 가장 작은 단위로, 우리말에는 자음과 모음(분절 음운), 소리의 길이나 높낮이(비분절 음운) 등이 있다.
② '굴 / 꿀' 같은 경우 음절의 첫소리인 'ㄱ'과 'ㄲ'에 의해 말의 뜻이 달라지고 있다.

03

이게 정답! '말'이라는 단어의 음절 첫소리 자음이 'ㅂ'으로 바뀌면 '발'이 되고, 가운뎃소리 모음이 'ㅜ'로 바뀌면 '물'이 되는 것처럼, 국어에서는 음운(자음과 모음)이 바뀌면 말의 뜻이 달라진다.

04

이게 정답! '밤[栗]'과 '밤[夜]'은 소리의 길이가 길고 짧음에 따라 뜻이 달라지는데, 우리말에서는 이처럼 같은 모음을 길거나 짧게 소리 냄으로써 단어의 뜻을 구분하는 경우가 많다. 즉, 우리말에서는 '소리의 길이'도 말의 뜻을 구별해 주는 음운의 역할을 한다.

05

이게 정답! '눈[雪]'이라는 말은 원래 긴소리로 발음되지만 '함박눈'처럼 둘째 음절 이하에 오면 짧은소리로 발음된다.

왜 답이 아니지? ①, ②, ④, ⑤ '굴', '밤', '말', '발'은 모두 긴소리로 발음된다.

06

이게 정답! 이중 모음은 발음할 때 입술 모양이 바뀌거나 혀가 움직이는 모음을 뜻한다.

07

이게 정답! 음절은 발음할 때 한 번에 낼 수 있는 소리의 단위를 의미한다. 우리말에서 소리를 내기 위해서는 모음이 꼭 필요하므로, 음절의 개수는 모음의 개수와 일치한다고 볼 수 있다.

왜 답이 아니지? ③ '산이 높다'는 [사니놉따]의 4개 음절로 이루어져 있다.
④ '몫[목]'에서와 같이 겹받침의 경우는 둘 중 하나의 자음으로만 소리 난다.
⑤ 음절의 첫소리에 오는 'ㅇ'은 소릿값이 없다.

08

이게 정답! (1) 문장을 소리 나는 대로 적으면 음절의 수를 알 수 있다. '집 앞으로 맑은 물이 흐른다.'는 [지바프로말근무리흐른다]로 소리 난다.
(2) [지바프로말근무리흐른다]에서 '자음＋모음＋자음'으로 이루어진 음절은 말, 근, 른의 3개이다.

14일 음운이란 무엇일까 2

01

이게 정답! '치즈'의 'ㅊ'과 'ㅈ'은 모두 혓바닥과 센입천장 사이에서 소리 나는 '센입천장소리'이다.

왜 답이 아니지? ① '내일'의 'ㄴ'과 'ㄹ'은 모두 윗잇몸과 혀끝 사이에서 소리 나는 '잇몸소리'이다. '일'의 'ㅇ'은 소릿값이 없음에 유의한다.
② '파마'의 'ㅍ'과 'ㅁ'은 모두 두 입술 사이에서 소리 나는 '입술소리'이다.
③ '킹콩'의 'ㅋ'과 'ㅇ'은 모두 혀의 뒷부분과 여린입천장 사이에서 소리 나는 '여린입천장소리'이다.
⑤ '도시'의 'ㄷ'과 'ㅅ'은 모두 윗잇몸과 혀끝 사이에서 소리 나는 '잇몸소리'이다.

02

이게 정답! 소리 내는 방법에 따라 자음을 분류할 때, 'ㅋ, ㅌ, ㅍ'은 모두 '파열음'에 해당한다.

03

이게 정답! 'ㄴ, ㅁ, ㅇ'은 모두 '비음(콧소리)'으로, 코를 통해 공기가 흘러 나가는 소리이다. 그러므로 감기에 걸려 코가 막히면 제대로 된 소리가 나오지 않는다.

04

이게 정답! 예사소리보다 된소리가, 된소리보다 거센소리가 더 단단하거나 강하고 거친 느낌을 준다.

05

이게 정답! 〈보기〉의 조건을 보면 첫소리는 '입술소리(ㅁ, ㅂ, ㅃ, ㅍ)', 가운뎃소리는 '후설 모음(ㅏ, ㅓ,

ㅗ, ㅜ, ㅡ), 끝소리는 '파열음(ㄱ, ㄲ, ㄷ, ㄸ, ㅂ, ㅃ, ㅋ, ㅌ, ㅍ)'임을 알 수 있다. 이 조건을 모두 만족시키는 글자는 '팥'이다.

왜 답이 아니지? ① 첫소리 'ㅎ'은 목청소리이다.
③ 가운뎃소리 'ㅣ'는 전설 모음이고, 끝소리 'ㄹ'은 유음(흐름소리)이다.
④ 첫소리 'ㅋ'과 끝소리 'ㅇ'은 모두 여린입천장소리이다.
⑤ 끝소리 'ㅅ'은 마찰음이다.

06

이게 정답! 첫소리 'ㅇ'은 소릿값[음가(音價)]이 없다. '오리'와 'ㄴ리'를 비교해 보면 'ㅇ'이 있으나 없으나 소리와 의미에 차이가 없다는 것을 알 수 있다. 음운이 '말의 뜻을 구별해 주는 소리의 가장 작은 단위'라는 점을 생각해 보면, 첫소리 'ㅇ'은 이런 역할을 하지 못하므로 음운이라 할 수 없다. 따라서 이것을 나타내는 글자는 없어도 되는 것이다. 다만 글자의 모양이 허전해 보이기 때문에 자리를 메꾸기 위해 동그라미를 쓰는 것뿐인데, 공교롭게 이 동그라미가 'ㅇ'과 같은 모양인 것이다. 하지만 끝소리 'ㅇ'은 엄연히 하나의 음운에 해당한다.

왜 답이 아니지? ① 첫소리 'ㅇ'과 끝소리 'ㅇ'의 소릿값은 다르다.
② 첫소리 'ㅇ'과 끝소리 'ㅇ'은 다른 소리이다.
③ 〈보기〉의 '훈맹정음'을 보면 아예 첫소리 'ㅇ'에 해당하는 글자가 없음을 알 수 있다.
⑤ 첫소리 'ㅇ'은 없는 음운이기 때문에 다른 글자로 대체할 필요도 없다.

07

이게 정답! '좇다'와 '쫓다'는 예사소리와 된소리에 따라 느낌에 차이가 있는 단어가 아니라, 아예 뜻이 다른 별개의 단어이다. '좇다'는 '남의 말이나 뜻을 따르다.'라는 뜻이고, '쫓다'는 '어떤 대상을 잡거나 만나기 위하여 뒤를 급히 따르다.'라는 뜻이다.

왜 답이 아니지? ①~④는 모두 같은 뜻을 가진 단어로, 예사소리보다 된소리가 더 강하고 단단한 느낌을 주는 경우에 해당한다.

15일 발음에 숨어 있는 규칙을 찾자 1

실전문제 배운 개념 적용하기 [본문] 180쪽

01 ⑤	02 ②	03 ④	04 ①	05 ③
06 ①	07 ③	08 ④		

01

이게 정답! 우리말에서 음절의 끝소리로 발음되는 자음은 'ㄱ, ㄴ, ㄷ, ㄹ, ㅁ, ㅂ, ㅇ'의 7개뿐이다. '낱, 낟, 낯, 낫' 등은 모두 [낟]으로 발음된다.

02

이게 정답! 겹받침 'ㄼ'은 발음이 불규칙한 경우가 많은데, 어말 또는 자음 앞에서는 '넓다[널:따], 넓괴[열:꼬], 엷지[열:찌]'처럼 [ㄹ]로 발음한다. 다만, '밟-'은 자음 앞에서 [밥]으로 발음하므로, '밟다[밥:따], 밟지[밥:찌], 밟는[밥:는 → 밤:는], 밟고[밥:꼬]로 발음한다.

03

이게 정답! '몫까지'는 [목까지]로 발음되는데, '몫'의 겹받침 'ㄳ'은 '까지'의 자음 'ㄲ' 앞에서 [목]으로 발음되고 있으므로, 〈표준 발음법〉 제10항의 설명에 해당하는 단어로 적절하다.

왜 답이 아니지? ①, ③, ⑤ '값이'는 [갑씨]로, '앉은'은 [안즌]으로, '핥아라'는 [할타라]로 발음된다. 이는 모음으로 시작되는 조사나 어미 등이 올 때 앞 음절의 끝소리가 뒤에 오는 모음의 첫소리로 옮겨 발음되는 연음 법칙이 적용된 것이다. 즉, ①, ③, ⑤의 단어들은 〈보기〉의 〈표준 발음법〉에서 제시하고 있는 '어말 또는 자음 앞'이라는 조건에 해당하지 않는다.
② '밟고'의 '밟-'은 자음 앞에서 [밥]으로 소리 나므로 [밥:꼬]로 발음된다.

04

이게 정답! '값'은 [갑], '넋'은 [넉]으로 발음되므로, 끝소리에 위치한 두 자음 중 뒤에 있는 자음(ㅅ)이 탈락하여 앞에 있는 자음만 발음되는 현상이 일어나는 단어에 해당한다.

왜 답이 아니지? '닭'은 [닥]으로, '삶'은 [삼:]으로 발음되므로, 끝소리에 위치한 두 자음 중 앞에 있는 자음이 탈락하여 뒤에 있는 자음만 발음되는 경우에 해당한다.

05

이게 정답! 〈보기〉에서 설명한 음절 끝 자음이 그 뒤에 오는 자음과 만나 서로 비슷하거나 같은 소리로 변하는 현상은 '자음 동화'이다. 그런데 ③에서 '국화'가 '구콰'로 줄어든 것은 자음 'ㄱ'과 'ㅎ'이 만나 'ㅋ'으로 줄어든 것으로, 이는 '음운 축약'에 해당한다. 축약은 자음 동화와는 관련이 없다.

왜 답이 아니지? ① '진료'는 [질료]로 발음된다. 이는 'ㄴ+ㄹ → ㄹ+ㄹ'이 된 것으로 자음 동화 중 유음화에 해당한다.
② '받는'은 [반는]으로 발음된다. 이는 'ㄷ+ㄴ → ㄴ+ㄴ'이 된 것으로 자음 동화 중 비음화에 해당한다.
④ '먹는'은 [멍는]으로 발음된다. 이는 'ㄱ+ㄴ → ㅇ+ㄴ'이 된 것으로 자음 동화 중 비음화에 해당한다.
⑤ '독립'은 [동닙]으로 발음된다. 이는 'ㄱ+ㄹ → ㄱ+ㄴ → ㅇ+ㄴ'이 된 것으로 자음 동화 중 비음화에 해당한다.

06

이게 정답! 〈자료〉에서는 '자음 동화' 중 '유음화'에 대해 설명하고 있다. ①의 '진리' 역시 '진'의 끝소리 'ㄴ'과 '리'의 첫소리 'ㄹ'이 만나 'ㄹㄹ'로 소리 나고 있다. 그러므로 [질리]로 발음해야 한다.

왜 답이 아니지? ② '협력'이 [혐녁]으로 소리 나는 것은 'ㅂ+ㄹ → ㅂ+ㄴ → ㅁ+ㄴ'이 된 것으로 비음화에 해당한다.
③ '항로'가 [항:노]로 소리 나는 것은 'ㅇ+ㄹ → ㅇ+ㄴ'이 된 것으로 비음화에 해당한다.
④ '백로'가 [뱅노]로 소리 나는 것은 'ㄱ+ㄹ → ㄱ+ㄴ → ㅇ+ㄴ'이 된 것으로 비음화에 해당한다.
⑤ '남루'가 [남:누]로 소리 나는 것은 'ㅁ+ㄹ → ㅁ+ㄴ'이 된 것으로 비음화에 해당한다.

07

이게 정답! '달맞이'는 [달마지]로 소리 나는데, 이는 '맞'의 끝소리 'ㅊ'이 연음되어 발음된 것이다. '달맞이'는 구개음화가 일어나지 않는 단어이다.

왜 답이 아니지? ①, ②, ④, ⑤ '밭이'는 [바치]로, '미닫이'는 [미:다지]로, '쇠붙이'는 [쇠부치]로, '붙이다'는 [부치다]로 소리 나는데, 이는 모두 'ㄷ, ㅊ'이 'ㅣ' 모음과 만나 'ㅈ, ㅊ'으로 변하는 구개음화에 해당한다.

08

이게 정답! '고구려'는 표기 그대로 [고구려]로 발음한다.

왜 답이 아니지? ① '백제'는 된소리되기가 일어나 [백쩨]로 발음된다.

②, ⑤ '신라', '대관령'은 자음 동화(유음화)가 일어나 각각 [실라], [대:괄령]으로 발음된다.

③ '피붙이'는 구개음화가 일어나 [피부치]로 발음된다.

실전문제 배운 **개념** 적용하기 [본문] 189쪽

01 ④	02 ②	03 ④	04 ②	05 ⑤
06 ①	07 ①			

01

이게 정답! 두 개의 음운이 합쳐져서 하나의 음운으로 줄어 소리 나는 현상을 '음운의 축약'이라고 한다. ④에서의 '됐다'는 '되-+-었다'에서 'ㅚ'와 'ㅓ'가 합쳐져 'ㅙ'가 된 경우이므로 모음 축약에 해당한다.

왜 답이 아니지? ① '부엌'은 [부억]으로 발음되는데, 이는 음절의 끝소리 규칙이 적용된 것이다.

② '그었다'는 '긋-+ -었다'에서 'ㅅ'이 탈락한 것으로 자음 탈락에 해당한다.

③ '꽃망울'은 [꼰망울]로 발음되는데, 이는 '꽃'의 받침 'ㅊ'이 음절의 끝소리 규칙에 의해 대표음 'ㄷ'으로 바뀐 후, 다시 자음 동화 현상(비음화)에 의해 'ㄷ'이 'ㄴ'으로 바뀐 것이다.

⑤ '피붙이'는 [피부치]로 발음되는데, 이는 구개음화 현상이 적용된 것이다.

02

이게 정답! 〈보기〉에서 밑줄 친 '밝힘'은 'ㄱ+ㅎ → [ㅋ]'에 따라 [발킴]으로 발음되는데, 이는 자음 축약에 해당한다. ②의 '좋다' 역시 'ㅎ+ㄷ → [ㅌ]'에 따라 [조:타]로 발음되므로 자음 축약에 해당한다.

왜 답이 아니지? ① '설날'은 [설:랄]로 발음되는데, 이는 비음 'ㄴ'이 유음 'ㄹ'의 영향을 받아 [ㄹ]로 바뀌어 소리 나는 경우이므로 자음 동화 중 유음화에 해당한다.

③ '봄비'는 [봄삐]로 발음되는데, 이는 울림소리 뒤의 예사소리가 된소리로 바뀐 경우이므로 사잇소리 현상에 해당한다.

④ '담력'은 [담:녁]으로 발음되는데, 이는 'ㄹ'이 비음 'ㅁ'의 영향을 받아 비음인 'ㄴ'으로 바뀌어 소리 나는

경우이므로 자음 동화 중 비음화에 해당한다.
⑤ '해돋이'는 [해도지]로 발음되는데, 이는 자음 'ㄷ, ㅌ'이 모음 'ㅣ'를 만나 구개음인 'ㅈ, ㅊ'으로 바뀌어 소리 나는 경우이므로 구개음화에 해당한다.

03

이게 정답! 〈보기〉의 두 단어를 보면, '바느질'은 '바늘'과 '-질'이 결합하면서 '바늘'의 자음 'ㄹ'이 없어졌고, '커'는 '크-'와 '-어'가 결합하면서 '크-'의 'ㅡ'가 없어졌음을 알 수 있다. 두 경우 모두 음운의 탈락에 해당하는데, 이는 발음이 어려운 음운을 제거하여 좀 더 쉽고 편하게 소리 내기 위한 것이다.

왜 답이 아니지? ① 동화는 서로 다른 소리를 비슷하게 소리 냄으로써 좀 더 쉽게 발음하기 위한 것이다.
② 축약은 두 가지 소리를 하나로 합쳐서 편하게 발음하기 위한 것이다.
③ 첨가는 발음을 쉽게 하기 위해 없던 음운을 추가하는 것이다.
⑤ 음절의 끝소리 규칙은 음절의 끝소리가 'ㄱ, ㄴ, ㄷ, ㄹ, ㅁ, ㅂ, ㅇ'의 7개 대표음 중 하나로만 발음되는 현상이지, 음절의 끝에 오는 소리를 내지 않기 위한 것이 아니다.

04

이게 정답! '백로'는 [백노] → [뱅노]로 발음되는데, 이는 자음 동화 중 비음화에 해당한다. 음운의 첨가는 일어나지 않는다.

왜 답이 아니지? ① '담요'는 [담:뇨]('ㄴ' 첨가)로 발음된다.
③ '꽃잎'은 '[꼳입](음절의 끝소리 규칙) → [꼳닙]('ㄴ' 첨가) → [꼰닙](비음화)'으로 발음된다.
④ '맨입'은 [맨닙]('ㄴ' 첨가)으로 발음된다.
⑤ '홑이불'은 '[혼이불](음절의 끝소리 규칙) → [혼니불]('ㄴ' 첨가) → [혼니불](비음화)'로 발음된다.

05

이게 정답! '국화'는 'ㄱ'이 'ㅎ'을 만나 [ㅋ]으로 줄어든 것으로, 자음 축약에 해당한다. '봐'는 '보-+-아'가 줄어든 것으로, 모음 축약에 해당한다.

왜 답이 아니지? ① '축하'는 [추카]로 발음되므로 자음 축약에 해당하지만, '써'는 '쓰-+-어'가 줄어든 것으로 모음 탈락에 해당한다.
② '소나무'는 '솔'의 'ㄹ'이 탈락한 것으로, 자음 탈락에 해당한다.
③ '아드님'은 '아들'의 'ㄹ'이, '그어'는 '긋-'의 'ㅅ'이 탈락한 것으로 둘 다 자음 탈락에 해당한다.
④ '하느님'은 '하늘'의 'ㄹ'이 탈락한 것으로, 자음 탈락에 해당한다.

06

이게 정답! '끊기지'의 경우 자음 축약에 의해 'ㅎ'과 'ㄱ'이 만나 [끈키지]로 발음된다.

왜 답이 아니지? ② [끈이지]로 발음할 경우 'ㅎ'과 'ㄱ'을 탈락시킨 것이 된다.
③ [끈끼지]로 발음할 경우 된소리되기 현상이 일어난 것이 된다.
④, ⑤ [끈기지]는 'ㅎ'을 탈락시킨 경우, [끈히지]는 'ㄱ'을 탈락시키고 'ㅎ'을 연음한 경우가 되는데, 이런 현상은 실제 발음에서는 나타나지 않는다.

07

이게 정답! '숱한'에서 음절 끝소리인 'ㅌ'이 'ㄷ'으로 먼저 바뀌고 있으므로 '교체'에 해당한다. 이렇게 바뀐 'ㄷ'이 뒤에 오는 'ㅎ'과 결합하여 [ㅌ]으로 발음되므로 '축약'에 해당한다.

[본문] 200쪽

실전문제 배운 **개념** 적용하기

01 ④	**02** ②	**03** ⑤	**04** ①	**05** ③
06 ⑤	**07** ③	**08** ④		

01

이게 정답! '로(老)'라는 글자가 단어의 첫머리에 올 때에는 두음 법칙이 적용되지만, 단어의 첫머리 이외의 경우에는 대체로 두음 법칙의 적용을 받지 않으므로 본음대로 적는다. 그러므로 ④는 '경노당'이 아니라 '경로당(敬老堂)'으로 적어야 한다.

왜 답이 아니지? ①, ② '남녀(男女)'의 '녀(女)'와 '노동(勞動)'의 '로(勞)'는 단어의 첫머리에 올 때에는 두음 법칙이 적용되지만 단어의 첫머리 이외의 경우에는 본음대로 적는다.

③, ⑤ '출석률'의 경우 자음 뒤이므로 '률'로, '참여율'의 경우 모음 뒤이므로 '율'로 적는다.

02

이게 정답! '들으니'의 기본형은 '듣다'로, 어간과 어미가 결합하면서 'ㄷ'이 'ㄹ'로 불규칙하게 바뀌고 있다. 이는 〈보기〉의 〈한글 맞춤법〉 제18항-5에 제시된 것처럼 어간이나 어미가 원칙에서 벗어난 형태로 바뀐 경우이므로, 원칙에서 벗어난 형태 그대로 '들으니'로 적어야 한다.

왜 답이 아니지? ①, ③, ④, ⑤ '먹다', '감다', '입다', '신다'는 모두 규칙 활용을 하는 단어로, 어간과 어미를 구별해서 적으면 된다.

03

이게 정답! '숟가락'은 '술+가락'으로, 끝소리가 'ㄹ'인 말과 딴 말이 어울릴 적에 'ㄹ' 소리가 'ㄷ' 소리로 나는 것은 'ㄷ'으로 적는다는 〈한글 맞춤법〉 제29항에 따른 것이다. 사잇소리 현상과는 관련이 없다.

왜 답이 아니지? ① '이+몸[인몸]'은 뒷말의 첫소리 'ㅁ' 앞에서 'ㄴ' 소리가 덧나는 경우이므로, 사이시옷을 써서 '잇몸'으로 적는다.

②, ③ '선지+국[선지꾹]', '나루+배[나루빼]'는 뒷말의 첫소리가 된소리로 나는 경우이므로, 사이시옷을 써서 '선짓국', '나룻배'로 적는다.

④ '베개+잇[베갠닏]'은 뒷말의 첫소리 모음 앞에서 'ㄴㄴ' 소리가 덧나는 경우이므로, 사이시옷을 써서 '베갯잇'으로 적는다.

04

이게 정답! 〈보기〉의 〈한글 맞춤법〉 제40항에 따라, '간편하-+-게'의 준말은 '하'의 'ㅏ'가 줄고 'ㅎ'이 '게'의 'ㄱ'과 어울려 거센소리인 'ㅋ'이 된 '간편케'로 써야 한다.

왜 답이 아니지? ②, ④ 〈한글 맞춤법〉 제39항에서 어미 '-지' 뒤에 '않-'이 어울려 '-잖-'이 될 적에는 준 대로 적는다고 하였으므로 '적지 않은'은 '적잖은'으로, '그렇지 않은'은 '그렇잖은'으로 써야 한다.

③ 〈한글 맞춤법〉 제40항의 '붙임 2'에서 어간의 끝음절 '하'가 아주 줄 적에는 준 대로 적는다고 하였으므로 '생각하건대'는 '생각건대'로 써야 한다.

⑤ 〈한글 맞춤법〉 제39항에서 '-하지' 뒤에 '않-'이 어울려 '-찮-'이 될 적에는 준 대로 적는다고 하였으므로 '변변치 않다'는 '변변찮다'로 써야 한다.

05

이게 정답! 〈한글 맞춤법〉 제19항의 '붙임 2'에서는 어간에 '-이'나 '-음' 이외의 모음으로 시작된 접미사가 붙어서 다른 품사로 바뀐 것은 그 어간의 원형을 밝히어 적지 않는다고 하였다. ㄴ의 '너머'는 어원상으로는 '넘다'에서 나온 명사이지만, 현재는 어원에서 멀어져 소리 나는 대로 표기하고 있다. 따라서 형태소의 본 모양을 밝혀 적은 것이라는 설명은 적절하지 않다.

왜 답이 아니지? ① '거리(距離)'는 '두 개의 물건이나 장소 따위가 공간적으로 떨어진 길이'를 의미하는 단어로, 표준어를 소리 나는 대로 적은 것이다.

② '좁히다'는 자음 축약이 일어나 [조피다]로 발음되

지만, 어법에 맞도록 용언의 어간과 접사를 밝혀 적고 있다.

④ '넘어'는 '넘-'이라는 용언의 어간을 밝혀 적음으로써 뜻을 명확하게 알려 주고 독서의 능률을 올려 주고 있다.

⑤ '읽-'이라는 어간은 뒤에 어떤 말이 결합하느냐에 따라 '읽고[일꼬], 읽지[익찌]' 등으로 발음이 달라지지만, 원래의 어간을 밝혀 적음으로써 뜻을 쉽게 파악할 수 있도록 해 주고 있다.

06

이게 정답! '밖에'라는 말이 조사로 사용될 경우에는 하나의 단어로 보아 앞말에 붙여 쓴다. 반면 '안'과 대비되는 개념으로 쓰일 경우에는 '밖'이 명사, '에'가 조사가 되므로 두 개의 단어가 된다. 즉, (ㄱ)의 '밖에'는 한 단어, (ㄴ)의 '밖에'는 두 단어이다.

왜 답이 아니지? ①, ② '밖에'가 (ㄱ)처럼 조사로 쓰일 때에는 '그것 말고는', '그것 이외에는'의 뜻을 나타내며, 반드시 뒤에 부정을 나타내는 말이 따라온다. '날 알아주는 사람은 너밖에 없다.'와 같이 쓸 수 있다.

③ (ㄴ)의 '밖'은 명사이므로 뒤에 다양한 조사가 결합할 수 있다.

④ '바깥'은 '밖이 되는 곳'이라는 뜻이므로 (ㄴ)의 '밖'과 바꾸어 쓸 수 있다.

07

이게 정답! '벌어지다'는 '틈이 나서 사이가 뜨다.'라는 뜻의 '벌다'에서 나온 말로, 앞말의 본뜻이 유지되고 있으므로 원형을 밝혀 적어야 한다. ④의 '사라지다'는 앞말이 그 본뜻에서 멀어진 경우에 해당한다.

왜 답이 아니지? ① 어간과 어미를 구별하여 적으면 어간과 어미의 형태를 알아볼 수 있으므로, 각각의 의미를 쉽게 파악할 수 있다.

② '넘어'는 '넘-+-어'의 형태로 분석되는데, 이는 어간과 어미를 구별하여 적는 것에 해당한다.

④ '들어가다'는 '들다'와 '가다'가 결합한 말로, 앞말인 '들다'가 '밖에서 속이나 안으로 향해 가거나 오거나 하다.'라는 본뜻을 유지하고 있으므로 그 원형을 밝혀 적는다.

⑤ 종결형에서 사용되는 어미 '-오'는 원형을 밝혀 적어야 하므로 '것이오'로 적어야 한다.

08

이게 정답! ④에서의 '않음으로'는 '아무 말도 하지 않는다'라는 방법을 나타내는 말이므로, '않음'에 조사 '으로'가 결합한 형태로 사용해야 한다.

왜 답이 아니지? ①, ②, ③, ⑤ 모두 인과의 의미로 사용되었으므로 각각 '믿으므로', '어려웠으므로', '되었으므로', '가므로'로 적어야 한다.

④ 고유어는 순우리말을 뜻하는 것으로, 지역적 특성이 강하다고 보기는 어렵다.

03

이게 정답! ㄱ '강낭콩', ㄷ '암퇘지', ㅁ '복사뼈'는 모두 표준어이다.

왜 답이 아니지? ㄴ '숫소'의 올바른 형태는 '수소'로, '숫-'이 붙는 경우는 '숫쥐, 숫양, 숫염소' 3가지뿐이다.

ㄹ '멋장이'의 올바른 형태는 '멋쟁이'이다. 기술자를 의미할 때에는 '-장이'를, 어떤 속성을 많이 가진 사람을 의미할 때에는 '-쟁이'를 쓴다.

04

이게 정답! 〈표준어 규정〉에서 'ㅣ' 모음 역행 동화는 인정하지 않지만 예외적으로 몇 개의 단어는 그 굳어진 형태를 표준어로 인정한다.(〈표준어 규정〉 제9항) '서울내기, 시골내기, 풋내기, 냄비' 등이 이에 해당한다.

왜 답이 아니지? ① '아래, 위'의 대립이 있는 경우는 '윗-'을, 그렇지 않은 경우는 '웃-'을 쓴다. (〈표준어 규정〉 제12항) 어른은 모두 윗사람이지, 아랫사람은 없을 것이므로 당연히 '웃어른'으로 써야 한다.

② 수컷과 암컷을 의미하는 접두사는 각각 '수-'와 '암-'으로 통일하는데, 뒤에 거센소리가 나는 몇 개의 단어는 거센소리 형태를 인정한다. '수캉아지', '수탉' 등이 이에 해당하고, 예외적으로 '숫양', '숫염소', '숫쥐'만 접두사 '숫-'을 붙인다.(〈표준어 규정〉 제7항)

③ '웃도리'라는 말은 없다. 상의를 의미하는 말은 '윗도리'이고, 겉옷을 뜻할 경우에는 '웃옷'이라고 해야 한다.

⑤ 어원에서 멀어진 형태로 굳어져서 널리 쓰이는 것은 그것을 표준어로 삼는데, '강낭콩', '사글세' 같은 단어들이 이에 해당한다.(〈표준어 규정〉 제5항)

05

이게 정답! '애기'는 'ㅣ' 모음 역행 동화가 일어난 단

18일 우리말 규범을 파악하자 2

실전문제 배운 개념 적용하기 [본문] 216쪽

01 ⑤	02 ⑤	03 ③	04 ④	05 ①
06 ③	07 ④	08 ③	09 ④	10 ④
11 ㄱ [의지를] ㄴ [띠우려고]		12 ①		

01

이게 정답! 서울말을 표준어로 삼은 이유는 서울이 행정, 교통, 문화 면에서의 영향력이 가장 크고 표준어를 보급하기 쉽기 때문이다. 표준어에 서울말만 있는 것은 아니며, 서울말이 가장 우수한 것도 아니다.

왜 답이 아니지? ① 표준어는 공식적인 자리나 상황에서 사용하도록 법으로 보장된 말이므로 모든 국민이 지키고 따라야 한다.

③ 표준어는 모든 사람들이 두루 쓸 수 있는 보편성을 가져야 한다.

④ 이미 사용하지 않게 되어 버린 사어(死語)나 옛말들을 표준어로 삼을 수는 없다.

02

이게 정답! 각 지역의 방언은 그 지역의 역사와 그 지역 사람들의 삶 속에서 함께해 온 소중한 말일 뿐만 아니라, 우리말의 옛 모습을 담고 있는 귀한 언어적 자원이다.

왜 답이 아니지? ① 은어는 특정 계층이나 집단의 사람들이 비밀리에 사용하는 말이므로, 은어를 함께 쓰는 사람들 사이에서 결속력을 높여 주는 역할을 하기는 하지만, 〈보기〉에 제시된 나머지 특성과는 관련이 없다.

② 표준어는 한 나라에서 공용어로 쓰는 규범으로서의 언어를 의미한다. 즉, 지역적 특성보다는 기준으로서의 보편성이 더 강하다.

③ 공용어는 한 나라 안에서 공식적으로 쓰는 언어를 의미한다.

어로, 표준어로 인정되지 않는다. 표준어는 '아기'
이다.

왜 답이 아니지? ② 본말인 '낌새'와 준말인 '낌' 중에서 '낌새'만 표준어이다.

③ 된소리나 거센소리 앞에서는 사이시옷을 쓰지 않으므로 '위층'이 표준어이다.

④ 본말인 '막대기'와 준말인 '막대' 모두 표준어이다.

⑤ 본말인 '무우'와 준말인 '무' 중에서 '무'만 표준어이다.

06

이게 정답! 길게 뻗어 나가는 식물의 줄기는 '넝쿨'이나 '덩굴'이 표준어이다. '덩쿨'은 표준어가 아니다.

왜 답이 아니지? ① '눈짐작', '눈대중', '눈어림' 모두 표준어이다.

② '어저께'와 '어제' 모두 표준어이다.

④ '가엾다'와 '가엽다' 모두 표준어이다.

⑤ '엄청나게 큰 사람이나 사물'을 뜻하는 말은 '어처구니' 또는 '어이'이다. 둘 다 표준어로, 보통 '없다'를 붙여서 사용한다.

07

이게 정답! '달걀'과 '닭알'은 뜻이 같은 단어를 다른 형태로 표기하는 경우에 해당한다.

왜 답이 아니지? ① '나이테'와 '해돌이'는 모두 나무줄기에 생기는 테나 줄무늬를 의미하므로, 같은 대상을 가리키는 다른 말이다.

② 우리말에서는 두음 법칙을 인정하지만 북한말에서는 두음 법칙을 인정하지 않는다.

③ 우리말에서는 순우리말이 포함된 합성어에서 앞말의 끝소리인 울림소리와 뒷말의 첫소리인 안울림소리가 만날 때 뒤의 예사소리가 된소리로 변하는 경우, 사이에 'ㅅ'을 넣어서 발음을 표기에 반영하는데 이를 사이시옷이라고 한다. 북한말에는 이에 관한 규정이 따로 없다.

⑤ 외래어에 대한 표기 규정이 남북한 사이에 차이가 있는 경우이다.

08

이게 정답! 우리말의 표기는 〈한글 맞춤법〉을 따르고 있지만 〈한글 맞춤법〉에서도 '소리대로 적되, 어법에 맞도록 함'을 원칙으로 하고 있으므로, 사실상 표기한 그대로 발음하기는 쉽지 않다.

왜 답이 아니지? ④ 음운 변동은 일정한 조건하에서 규칙적으로 일어나는 현상이며, 〈표준 발음법〉은 이러한 원리를 반영하여 규칙으로 정해 놓은 것이다. 따라서 개인이 임의대로 음운을 바꾸거나 변형해서 발음하면 규칙에 어긋나게 되며, 다른 사람들과의 의사소통에 문제가 생길 수 있다.

09

이게 정답! 용언의 활용형에 나타나는 '쩌'는 [쩌]로 발음한다.

왜 답이 아니지? ① '예, 례' 이외의 'ㅖ'는 [ㅔ]로도 발음할 수 있지만, '용례'는 이 경우에 해당하지 않으므로 [용:녜]로 발음해야 한다.

② 단어의 첫음절 이외의 '의'는 [ㅣ]로 발음할 수 있지만, 첫음절은 해당하지 않는다. 그러므로 '의의'는 [의:이] 또는 [의:의]로 발음해야 한다.

③ 자음을 첫소리로 가지고 있는 음절의 'ㅢ'는 [ㅣ]로 발음하므로 '무늬'는 [무니]로 발음해야 한다.

⑤ '혜택'은 [혜:택]과 [헤:택] 두 가지로 발음할 수 있다.

10

이게 정답! '문득'을 [문뜩]으로 읽는 경우가 종종 있는데, [문득]이 올바른 발음이다. '문득'은 음운 변동이 일어나지 않는 단어이다. 〈자료 1〉에 제시된 〈표준 발음법〉 제24항에 해당하는 단어로는 '신고[신:꼬], 껴안다[껴안따], 얹다[언따], 닮고[담:꼬]' 등이 있다.

왜 답이 아니지? ①, ②, ③, ⑤ '갑자기[갑짜기], 벽장[벽짱], 몹시[몹:씨], 있던[읻떤]'은 모두 된소리되기가 일어나는 단어들로, 〈표준 발음법〉 제23항에 따라 된소리로 발음한다.

11

이게 정답! ㉠ 〈표준 발음법〉 제5항에서 'ㅢ'는 이중 모음으로 발음한다고 하였으므로 '의지를'은 [의지를]로 발음해야 한다.

㉡ '띄우려고'의 '띄'는 자음을 첫소리로 가지고 있는 음절이므로 '다만 3'에 따라 [띠우려고]로 발음해야 한다.

12

이게 정답! 〈표준 발음법〉 제14항에 따르면, '값'의 겹받침 중 뒤에 있는 'ㅅ'을 뒤 음절 첫소리로 옮겨 [갑시]로 발음해야 한다. 이 경우, 'ㅅ'은 된소리로 발음한다고 하였으므로 [갑씨]로 발음한다.

왜 답이 아니지? ②, ③, ⑤ 겹받침 중 뒤엣것만을 뒤 음절 첫소리로 옮겨 발음한다.

④ '몫'의 겹받침 중 뒤의 'ㅅ'을 뒤 음절 첫소리로 옮긴 후 된소리로 발음하여 [목쓸]로 발음한다.

19일 뛰어난 문자, 한글이 만들어지다

실전문제 배운 **개념** 적용하기 　　　[본문] 228쪽

01 ④　　02 ②　　03 ④　　04 ①　　05 ④

01

이게 정답! 한글은 중국의 한자처럼 한 문자가 하나의 단어가 되는 문자(표의 문자)도 아니고, 일본의 가나처럼 음절을 표기하는 문자(음절 문자)도 아니다. 대부분의 다른 문자들처럼 자연 발생적으로 만들어진 것이 아니라, 음운학과 언어학적 지식을 바탕으로 인위적으로 만든 인공 문자라는 점에서 한글은 완전히 새로운 문자라고 할 수 있다.

왜 답이 아니지? ① 일반적으로 대부분의 문자들은 이와 같은 방식으로 만들어졌다. 로마 알파벳은 그리스 문자를 변형한 것이고, 일본 문자 역시 한자의 획을 단순하게 줄여서 만든 것이다.

② 한글 이전에도 소리를 표기하는 표음 문자는 있었다.

③ 표음 문자는 소리를 기호로 나타내는 문자이므로, 당연히 표기 대상의 수보다 글자 수가 적다.

⑤ 주변 언어 문화권에서 사용되는 문자는 한자였으나, 한글은 한자와는 전혀 다르게 만들어졌다.

02

이게 정답! 한글이 어리석은 백성들을 위해 만들어졌다는 점에서 애민 정신을 엿볼 수 있다. 그러나 백성들이 문자 생활에서 소외되었던 이유는 어려운 한자를 익히는 데 필요한 시간적·경제적 여유가 없었기 때문이지, 장애 등의 이유는 아니었다.

03

이게 정답! 모음 중 'ㅛ'는 초출자 'ㅗ'에 기본자 'ㆍ'를 결합하여 만든 재출자에 해당한다.

왜 답이 아니지? ① 자음 기본자 'ㄱ, ㄴ, ㅁ, ㅅ, ㅇ'은 발음할 때의 혀와 입속 모양을 본떠서 만들어졌다.

② 자음 기본자 중 'ㅁ'은 입술의 모양을 본떠서 만들어졌다.

③ 모음 기본자 'ㆍ, ㅡ, ㅣ'는 '하늘, 땅, 사람'의 모습을 본떠서 만들어졌다.

⑤ 자음 기본자는 발음 기관의 모양, 모음 기본자는 '하늘, 땅, 사람'의 모습을 본떠서 만들어진 것으로, 모두 상형의 원리를 바탕으로 하고 있다.

04

이게 정답! • 초성 : 기본자이면서 목구멍의 모양을 본떠서 만든 글자는 'ㅇ'이다.

• 중성 : 중성에는 모음만 올 수 있다. 모음 기본자이면서 사람의 모양을 본떠서 만든 글자는 'ㅣ'이다.

• 종성 : 입술의 모양을 본떠서 만든 기본자는 'ㅁ'이며, 여기에 한 번 가획한 글자는 'ㅂ'이다.

따라서 〈보기〉의 조건을 만족하는 글자는 '입'이다.

05

이게 정답! 현대 국어의 '것은'에 해당하는 표기는 '거슨'이다. 이는 당시 조사 '은'에 해당하는 형태가 '은'이었고, '것'의 받침 'ㅅ'을 뒤로 옮겨서 이어 적었음을 보여 준다. 만약 앞 글자의 받침 'ㅅ'을 거듭 적었다면 '것슨'과 같은 형태가 되었을 것이다.

왜 답이 아니지? ① 현대 국어에서 '기운이'라고 적는 것은 단어의 원래 형태를 고정하여 쓰는 것이 원칙이기 때문이다. ㉠의 '긔운이'도 이런 맥락에서 끊어 적기[분철]를 하고 있다. 만약 '긔운'과 '이'를 끊어 적지 않고 이어 적기를 했다면 '긔우니'와 같은 형태가 되었을 것이다.

② 현대 국어의 '홍색을'에 해당하는 표기가 '홍식을'이므로, 당시에도 현대 국어와 같은 형태의 '을'을 사용하였음을 알 수 있다.

③ 현대 국어의 '똑 같은'에 해당하는 표기가 '똑 ㄱ치ᄒᆞᆫ'이므로, 당시에는 현대 국어에서는 소실된 'ㆍ'가 사용되었음을 짐작할 수 있다.

⑤ 현대 국어의 '빠지는'에 해당하는 표기가 '싸디는'이므로, 당시에는 현대 국어에서 쓰이지 않는 'ㅅㅂ'이 사용되었음을 알 수 있다.

20일 언어의 특성과 기능을 파악하자

실전문제 배운 **개념** 적용하기 [본문] 239쪽

01 ③   02 ①   03 ①   04 ③   05 ⑤
06 ④

01

이게 정답! '영감'이라는 단어의 의미가 변화한 것에 대한 내용이므로, 시간의 흐름에 따라 언어가 끊임없이 생기고 사라지고 변화하는 특성인 언어의 역사성에 해당한다.

02

이게 정답! 동일한 대상에 대하여 언어마다 부르는 말이 다른 것은 언어의 내용과 형식 사이의 관계가 필연적이 아니라 임의적이기 때문이다. 이처럼 언어의 내용과 형식이 필연적이 아니라 임의적이고 자의적인 관계에 있다는 것을 언어의 자의성이라고 한다.

03

이게 정답! ㉮ 한정된 단어일지라도 그것으로 무수히 많은 문장과 다양한 표현을 만들 수 있는 것은 언어의 창조성과 관련된다.

㉯ 개인이 임의대로 단어의 뜻을 바꾸어 사용할 때 의미가 통하지 않는 것은 언어가 사회적 약속이라는 사회성을 갖고 있기 때문이다.

㉰ 언어를 사용하는 데에는 지켜야 할 규칙이 있는데, 이를 어기면 사람들과의 의사소통이 어려워진다. 이과 관계된 언어의 특성이 바로 규칙성이다.

04

이게 정답! 〈보기〉는 교실에서 만난 친구들이 서로 인사를 나누는 장면이다. 사람들은 언어를 통해 서로 안부를 묻는 행동을 하면서, 원만한 사회생활을 유지하려고 하는데, 이때에는 말의 내용보다는 말하는 행위 자체가 더 중요한 역할을 한다. 이처럼 말하

는 이와 듣는 이가 서로 친밀한 관계를 유지하도록
해 주는 것을 언어의 친교적 기능이라고 한다.

05

이게 정답! ㉠에서는 머리핀이 예쁘다는 자신의 감정
을 나타내고 있는데, 이처럼 어떤 대상에 대한 자신
의 감정이나 판단, 분위기 등을 표현하는 것을 언어
의 정서적 기능이라고 한다.

㉡에서는 머리핀이 한 쌍에 이천 원이라는 가격 정
보를 전달하고 있다. 이처럼 말하는 이가 듣는 이에
게 어떤 내용이나 사실, 상황, 지식 등을 알려 주는
것을 언어의 정보적 기능이라고 한다.

06

이게 정답! ④에서는 과자의 가격에 관한 정보를 전
달하고 있으므로 언어의 정보적 기능에 해당한다.

왜 답이 아니지? ① 듣는 이가 자도록 하기 위한 말이
므로 명령적 기능에 해당한다.

② 듣는 이에게 하는 인사이므로 친교적 기능에 해
당한다.

③ 말하는 이의 감정과 느낌을 표현하고 있으므로
정서적 기능에 해당한다.

⑤ 간접적인 방식으로 창문을 닫아 줄 것을 요구하
고 있으므로 명령적 기능에 해당한다.

 수능형 종합 문제

제 1 회 수능형 문제로 **실력** 키우기 [본문] 242쪽

01 ①   02 ③   03 ⑤   04 ①   05 ②

01

이게 정답! '옷에'의 '에'는 모음으로 시작하는 형식 형
태소이기 때문에 앞 음절의 받침을 그대로 뒤 음절
의 첫소리로 옮겨 [오세]로 발음한다. 이와 달리 '옷
안'이 [오단]으로 발음되는 이유는 '안'이 실질 형태소
라서 '옷'이 음절의 끝소리 규칙을 적용받아 받침을
대표음 'ㄷ'으로 바꾸어 뒤 음절 '안'의 첫소리로 옮겨
발음하기 때문이다. 따라서 '숲 위'도 음절의 끝소리
규칙을 적용하여 앞 음절의 받침을 대표음 'ㅂ'으로
바꾸어 [숩위] → [수뷔]로 발음해야 한다.

02

이게 정답! ㉢에서 '시골'은 관형격 조사 '의' 없이도
뒤에 있는 체언 '풍경'을 꾸며 주고 있으므로, 관형격
조사가 붙지 않은 체언은 관형어가 될 수 없다는 ③의
내용은 적절하지 않다.

왜 답이 아니지? ① 관형어 '파란'이 '옷'을 꾸며 줌으로
써 많은 옷 중에 특히 '파란' 옷을 가리키게 되므로 체
언 '옷'의 의미 범위를 축소하고 있다는 것은 적절한
내용이다.

② 관형어 '새'가 없이 의존 명사 '것'만으로는 문장이
성립되지 않는다. 곧, 의존 명사는 홀로 쓰일 수 없
는 단어이기 때문에 반드시 관형어를 필요로 한다.
따라서 관형어가 없으면 올바른 문장이 되지 않을
수도 있다는 것은 적절한 내용이다.

④ '읽은'의 '-은'은 과거 시제를, '읽을'의 '-을'은 미
래 시제를 나타내므로 적절한 내용이다.

⑤ '내가 읽은(안긴문장 – 내가 (책을) 읽다.)'이 다른
문장(안은문장) 안에서 '책'을 꾸며 주는 관형어의 기
능을 하고 있으므로 적절한 내용이다.

03

이게 정답! 용언에 '-게 하다'가 붙어 이루어진 사동문 S₂는 어머니가 아이에게 스스로 옷을 입는 행위를 하도록 시켰다는 의미만을 가질 뿐, 어머니가 직접 아이에게 옷을 입혔다는 의미는 갖지 않는다. 이러한 중의성은 사동 접미사를 이용한 사동문 S₁에서 확인할 수 있다.

왜 답이 아니지? ① 주동문인 S₀에서 옷을 입는 행동을 하는 것은 '아이'이며, 사동문 S₂에서도 옷을 입는 행동을 하는 것은 '아이'이다. 곧, 두 문장에서 '옷을 입는 행동을 하는 주체는 '아이'로 동일하다.

② 주동문 S₀의 주어 '아이가'가 사동문 S₁과 S₂에서는 부사어 '아이에게'로 나타나고 있다.

③ 주동문의 주어가 사동문의 부사어가 되고, 행위를 시키는 주체가 사동문에 새로운 주어로 나타난다는 것은, 행위를 하는 인물보다 그 행위를 시키는 주체에 초점을 둔다는 의미이다.

④ '입다'의 사동 표현은 '입다'에 사동 접미사 '-히-'를 붙여 '입히다'의 형태로 만들거나(S₁), '-게 하다'를 붙여 '입게 하다'의 형태로 만들면 된다(S₂).

04

이게 정답! ①은 문장에서 '귀여운'이 꾸며 주는 말이 '동생'인지, '동생의 강아지'인지 명확하지 않아 중의적으로 해석되는 문장이다.

왜 답이 아니지? ② 형이 나와 등산 중에서 등산을 좋아한다는 의미인지, 내가 등산을 좋아하는 것보다 형이 등산을 더 좋아한다는 의미인지 불분명하다. 즉, 비교 대상이 불분명하여 중의적으로 해석되는 문장이다.

③ '신고 계신다'가 신는 중이라는 진행의 의미인지 이미 신었다는 완료의 의미인지 불분명하여 중의적으로 해석되는 문장이다.

④ '나'와 '그녀'가 결혼한 것인지, '나'와 '그녀'가 각각 다른 사람과 결혼한 것인지 불분명하여 중의적으로 해석되는 문장이다.

⑤ '사과'와 '귤'을 합해서 두 개인지, '사과'와 '귤'이 각각 두 개씩인지 불분명하여 중의적으로 해석되는 문장이다.

05

이게 정답! '내복약'은 뒤 단어의 첫음절이 '야'이므로 ⓑ가 적용되어 [냑]으로 발음한다. 그런데 [내:복냑]의 '복'과 '냑' 사이에서 ⓒ가 적용되므로 [내:봉냑]으로 발음된다.

왜 답이 아니지? ① '눈요기'는 '눈'과 '요기'가 결합하여 이루어진 합성어로, 뒤 단어의 첫음절이 '요'이므로 ⓐ가 아니라 ⓑ가 적용된다. 즉, [ㄴ]이 첨가되어 [눈뇨기]로 발음된다.

③ '색연필'은 뒤 단어의 첫음절이 '여'이므로 ⓑ가 적용되어 [색년필]이 된 후, 다시 ⓒ에 의해 [생년필]로 발음된다.

④ '들일'은 뒤 단어의 첫음절이 '이'이므로 ⓑ가 적용되어 [들닐]이 된 후, 다시 ⓓ에 의해 [ㄴ] 소리가 [ㄹ]로 바뀌어 [들:릴]로 발음된다.

⑤ '칼날'은 [칼랄]로 발음되는데 이는 'ㄹ+ㄴ → ㄹ+ㄹ'로 바뀌는 유음화의 예이며, ⓐ~ⓓ 중 어디에도 해당하지 않는다.

01

`이게 정답!` '종로[종노]'는 'ㅇ+ㄹ → ㅇ+ㄴ'과 같이 변동하므로, 뒤의 음운이 앞의 음운의 영향을 받아 그와 비슷하게 소리 나는 순행 동화에 해당한다.

`왜 답이 아니지?` ②~⑤ '작년[장년]'은 'ㄱ+ㄴ → ㅇ+ㄴ'으로, '신라[실라]'는 'ㄴ+ㄹ → ㄹ+ㄹ'로, '밥물[밤물]'은 'ㅂ+ㅁ → ㅁ+ㅁ'으로, '국민[궁민]'은 'ㄱ+ㅁ → ㅇ+ㅁ'으로 변동한다. 이는 모두 앞의 음운이 뒤의 음운의 영향을 받아 그와 비슷하거나 같게 소리 나는 역행 동화에 해당한다.

02

`이게 정답!` ㉠ '형은 집에 있다.'라는 문장은 '형', '은', '집', '에', '있-', '-다'의 6개 형태소로 분석된다. 이를 실질적인 의미를 가지고 있는 형태소인 '실질 형태소'와 문법적인 의미만을 표시하는 '형식 형태소'로 분석하면 다음과 같다.

실질 형태소	형, 집, 있-
형식 형태소	은, 에, -다

03

`이게 정답!` 마지막 문단에서 알 수 있듯이, '이다'는 '-는/-ㄴ다, -느냐, -는구나'와 명령형 어미 '-아라/어라', 청유형 어미 '-자' 등과는 결합하지 않는 활용 양상을 보이는데, 이는 형용사의 경우와 유사하다. 따라서 동사와 '이다'의 활용 양상이 유사하다고 한 ④는 적절하지 않다.

`왜 답이 아니지?` ① 1문단의 '국어 문장에서 서술어로 쓰이는 것은 용언인 동사와 형용사, 그리고 체언에 '이다'가 붙어서 이루어지는 표현이다.'라는 설명에서 확인할 수 있다. 곧, 우리말 문장의 구성은 보통 '누가(무엇이) 어찌하다(어떠하다)'의 형태인데, 여기서 대상이 되는 '누가(무엇이)'에 대해 설명하는 '어찌하다'나 '어떠하다'가 서술어이고, 이 서술어로 쓰이는 것이 동사와 형용사, 체언에 '이다'가 붙어 이루어지는 표현이라는 것이다.

② 3문단의 '형용사 어간에는 명령형 어미 '-아라/어라', 청유형 어미 '-자'가 붙을 수 없다. '꽃이 참 예뻐라!'와 같이 '예뻐라'가 쓰이기도 하는데, 이때의 '-어라'는 명령형 어미가 아니라 감탄형 어미이다.'라는 설명에서 확인할 수 있다.

③ 2문단의 '동사 '읽다'가 문장 안에서 그 형태가 변하는 예이다. 이때 변하지 않는 부분인 '읽-'은 어간이고, 변하는 부분인 '-는다, -느냐, -는구나, -어라, -자'는 어미이다. 이처럼 용언 어간에 여러 가지 어미가 붙는 일을 '활용'이라 한다.'라는 설명에서 확인할 수 있다.

⑤ 마지막 문단의 "'이다'도 용언처럼 활용을 한다. 이때 ~ 명령형 어미 '-아라/어라', 청유형 어미 '-자' 등의 어미와는 결합하지 않는다.'라는 설명에서 확인할 수 있다.

04

`이게 정답!` 3문단에서 형용사는 명령형 어미와 결합하지 않는다고 하였으므로, 명령형 어미 '-어라'와 결합한 '열어라('열다'의 활용형)'는 형용사가 아니라 동사이다.

`왜 답이 아니지?` ① '-는다'는 동사의 활용에는 쓰이나 형용사의 활용에는 쓰이지 않는다고 하였으므로, '씻다'의 어간 '씻-'에 어미 '-는다'가 결합한 '씻는다'는 동사가 맞다.

② 동사 활용에는 '-는/ㄴ다, -느냐, -는구나'가 쓰이지만, 형용사 활용에는 '-다, -(으)냐, -구나'가 쓰인다고 하였으므로, '춥다'의 어간 '춥-'에 '-구나'가 결합한 '춥구나'는 형용사가 맞다.

③ 청유형 어미 '-자'는 동사의 어간에는 붙을 수 있으나, 형용사 어간에는 붙을 수 없다고 하였으므로, '먹다'의 어간 '먹-'에 청유형 어미 '-자'가 붙은 '먹자'는 동사가 맞다.

⑤ '사람이냐'는 체언인 명사 '사람'에 '이다'의 활용형인 '이냐'가 결합한 말이다.

05

이게 정답! 〈보기 2〉의 '영희가 할머니를 모시고 공원에 갔어요.'에서 주체인 주어는 '영희'인데, '영희'에 조사 '께서'가 아닌 '가'가 사용되었고, 서술어에 주체 높임 선어말 어미 '-시-'가 사용되지 않았으므로 [주체 높임-]임을 알 수 있다.

객체인 목적어 '할머니'에 대해서는 '데리고(데리다)'라는 말 대신 '모시고(모시다)'라는 높임을 드러내는 특수한 어휘를 써서 '할머니'를 높이고 있으므로 [객체 높임+]임을 알 수 있다.

상대 높임법은 말을 듣는 상대인 청자가 높임의 대상이 되는데 보통 종결 어미로 실현된다. 〈보기 2〉에서는 '갔어요'라고 하여 두루높임을 나타내는 '해요체'가 사용되었으므로 [상대 높임+]임을 알 수 있다.

06

이게 정답! 〈보기〉는 문장에 필요한 성분, 그중에서도 부사어가 빠져 의미가 제대로 전달되지 않는 문장에 대해 설명하고 있다. ①에서의 서술어 '닮았다(닮다)'는 '<u>누가</u> <u>누구와(무엇과)</u> 닮았다.' 또는 '<u>누가</u> <u>누구를(무엇을)</u> 닮았다.'와 같은 내용이 담겨야 의미가 온전해진다. 그런데 ①에서는 '누구와(무엇과)' 또는 '누구를(무엇을)'에 해당하는 문장 성분이 빠져 있어 의미가 제대로 전달되지 않고 있으므로, ㉠에 들어갈 예로 적절하다. ①은 '내 친구 영수는 얼굴이 <u>그의 아빠와</u> (또는 '그의 아빠를') 닮았다.' 정도로 고쳐야 그 의미가 제대로 전달될 수 있다.

왜 답이 아니지? ② '신고 있었다'가 '동작'과 '상태' 두 가지 의미로 해석되는 중의적 문장이다.

③ '예고(豫告)'는 '미리 알리다'라는 의미의 단어인데, '미리 예고했다'라고 하여 '미리'라는 의미가 중복된 문장이다.

④ '소중한'의 수식을 받는 것이 '고객님'인지 '고객님의 의견'인지에 따라 의미가 달라지는 중의적 문장이다.

⑤ 부사어인 '절대로'가 서술어와 자연스럽게 어울리지 않는 문장이다.

07

이게 정답! ⓔ '그게'는 체언인 대명사 '그것'과 조사 '이'가 어울려 줄어진 말로, ㄴ(제33항)의 규정을 적용한 사례에 해당한다.

왜 답이 아니지? ⓐ '무얼'은 체언인 대명사 '무엇'과 조사 '을'이 어울려 줄어진 말로, ㄴ의 규정을 적용한 사례에 해당한다.

ⓑ '이건'은 체언인 대명사 '이것'과 조사 '은'이 어울려 줄어진 말로, ㄴ의 규정을 적용한 사례에 해당한다.

ⓒ '너희'는 체언인 대명사가 단독으로 쓰인 것으로, 조사가 결합된 것이 아니다. 이는 ㄱ과 ㄴ 어느 규정과도 관련이 없다.

ⓓ '여기에는'은 체언인 대명사 '여기'와 조사 '에'를 구별하여 적은 것이므로, ㄱ(제14항)의 규정을 적용한 사례에 해당한다.

01

이게 정답! '대관령'은 유음이 아닌 'ㄴ'이 주위에 있는 유음 'ㄹ'의 영향을 받아 'ㄹ'로 발음되는 유음화 현상이 일어나는 단어이다. 즉, 'ㄴ+ㄹ → ㄹ+ㄹ'로 변동하므로 [대괄령]이라고 읽는다.

왜 답이 아니지? ① 자음 뒤의 단어나 접미사의 첫음절이 '이, 야, 여, 요, 유'인 경우에는 'ㄴ' 소리가 첨가되므로 '한여름'은 [한녀름]으로 읽는다.

③ 받침 'ㅎ' 뒤에 모음이 오는 경우 'ㅎ'이 탈락하는 경우가 많다. 이때 표기는 '좋은'이라고 하지만 [조은]이라고 읽는다.

④ '욕망'은 자음 동화 중 비음화로 인해 'ㄱ+ㅁ → ㅇ+ㅁ'로 변동하므로 [용망]이라고 읽는다.

⑤ 'ㅎ'과 'ㄱ'이 어울리면 'ㅋ'으로 축약되므로 '그렇게'는 [그러케]로 읽는다.

02

이게 정답! '검붉다'는 '검다'와 '붉다'의 두 어근 '검-'과 '붉-'이 결합한 것이므로 합성어가 맞다. 그러나 '나무꾼'은 어근 '나무'에 어떤 일을 전문적으로 하는 사람'이라는 뜻의 접미사 '-꾼'이 결합한 것이므로 파생어이다.

왜 답이 아니지? ① '치솟다'는 '솟다'의 어근 '솟-'에 '위로 향하게', '위로 올려'의 뜻을 더하는 접두사 '치-'가 결합한 것이므로 파생어이다.

② '밤하늘'은 실질적인 뜻을 가진 두 어근 '밤'과 '하늘'이 결합한 것이므로 합성어이다.

③ '지우개'는 '지우다'의 어근 '지우-'에 그러한 행위를 하는 간단한 도구'의 뜻을 더하고 명사를 만드는 접미사 '-개'가 결합한 것이므로 파생어이다. 또한 '닭고기'는 두 어근 '닭'과 '고기'가 결합한 것이므로 합성어이다.

⑤ '개살구'는 어근 '살구'에 '야생 상태의', '질이 떨어지는'의 의미를 가진 접사 '개-'가 결합한 것이므로

파생어이다. 또한 '부채질'은 어근 '부채'에 그 도구를 가지고 하는 일'의 뜻을 더하는 접미사 '-질'이 결합한 것이므로 파생어이다.

03

이게 정답! '음악적 소질을 타고 태어났다.'에 쓰인 '타다'는 '타다²-②'의 의미이다.

왜 답이 아니지? ① '타다¹'과 '타다²'는 둘 다 두 가지 이상의 뜻을 가지므로 다의어이다.

② '타다¹'과 '타다²'는 사전에 서로 다른 표제어로 실려 있고, 의미상 관련이 없이 단지 소리만 같으므로 동음이의 관계이다.

③ '타다¹'-②와 '타다²'에는 둘 다 【…을】이라는 문형 정보가 표시되어 있는데, 이는 '타다¹-②'와 '타다²'가 목적격 조사 '을/를'이 결합한 목적어를 필요로 하는 동사라는 뜻이다.

⑤ '타다²-①'은 '받다'의 의미로 쓰이고 있으므로, 이에 대한 반의어로는 '주다'가 가능하다.

04

이게 정답! ㄹ의 긴 부정문과 ㅁ의 짧은 부정문 사이에 의미상의 차이는 나타나지 않는다.

왜 답이 아니지? ① ㄱ, ㄴ, ㄷ, ㅁ은 부정 부사 '못'과 '안'을 사용하여 만들어진 짧은 부정문이다.

②, ③ '안' 부정문은 의지 부정 혹은 단순 부정으로, 말하는 이의 의지에 따른 부정을 표현한다. 이에 비해 '못' 부정문은 능력 부정으로, 말하는 이의 능력이나 상황, 여건에 따른 부정(할 수가 없음)을 표현한다.

④ ㄹ은 부정 용언 '못하다'를 사용하여 만든 긴 부정문이다.

05

이게 정답! '담다'는 [담:따]로 발음되므로, 어간 받침 'ㅁ' 뒤에 결합되는 어미의 첫소리 'ㄷ'을 된소리로 발음하는 유형(㉠)에 해당한다.

'발전'은 [발쩐]으로 발음되므로, 한자어에서 'ㄹ' 받침 뒤에 결합되는 자음 'ㅈ'을 된소리로 발음하는 유

형(ⓛ)에 해당한다.

① '신다'는 [신따]로 발음되므로 ㉠에 해당하지만, '굴곡'에서는 된소리되기가 일어나지 않는다.

② '앉다'는 [안따]로 발음되므로 ㉠에 해당하지만, '불법'은 'ㄹ' 받침 뒤에 'ㅂ'이 결합하여 [불뻡]이 된 경우이므로 ⓛ에 해당하지 않는다.

③ '넓다'는 [널따]로 발음되므로 ㉠에 해당하지 않는다. '갈등'은 [갈뜽]으로 발음되므로 ⓛ에 해당한다.

⑤ '끓다'는 'ㅎ'과 'ㄷ'이 합쳐져 [끌타]로 발음되므로 ㉠에 해당하지 않는다. '월세'는 [월쎄]로 발음되므로 ⓛ에 해당한다.

06

'위'를 쓴 경우는 '위쪽', '위층'이고, '윗-'을 쓴 경우는 '윗사람', '윗집'이다. 즉, 된소리나 거센소리 앞에서는 '위'를, 예사소리 앞에서는 '윗-'을 사용하였다. 따라서 '위'와 '윗-'을 나누는 기준은 된소리나 거센소리 앞에 위치하는지 아닌지임을 알 수 있다.

① '웃어른'을 제외한 '윗사람', '윗집', '위쪽', '위층'은 모두 어근와 어근이 결합한 합성어이다. 따라서 합성어인지의 여부를 '위'와 '윗-'의 구분 기준으로 삼을 수는 없다.

② '위'와 '윗-'이 사용된 단어는 '윗사람, 윗집, 위쪽, 위층'으로, 이들은 모두 '위'와 '윗-'이 자음 앞에 위치하고 있다. 그러므로 이를 바탕으로 둘의 쓰임을 구분할 수는 없다.

③ '윗-', '위', '웃-'이 사용된 단어 중에서 울림소리 앞에 위치한 경우는 '웃어른'이 있는데, '웃-'의 쓰임을 나머지와 구분한 기준은 '위아래의 대립 여부'이다. 뒤에 울림소리가 오는지를 기준으로 '위'와 '윗-'을 구분할 수는 없다.

④ '사물의 이름을 나타내는' 단어는 명사인데, 제시된 단어들은 모두 명사이므로 이를 '위'와 '윗-'의 구분 기준으로 삼을 수는 없다.

www.saltybooks.com

Believe in yourself!

Remember Your Dream!

공부하느라 힘드시죠?
으라차차^^ 소리 한번 지르세요.
언제나 여러분의 성공을 기원할게요 *^^*

- 공부책 잘 만드는 쏠티북스가 -